....

Missbrauchtes Vertrauen – Grenzverletzungen in professionellen Beziehungen

Missbrauchtes Vertrauen – Grenzverletzungen in professionellen Beziehungen

Ursachen und Folgen:
Eine transdisziplinäre Darstellung

Werner Tschan

KARGER

Basel · Freiburg · Paris · London · New York ·
New Delhi · Bangkok · Singapore · Tokyo · Sydney

Dr. med. Werner Tschan
Psychiatrie + Psychotherapie FMH
Neuensteinerstr. 7
CH-4053 Basel

Deutsche Bibliothek – CIP-Einheitsaufnahme

Tschan, Werner:
Missbrauchtes Vertrauen - Grenzverletzungen in professionellen Beziehungen :
Ursachen und Folgen: eine transdisziplinäre Darstellung / Werner Tschan. - Basel ;
Freiburg [Breisgau] ; Paris ; London ; New York ; New Delhi ; Bangkok ; Singapore ;
Tokyo ; Sydney : Karger, 2001
ISBN 3-8055-7169-0

0101 deutsche buecherei

© Copyright 2001 by S. Karger GmbH, Postfach D-79095 Freiburg, und S. Karger
AG, Postfach, CH-4009 Basel
Printed in Germany on acid-free paper by Druckhaus köthen
ISBN 3-8055-7169-0

Meiner Frau und meinen Kindern danke ich für ihre Liebe, ihre Unterstützung und ihre Rücksichtnahme mir gegenüber.

Inhaltsverzeichnis

Inhaltsverzeichnis   X

Grenzverletzungen durch Fachleute

Sexuelle Belästigungen

Diese Ausführungen richten sich an Betroffene und ihre Angehörigen und stellen mögliche Vorgehensweisen im Falle von sexuellen Belästigungen oder Übergriffen durch Fachpersonen vor. Selbstverständlich gibt es auf Seiten der Opfer wie auf Täterseite immer sowohl Frauen wie Männer. Wir hoffen, Sie haben dafür Verständnis, wenn wir uns zugunsten einfacherer Formulierungen sprachlich auf die männliche Form beschränken (Therapeut, Arzt, Klient etc.).

Wie erhalten Sie Beratung und Hilfe, wenn Sie oder eine Ihnen nahestehende Person Opfer eines sexuellen Übergriffes in einer Beratung, Therapie, Seelsorge, im Erziehungs- und Freizeitbereich oder am Arbeitsplatz wurden?

Diese Ausführungen sollen Ihnen auch eine bessere Beurteilung ermöglichen, ob sich eine Fachfrau oder ein Fachmann in ihrer bzw. seiner Berufsausübung korrekt verhält. Beim Durchlesen und Überdenken mögen sich Gesichtspunkte ergeben, die für Sie neu und möglicherweise erschreckend sind. Als informierte Person können Sie jedoch Ihre Interessen besser geltend machen und gegebenenfalls Einhalt gebieten, wenn die Umstände es erfordern.

Das grundsätzliche Ziel jeder Beratung oder Behandlung besteht darin, dass Sie besser in der Lage sein sollen, Ihr Leben zu bewältigen. Dass Sie sich besser gewappnet fühlen, den Schwierigkeiten zu begegnen, dass Sie mehr Selbstsicherheit erlangen, sich mehr auf Ihre eigenen Wahrnehmungen und Urteile verlassen können, Stress besser ertragen und sich allgemein mehr an Ihrem Leben freuen können. Leider gibt es auch Fälle, bei denen sich eine professionelle Beratung negativ auswirkt.

Die meisten Fachleute üben ihre Tätigkeit gewissenhaft und zum Wohle ihrer Klienten aus. Sie halten in ihrer Arbeit die berufsethischen Richtlinien ein. Einige missbrauchen jedoch das Vertrauen ihrer Klienten und befolgen die erwähnten Grundsätze nicht. Die nachfolgenden Ausführungen gelten für die verschiedensten Berufsgruppen wie Psychologen, Psychiater, Sozialarbeiter, Seelsorger, Krankenpfleger, Ärzte, Ehe- und Familienberater, Lebensberater, Leiter bei Freizeitaktivitäten und Ausbilder.

Für die Situation am Arbeitsort gelten etwas andere Überlegungen, sie sind deswegen gesondert aufgeführt. Als Angestellter stehen Sie in einem besonderen Abhängigkeitsverhältnis zu Ihren Mitarbeitern und Vorgesetzten. Wenn Sie sich an Ihrem Arbeitsplatz sexuell belästigt fühlen, hat Ihr Arbeitgeber für ihren Schutz zu sorgen. Nach geltendem Recht ist Ihr Arbeitgeber dazu verpflichtet.

Die grundsätzlichen Überlegungen gelten für alle Beziehungen, die durch ein Abhängigkeitsverhältnis gekennzeichnet sind, wo Macht ausgenützt und zum Erlangen von Vorteilen missbraucht werden kann.

Ihre Rechte als Patient oder Klient

In der Regel bestimmen Sie selbst, an wen Sie sich für eine Beratung wenden wollen. Oft empfiehlt es sich, zu Beginn einer Behandlung zwei oder drei verschiedene Fachleute zu kontaktieren, um zu einem Entscheid zu kommen, bei wem Sie eine Behandlung aufnehmen möchten. Es kann auch sinnvoll sein, dass Sie ihren Entscheid überdenken möchten. Sie dürfen ihrem Therapeuten jederzeit Fragen zur Therapie stellen. Dies betrifft insbesondere Dauer und Kosten einer Behandlung. Fragen über Behandlungsmethode, Vorgehensweise, über Aus- und Weiterbildung sowie spezifische Berufserfahrung gehören ebenso dazu.

Sie können mit wem Sie möchten und jederzeit über Ihre Therapie sprechen – der Therapeut hingegen ist an seine berufliche Schweigepflicht gebunden. Sie sollten mit ihrem Therapeuten eventuelle Ausnahmen besprechen. Ihr Therapeut sollte für alle therapeutischen Schritte Ihre Zustimmung erhalten (man nennt dies informed consent). Sie dürfen selbstverständlich etwas zurückweisen oder ablehnen, mit dem Sie sich nicht einverstanden erklären können. Es ist auch Ihr Recht, eine Behandlung jederzeit zu beenden. Beachten Sie allfällige Fristen, wenn Sie Termine absagen. Sie müssten sonst die Kosten persönlich tragen.

Was, wenn Ihnen der Therapeut gefällt?

Es ist völlig normal, dass eine Person zu ihrem Therapeuten positive Gefühle entwickelt. Dass sich eine Stimmung von Vertrautheit und Liebe gegenüber derjenigen Person einstellt, die sich Ihrer annimmt und Sie unterstützt. Diese Zuneigung kann sehr intensive Formen annehmen, auch sexuelle Gefühle können auftreten. Es kann hilfreich sein, solche Entwicklungen mit Ihrem Therapeuten zu besprechen, um deren Bedeutung zu verstehen. Ein sorgetragender und ethisch verantwortungsvoller Therapeut wird dieses Vertrauen nie zu seinem persönlichen Vorteil missbrauchen und beispielsweise einen sexuellen Kontakt vorschlagen oder die Behandlung beenden, um mit Ihnen ein sexuelles Verhältnis eingehen zu können.

Wenn sexuelle Gefühle auftreten, kann das Gespräch darüber hilfreich sein, nie sind jedoch intime Kontakte als Teil einer Behandlung zu verstehen. Der Schaden für Patienten ist durch viele Untersuchungen belegt und beeinträchtigt in erster Linie die Fähigkeit, jemandem zu vertrauen. Die negativen Auswirkungen können sich möglicherweise sofort bemerkbar machen. Unter Umständen kann es auch Jahre dauern, bis jemand das Unrecht realisiert, das ihm angetan wurde. Aus diesem Grund sind sexuelle Kontakte mit Patienten in einigen Ländern unter Strafe gestellt. Dies gilt analog für andere helfende und beratende Berufe.

Wann stimmt eine Behandlung nicht mehr?

Dass ein Therapeut seine Empfindungen auch körperlich ausdrückt, ist ja selbstverständlich. Ein Handschlag zur Begrüßung, ein aufmunternder oder bestätigender Klaps auf die Schulter, eine tröstende Umarmung – das mag alles stimmig sein. Sie selbst können am besten beurteilen, wie diese Berührungen auf Sie wirken. Sobald etwas stattfindet, das Sie nicht mögen, das Ihnen zu nahe geht, das Sie belästigt, bitten Sie Ihr Gegenüber um Einhalt und teilen Ihre Einwände mit. Ein respektvoller und verantwortlicher Therapeut wird Ihre Gefühle beachten.

Sie mögen sich unwohl fühlen, wenn sich jemand in sexueller Art und Weise Ihnen gegenüber verhält. Vertrauen Sie Ihrem Eindruck. Denken Sie nicht, das wird schon ok sein, wenn Sie das Gegenteil empfinden. Es gibt viele Warnzeichen, dass sich Ihnen ein Therapeut in sexueller Absicht nähert. Beispielsweise kann ein Therapeut seine fachliche Stellung aufgeben und mit Ihnen über seine persönliche Situation zu sprechen beginnen. Oder er überrascht Sie mit netten Geschenken, schreibt Ihnen persönliche Briefe oder versucht Ihnen Beweise für seine Liebe zu liefern. Der missbrauchende Therapeut mag sich als einzige Person hinstellen, die Ihnen helfen kann. Er schreibt Ihnen womöglich vor, wie Sie sich zu verhalten haben.

Eine rote Warnlampe muss aufleuchten, wenn Ihnen ein Therapeut von eigenen sexuellen Gefühlen und Erfahrungen berichtet oder von der Attraktion zu sprechen beginnt, die Sie auf ihn ausüben. Dasselbe gilt für sexuell gefärbte Bemerkungen oder Verhaltensweisen und Berührungen Ihnen gegenüber.

Wann stimmt eine seelsorgerische Beratung nicht mehr?

Für die Arbeitsweise eines Seelsorgers gelten analoge Ausführungen. Ein sexueller Missbrauch kann auch vorliegen, wenn das Opfer scheinbar in die intime Beziehung einwilligt. Der sexuelle Übergriff ist ein Machtmissbrauch und ein Verrat an Ihnen als gläubige Person. Die Folgen sind gelegentlich noch verheerender als im Falle eines Therapiemissbrauches. Häufig geht der letzte Halt verloren, der Glaube an Gott ist erschüttert, das Vertrauen in nahestehende Menschen kann völlig abhanden kommen.

Wann stimmt eine Ausbildungssituation nicht mehr?

Sei es ein Sportlehrer, eine Musiklehrerin oder ein Sprachlehrer: Wenn von Ihnen Dinge erwartet werden, die Sie nicht mögen oder die Sie unangenehm berühren, verlangen Sie Einhalt. Sexuell gefärbte Kontakte sind in keinem Fall Bestandteil der Ausbildung und können Ihre Erfolge erheblich schmälern oder gar unmöglich machen.

Wann stimmt es am Arbeitsplatz nicht mehr?

Das Arbeitsrecht verbietet ausdrücklich jede Form von sexueller Belästigung am Arbeitsplatz. Dazu gehören anzügliche Bemerkungen, das Zur-Schau-Stellen pornografischer Bilder wie auch jede Form von ungewollter körperlicher Berührung. Ihr Arbeitgeber ist verpflichtet, Sie vor derartigen Belästigungen zu schützen. Wenden Sie sich an betriebliche oder öffentliche Beratungsstellen, wenn Sie sich in Ihrer körperlichen und persönlichen Würde verletzt fühlen.

Was können Sie tun?

Wann immer Sie sich in einer fachlichen Beziehung unwohl fühlen, besprechen Sie dies in erster Linie mit der jeweiligen Fachperson. Niemand sollte Sie als blöde, kleinlich oder dergleichen hinstellen, wenn Sie Fragen haben zum Verhalten. Akzeptieren Sie keine Drohungen! Wenn Ihr Therapeut oder Ihr Ausbilder nicht zu einem offenen Dialog bereit ist, müssen Sie sich zu Recht überlegen, ob dieser Ort für Sie der richtige ist. Bleiben nach einem derartigen Gespräch Zweifel zurück, sollten Sie sich weitere Schritte überlegen. Eine Möglichkeit könnte ein Gespräch mit einer Vertrauensperson sein. Oder ziehen Sie eine Beschwerde in Betracht? Lassen Sie sich beraten – Sie behalten in jedem Fall die Entscheidung über weitere Schritte. Eine Beschwerde zu erheben oder eine Anzeige gegen einen Seelsorger, einen Lehrer oder den eigenen Therapeuten zu erstatten, kann für Sie sehr schwierig sein. Bedenken Sie folgendes:

– Sexuelle Kontakte in fachlichen Beziehungen stellen nie eine akzeptierte Beziehungsform dar. Ein derartiges Verhalten durch einen Arzt, einen Therapeuten, einen Lehrer oder einen Seelsorger stellt eine grobe Verletzung der berufsethischen Richtlinien dar.
– Sexuelle Kontakte mit einer Fachperson sind nicht Ihr Fehler! Unabhängig von den jeweiligen Umständen können Sie ein fachlich korrektes Verhalten erwarten. Der Fachmann ist dafür verantwortlich, dass die fachlichen Grenzen gewahrt bleiben. Geschädigt sind in erster Linie Sie.

Viele Fachleute, die mit ihren Klienten intim werden, haben solche Kontakte mit mehreren Personen. Wenn niemand zu einer Beschwerde bereit ist, kommen meistens weitere Menschen durch dieselbe Person zu Schaden.

Betrifft ein Missbrauch Ihren Arbeitsort, lassen Sie sich von der Beratungsstelle des Betriebes über Ihre Rechte und Möglichkeiten informieren. Unter Umständen empfiehlt es sich, einen Juristen zu konsultieren. Auch hier gilt: Lassen Sie sich beraten, über die weiteren Schritte haben einzig Sie zu befinden.

Vorgehensweise

Wenn Sie eine Anzeige erstatten oder eine Beschwerde erheben wollen, liegt ein mühevoller und oft langer Weg vor Ihnen. Es ist deshalb besonders ratsam, eine geeignete Unterstützung durch Personen zu haben, auf die Sie sich verlassen können. Verwandte, Freunde, Mitarbeiter, Selbsthilfegruppen, eine Folgetherapeutin, ein Rechtsanwalt, eine Opferhilfestelle können Ihnen eine wertvolle Hilfe sein, die Ihnen mehr Sicherheit gibt. Eine Folgetherapie zur Aufarbeitung Ihrer Verletzung kann sinnvoll sein. Es ist nicht erstaunlich, dass Sie verunsichert und unschlüssig sind und den Fachleuten wenig Vertrauen entgegenbringen können. Besprechen Sie derartige Schritte und Empfindungen mit Ihrer Vertrauensperson.

Versuchen Sie einen Therapeuten ausfindig zu machen, der Erfahrung mit Opfern von sexuellen Übergriffen hat. Er kann Sie in den weiteren Schritten kompetent beraten und wird Ihnen wichtige Informationen geben können. Bietet die Berufsorganisation der ausbeutenden Fachperson, die betreffende Kirchgemeinde oder die Gewerkschaft etc. eine entsprechende Beratungsstelle an, können Sie sich an diese Fachleute wenden. In der Regel sind die Berufsorganisationen nicht für die Berufszulassung zuständig, sie leisten jedoch einen wesentlichen Beitrag zur Überwachung der Berufsausübung. Die meisten Berufsorganisationen verfügen über ein verbandsinternes Schiedsgericht bei Fragen von berufsethischen Verstößen.

Die meisten Therapeuten sowie alle Ärzte verfügen über eine staatliche Berufszulassung. Die Bewilligungsbehörde ist in der Regel den Gesundheitsministerien angegliedert und ist entweder eine Behörde oder eine öffentlich-rechtliche Institution. Die Möglichkeit von zivil- oder straf-rechtlichen Klagen müssen Sie mit einem Anwalt abklären. Ausbilder un-terstehen der jeweiligen Institution, Seelsorger der jeweiligen Kirchen-organisation.

Benötigen Sie weitere Hilfe, können Sie sich an Opferberatungsstel-len wenden. Neben Beratung bieten diese Stellen unter Umständen auch finanzielle Hilfen an, oder sie vermitteln geeignete Fachleute für Thera-pien und Rechtsberatung.

Dank

Allen Frauen und Männern, die sich als Betroffene von Missbrauchsituationen mit ihrem Leid und ihrer Verzweiflung an mich als Fachmann gewandt haben, möchte ich danken. Zuweilen bin ich an meine Grenzen gestoßen, habe jedoch viel von ihnen lernen können – zuhören und nicht wegschauen ist bei der Bearbeitung solcher Probleme besonders wichtig. Wurde ich vor Jahren mit der Thematik von sexuellen Übergriffen konfrontiert, gab ich damals noch die schnelle Antwort: «Was geht es mich an, was zwei Erwachsene miteinander treiben. Die müssen schon selbst wissen, was sie tun ...» Die Rede ist von sexuellen Kontakten zwischen Erwachsenen im Rahmen einer Behandlung, Beratung oder einer Ausbildung, die nur oberflächlich betrachtet ohne Gewalt und mit beiderseitigem Einverständnis stattfinden.

Ich danke meinem Mentor und Lehrer Gary Schoener für seine Unterstützung meiner Arbeit. Seine über 30-jährige Erfahrung mit missbrauchenden Fachleuten verschiedener Disziplinen fließt direkt und indirekt in mein eigenes Werk ein. Das vorliegende Werk greift auf seine immense Vorarbeit zurück und übernimmt viele Erfahrungen und Konzepte. Mein Dank gilt auch allen Mitgliedern von Advocateweb.org, einem Internetdiskussionsforum für Betroffene und Fachleute. Dieser internationale Austausch öffnete immer wieder die Augen für Fragestellungen und Überlegungen, die weit über meinen Fachbereich hinausgingen. Das Internet mit seinen technischen Möglichkeiten erweist sich vor allem auch für die Opferberatung als wahre Quelle von Inspiration und Unterstützung. Der anonyme Zugang bietet Opfern von sexuellen Übergriffen eine hervorragende Beratungsmöglichkeit, weil niemand befürchten muss, sein Gesicht zu verlieren.

Danken möchte ich auch Ingrid Huelsmann, Cornelia Kranich Schneiter und Hans Strub für den fruchtbaren Austausch und die gemeinsame Arbeit. Zusammen haben wir AGAVA (Arbeitsgemeinschaft gegen Ausnutzung von Abhängigkeitsverhältnissen) ins Leben gerufen. Das breite Echo auf die transdisziplinäre Vorgehensweise von AGAVA bestätigt, dass eine vertiefte Auseinandersetzung mit der Thematik gesucht und gewünscht wird. Das vorliegende Werk trägt dieser Entwicklung Rechnung. Ein ganz besonderer Dank gilt Peter Gehrig, der mir in fachlicher und menschlicher Hinsicht viel geholfen hat. Bei der Zusammenarbeit mit ihm streiften wir interessante Themengebiete und merkten, dass wir zwar einiges zu verstehen begannen, dafür immer wieder mit neuen Fragestellungen konfrontiert wurden.

Auch den Mitgliedern der Schweizerischen Arbeitsgemeinschaft gegen Sexuelle Übergriffe in Abhängigkeitsverhältnissen möchte ich meinen Dank aussprechen. Der fachliche Austausch und die Unterstützung für meine Arbeit waren über Jahre hinweg für mich oft sehr hilfreich. Danken möchte ich auch den Mitarbeiterinnen an den Nottelefonen, die bei ihrer Arbeit oft allein und ohne Unterstützung die schwierigen Beratungen durchführten.

Ich danke meinen Lehrern, Kolleginnen und Kollegen meiner eigenen Fachdisziplin, insbesondere Julia Pestalozzi, Philipp Hauser und Wolf Langewitz, welche meine eigene Arbeit supervisierten und begleiteten. Von Joe Sullivan lernte ich Täterstrategien und mögliche Interventionstechniken kennen, Frank Urbaniok zeigte mir die Therapiemöglichkeiten von Sexualdelinquenten. Danken möchte ich auch meiner Praxispartnerin Monique Hager für die unzähligen Anregungen, die sie mir über Jahre hinweg vermittelte.

Mein besonderer Dank geht auch an Emmy und Gebhard Sprenger-Frick für die großzügige Überlassung ihres Ferienhauses im sonnigen Florida. Mit der steten Brandung des Meeres in den Ohren habe ich diese Arbeit begonnen.

Aufs herzlichste möchte ich mich bei Judith Pok und Beat Bruderer für ihre Bereitschaft bedanken, das Manuskript als kritische Leser durchzuarbeiten. Sie haben mir konstruktive und wertvolle Anregungen vermittelt, welche in das vorliegende Werk eingeflossen sind und es verständlicher werden ließen.

Dank einem großzügigen finanziellen Beitrag durch das Bundesamt für Gesundheitswesen in Bern wurde die Realisierung dieses Werkes erst möglich.

Stimme eines Opfers

Es fällt mir nicht so leicht, in meine lange Leidensgeschichte abzutauchen, um dieses Vorwort zu schreiben. Ich dachte, es ist einfacher. Mit meiner Geschichte einen Beitrag zur Aufklärungsarbeit auf dem Gebiet der Grenzverletzungen in professionellen Beziehungen leisten zu können, freut mich trotzdem. Irgendwie bedeutet es für mich, meinem Leiden nachträglich einen anderen Sinn zu geben. Hoffentlich werden durch dieses Buch einige Menschen davor verschont, in eine solche Missbrauchssituation zu geraten.

Meine Geschichte ist die: Nach einer sehr schwierigen Kindheit stürzte ich mich mit 20 Jahren in eine Ehe. Sie scheiterte nach 4 Jahren wegen sexueller Schwierigkeiten. Schon nach kurzer Zeit stellten sich dieselben Probleme auch in meiner darauffolgenden Beziehung ein. Ich entschloss mich, bei Dr. W. eine analytisch orientierte Gesprächstherapie zu beginnen. Ich war wirklich verzweifelt und habe mich deshalb genau erkundigt, damit ich zu einem guten, seriösen Arzt komme. Dieser Arzt wurde mir als besonders gut empfohlen.

Die Beziehung zum Therapeuten entwickelte sich sehr schnell in eine gute Richtung. Ich habe ihm vertraut und konnte auch eindeutige Klärungen und Fortschritte in meiner Entwicklung zur eigenen Persönlichkeit spüren. Bald jedoch verliebte ich mich heftig in Dr. W. Da ich viel über Psychotherapien gelesen hatte, wusste ich, dass dies zu einer Therapie durchaus dazugehören darf und damit auch analytisch gearbeitet werden kann. Mein ganzes Leben begann sich nur noch um Dr. W. und die 2 Stunden pro Woche zu drehen. Dort konnte ich ihn sehen und vielleicht beim nächsten Mal über meine Gefühle reden. Aber erst nach 4 Jahren habe ich den Mut aufgebracht, mit ihm über meine Wünsche und Gefühle zu sprechen. Er reagierte total unverwartet und ging auf meine Gefühle und Wünsche ein! Er erklärte, dies therapeutisch verantworten zu können. Es würde mir helfen, an die Unklarheiten in meiner Vaterbeziehung heranzukommen. Ich solle aber mit niemandem darüber reden. Dies könne falsch verstanden werden.

Ich war glücklich und unglücklich zugleich. Die Beziehung zu meinem Lebenspartner hat sehr darunter gelitten. Ich wusste nicht mehr, wo ich hingehörte. Fragen quälten mich: «Was ist das, was ich da mit Dr. W. mache? Liebt er mich? Ich liebe doch auch meinen Lebenspartner. Zu wem will ich? Zu wem gehöre ich?» Trotzdem habe ich immer an die Seriosität der Therapie geglaubt. Mein Lebenspartner und ich haben uns dann entschlossen, eine gemeinsame Sexualtherapie zu machen. Es war der Schritt aus der Beziehung zu Dr. W. heraus. Ich wusste, jetzt muss ich es tun. Mein Lebenspartner und ich wollten ein Kind. Die Tochter wurde geboren und die Therapie mit Dr. W. wurde nach 6 Jahren ‹erfolgreich› abgeschlossen.

Leider war damit überhaupt nichts abgeschlossen, geschweige denn meine körperlichen Probleme auf dem Wege der Heilung. Trotzdem haben wir alles versucht. Die gemeinsame 4-jährige Paartherapie war eine klärende Zeit mit einem sensiblen und hervorragenden Fachmann. Aber auch er hat das Thema Dr. W. nicht richtig erkannt – was er später sogar schriftlich bedauerte. In der Zwischenzeit kam auch unser zweites Kind zur Welt. Aber unsere Beziehung – unterdessen eine Ehe – ging nach 14 Jahren in die Brüche. Er hatte keine Geduld mehr. Ich kann das irgendwie verstehen, er fand eine Frau, mit der es im Bett keine Probleme gab und gibt.

Meine nächste Hölle begann. Wir wohnten zu der Zeit in München. Ich habe es dort wegen der neuen Beziehung meines Mannes nicht mehr ausgehalten und zog mit meinen Kindern nach Basel. Ich habe unbeschreiblich unter der Trennung von meinem Mann gelitten. Ich wurde geschüttelt von Angst- und Panikzuständen, konnte in keinen großen Supermarkt mehr gehen, kaum in öffentliche Verkehrsmittel, keine Restaurants, konnte nicht mehr reisen, nicht ins Kino, Elternabende waren der nackte Horror. Ich hatte schlimmste körperliche Zustände, die mich zu Herz-, Nerven- und Magenspezialisten zur Abklärung brachten. Alles wurde zum Kampf. Trotzdem musste ich für die Kinder da sein, die klassische fröhliche alles-im-Griff-habende, alleinerziehende Mutter sein – das war auch gut so, sonst hätte man mich sicher in eine Klinik einliefern müssen.

Die nächste Runde in der Odyssee von Therapie begann. Ich habe Stunden, Geld, Zeit und Energie verbraucht. Vater, Mutter, Kindheit alles wurde unter die Lupe genommen. Ich habe mich immer wieder einigermaßen aufgerappelt und wurde als erfolgreich behandelt entlassen. Trotzdem kamen die Ängste immer wieder. Wieder habe ich Hilfe bei Fachleuten gesucht.

Allen Therapeuten habe ich irgendwann in den Therapien gesagt, dass es zu Körperlichkeiten mit Dr. W. gekommen ist. Keiner hat darauf reagiert. Es war das große Schweigen.

Endlich 12 Jahre nach Abschluss der ‹Therapie› mit Dr. W. kam ich in eine Gruppe von Angst/Panik-Patienten und endlich hat einer verstanden, was ich zu sagen hatte. Diese Gruppe wurde von meinem Hausarzt geleitet, der auch Psychosomatik-Spezialist ist. Es hat mich sehr gut gekannt, ich konnte ja stundenlang über mich Auskunft geben nach all den Therapien. Aber warum ging es mir nicht besser? Auch bei ihm erwähnte ich die Geschichte mit Dr. W. Ich werde nie vergessen, wie erstaunt und verblüfft er reagierte. Es war eine Entdeckung, eine Enthüllung. Der blinde Fleck wurde entdeckt. Endlich. Er hat mich sofort zu Dr. Tschan, dem Autor dieses Buches, überwiesen.

Es ist fast nicht zu glauben, aber nach all den Jahren und Fachleuten habe ich zum ersten Mal gehört, dass ich das Opfer eines Missbrauchs wurde. Ich konnte und wollte es fast nicht glauben. Aber mit Hilfe und Begleitung konnte ich endlich hinsehen.

Es stellte sich im Verlaufe der Therapie heraus, dass ich in meiner Kindheit missbraucht wurde, beziehungsmäßig, seelisch und auch körperlich. Dies wurde durch das Verhalten von Dr. W. blockiert. Es konnte nicht aus mir raus.

Ich habe mittlerweile alles – fast alles – aufarbeiten können und Dr. W. beim Ärzteberufsverband angezeigt. Leider ist dies auch dort ein Tabuthema. Sie haben sich hinter der Verjährungsklausel des Staates verschanzt. Mein nächster Schritt war die Ombudsfrau des Kantons. Dr. W. wurde vorgeladen und konnte sich an nichts erinnern. Pikantes Detail: er wurde von ihr gemahnt, dass er meine Tagebücher zurücksenden solle, die ich ihm vor 13 Jahren dort gelassen habe – ich wollte mir eine Möglichkeit des Wiedersehens offen lassen, damals. Er hat mir alle zurückgeschickt, außer das eine mit schwarzen-weissen Tupfen – was da drin stand, würde ihn juristisch belasten …

Heute lebe ich sehr, sehr glücklich mit meinen Kindern, habe seit 3 Jahren eine spannende und liebevolle Beziehung, in der meine ehemaligen Probleme nur noch am Rande eine Rolle spielen. Ich habe auch eine gute Beziehung zu meiner Mutter und meinem verstorbenen Vater. Die Beziehung zu meinem Exmann ist leider immer noch großen Schwankungen unterlegen. Aber so ist es nun mal.

Ich habe gelernt, meine Vergangenheit als Chance zur Veränderung zu sehen. Nur durch meine Vergangenheit bin ich die Frau, die ich heute bin. Und ich mag diese Frau sehr gerne und liebe es, mit mir zu sein.

Dr. W. scheint immer noch als Therapeut zu arbeiten. Vielleicht hat er auch andere Frauen missbraucht und tut es noch. Es bleibt selten bei einem einzelnen Missbrauch. Dr. W. wurde von der Ombudsfrau gerügt, gemahnt – mehr ist von offizieller Stelle nicht passiert. Es kümmert niemanden.

Ich bin froh, dass Herr Tschan dieses Buch geschrieben hat. Es tut gut zu wissen, dass sich Menschen um diese Thema sorgfältig kümmern, zugunsten der Opfer und Täter.

Zum Geleit

Beim Tatbestand des sexuellen Missbrauchs oder Übergriffs denken wir meist eher an Vergehen gegenüber Minderjährigen oder an Vergewaltigungen als an die sexuelle Ausnutzung professioneller Abhängigkeitsverhältnisse. Das wird sich durch die Lektüre dieses wichtigen Buches ändern.

Es geht Werner Tschan, der als Therapeut von Opfern wie Tätern solchen Missbrauchs seit vielen Jahren mit dieser Problematik vertraut und beschäftigt ist, in aller Konsequenz darum, Wege der Vermeidung zu finden und zu beschreiten. Eine wesentliche Voraussetzung hierfür ist eine realistische Wahrnehmung des Problems.

In ruhiger Deutlichkeit zeichnet er daher ein Bild von den vielfältigen Erscheinungsformen solchen Missbrauchs, dessen paradigmatische – aber eben keineswegs einzigartige – Variante der Geschlechtsverkehr zwischen Ärzten bzw. Therapeuten und ihren Patientinnen ist. Ob es sich um ‹handfesten Sex› oder um ‹bloß› emotionalen Missbrauch geht, ob es sich um ein einmaliges Geschehen oder um eine anhaltende intime Beziehung handelt: Ethisch gesehen ist hier immer eine Verletzung des Selbstbestimmungsrechts des Opfers erfolgt oder zu befürchten. Diese Verletzung kann mit erheblicher Schädigung der Betroffenen einhergehen, etwa mit Minderwertigkeitsgefühlen, Depression und Verzweiflung, mit Schuldgefühlen oder sexuellen Störungen. Aber, so könnte man einwenden wollen, sind diese Auswirkungen eines ‹gescheiterten Liebesverhältnisses› nicht überall verbreitet? Sind nicht doch in manchen Fällen die Opfer ganz selbstbestimmt zum Initiator des Übergriffs geworden, indem sie auffordern, einladen, einwilligen? Muss man hier nicht doch differenzieren?

Werner Tschan kennt diese Einwände nur allzu gut: Keineswegs nur Täter führen sie an, in der Absicht, ihre eigene moralische Verantwortung zu relativieren. Eine ‹blaming the victim›-Haltung mag jedenfalls einer der Gründe dafür sein, dass – wie der Leser lernen wird – solche sexuellen Übergriffe so häufig vorkommen können, dass sie unter anderem in der Schweiz rechtlich so unzureichend gehandhabt werden, dass die berufsmoralischen Verbote, die es durchaus gibt, so wenig ausrichten. Aus meiner Sicht als Medizinethikerin besteht daher eine wesentliche Funktion dieses Buches darin, durch reiches und sorgfältig analysiertes Anschauungsmaterial die ethische Grundstruktur des Problems zu verdeutlichen und Argumente für eine rigorose Prävention zu liefern. Immer nämlich finden die in Rede stehenden Missbräuche in einem Verhältnis der Abhängigkeit und meist der professionell bedingten Vertrautheit statt, das die Opfer manipulationsanfällig macht. Was bei direkter Nötigung so offensichtlich ist, findet eben auch bei scheinbar autonomer Zustimmung des Opfers zu einer sexuellen Beziehung statt. Die spezifische Situation einer abhängigen Beziehung verhindert die Bedingungen selbstbestimmten Entscheidens. Da wird – aus der Perspektive des Opfers – die Sphäre des Professionellen mit dem Privaten verwechselt, werden therapeutische Zuwendung und Nähe als Liebe missdeutet etc. Hier öffnen spätestens Werner Tschans Darstellungen dem Leser die Augen und verdeutlichen, wie wichtig ein hinsehender gesellschaftlicher Umgang mit dem Problem, seine strikte gesetzliche Handhabung und seine Behandlung in der professionellen Ethik sind. Er zeigt hier Mängel auf, macht dezidierte Vorschläge und trägt damit – so darf man hoffen – zu einer angemesseneren Bewertung und Bewältigung des bedrückenden Missbrauchsproblems bei.

Dr. med. Dr. phil. habil. Bettina Schöne-Seifert

Zentrale Einrichtung für Wissenschaftstheorie und Wissenschaftsethik der Universität Hannover

Fachliche Kommentierung

Grenzen bestehen überall in der Natur, zwischen Ländern und in sämtlichen Beziehungen der Menschen untereinander. Der amerikanische Dichter Robert Frost vermerkte, obwohl er Zäune nicht mochte, in seinem Gedicht ‹Mending Wall›: «Gute Zäune schaffen gute Nachbarn.»

Grenzen sind entscheidend für die Definition von Beziehungen zwischen Nationen und zwischen Menschen. In beruflichen Beziehungen helfen sie, die professionelle Arbeit zu garantieren. In Situationen, in denen ein Machtgefälle existiert – Arzt/Patient, Arbeitgeber/Arbeitnehmer, Lehrer/Schüler – helfen Grenzen, die Integrität der Beziehung zu schützen.

Die erste der sozialen Professionen, die ihre Rolle definierten, war die Medizin. Sokrates (‹Die Republik, Buch 1, Abschnitt 342›) zitierte Plato (427–347 v. Chr.):

«Stimmt es nicht auch, dass kein Arzt, sofern er ein Arzt ist, erwägt oder vorschreibt, was im Interesse des Arztes ist – sondern suchen sie nicht alle das Beste für ihre Patienten?»

Ein frühes Prinzip der griechischen Medizin war: Primum nil nocere (richte keinen Schaden an). Diese Worte finden ihren Niederschlag in dem Wortlaut des ‹Eides›, von den Historikern ‹Corpus Hippocratum› genannt, der wahrscheinlich bekanntesten der medizinischen Schriften in der alten Bücherei von Alexandrien in Ägypten:

«Wessen Haus ich auch besuche, ich komme um das Wohl des Kranken, bleibe frei von allem vorsätzlichen Fehlverhalten, allem Schaden und besonders von sexuellen Beziehungen mit weiblichen oder männlichen Personen, seien sie Freie oder Sklaven.»

Zu verschiedenen Zeitpunkten während der nachfolgenden zweiundzwanzig Jahrhunderte finden sich Hinweise auf das Thema des sexuellen Kontaktes zwischen Ärzten und Patienten. Nachdem Frederick Anton Mesmer, der Begünder des Mesmerismus oder animalischen Magnetismus, seine Praxis nach Paris verlegt hatte, gab Ludwig XVI, der König von Frankreich, besorgt über diese neue medizinische Technik, im Jahr 1784 einer Gruppe berühmter Ärzte und Wissenschaftler den Auftrag zu untersuchen, ob der Mesmerismus durch unethische französische Ärzte zur sexuellen Ausnutzung von Frauen angewendet werden könnte. Die Untersuchungskommission, die vom amerikanischen Diplomaten und Wissenschaftler Benjamin Franklin geleitet wurde, befand, dass ein solches Risiko sehr wohl existiere.

Während des Mittelalters gab es ähnliche Bedenken in Bezug auf den Klerus, einschließlich Fällen von Ausschweifung und sexuellem Missbrauch von Kindern.

Ein Fall sexueller Ausbeutung eines weiblichen Gemeindemitglieds, das seelsorgerische Beratung durch den berühmten Geistlichen Henry Ward Beecher erhalten hatte, erlangte 1874 große öffentliche Aufmerksamkeit in den Medien und führte zu einem Kampf zwischen verschiedenen Fraktionen der frühen feministischen Bewegung in den USA. Unter anderem verteidigte Beechers Schwester, Harriet Beecher Stowe, Autorin von ‹Onkel Toms Hütte›, den Pastor.

Die frühe psychoanalytische Bewegung in Europa, Kanada und den USA kennt verschiedene Beispiele von sexuellen Kontakten zwischen Therapeuten und Patienten, obwohl die Aufmerksamkeit für diese Probleme sich erst im letzten Viertel des 20. Jahrhunderts entwickelte, mit Büchern wie Carotenutos ‹Tagebuch einer heimlichen Symmetrie: Sabina Spielrein zwischen Jung und Freud›, das 1982 in Italien veröffentlicht wurde und 1984 in englischer Übersetzung erschien. Tatsächlich führte die romantische Beziehung von C. G. Jung mit seiner Patienten Sabina Spielrein zu einem beachtenswerten Briefwechsel mit Sigmund Freud.

In den frühen 1970er Jahren erschienen in der amerikanischen Psychiatrie-Literatur erstmals Studien und Beiträge, die detailliert das Vorkommen und die Häufigkeit sexueller Kontakte zwischen Fachleuten und ihren Patienten beschrieben. Besorgnis über den Klerus entwickelte sich explosionsartig Mitte der 1980er Jahre und betraf sowohl den sexuellen Missbrauch von Kindern als auch den von Erwachsenen. In den frühen 1990er Jahren wurde Geschlechtsverkehr zwischen Ärzten und Patienten in der kanadischen Provinz Ontario zum Hauptthema, das schließlich das ganze Land erfasste. Neue Standards wurden definiert, ethische Kodexe modifiziert, und es erschien eine Vielzahl von Beiträgen und Büchern zum Thema. Die Thematik wurde definiert als ‹sexuelle Ausbeutung durch Fachleute›.

Wichtige internationale Konferenzen wurden in Minneapolis, MN, USA (1986 und 1992), Toronto, Ontario, Kanada (1994) und Boston, MA, USA (1998) veranstaltet. Zwei australisch-neuseeländische Konferenzen fanden 1996 und 1998 statt. Lokale und regionale Workshops zum Thema wurden in verschiedenen Ländern abgehalten, unter anderem in Norwegen, England, Irland und Dänemark.

Im September 2000 hat die Arbeitsgemeinschaft gegen die Ausnutzung von Abhängigkeitssverhältnissen (AGAVA) den ersten Schweizer Kongress zur ‹Ausnutzung von Abhängigkeitsverhältnissen› durchgeführt. Dr. Werner Tschan, der Autor dieses Buches, spielte bei der Vorbereitung des Kongresses eine wichtige Rolle und hat – als Teil des Programms – seine Arbeit zum Thema ‹professionelle Grenzen› präsentiert. Anders als ihre Vorläufer untersuchte diese Konferenz auch die Thematik der sexuellen Belästigung am Arbeitsplatz. Dieser Bereich hat in Europa und Nordamerika im Verlauf des 20. Jahrhunderts kontinuierlich an Bedeutung zugenommen, und während der späten 1970er Jahre wurde daraus, im Zusammenhang mit dem zunehmenden Einfluss des Feminismus, eine wichtige Thematik. Die Ähnlichkeit der Themen ‹sexuelle Ausbeutung› und ‹sexueller Missbrauch› am Arbeitsplatz hatte zu tun mit dem ‹Machtgefälle› zwischen Vorgesetztem und Arbeiter, Fachperson und Klient, Pfarrer und Gemeindemitglied.

Die Thematik ‹Macht und Machtgefälle› kam im feministischen Gedankengut sowie in einer Anzahl anderer Bereiche wie Religion, Gesundheitswesen und Sozialwissenschaften auf. In der Tat schrieb der Philosoph Bertrand Russell in seinem 1938 erschienenen Buch ‹Macht›:

«Das fundamentale Konzept in der Sozialwissenschaft ist Macht, auf dieselbe Weise wie Energie das fundamentale Konzept in der Physik ist» [Kapitel 1, ‹Der Antrieb der Macht (The Impulse to Power)›].

George Bernard Shaw warnte im 3. Akt seines Stücks ‹Major Barbara›: «Du kannst nicht für immer Macht für Gutes haben, ohne auch die Macht für Böses zu haben».

In der Tat, die Macht, welche Fachleute und andere in ihrer beruflichen Rolle haben, wurde zu einem allgemeinen Anliegen. Das Bewusstsein darum spielte eine Rolle in der wachsenden Beachtung der ethischen Verpflichtung, ‹Einwilligung› (informed consent) von Klienten und Patienten zu erhalten – was in den zwanzig Jahrhunderten davor keine Rolle gespielt hatte. Im Gesetzeswesen hat sich das Konzept der treuhänderischen Beziehung (fiduciary relationship) entwickelt, die das Gesundheitswesen und schließlich auch die Religion charakterisierte. Dieses Konzept besagt, dass eine Person in einer Vertrauensposition – der Treuhänder – die Pflicht hat, zu allen Zeiten im besten Interesse des Patienten oder Klienten zu handeln.

Während desselben Zeitraums begann der Schwerpunkt des Interesses sich zu verschieben: Man wollte verstehen, wie es zu sexuellen Kontakten zwischen Geistlichen, Psychotherapeuten und anderen in ‹helfenden› Berufen Tätigen und ihren Patienten kommt. Dies beinhaltete auch die Beachtung ‹früher Warnzeichen›, die Patienten oder andere Fachleute ernst nehmen sollten. Es war klar, dass zwar manche Fachleute Soziopathen waren und schlicht die Verletzbarkeit der ihrer Obhut Anvertrauten ausnutzten, dass aber auch andere, die ihren Beruf ethisch verantwortungsbewusst ausübten, in solche Beziehungen geraten konnten.

Mit der Zunahme der klinischen Erfahrung und weiterer Forschung erschien das Konzept des ‹Slippery Slope› (rutschiger Abhang) in den Schriften von Psychiatern wie Dr. Robert Simon. Aber erst seit ungefähr einem Jahrzehnt wird die Bedeutung des Slippery Slope besser verstanden. Forscher und Kliniker begannen ihre Untersuchungen zu einer Anzahl von Themen zu publizieren, die sich auf die ‹Grenzen zwischen Fachleuten und ihren Patienten, Klienten oder Kirchenmitgliedern› bezogen. Statt lediglich den sexuellen Kontakt zu untersuchen, wurden alle Formen von physischen Kontakten untersucht. Soll ein Psychiater einen Patienten, soll ein Pfarrer ein Gemeindemitglied umarmen? Spielt Alter eine Rolle? Das Geschlecht? Dies weitete sich aus auf Untersuchungen zum Geben und Nehmen von Geschenken, persönlichen Enthüllungen durch den Experten, zu sozialen Kontakten außerhalb der Arbeitsräume und zu vielen anderen Aspekten.

Gerichtsverfahren gegen Berufsfachleute wegen sexueller Überschreitungen der Grenzen zu ihnen Anvertrauten waren im Laufe der späten 1970er Jahre an der Tagesordnung. Selbst in den frühesten Verfahren stellten Grenzverletzungen, die nicht lediglich sexuelle Berührungen betrafen, ein Thema dar. Tatsächlich hat bei der historischen Entscheidung im amerikanischen Fall ‹Zipkin vs. Freeman› 1968 das Gericht entschieden, dass Dr. Freeman, der Psychiater, das Übertragungsphänomen falsch gehandhabt habe, und schloss:

«... der Schaden wäre Frau Zipkin auch dann zugefügt worden, wenn die Reisen außerhalb des Staates durch eine Gouvernante begleitet worden wären, wenn mit Badeanzug geschwommen worden wäre, und wenn Gesellschaftstanz statt eines sexuellen Kontakts stattgefunden hätte.»

Klinische Erfahrung zeigte ebenfalls, dass Patienten, Klienten und Gemeindeangehörigen durch Grenzverletzungen dieser Art geschadet werden konnte, auch wenn kein sexueller Kontakt stattfand. Die Entstehung einer engen, persönlichen, aber nichttherapeutischen Beziehung kann den

Hilfeprozess untergraben oder Schaden anrichten, auch ohne sexuellen Kontakt. Auch wurden bei Regulierungsbehörden wie den Zulassungsbehörden Beschwerden eingereicht über Grenzverletzungen, die sich nicht auf sexuelle Übergriffe bezogen.

Erst 1994 wurde mit dem Buch ‹Grenzen einhalten: Die Aufrechterhaltung von Sicherheit und Integrität im psychotherapeutischen Prozess› (‹Keeping Boundaries: Maintaining Safety and Integrity in the Psychotherapeutic Process›) des Psychiaters Richard Epstein ein umfassender Text zu diesem Thema veröffentlicht. 1995 wurde das Buch ‹Grenzen und Grenzverletzungen in der Psychoanalyse› (‹Boundaries and Boundary Violations in Psychoanalysis›) der Psychiater Glen Gabbard und Eva Lester publiziert. Andere einschlägige Bücher folgten. Einige behandelten spezielle Themen wie die Berührung in der Psychotherapie, aber alle betrafen verschiedene Grenzprobleme.

Während dieser Zeit erschienen auch Schriften, die sich mit der Bewertung/Einschätzung und der Behandlung von Fachleuten beschäftigten, die Sex mit ihren Patienten hatten, oder von Geistlichen, die sexuellen Kontakt mit Gemeindeangehörigen hatten. Diese Schriften entwickelten sich ebenfalls zu Bewertungs- und Behandlungsmethoden von Fachpersonen, die Grenzen aller Art verletzten – nicht nur sexuelle.

Mit dem Ende des 20. Jahrhunderts begannen amerikanische und kanadische Fachleute mit ‹boundary training› erste Erfahrungen zu sammeln. Dieses Training reicht vom Suchen nach Wegen, Fachleute so zu schulen, dass sie bereits zu Anfang ihrer Laufbahn von Grenzverletzungen abgehalten werden, bis dahin, Zusatztraining oder Behandlung denjenigen zu bieten, die bereits Grenzen verletzt haben. Die Zielgruppe waren nicht Soziopathen oder potentielle Täter, sondern Fachleute, die nicht grundsätzlich Missbrauch begehen, sondern lediglich das Potential haben, Grenzen nicht einzuhalten.

Dr. Werner Tschan hat die bisher veröffentlichte Fachliteratur untersucht und ist ausgiebig gereist, um verschiedene Ansätze zur Bewertung von Grenzverletzungen sowie verschiedene Methoden und Werkzeuge, die zur Instruktion von Fachleuten über dieses Thema genutzt werden, kennen zu lernen. Dieses Buch spielt eine Vorreiterrolle bei sozialen Änderungsprozessen, es reflektiert die neuesten Erkenntnisse zu beruflichen Grenzen, zu deren Aufrechterhaltung wie auch Missachtung. Es handelt sich um eine bahnbrechende Arbeit, in der Methoden und Werkzeuge, die in Nordamerika entwickelt wurden, auf die Situation in Europa angewendet werden. Aber Dr. Tschan wendet nicht nur an, was andere entwickelt haben – er hat eigene innovative Ansätze erarbeitet und hat in der Schweiz versucht, Fachleute auf freiwilliger Basis zu einem ‹boundary training› zu bewegen, während in Nordamerika die Besuche des Trainings aufgrund der Forderung eines Arbeitgebers oder einer Zulassungsbehörde erfolgen.

Ich glaube, dass dieses Buch einen Meilenstein bilden wird, nicht nur in Bezug auf die Entwicklung dieser Konzepte in Europa, sondern überall in der Welt. Ich habe das Privileg, in diesen Prozess einbezogen zu sein und kann miterleben, wie die kreativen Lösungen von Dr. Tschan entstehen.

Gary R. Schoener, M. Eq.

Licensed Psychologist & Executive Director, Walk-In Counseling Center, Minneapolis, MN, USA

I Einführung

Dieses Buch soll sowohl Fachleuten und Personen in der Ausbildung wie auch einem breiteren Publikum die Hintergründe von sexuellen Missbräuchen in professionellen Abhängigkeitsverhältnissen (PSM, professional sexual misconduct) aufzeigen. Die Thematik wird innerhalb der betroffenen Fachdisziplinen sowie von der breiteren Öffentlichkeit sehr kontrovers diskutiert. Es gibt unzählige Stimmen, die von einer Aufbauschung sprechen und uns weismachen wollen, dass es sich um Einzelfälle handle. Das vorliegende Werk versucht, die empirischen Daten zu sichten und zu zeigen, welche Bedeutung der Missbrauchsproblematik in den unterschiedlichsten Berufsdisziplinen zukommt. Es soll auch Antworten auf viele Fragen geben, die in diesem Zusammenhang gestellt werden, so zum Beispiel: Was ist unter einem sexuellen, was unter einem emotionalen Missbrauch durch Fachleute zu verstehen? Wer wird Opfer solcher Missbräuche, gibt es Risikofaktoren auf Opfer- und Täterseite? Welches sind die Folgen für Betroffene und ihre Angehörigen? Welche Vorgehensweisen sind geeignet, missbräuchliches Verhalten durch Fachleute zu reduzieren oder zu verhindern? Was sind die Auswirkungen sexueller Belästigungen am Arbeitsplatz? Was unternehmen die einzelnen Institutionen und Berufsverbände? Welche Hilfsmöglichkeiten stehen für Betroffene zur Verfügung? Was soll mit Fachleuten geschehen, die ihre Klienten sexuell missbraucht haben? Mit diesem Buch möchte ich einen Beitrag liefern, Antworten auf diese und andere Fragen zu finden. Es soll auch mithelfen, die Situation von Opfern derartiger Übergriffe zu verstehen.

Die Ausnutzung von Vertrauensverhältnissen durch Fachleute kann im Gesundheitswesen, im Bildungsbereich oder Sport- und Freizeitbereich passieren. Die dabei zur Anwendung gelangenden Begriffe wie Opfer, Betroffene oder Überlebende bezeichnen dabei die jeweils im Vordergrund stehenden Aspekte, die sich durchaus über die Zeit wandeln können. Der Begriff Überlebende erfährt insofern eine Bedeutungserweiterung, als im vorliegenden Zusammenhang das Überleben einer inneren oder seelischen Katastrophe gemeint ist.

Die Arbeit mit Opfern von sexuellen Übergriffen in professionellen Beziehungen erschüttert Werte und Ansichten vieler Berater. Der vorliegende Text konfrontiert Sie als Leser mit unangenehmen und kontroversen Tatsachen. Viele der aufgeführten Beispiele und Überlegungen können Ihre Empfindungen nachhaltig erschüttern. Der Leser ist angesichts des schwierigen Themas aufgefordert, den Ausführungen möglichst vorurteilsfrei zu folgen und sich ein Stück weit in ein Neuland vorzuwagen. Das Werk ist didaktisch konzipiert, d. h., die einzelnen Kapitel beziehen sich inhaltlich aufeinander. Es ist daher besonders für Leser, die mit der Thematik nicht vertraut sind, ratsam, sich an die vorgegebene Reihenfolge zu halten.

Die Einführung in die Thematik macht den Leser mit der historischen Entwicklung vertraut. Dabei müssen vor allem die Unterschiede zwischen dem englischsprachigen Raum und der kontinentaleuropäischen Ausgangslage beachtet werden. Die Gräueltaten im Zusammenhang mit der Nazi-Schreckensherrschaft [1] haben die Diskussionen innerhalb der Medizinethik, insbesondere in Fragen zum Arzt-Patienten-Verhältnis, nachhaltig beeinflusst. Auch die unterschiedlichen Rechtssysteme behinderten die Entwicklung in Europa, wo beispielsweise in der Schweiz das Bundesgericht erst 1998 ein letztinstanzliches Urteil über den sexuellen Missbrauch durch einen Therapeuten zu fällen hatte, während in Nordamerika bereits 25 Jahre vorher solche höchstrichterlichen Beurteilungen erfolgten. Das Strafrecht muss zudem als primär tat- oder täterorientiert betrachtet werden, und die Interessen der Opfer fanden erst in letzter Zeit vermehrt Beachtung (z. B. Opfer-Hilfe-Gesetz in der Schweiz, 1993, in Deutschland und in Österreich die Strafmediation).

Nach wie vor gilt mehrheitlich die Auffassung, dass sexuelle Kontakte in Abhängigkeitsverhältnissen mit beiderseitiger Zustimmung stattfinden und somit den Willen beider Beteiligten ausdrücken. Wir untersuchen diesen Aspekt und gehen der Frage nach, ob damit das Auftragsverhältnis nicht dennoch verletzt wird. Weiter hat bei professionellen Übergriffen jedes Opfer einzeln die Tat und die Folgen zu beweisen, es gibt keine anerkannten Rechtsnormen, wie sie etwa bei sexuellen Übergriffen gegenüber Kindern existieren. Dies führte sowohl in Europa als auch im englischsprachigen Raum zu der grotesken Situation, dass Opfer psychiatrische Gutachten über sich ergehen lassen mussten, welche die Glaubwürdigkeit ihrer Aussagen hinterfragten. Die Täter hingegen konnten alles bestreiten und sich häufig getreu nach dem Grundsatz in dubio pro reo (im Zweifel für den Angeklagten) einer gerichtlichen Verurteilung entziehen. Dass dies unter anderem auch das Verhalten professioneller Beratungsstellen beeinflusste, die ihren Klientinnen und Klienten von einer Anzeige abrieten, muss nicht weiter erstaunen. Wenn schlussendlich durch Umfragen bei Behörden und Gerichtsinstanzen die Häufigkeit von sexuellen Übergriffen ermittelt wurde, so waren die erhobenen Daten kaum repräsentativ. Die Ergebnisse solcher Umfragen führten jedoch dazu, das Thema zu bagatellisieren und die Notwendigkeit von Maßnahmen zu bestreiten.

Werden Betroffene dagegen direkt befragt, kommt man zu wesentlich anderen Ergebnissen. Dies zeigen auch die Arbeiten, die in den letzten Jahren beispielsweise in der Schweiz im Rahmen des Nationalen Forschungsprogramms durchgeführt wurden, und deren Ergebnisse die internationalen Untersuchungen bestätigen. So ist zum Beispiel in der höheren Bildung (Fachhochschule, Universität, Musik-Konservatorium) davon auszugehen, dass rund 15% der Studentinnen und Studenten sexuelle Belästigungen erleben. Untersuchungen zur Häufigkeit von Belästigungen am Arbeitsplatz zeigen gemäß einer Schweizer Umfrage, dass 72% aller befragten Frauen im Laufe ihrer beruflichen Tätigkeit sexuell belästigt wurden. Es kann heutzutage auch nicht mehr bestritten werden, dass rund ein Drittel aller Frauen und 10–20% aller Männer im Laufe ihrer Kindheit und Adoleszenz sexuelle Gewalterfahrungen erleben. Ebenso muss davon ausgegangen werden, dass ca. 10% aller Psychotherapeuten und -therapeutinnen im Laufe ihrer Berufstätigkeit Patientinnen oder Patienten sexuell missbrauchen.

Im 2. Kapitel mache ich mit den allgemeinen Forschungsergebnissen zur Psychotraumatologie vertraut, damit die besonderen Situationen der sexuellen Übergriffe in Abhängigkeitsverhältnissen besser verstanden und beurteilt werden können. Historische und aktuelle politische Bezüge zeigen, in welchem Spannungsfeld sich psychotraumatologische Folgen und deren Gewichtung bewegen. Beim zeitlichen Verlauf der Traumabewältigung muss berücksichtigt werden, dass sich die Traumafolgen gelegentlich erst mit einer Jahre bis Jahrzehnte dauernden Latenz bemerkbar machen können. Durch die besondere und enge Beziehung von Opfer und Täter dauert es mitunter sehr lange, bis Geschädigte ihre Situation wirklich realisieren und entsprechende Schritte einzuleiten wagen. Oft ist es für die Betroffenen selbst vollkommen unfassbar, dass ihnen Menschen, denen sie Vertrauen entgegen gebracht haben, derartige Schäden zufügten. Wenn die Opfer zusätzlich, was oft genug der Fall ist, in der Wahrnehmung ihrer Rechte durch Fachleute falsch beraten werden, kann man sich die Verzweiflung bei den Opfern vorstellen, wenn sie schlussendlich an derartigen Barrieren scheitern.

Im Jugendstrafrecht wurden in verschiedenen Ländern entsprechend die Verjährungsfristen angepasst. Bei der rechtlichen Beurteilung von sexuellen Übergriffen in Abhängigkeitsverhältnissen stoßen diese Überlegungen jedoch auf erheblichen Widerstand, insbesondere unter Strafrechtswissenschaftlern. Mit der Ausdehnung der Verjährungsfristen, so wird befürchtet, leide die Rechtssicherheit. Will die Justiz jedoch dieser besonderen Kategorie von Verbrechen gerecht werden, müssen diese Latenzfristen berücksichtigt werden.

In den Kapiteln 3 und 4 werden die besonderen Konstellationen der Abhängigkeitsbeziehungen von Erwachsenen dargestellt. Das besondere Vertrauensverhältnis, welches die professionellen Beziehungen charakterisiert, bedingt bei betroffenen Opfern eine völlig anders gelagerte Reaktion, als sie etwa bei übergreifenden Verhalten im öffentlichen Raum zu beobachten ist. Die scheinbar konsensuelle Handlung muss auf dem Hintergrund der Folgen reflektiert werden. Weiter werden die Unterschiede zu sexuellen Übergriffen gegenüber Kindern dargestellt sowie die Unterschiede zu Vergewaltigung oder Schändung. Eine besondere Beachtung findet die Tabuisierung, die die gesamte Thematik durch die Fachwelt erfährt. Anschließend werden die einzelnen Berufsgruppen mit ihren unterschiedlichen Ausgangslagen aufgeführt. Die Darstellung der Situation in medizinischen Berufen nimmt insofern eine besondere Schrittmacherfunktion ein, als die Medizin auch historisch gesehen stets die ethische Dimension ihrer Tätigkeit reflektierte und kodifizierte. Dies rechtfertigt eine ausführlichere Darstellung.

Eine besondere Betrachtung erfährt der Missbrauch in einem Arbeitsverhältnis (Kapitel 5). Die Abhängigkeit der Angestellten erfährt hier zusätzlich eine existentielle Dimension, die nicht unterschätzt werden darf. Aufgrund von gesetzlichen Regelungen sind Arbeitgeber verpflichtet, ihre Mitarbeiter vor sexuellen Belästigungen zu schützen. Dabei ist einerseits bedeutend, wie sexuelle Belästigungen als Tatbestand definiert werden und welche besonderen Vorkehrungen der Arbeitgeber diesbezüglich treffen muss. So kann beispielsweise ein Arbeitgeber im Gesundheitswesen finanziell zur Rechenschaft gezogen werden, wenn ein Mitarbeiter wegen sexuelle Übergriffe gegen Mitarbeiter oder Patienten verurteilt wird. Aus Angst vor solchen Kosten haben Arbeitgeber begonnen, verbesserte Einstellungsprüfungen ihrer Mitarbeiter vorzunehmen, eine entsprechende Firmenpolicy (Verhaltenscodex für Mitarbeiter) zu entwickelten und die Mitarbeiter in regelmäßigen internen Weiterbildungen zu schulen. Auch die Folgen und Vorgehensweisen im Zusammenhang mit sexuellen Belästigungen werden ausführlich dargestellt.

Die Folgen von sexuellen Übergriffen durch Fachleute (Kapitel 6) können auf drei unterschiedlichen Ebenen betrachtet werden. In erster Linie sind natürlich die Opfer und ihre Angehörigen betroffen. Auch auf den Täter kommen, unabhängig ob der Missbrauch angezeigt wird, Folgen zu, schließlich ist auch der Berufsverband oder eine Institution mit Klagen und Vorwürfen konfrontiert. Die Auswirkungen und Folgen werden dargestellt und analysiert. Im 7. Kapitel wird die Situation der Betroffenen in der Beratungssituation ausführlich dargestellt. Aus mehrjähriger Erfahrung kann ich auf die wesentlichen Hilfestellungen wie auch auf Fehler hinweisen, die in der Beratungsarbeit unterlaufen können. Die Folgen von sexuellen Übergriffen auf Betroffene und ihre Angehörigen werden aus der Behandlungs- und Beratungsperspektive erklärt, ebenso die Auswirkungen der Verfahren, sofern ein Opfer sich überhaupt entschließt, eine Klage einzureichen. Kapitel 8 ist der Täterberatung gewidmet. Es kann aus der Sicht des Autors nicht genug betont werden, wie wichtig die dabei gewonnenen Erfahrungen insbesondere für die Beratung von Opfern geworden sind. Ich möchte an dieser Stelle aus Verständnisgründen auch darauf hinweisen, dass ein Helfer nie Opfer und Täter derselben Missbrauchssituation beraten bzw. behandeln darf – die Gründe werden ausführlich dargelegt. Aufgrund der therapeutischen Arbeiten mit Sexualstraftätern ist heute davon auszugehen, dass ein sexueller Missbrauch immer zuerst und in erster Linie ‹im Kopf› des Täters stattfindet. Missbräuchliches Verhalten ist erlernt und kann somit auch wieder verlernt werden. Die immer wieder aufgeführten Schutzbehauptungen der verführerischen Situation etc. werden als Konstrukt entlarvt, welche die Täter davor bewahren soll, zur Verantwortung gezogen zu werden.

Im folgenden Kapitel 9 werden die Konzepte für die Beratung von Institutionen, Organisationen und Behörden dargestellt. Besondere Beachtung erfährt dabei das Problem von falschen Aussagen der Täter. Die Abwehrreflexe, die Verleugnungsmechanismen und die Umkehrung der Opfer-Täter-Situation sind charakteristisch für die zu beobachtenden Reaktionsmuster der Täter bzw. der übergeordneten Institutionen. Schlussendlich werden die Möglichkeiten der Supervision insbesondere aus der Sicht und den Bedürfnissen einer Institution dargestellt.

Ein besonderes Kapitel ist Ausbildungs- und Weiterbildungsfragen gewidmet (Kapitel 10). Dabei wird insbesondere das Boundary Training als Ausbildungsmodell für alle helfenden und heilenden Berufe, aber auch für pädagogische Fachleute und Personalverantwortliche, vorgestellt. Ich selbst bin an der Entwicklung internationaler Standards für die Ausbildung von Fachleuten beteiligt und berichte über gewonnene Erfahrungen. Fragen zum Assessment (Beurteilung) und Rehabilitierbarkeit bilden ebenfalls ein eigenes Kapitel. Damit erfolgt die Überleitung zum letzten Themenbereich, nämlich zu Fragen der Prävention (Kapitel 12). Hier gilt als wichtigster Grundsatz, dass das Thema an sich als ein Problem akzeptiert werden muss. Solange Bagatellisieren und Verleugnen die nachhaltige Auseinandersetzung verhindern, laufen auch engagierte Fachleute in diesem Bereich Gefahr, als Außenseiter oder realitätsfremde Weltverbesserer hingestellt zu werden. Innerhalb der Justiz muss ein Paradigmenwechsel diskutiert werden, welcher der Situation von PSM besser Rechnung trägt als die heutige Regelung.

Am Ende des Buches findet sich ein Adressenverzeichnis von Beratungsstellen, die sich auf die Problematik des PSM spezialisiert haben. Über die aufgeführten Adressen können geeignete und erfahrene Fachleute für weiterführende Behandlungen gefunden werden. Ein abschließendes Glossar mit den wichtigsten Fachbegriffen, ein allgemeines Literaturverzeichnis sowie ein Stichwortverzeichnis runden das Werk ab.

Am Ende jedes Kapitels wird zum entsprechenden Thema detaillierte Fachliteratur angeführt. Diese Literaturhinweise werden vorwiegend für Fachleute von Interesse sein. Das am Ende des Buches beigefügte Literaturverzeichnis ist hingegen von allgemeiner Natur, wo insbesondere auch Nicht-Fachleute geeignete, weiterführende und vertiefende Literatur finden können.

1.1 Historische Entwicklung

Gegen Ende der 60er Jahre begann in den Vereinigten Staaten die Diskussion über sexuelle Übergriffe und Ausbeutung in der Psychotherapie. Direkter Auslöser war die Publikation eines Artikels durch den Psychoanalytiker McCartney [2]. Die Debatte beschränkte sich zunächst auf die Fachwelt, da die Arbeit in einem Fachjournal veröffentlicht wurde. McCartney stellte fest, dass er persönlich in über 10% seiner Behandlungen mit weiblichen Patientinnen intime Kontakte gepflegt habe. Diese Kontakte hätten seinen Klientinnen geholfen, ihre sexuellen und/oder narzisstischen Probleme zu lösen. Obwohl niemand direkt gegen ihn klagte, wurde er in der Folge heftig attackiert und später aus der American Psychiatric Association ausgeschlossen.

Die Publikation des New Yorker Psychiaters Martin Shepard [3] im Jahr 1971 löste hingegen eine breite Reaktion aus, weil dieses Buch auch von der Öffentlichkeit gelesen wurde. Das Thema wurde in vielen Zeitschriften und Magazinen aufgegriffen («Should you sleep with your therapist?»), was die Debatte zusätzlich anheizte. Die Behauptung, intime Beziehungen in Therapien seien von Vorteil oder förderten gar emotionales Wachstum, erschütterte das Publikum. Nach der Veröffentlichung eines zweiten Buches (A Psychiatrist's Head) im darauffolgenden Jahr entzog ihm die New York Licensure Board (Zulassungsbehörde) die Praxisbewilligung, obwohl auch in diesem Fall keine direkten Klagen von Patienten vorlagen. Dies mag im Vergleich zur europäischen Handhabung die Verantwortung der Bewilligungsbehörden gegenüber der Öffentlichkeit belegen.

Eine erste Übersicht über die Häufigkeit von sexuellem Missbrauch von Ärzten gegenüber ihren Patienten brachte die Publikation einer anonymen Umfrage unter 1000 männlichen Ärzten durch Sheldon Kardener im Jahre 1973 [4]. Von den 460 Ärzten, die antworteten, hatten rund 10% erotische Kontakte mit ihren Patientinnen, 5% sogar mit Geschlechtsverkehr. 87% der Antwortenden hielten solche Kontakte für unangemessen, während die restlichen 13% der Ansicht waren, dass Patientinnen damit geholfen werden könne. Letztere waren der Meinung, damit sexuellen Blockaden lösen zu können oder Fehleinschätzungen älterer Frauen beheben zu können, sie seien nicht mehr begehrenswert. Ganz allgemein, so die Meinung, könne der Therapieverlauf begünstigt werden. Was damals niemand ahnte, waren die Hintergründe, warum diese Untersuchung überhaupt durchgeführt wurde: Die Ehefrau von Dr. Kardener hatte entdeckt, dass ihr Ehemann mit Patientinnen sexuelle Kontakte unterhielt. Um zu beweisen, dass ein derartiges Verhalten nichts außergewöhnliches darstellte, führte er diese Untersuchung durch. Die Ehefrau ließ sich später scheiden und die Kalifornische Psychiatrische Gesellschaft entzog Dr. Kardener die Mitgliedschaft (Gary Schoener, persönliche Mitteilung).

Das Thema der sexuellen Übergriffe wurde auf der nationalen Jahrestagung 1976 der American Psychiatric Association (APA) in Hauptvorträgen aufgegriffen. Die nachfolgenden Beispiele zeigen, wie fundiert bereits damals das Thema behandelt wurde. Grunebaum, Nadelson und Macht sprachen über das Dilemma der Psychiater, die sexuelle Verhältnisse mit Patienten unterhielten. Die Untersuchung wurde nicht publiziert. Judd Marmor referierte über Aspekte der Verführung von Patienten in der Psychotherapie [5] und Davidson stellte Überlegungen an, wie die sexuellen

Missbräuche von Psychiatern genannt werden könnten [6]. Die APA überarbeitete in der Folge ihre Berufsrichtlinien und entwickelte ein geeignetes Beschwerdeverfahren für Patienten. Interessanterweise bewirkte die amerikanische Thematisierung in Europa zunächst kein Echo. Die europäischen Fachleute stellten sich auf den Standpunkt, dass dies ein amerikanisches Problem sei und mit der hiesigen Situation in keiner Art und Weise vergleichbar. Dieselbe Haltung legten übrigens auch kanadische Fachleute an den Tag.

In einer später durchgeführten nationalen Umfrage bei 1442 US-Psychiatern ergaben sich die folgenden Zahlen [7]: 7,1% der Fachmänner und 3,1% der Fachfrauen gaben an, sexuelle Kontakte mit eigenen Patienten gehabt zu haben. Dabei fanden 31% dieser Kontakte während laufender Behandlung, 69% nach Abschluss der Behandlung statt. Alle Psychiater, die Kontakte mit mehr als einer Patientin zugaben, waren männlich. In 88% handelte es sich um Kontakte zwischen männlichen Psychiatern und ihren Patientinnen, in 7% um männliche homosexuelle Kontakte, in 3,5% waren es weibliche Psychiaterinnen mit ihren männlichen Patienten, lesbische Kontakte wurden in 1,4% genannt.

Der europäische Leser muss bedenken, dass insbesondere in den Vereinigten Staaten seit den 1950er und 60er Jahren die Debatte über die ethischen Aspekte der heutigen Medizin begann. Seit sich beispielsweise herausstellte, mit welchen skrupellosen Methoden Forschungen an Menschen durchgeführt worden waren, wurde die Macht der Ärzte beleuchtet und kritisch hinterfragt. Da zudem häufig Minderheiten Opfer derartiger Experimente waren, wurden durch die Bürgerrechtsbewegungen nun auch die Patientenrechte kritisch hinterfragt. Zeitweise wurde die Thematik dann mehr von technisch geprägten Entwicklungen innerhalb der moderne Medizin überlagert. Die Diskussion um den Wertepluralismus der heutigen westlichen Gesellschaften öffnete schließlich vielen die Augen, wie viele Urteile und Haltungen in der Medizin inhärent sind [8].

In Europa nahm die ethische Auseinandersetzung mit der Medizin einen anderen Verlauf. Einerseits führte der Schock über die Gräueltaten in der Medizin während der Zeit des Nationalsozialismus [1] zu einer nachhaltigen Tabuisierung von Fragen zum Arzt-Patientenverhältnis. Man gab sich vielfach dem naiven Glauben hin, die Fachleute im Gesundheitswesen seien eines Besseren belehrt und würden den Menschen, die sich ihnen anvertrauten, jetzt nie mehr Schaden zufügen. Dass dies leider nicht zutrifft, zeigen die erschreckenden Feststellungen und Zahlen über sexuelle Übergriffe in ärztlichen Behandlungen. Es mag erstaunen, dass in Europa diese Fragen erst gegen Ende der 80er Jahre diskutiert wurden, da medizinische Neuerungen aus Nordamerika üblicherweise rasch den Weg nach Europa finden. Fragen in Zusammenhang mit dem Anfang und dem Ende des Lebens, auch die Erörterungen zur technischen Machbarkeit bestimmten jedoch weitgehend die ethische Diskussion. Mit Themen wie Patientenrechte, respektvoller Umgang mit Patienten, Respekt gegenüber Angehörige, etc. waren keine Lorbeeren zu ernten. Europäische Fachleute fühlten sich geradezu inquisitorisch belauert, wollte man über Fragen der Moral und der Haltung debattieren. Moralische und ethische Fragestellungen beginnen jedoch bereits dort, wo ein Arzt im arroganten Fachjargon einem irritierten Patienten einen Sachverhalt mitteilt, ohne dass der Betroffene begreifen kann, um was es geht. Solche Grundeinstellungen und Haltungen lassen sich natürlich nicht durch judikative Normen regeln.

Die Medizin hat eine Schrittmacherfunktion, was das Verhältnis von Fachleuten zu den ratsuchenden Menschen betrifft. Die positive, vertrauenserweckende Haltung gegenüber Kranken und Schwachen färbt auf andere Berufe ab, wo ebenfalls strukturelle Abhängigkeitsverhältnisse bestehen. Auch da ist in den US-amerikanischen Ländern ein anderes Verständnis zu beobachten – Patientenrechte erfahren wesentlich mehr Beachtung als in Europa. Es ist deshalb nicht weiter verwunderlich, dass heute viele Berufsbereiche kritisch durchleuchtet werden. Das führte beispielsweise in den USA dazu, dass auch innerhalb der Streitkräfte offiziell keine sexuellen Übergriffe mehr geduldet werden. Hohe militärische Beamte werden suspendiert, wenn ihnen ein sexuelles Fehlverhalten nachgewiesen wird. Dass selbst Bill Clinton als Präsident der USA in ein derartiges Verfahren verwickelt wurde, mag als Zeichen dieser Sensibilisierung verstanden werden.

In Europa wurde erst in der zweiten Hälfte der 1980er Jahre durch die Publikation von Büchern über sexuelle Missbräuche die Diskussion in Gang gesetzt. Eines der ersten Werke war Aldo Carotenutos Tagebuch einer heimlichen Symmetrie über die Beziehung zwischen C. G. Jung und Sabina Spielrein [9]. Es folgten eine Reihe weiterer Werke zum Thema, teilweise wurden auch Bücher aus dem nordamerikanischen Sprachraum übersetzt. In Radiosendungen wurde über die Thematik berichtet. Eine der ersten Tagungen in Europa zum Thema des sexuellen Missbrauchs fand 1992 in der Psychiatrischen Klinik Waldau in Bern statt. Verschiedene Berufsverbände versuchten in den folgenden Jahren, neue ethische Richtlinien zu verfassen. Vereinzelt erschütterten auch Skandale die Öffentlichkeit, wie etwa der Fall Pintér 1995 in der Schweiz [10]. Dies führte meist zu kurzen und vorübergehenden Diskussionen über Missbräuche, ohne dass nennenswerte Änderungen der Verfahren und der Handhabung ins Auge gefasst wurden. Einzig in den Niederlanden und inzwischen auch in Deutschland konnten eindeutige Regelung zum Schutz der Patienten erarbeitet werden. In Deutschland erwiesen sich die Arbeiten von Monika Becker-Fischer und Gottfried Fischer [11, 12] als fundierte Grundlage für eine Gesetzesänderung, wie sie inzwischen mit der Schaffung des Paragraphen 174 c StGB erreicht wurde.

1.2 Die Gesetzeslage zu sexuellem Missbrauch in anderen Ländern

Bereits Anfangs der 80er Jahre haben verschiedene Bundesstaaten der USA neue Strafbestimmungen [13] gegen sexuelle Übergriffe in professionellen Beziehungen geschaffen. Inzwischen kennen 18 Bundesstaaten entsprechende Regelungen. Dort, wo solche Gesetze in Kraft sind, ist die Inzidenz der sexuellen Übergriffe eindeutig zurück gegangen [14]. In zwei der Bundesstaaten wurde auch die seelsorgerische Beratung in den Gesetzestext eingeschlossen. In Kanada wurden ebenfalls substantielle Änderungen der Gesetzestexte zugunsten von Missbrauchsopfern vorgenommen, ebenso in Australien und Neuseeland. In Europa haben inzwischen die Niederlande und Deutschland entsprechende Bestimmungen erlassen.

Die Strafbestimmung in den Niederlanden (seit 10.09.1991 in Kraft)

(Übersetzung des Autors)

Das niederländische Strafgesetzbuch (Abschnitt XIV)

Artikel 249:

1. Eine Person, welche unzüchtige Handlungen mit seinem eigenen minderjährigen Kind, Stiefkind oder Pflegekind, Mündel oder mit einem Minderjährigen, minderjährigen Bediensteten und unter seiner Obhut stehenden minderjährigen Person vor-

nimmt, wird mit Freiheitsstrafe bis zu 6 Jahren oder mit einer Geldstrafe des 4. Grades bestraft.

Die Bestrafung gemäss Abschnitt 1 ist ebenfalls anwendbar bei:

(1) einer Person im öffentlichen Anstellungsverhältnis, welche unzüchtige Handlungen an einer Person vornimmt, welche unter seiner Obhut steht, ihr überantwortet ist oder unter ihrer fachlichen Aufsicht steht.

(2) einem Vorsteher, Arzt, Lehrer, Beamte, Leiter oder Angestellte in einem Gefängnis, einem staatlichen Arbeitsbetrieb, einer staatlichen Institution für die Pflege und zum Schutz von Kindern, einem Waisenhaus, einem Spital, einer wohltätigen Institution, der an einer Person, welche in einer der genannten Institutionen untergebracht ist, unzüchtige Handlungen vornimmt.

(3) einem Angestellten im Gesundheitswesen und im sozialen Fürsorgewesen, der unzüchtige Handlungen an einer Person oder einem Patienten vornimmt, welche sich in seine Pflege oder seine Behandlung begeben.

Artikel 243

Eine Person, welche an einer bewusstlosen oder einer Person, welche körperlich dazu nicht in der Lage ist, Widerstand zu leisten, oder an einer Beeinträchtigung der Gehirnfunktionen oder an einer Gehirnkrankheit leidet, welche der Person verunmöglicht, Widerstand zu leisten oder ihre Ablehnung auszudrücken, erniedrigende Handlungen oder Geschlechtsverkehr vornimmt, wird mit Freiheitsstrafe bis zu 8 Jahren oder einer Geldbuße 5. Grades bestraft.

Artikel 246

Eine Person, welche durch Gewalt oder auf andere Art oder durch Androhungen eine andere Person zwingt, unzüchtige Handlungen an einer anderen Person vorzunehmen oder an sich vornehmen zu lassen, ist schuldig an einem unzüchtigen Angriff und wird mit Freiheitsstrafe bis zu 8 Jahren oder einer Geldbuße des 5. Grades bestraft.

Das deutsche Strafgesetzbuch

§ 174 c Sexueller Missbrauch unter Ausnutzung eines Beratungs-, Behandlungs- oder Betreuungsverhältnisses (in Kraft seit 1998)

(1) Wer sexuelle Handlungen an einer Person, die ihm wegen einer geistigen oder seelischen Krankheit oder Behinderung einschließlich einer Suchtkrankheit zur Beratung, Behandlung oder Betreuung anvertraut ist, unter Missbrauch des Beratungs-, Behandlungs- oder Betreuungsverhältnisses vornimmt oder an sich von ihr vornehmen lässt, wird mit Freiheitsstrafe bis zu 5 Jahren oder mit Geldstrafe bestraft.

(2) Ebenso wird bestraft, wer sexuelle Handlungen an einer Person, die ihm zur psychotherapeutischen Behandlung anvertraut ist, unter Missbrauch des Behandlungsverhältnisses vornimmt oder an sich von ihr vornehmen lässt.

(3) Der Versuch ist strafbar.

Während andere Staaten entsprechende Strafbestimmungen erlassen haben, scheint in Ländern wie der Schweiz die Notwendigkeit einer eindeutigen Regelung selbst unter Fachleuten umstritten zu sein. Hier werden Fakten tabuisiert, ähnlich wie es sich mit dem Thema Kindesmisshandlungen verhält. In einem Expertenbericht für die Schweizer Bundesregierung wurde1992 festgehalten: «Die Schweiz ist eines der letzten Länder Westeuropas, in dem sich die politischen Behörden und die Angehörigen von Berufen im medizinisch-psychologischen und sozialen Bereich der Wirkungen der Misshandlungen der Minderjährigen auf die Volksgesundheit weitgehend nicht bewusst sind.» [15] Derartige Themen berühren uns alle unangenehm – trotzdem macht die oben angeführte Feststellung nachdenklich, betrifft sie doch in erster Linie die Fachleute selbst! Zeigt sich hier etwa ein generelles Manko in Kenntnis und Wissen? Werden in der Ausbildung solche Themen ungenügend behandelt – und wenn ja, warum eigentlich? Schaut man sich die Curricula von Medizinstudenten an, fehlen Ausbildungsziele vollständig, die sich mit Misshandlungen und deren Folgen beschäftigen. Im Studium der Sozialpädagogik fehlen sie ebenfalls. Immerhin werden in der Lehrerausbildung Kenntnisse über kindliche Missbräuche vermittelt, keineswegs jedoch über professionelles Fehlverhalten. Sexuelle Übergriffe durch Fachleute scheinen nicht einmal den Fachleuten bekannt bzw. bewusst zu sein. Im übrigen ist die Geschichte der Psychotraumatologie ein wenig rühmliches Kapitel für die involvierten Fachdisziplinen und Behörden. So scheint es rückblickend schwer nachvollziehbar, wieso Phänomene wie sexueller Kindesmissbrauch oder sexuelle Missbräuche in Beratungen und Behandlungen während so langer Zeit nicht adäquat beachtet wurden. Es tönt erschütternd, wenn man sieht, wie sehr sich die Fachwelt an dem ‹Pakt des Schweigens› beteiligte.

Es ist generell eine Frage der Interpretation, ob einem Opfer geglaubt wird oder nicht. Es sei nachfolgend auf andere sozialpolitisch relevante Fakten hingewiesen, die mit der Wahrnehmung der Situation der Opfer zu tun haben. Fischer und Riedesser weisen in ihrem Lehrbuch der Psychotraumatologie [16] auf die Situation in Deutschland zwischen den beiden Weltkriegen hin:

> Durch eine pseudowissenschaftlich rationalisierte Bagatellisierung der Kriegstraumen, an der vor allem die deutsche Psychiatrie beteiligt war, vollzog sich eine Reinszenierung traumatischer Erfahrung ungeheuren Ausmaßes. Der erste Weltkrieg hatte Kriegstraumen in großem Umfang bei Soldaten und Bevölkerung hinterlassen. Statt diese Phänomene individuell und kollektiv aufzuarbeiten, führte der Psychiater Bonhoeffer (1926) das Konzept der ‹Rentenneurose› ein. Kriegstraumatisierte Personen wurden seitdem sehr oft als Rentenneurotiker und letztlich als Drückeberger behandelt.

Die Nachwirkungen bekamen insbesondere die Opfer des Holocaust im Nachkriegsdeutschland zu spüren, indem etwa Menschen aus Konzentrationslagern lange Zeit die Anerkennung der traumabedingten Leiden unter Hinweisen auf Bonhoeffer [17] verweigert wurde. So unglaublich dies heute klingt – bis in die 60er Jahre hinein war es gängige Lehrmeinung (!), dass traumatische Störungen entweder anlagebedingt oder Ausdruck von Rentenbegehren seien. Wenn man zudem bedenkt, dass derartige Aussagen gegenüber Holocaustopfern selbst in Gerichtsbeurteilungen standhielten, kann man sich unschwer auch die Haltung der Gerichte gegenüber sexuellen Missbräuchen vorstellen. Dieselben Überlegungen geistern beispielsweise bei Rentengesuchen an die Invaliditätsversicherungen immer wieder herum und spielen auch in die Beurteilung der Sozialversicherungsgerichte hinein. Solange der Schaden, den bestimmte Opfergruppen erleiden, weiterhin und insbesondere durch Fachleute bestritten wird, bestehen individuell wenig Aussichten, in den entsprechenden Verfahren zu seinem Recht zu kommen. Bestehen berechtigte Zweifel an den subjektiven Beschwerdebildern traumatisierter Personen, kann mit psychologischen Testverfahren, insbesondere dem MMPI, eine Überprüfung vorgenommen werden. Dass Fachleute einfach Kraft ihrer Einschätzung eine ‹Begehrungsneurose› diagnostizieren, ist zynisch und hat sich nachträglich vielfach als nicht statthaft erwiesen. Die von juristischer Seite geforderte Objektivierbarkeit führt zwangsläufig bei überwiegend subjektiven Beschwerden zu einem schwer zu lösenden Dilemma.

Es soll auch daran erinnert werden, dass laut aktueller Forschungsdiskussion über PTSD (Posttraumatische Belastungsstörung) viele Krankheitsbilder aus heutiger Sicht falsch eingestuft wurden. Eine kritische Distanz zu wissenschaftlichen Forschungsergebnissen und Autoritäten ist sicher angezeigt, wie sie auch gegenüber Behördenentscheiden oft notwendig ist. Um mit den Worten Albert Einsteins zu sprechen: «Blind belief in authority is the greatest enemy of truth.» Wie problematisch blinder Glaube sein kann, zeigt die politische Diskussion in der Schweiz: Dort, wo demokratische Volksentscheide den Einzelnen direkt in seinen Rechten treffen, sind Willkürentscheide möglich, gegen die keinerlei Appellationsmöglichkeiten bestehen, obwohl es sich de facto um administrative Maßnahmen handelt. In die Diskussion ist die Frage geraten, ob das Volk über Einbürgerungsgesuche im Einzelfall entscheiden soll. Hinter den mehr juristisch geprägten Überlegungen taucht die unbequeme Frage auf, ob derartige Volksentscheide der individuellen Situation von Kriegsvertriebenen oder Flüchtlingen aus Katastrophengebieten gerecht werden können.

Ein weiterer Hinweis zur Konflikt- und Vergangenheitsbewältigung sei in diesem Zusammenhang erlaubt. Berücksichtigt man die transgenerationalen Folgen traumatisierender Erlebnisse, wie beispielsweise durch den 2. Weltkrieg, so stellt die Europäische Gemeinschaft wohl auch einen politischen Versuch dar, alte Narben und Differenzen zu überwinden. Wie virulent solche schlummernden politisch-sozialen Konflikte sein können, hat die Eskalation des Balkankonfliktes eindrücklich vor Augen geführt. Dass die Schweiz sich an diesem Prozess der politischen Integration in Europa nicht beteiligte, mag als einer der größten Fehler der politischen Entscheidungsträgern der zurückliegenden Jahrzehnte gelten. Stereotypien wie «Die Zeit heilt alle Wunden», «Über alles wächst Gras» oder «Noch einmal mit dem Schrecken davongekommen» werden den Langzeitfolgen von traumatisierenden Ereignissen nicht gerecht. Haben solche Aussagen einen gewissensberuhigenden Aspekt und werden deshalb weiter tradiert?

1.3 Sexueller Missbrauch in der Fach- und Unterhaltungsliteratur und öffentliche Sensibilisierung

Ein Blick zurück in die Menschheitsgeschichte zeigt uns, dass mit dem Codex Hammurabi von etwa 2000 v. Chr. erstmals ein medizin-ethischer Text verfasst wurde. Von sexuellen Übergriffen ist jedoch erstmals im Corpus Hippocratum die Rede, welches um die 70 medizinische Texte umfasst und in der Bibliothek von Alexandrien rund 500 Jahre v. Chr. verfasst wurde. Wie viele Texte wirklich auf Hippokrates (460–370 v. Chr.) zurückzuführen sind, wissen wir nicht genau [17]. In der griechischen Originalversion lautet die entscheidene Passage: «... und ich will mich fernhalten von allem Fehlverhalten und Schaden, besonders will ich die Körper von Männern oder Frauen nicht missbrauchen, weder die von Sklaven noch von Freien.» Die Jahrhunderte später verwendeten Versionen richteten sich an christliche Ärzte: «Rein und heilig will ich mein Handwerk verrichten. In welches Haus auch immer ich eintrete, ich werde es zum Wohl der Kranken betreten und mich fernhalten von jedem Fehlverhalten und Korruption und ebenso von der Verführung von Frauen und Männern, Freien oder Sklaven».

Auch im Mittelalter waren Ärzte angehalten, sich in professioneller Distanz zu üben. In dem Traktat De Cautelis Medicorum von Arnald de Villanova lesen wir (übersetzt vom Autor):

> Noch eine Warnung sei dir mitgeteilt: Schau keine Magd, keine Tochter und kein Eheweib mit unlauterem oder begehrendem Blicke an und lass dich nicht von weiblichen Dingen verführen, die während medizinischen Handlungen den Geist des Helfers in Besitz nehmen können. Sonst wird dein Urteilsvermögen beeinträchtigt sein, du wirst dem Patienten schaden und die Leute werden nichts mehr von dir wollen. Und deshalb, sei freundlich in deinen Worten, sei fleißig und vorsichtig in medizinischen Dingen und stets bereit zu helfen. Und versuche stets, ohne Falschheit zu handeln. [18]

Die ersten Berichte über sexuelle Kontakte zwischen Ärzten und Patienten erscheinen zur Zeit der Aufklärung gegen Ende des 18. Jh. In einem geheimen Rapport zu Handen des französischen Königs Louis XVI, von einer Untersuchungskommission unter der Leitung von Benjamin Franklin (1784) erstellt, wurden Klagen von sexuellen Missbräuchen durch Ärzte, die Mesmerismus (eine Art Hypnose) praktizierten, nachgegangen. Hier wird deutlich Partei für das Opfer ergriffen und den Ärzten die Verantwortung gegeben:

«... die Gefahr besteht ... da der Arzt, so er willens ist, den Patienten ausnutzen kann ... Da er Gefühlen ausgesetzt ist, die derartige Wünsche wecken, dass selbst, wenn wir ihm übermenschliche Tugenden zuschreiben, das übermächtige Gesetz der Natur seinen Patienten ergreifen wird, und er verantwortlich ist nicht nur für sein eigenes Fehlverhalten, sondern auch dafür, was er bei anderen Menschen auslöst.» [19]

Wir wissen aus der Literatur auch von sexuellen Verfehlungen durch Geistliche, wenn auch wenig darüber berichtet wurde. Sexueller Missbrauch an Kindern durch Priester ist kein unbekanntes Phänomen innerhalb der katholischen Kirche. Historische Hinweise aus der Renaissance belegen, dass die Kirche durchaus um das Problem wusste. Während dieser Zeit nahm die Kirche den Standpunkt ein, dass die einzelnen Geistlichen unter der Verantwortung der Kirche stehen, und, wenigstens in der Theorie, nicht weltlichen Gesetzen unterstanden. Anklagen wurden durch die Kirchentribunale nach Kanonischem Recht erhoben [20]. Aufgrund einer ausgedehnten Recherche der Freien Universität Berlin (Forschungsprojekt «Grenzen der Intimität. Staatliche und gesellschaftliche Regulierung von Sittlichkeit und Moral in Preussen 1796–1933») wissen wir um die erhebliche Zahl von Unzuchtdelikten in den ersten Jahrzehnten des 19. Jahrhunderts [zitiert in 21]. Dies widerlegt die oft aufgestellte Behauptung, sexuelle Gewaltdelikte seien erst in den letzten Jahren bekannt geworden.

Ein Jahr nachdem Sigmund Freud seine «Studien über Hysterie» [23] veröffentlicht hatte, hielt er im April 1896 in Wien vor dem Verein für Psychiatrie und Neurologie seinen Vortrag : «Zur Ätiologie der Hysterie» [24]. Darin stellte er die Behauptung auf, dass der tiefere Grund jeder hysterischen Erkrankung auf «... einem oder mehreren sexuellen Erlebnissen von vorzeitiger sexueller Erfahrung» in der frühesten Jugend beruhe. Weiter führte er aus: «So muss man an die bedeutsame Entdeckung Josef Breuers anknüpfen, dass die Symptome der Hysterie ihre Determinierung von ... traumatisch wirksamen Erlebnissen der Kranken herleiten ...». Es handelt sich dabei um «... sexuelle Erfahrungen am eigenen Leib, um geschlechtlichen Verkehr.» Im Vortrag führte er weiter aus: «Ich kann meine Fälle in drei Gruppen bringen, je nach der Herkunft der sexuellen Reizung. In der ersten Gruppe handelt es sich um Attentate, einmaligen oder doch vereinzelten Missbrauch meist weiblicher Kinder, von Seiten erwachsener, fremder Individuen (die dabei groben, mechanischen Insult zu vermeiden verstanden), wobei die Einwilligung der Kinder nicht in Frage kam und als nächste Folge des Erlebnisses der Schreck überwog. Eine zweite Gruppe bilden jene weit zahlreicheren Fälle, in denen eine das Kind wartende erwachsene Person – Kindermädchen, Kindsfrau, Gouvernante, Lehrer, leider auch allzu häufig ein naher Verwandter – das Kind in den sexuellen Verkehr einführte und ein – auch nach der seelischen Richtung ausgebildetes – förmliches Liebesverhältnis, oft durch Jahre, mit ihm unterhielt. In

die dritte Gruppe endlich gehören die eigentlichen Kinderverhältnisse, sexuelle Beziehungen zwischen zwei Kindern verschiedenen Geschlechts,
zumeist zwischen Geschwistern, die oft über die Pubertät hinaus fortgesetzt werden und die nachhaltige Folgen für das betreffende Paar mit
sich bringen. In den meisten meiner Fälle ergab sich kombinierte Wirkung
von zwei oder mehreren solcher Ätiologien; in einzelnen war die Häufung
geradezu erstaunlich.» Freud verglich seine damalige Entdeckung wörtlich
mit der Auffindung eines «caput Nili [Quelle des Nils] der Neuropatholo-
gie». Wenn jedoch seine Feststellungen zutreffen würden, würde dies eine
zutiefst perverse Gesellschaft aufzeigen, und zwar nicht nur unter dem
Proletariat von Paris, wo Freud zuerst seine Studien über die Hysterie an-
stellte, sondern ebenso unter der hochwürdigen und noblen Wiener Gesellschaft, wo Freud seine Behandlungen ausführte. Freud distanzierte sich in
der Folge von der traumatischen Genese und postulierte als Quelle derartiger Erfahrungen unbewusste Phantasien. Aus heutiger Sicht ist jedoch
festzuhalten, dass die traumatische Genese von neurotischen Krankheitsbildern bereits vor über hundert Jahren erkannt wurde. In Sigmund Freuds
klassischer Vorlesung zur Einführung in die Psychoanalyse von 1917 bezeichnete Freud die romantischen und erotischen Gefühle, welche seine
Patientinnen in ihm auslösten, als Übertragung. Er stellte damals eindeutig
klar, dass der Therapeut dieses Liebesbedürfnis der Patienten nicht ausnutzen und keine sexuellen Beziehungen eingehen dürfe. Trotz Freuds deutlichen Warnungen hielten sich viele seiner Schüler nicht an das Abstinenz-
gebot. Bekannteste Beispiele sind Carl Gustav Jung [9], Sandor Ferenczi
[24], Aichhorn und Margaret S. Mahler [25], Karen Horney [26], und Fri-
da Fromm [27]. Während meistens ein männlicher Therapeut ein weibli-
ches Opfer missbrauchte, belegen die letzten beiden Beispiele, dass auch
das umgekehrte vorkam. Mich persönlich berührt es seltsam, wenn ich unter dieser Aufzählung viele der Ikonen der psychotherapeutischen Fachrichtung finde.

Bis zum Ausbruch des zweiten Weltkrieges erschienen auch etliche
Romane und Filme, welche die Verstrickungen zwischen Fachleuten und
ihren Klienten zum Inhalt haben. Der Schock der Kriegsereignisse und
die Wiederaufbauphase führten dazu, dass das Thema erst gegen Ende
der 1960er Jahre wieder aufgegriffen wurde. Neue psychotherapeutische
Strömungen mit Selbsterfahrungen und Encounter-Gruppen führten bald
wieder zu kritischen Auseinandersetzungen über die Rolle und Stellung
der Fachleute. Gleichzeitig begann nun vorwiegend in den USA die Diskussion um medizinische Ethik, die schließlich auch die Arzt-Patienten-

Beziehung kritisch durchleuchtete. Es war auch die Zeit der sexuellen Revolution, die durch die Antibaby-Pille eingeleitet wurde und zu einem ungeahnten Aufschwung des weiblichen Selbstbewusstseins beigetragen hat. Die erwachte feministische Diskussion trug viel zur Thematisierung von Gewalt- und Ausnutzungserfahrungen bei, denen Frauen traditionellerweise in weit größerem Maße als Männer ausgesetzt sind. Nach den eingangs erwähnten Publikationen von McCartney und Shepard meldeten sich nun zunehmend auch feministische Wissenschaftler zu Wort [28], Beispiele sind die Dissertationen von Belote [29] und D'Addario [30]. Im selben Zeitraum, also ab Mitte der 70er Jahre, wurden auch erste epidemiologische Daten veröffentlicht. Das Ausmaß der Missbräuche in ärztlichen Behandlungen und in Psychotherapien wurde langsam deutlicher, der Handlungsbedarf wurde von Berufsverbänden zögernd und widerwillig anerkannt.

Die 70er Jahre waren – was die Psychologie und Sexualwissenschaft angeht – weitgehend von der Publikation von William Masters und Virginia Johnson im Jahre 1970 beeinflusst, die inzwischen wohl zu den Klassikern der Sexualforschung gehört [30]. Damit wurde der Weg zur Sexualtherapie, einer neuen Richtung innerhalb der Psychiatrie und Psychotherapie, geebnet. Die beiden Autoren wiesen in einem Bericht der American Psychiatric Association darauf hin, dass in ihren Untersuchungen eine namhafte Anzahl Patienten über sexuelle Kontakte in vorausgegangenen Therapien berichtet hatte [31].

Langsam wurde eine breitere Öffentlichkeit sensibilisiert. Die Verhandlungen im Falle Julie Roy gegen Dr. Renatus Hartogs in New York City nahmen im Frühling 1972 die Medien sowie das nordamerikanische Publikum gefangen. Die Anklage lautete auf sexuellen Missbrauch durch den Psychiater, der über einen ausgezeichneten Ruf verfügte und als einflussreich galt. Frau Roy gewann den Prozess und veröffentlicht ihre Erfahrungen in folgenden Jahr [33], 1976 wurde der Prozess als TV-Film ausgestrahlt (Betrayal). Obwohl nicht der erste derartige Prozess, führte dieses Verfahren durch seine Wirkung in der Öffentlichkeit zu einer weiteren Sensibilisierung gegenüber dieser Problematik. Die Zahl der veröffentlichten Fachartikel nahm sprunghaft zu, ethische Codices wurden den neuen Gegebenheiten angepasst, Verfahren wurden modifiziert – ohne dass sich substantiell in der Handhabung durch die Fachleute etwas änderte. So spielte das Thema des sexuellen Missbrauchs durch Fachleute beispielsweise bei den Ausbildungskurrikula von wenigen Ausnahmen abgesehen keine Rolle. Eine Task Force (Ausschuss) der American

Psychological Association wurde 1992 wieder aufgelöst, weil das Thema nach Anpassungen der Berufsvorschriften angeblich kein Problem mehr war.

Die allgemeine Unzufriedenheit bei der Handhabung der Fragen in Zusammenhang mit sexuellen Missbräuchen durch die einzelnen Berufsorganisationen führten zur Einsatz von staatlichen Task Forces in diversen Bundesstaaten der USA. In Minnesota wurde unter Führung der Legislative ein Bericht mit dem Titel «It's never O.K.» veröffentlicht [34]. Umgekehrt wurden nun in verschiedenen Bundesstaaten der USA neue Strafgesetzbestimmungen geschaffen. Wisconsin war 1984 der erste US-Staat, der den sexuellen Missbrauch in Psychotherapien unter Strafe stellte [14]. Im folgenden Jahr wurde in Minnesota der sexuelle Übergriff in Psychotherapien ebenfalls unter Strafe gestellt, gleichzeitig wurden seelsorgerische Beratungen bei psychischen Problemen den Bestimmungen über Psychotherapie gleichgesetzt [13]. Inzwischen haben 18 Bundesstaaten entsprechende Strafbestimmungen erlassen, Minnesota und Texas haben sogar explizit den seelsorgerischen Missbrauch unter Strafe gestellt [35]. Die Auswirkungen der gesetzlichen Regelung werden in der Arbeit von John Gonsiorek [14] diskutiert.

In den 80er Jahren wurden schließlich auch mehr und mehr missbräuchliche Verfehlungen von kirchlichen Würdenträgern bekannt. So wurde im Oktober 1984 der Priester Gilbert Gauthe Jr. in Lafayette, Louisiana, wegen sexuellem Missbrauch von Kindern verurteilt. Dem Prozess folgte eine Zivilklage über 12 Millionen US-Dollar gegen die katholische Kirche. Im folgenden Jahr wurde zuhanden der Bischofkonferenz in der St. John's University in Collegeville, Minnesota, ein geheimer Bericht zur Frage der sexuellen Übergriffe erstellt [36]. Gegen Ende der 80er Jahre wurden zunehmend häufiger Klagen von Frauen gegen kirchliche Würdenträger erhoben. Damit wurde ein ungleich schwierigeres Feld betreten, weil die Kirchen in USA durch die Verfassung eine eigenständige Rechtsposition einnehmen und die Religionsfreiheit die Unabhängigkeit der Kirchen garantiert. Interkonfessionelle Ausschüsse untersuchten in verschiedenen Bundesstaaten die Sachlage [37, 38].

Die Forderung an die Verantwortlichen innerhalb der Kirche, wirkungsvoller gegen sexuelle Missbräuche vorzugehen kam von Marie Fortune, einer der aktivsten Frauen innerhalb der Kirche [39].

Die bisher wohl aussagekräftigste Untersuchung zum Thema der sexuellen Übergriffe in ärztlichen Beziehungen stellt die Arbeit des Komitees der Medizinischen Gesellschaft von British Columbia, Kanada, über die Häufigkeit sexueller Übergriffe im Gesundheitswesen dar [40]. Ähnlich wie die Schweiz kennt Kanada eine Selbstkontrolle durch die Berufsorganisationen, deshalb ist diese Arbeit für die hiesige Situation besonders von Interesse. Die Umfrage sammelte einerseits unter den niedergelassenen Ärzten Daten, gleichzeitig wurden 8 000 Fragebögen landesweit an Privathaushalte ausgewertet (2 456 Rückantworten). So gaben beispielsweise 0,7% der Antwortenden an, dass sie mit ihrem jetzigen, 0,3% mit einem frühern Arzt sexuelle Kontakte pflegten. 4,1% der Befragten antworteten, dass sie durch ihren Arzt bei der Untersuchung in einer sexuellen Weise berührt worden waren, 5,5% wurden durch ihren Arzt in anzüglicher Weise angesprochen.

Eine 1999 in Ontario durchgeführte Untersuchung [41] ergab, dass bei einer Wohnbevölkerung von 11 Millionen Einwohnern rund 110 000 Personen innerhalb der letzten 5 Jahre durch Mitarbeiter im Gesundheitswesen körperlich sexuell missbraucht worden waren. Dies entspricht 1% der Bevölkerung. Weitere 2% der Befragten gaben an, dass sie sich durch unangemessene Bemerkungen sexuell belästigt fühlten. Der 26 Bände umfassende Bericht wurde erst auszugsweise veröffentlicht, die Resultate sollen im Laufe von 2001 publiziert werden.

Gemeinsam mit den Arbeiten von Ontario führte diese Untersuchungen in Kanada zur Schaffung eines neuen Gesundheitsgesetzes mit einer ‹Zero Tolerance Policy› gegenüber sexuellen Übergriffen, zwingenden Meldevorschriften und weiteren wesentlichen Änderungen.

Die Beurteilung von sexuellen Übergriffen durch Fachleute wurde in der Vergangenheit oft durch ethische Kommissionen vorgenommen. Entweder wurden dieses fallweise ad hoc zusammengestellt oder es bestanden ständige Ausschüsse. Die Mitglieder waren in aller Regel ausschließlich Angehörige der betreffenden Fachdisziplin, denen man auf Grund ihres langjährigen Mitwirkens in der jeweiligen Berufsgruppe ein besonderes Maß an moralischem Urteilsvermögen attestierte. Gelegentlich saß ein Jurist derartigen Kommissionen bei. Ethische Kommissionen wurden sie genannt, weil sie zum Schutz der Patienten einen moralisch begründeten Auftrag hatten. Die Beurteilung von Fachleuten, die eines sexuellen Missbrauches angeklagt waren, wurde primär als ein moralisches Problem verstanden.

Dies hat jedoch nur insofern seine Berechtigung, als solche Fragen letztendlich einer moralischen Güterabwägung entsprechen und mit dem Verhältnis zwischen Klienten und Fachperson zu tun haben. Die Frage, was innerhalb einer fachlichen Begegnung erlaubt ist, muss aus berufsethischer Sicht behandelt werden. Es gilt zu definieren, an welchen Prinzipien sich dieses Verhältnis orientieren muss. In der Medizin sind dies beispielsweise die Grundsätze, Gutes zu tun und dem Patienten nicht zu schaden – es handelt sich um den Ethos, dass ein Arzt seinem Patienten nach bestem Wissen und Gewissen helfen soll. Bei der Zusammenstellung dieser ethischen Kommissionen wurden jedoch praktisch nie Fachleute für ethische Fragestellungen eingeladen. Auch interdisziplinäre Gruppen gabt es praktisch nicht, vielmehr wurden die Mitglieder aus den eigenen Reihen rekrutiert. Hier taucht natürlich die Frage auf, wie es mit der Unabhängigkeit der Kommissionen aussieht.

Eine etwas andere Betrachtung ergibt sich, wenn eine Berufsgruppe ihre Standards definiert und kodifiziert hat. Ist diese Arbeit einmal vollbracht, haben sich die einzelnen Mitglieder verbindlich an diese Berufsrichtlinie zu halten. Verstöße sind dann nicht mehr nach moralischen Kriterien zu beurteilen, sondern nach nüchternen, juristischen Grundsätzen. Moralische Wertungen können allenfalls im Strafmaß Berücksichtigung finden. Die berufsethische Grundsatzdiskussion wird bei der Kodifizierung der Berufsregeln geführt. Gegensätzliche oder neue moralische Erkenntnisse müssen zu einer Revision der Berufsregeln führen und können nicht im Einzelfall umgesetzt werden. Hingegen können Einzelfälle sehr wohl die Notwendigkeit einer Überarbeitung aufzeigen.

Für deutsche Leser ist eine begriffliche Klärung zwischen dem englischen Ausdruck Institutional Review Board (IRB) und der deutschen Übersetzung Ethik-Kommission angebracht. IRB sind gesetzlich eingeführte Gremien, die insbesondere in der Medizin zu Forschungsfragen Stellung beziehen müssen. Dies ist eindeutig ein anders gelagerte Aufgabe als die erwähnten ethischen Kommissionen sie haben. Die Schaffung ethischer Kommissionen ist eher eine neue Entwicklung. In den USA gab es beispielsweise in den 20er bis 30er Jahren ‹Sterilisation Committees›, aus Ärzten zusammengesetzte Ausschüsse, die über Sterilisationen Behinderter (und allenfalls weiterer Personengruppen) zu befinden hatten. Auf Gemeindeebene wachten die sogenannten Community Review-Kommissionen über die Verteilung medizinischer Ressourcen. Diese Körperschaften waren durch angesehene Bürger der Gemeinde besetzt, denen man moralische Urteilskraft attestierte.

Damit kommt erneut die Frage nach der Unabhängigkeit jeder Kommission auf. Besonders in der Beurteilung sexueller Missbräuche dürfte es evident sein, dass gesellschaftliche Werte in jedes Verfahren hinein spielen. Werden die Urteile der berufseigenen Kommissionen aus öffentlichrechtlicher Sicht untersucht, entsteht oft der Eindruck von Befangenheit der Teilnehmer. Unabhängige Bewertungen sind aufgrund der gegenseitigen Verflechtungen kaum möglich. Bei jedem Verfahren ist von vielfältigen Interessenskonflikten auszugehen. Allzu häufig werden berufliche Privilegien verteidigt beziehungsweise die einzelnen Mitglieder vor Klagen geschützt. Dort wo solchen Instanzen eine quasi öffentlich-rechtliche Funktion zukommt, müssen die Prinzipien der Unparteilichkeit und der Verfahrenstransparenz besonders beachtet werden. In der Schweiz ist es beispielsweise langjährige Handhabung, dass die staatlichen Aufsichtsgremien im Gesundheitswesen der Ärzteschaft die Beurteilung von sexuellen Übergriffen überlassen. Aus einem zunehmenden Unbehagen heraus werden solche Regelungen jedoch mehr und mehr durch öffentlich-rechtliche Maßnahmen abgelöst [42].

Das Dilemma der Befangenheit und der Verteidigung eigener Privilegien kann eindrücklich in der Entwicklung der Ethik-Kommissionen innerhalb der Medizin in den vergangenen Jahrzehnten verfolgt werden [43]. Waren anfänglich viele dieser Ausschüsse ausschließlich mit Ärzten besetzt, und demzufolge als Peer Review (man ist unter seinesgleichen) zu bezeichnen, wurden in neuerer Zeit eher Community-Review-Gremien geschaffen, die eine interdisziplinäre Zusammensetzung aufweisen, z. T. sogar mit Laien. Beide Extremstandpunkte, also reine Fachgremien oder reine Bürgergremien mit Laien, haben Nachteile. In den gewählten Mittellösungen der neueren Zeit bringen die Fachleute sowohl das nötige Wissen und die entsprechende Erfahrung ein, bestimmen jedoch nicht mehr in alleiniger Kompetenz über die Beurteilungen und Folgeabschätzungen. Nach diesem Modell wurde beispielsweise in Deutschland die neue Strafgesetzbestimmung mit Paragraph 174 c StGB zur Regelung von Missbräuchen in Psychotherapien geschaffen.

Nachdenklich mag es hingegen stimmen, dass auch in den neuen Standardwerken zur medizinischen Ethik das Thema der sexuellen Missbräuche mit keinem Wort erwähnt wird. In ‹Principles of Biomedical Ethics› von Tom L. Beauchamp und James F. Childress [44] erwähnen die beiden Autoren in der vierten Auflage (1994) zum Thema Arzt-Patientenbeziehung nichts zur Missbrauchsproblematik. Auch die beiden einflussreichsten und führenden Institutionen im Bereich der Medizinethik, das Hastings Center (gegründet 1969) und das Kennedy Insitute of Ethics (gegründet 1971) thematisieren die Arzt-Patientenbeziehung auf dem Hintergrund der sexuellen Missbräuche bisher nicht.

In Nordamerika fanden bisher vier, in Australien zwei große Tagungen zum Thema der sexuellen Übergriffe in Behandlungen und Beratungen statt. Jede dieser Konferenzen zeigte deutlich, dass die einzelnen Berufsorganisationen die Arbeit ihrer Mitglieder viel zu wenig überwachten und die notwendigen Ausbildungsreformen vernachlässigten – trotz zahlreicher epidemiologischen Studien, die unmissverständlich das Ausmaß der Missbräuche in verschiedenen Disziplinen aufzeigten. In der Schweiz wurde durch die Gruppe AGAVA (Arbeitsgemeinschaft gegen die Ausnützung von Abhängigkeitsverhältnissen) im Herbst 2000 erstmals eine internationale Tagung durchgeführt. Das Hauptinteresse dieser Veranstaltung galt der Umsetzung und ‹Einschweizerung› der internationalen Erfahrungen und Entwicklungen im Bereich von Übergriffen durch Fachleute (siehe www.agava.ch).

Seit Anfang 1990 haben weitere Berufsgruppen, die durch Abhängigkeitsverhältnisse gegenüber den Beteiligten charakterisiert werden können, begonnen, sich mit sexuellen Übergriffen auseinander zu setzen. So wurde der Bildungsbereich zum Gegenstand von Untersuchungen, wie auch der Freizeit- und Sportbereich. Die Justiz und der Maßnahmenvollzug, wie auch der militärische Bereich sowie die Polizei sind vermehrt mit Klagen konfrontiert. Eine weltweit neue Dimension stellt die Thematisierung sexueller Übergriffe am Arbeitsplatz dar, wo neben der emotionalen Abhängigkeit zusätzlich eine existentielle beachtet werden muss. Ob diese Entwicklungen Umwälzungen von historischen Dimensionen sind, wird die Zukunft weisen. Sicher scheint fest zu stehen, dass den Opfern sexueller (und anderer) Missbräuche nur durch eine öffentliche Diskussion wirklich Gerechtigkeit wiederfahren kann. Das ihnen zugefügte Unrecht darf nicht weiter verschwiegen oder bagatellisiert werden. Neben den direkt Betroffenen haben häufig auch die Angehörigen, Verwandte und Freunde unter der drückenden Last der Erfahrungen zu leiden. Sofern dieses Buch einen Beitrag zur Bewältigung der traumatisierenden Erfahrungen von Opfern sexueller Missbräuche beitragen kann, hat es seinen Zweck erfüllt.

Literatur

1 Kater MH: Ärzte als Hitlers Helfer. Hamburg, Europa, 2000.
2 McCartney JL: Overt Transference. J Sex Res 1966;2:227–237.
3 Shepard M: The Love Treatment. Sexual Intimacy Between Patients and Psychotherapist. New York, Wyden, 1971.

4 Kardener SH, Fuller M, Mensh IN: A survey of physicians' attitudes and practises regarding erotic and non-erotic contact with patients. Am J Psychiatry 1973;130:1077–1081.
5 Marmor J: Some psychodynamic aspects of the seduction of patients in psychotherapy. Am J Psychoanal 1976;36:319–323.
6 Davidson V: Psychiatriy's problem with no name: Therapist-patient sex. Am J Psychoanal 1977;37:43–50.
7 Gartrell N, Herman JL, Olarte S, Feldstein M, Localio R: Psychiatrist-patient sexual contacts: Results of a national survey. I. Prevalence. Am J Psychiatry 1986; 143:1126–1131.
8 Schöne-Seifert B: Medizinethik, in Nida-Rümelin J (Hrsg): Angewandte Ethik. Stuttgart, Kröner, 1996, pp 552–649.
9 Carotenuto A: Eine heimliche Symmetrie: Sabina Spielrein zwischen Jung und Freud. Freiburg i.Br., Kore, 1986.
10 Bürer B: Pintér hat mich gedemütigt. Sexueller Missbrauch in der Therapie: Frauen brechen ihr Schweigen. Zürich, Tagesanzeiger 28. 03. 1995.
11 Becker-Fischer M, Fischer G, Heyne C, Jerouschek G: Sexuelle Übergriffe in Psychotherapie und Psychiatrie. Stuttgart, Kohlhammer, 1994.
12 Becker-Fischer M, Fischer G: Sexueller Missbrauch in der Psychotherapie – was tun? Orientierungshilfe für Therapeuten und interessierte Patienten. Heidelberg, Asanger, 1996.
13 Schoener G, Milgrom J, Gonsiorek J, Luepker E, Conroe R: Psychotherapist's Sexual Involvement with Clients: Intervention and Prevention. Minneapolis, Walk-In Counseling Center, 1989.
14 Gonsiorek J: Breach of Trust. Sexual Exploitation by Health Care Professionals and Clergy. Thousand Oaks, Sage, 1995.
15 Kindesmisshandlungen in der Schweiz. Schlussbericht zuhanden des Vorstehers des Eidgenössischen Departementes des Innern. Bern, 1992.
16 Fischer G, Riedesser P: Lehrbuch der Psychotraumatolgie. München, Reinhardt, 1999.
17 Bonhoeffer K: Beurteilung, Begutachtung und Rechtsprechung bei der sogenannten Unfallneurose. Dtsch Med Wochenschr 1926;52:179.
18 Lloyd GER: Hippocratic Writings. London, Penguin, 1983.
19 Braceland F: Historical perspectives of the ethical pratice of psychiatry. Am J Psychiatry 1969;126:230–237.
20 Stark KA: Child sexual abuse within the catholic church; in Schoener G, Milgrom JH, Gonsiorek JC, Luepker ET, Conroe RM (eds): Psychotherapists' Sexual Involvement with Clients: Intervention and Prevention. Appendix BB. Minneapolis, Walk-In Counseling Center, 1989, pp 793–819.
21 Franklin B, deBory G, Lavoisier AL, Bailly JS, Majault S, D'Arcet J, Guillotin J, Le Roy JB: Secret report on mesmerism or animal magnetism; in Shor RE, Orne MT (eds): The Nature of Hypnosis: Selected Basic Readings. New York, Holt, Rinehart & Winston, 1965.

22 Kerchner B: Kinderlügen. Zur Kulturgeschichte des sexuellen Missbrauchs; in Finger-Trescher U, Krebs H: Misshandlung, Vernachlässigung und sexuelle Gewalt in Erziehungsverhältnissen. Giessen, Psychosozialverlag, 2000, pp 15–41.

23 Freud S: Studien über Hysterie. G. W. Nachtragsband. Leipzig, Deuticke, 1987.

24 Freud S: Ätiologie der Hysterie. G. W. Bd. 1. Franfurt/M., Fischer, 1952; pp. 425-459.

25 Grosskurth P: The Secret Ring. Freud's Inner Circle and the Politics of Psychoanalysis. Reading, Addison-Wesley, 1991.

26 Stepansky P: The Memoirs of Margaret Mahler. New York, Free Press, 1988.

27 Paris B: Karen Horney. A Psychoanalyst's Search for Self Understanding. New Haven, Yale University Press, 1994.

28 Fromm-Reichmann F: Reminiscences of Europe; in Silver A (ed): Psychoanalysis and Psychosis. Madison, International Universities Press, 1989.

29 Belote B: Sexual Intimacy between Female Clients and Male Therapists: Masochistic Sabotage. Unpublished doctoral dissertation. California School of Professional Psychology, Berkeley, 1974.

30 D'Addario L: Sexual relationship betwenn female clients and male therapists. Unpublished doctoral dissertation. California School of Professional Psychology, San Diego, 1977.

29 Fitzgerald FS: Tender is the Night. New York, Scribner's, 1933.

30 Masters W, Johnson V: Human Sexual Inadequacy. Boston, Little Brown & Co, 1970.

31 Masters W, Johnson V: Principles of the new sex therapy. Paper delivered at the annual meeting of the American Psychiatric Association. Anaheim, California, 1975.

32 Chesler P: Woman and Madness. New York, Avon, 1972.

33 Freeman L, Roy J: Betrayal. New York, Stein and Day, 1974.

34 Minnesota Departement of Corrections: It's never ok. (Consumer Brochure), St. Paul, 1988.

35 Bisbing S, Jorgensen L, Sutherland P: Sexual Abuse by Professionals. A Legal Guide. Charlottesville, Michie, 1995.

36 Berry J: Lead Us Not Into Temptation. New York, Doubleday, 1991.

37 Washington Counsil of Churches: Sexual Contact by Pastors and Pastoral Counselors in Professional Relationships. Seattle, 1984.

38 Minnesota Interfaith Committee on Sexual Exploitation by Clergy: Sexual Exploitation by Clergy. Reflections and Guidelines for Religious Leaders. Minneapolis, 1989.

39 Fortune M: Is Nothing Sacred? New York, Harper Row, 1989.

40 Committee on Physician Sexual Misconduct: Crossing the Boundaries. College of Physicians and Surgeons of British Columbia, Vancouver, 1992.

41 Manzer J: Conduct unbecoming. Investigative report reveals thousands of Ontarians say they are sexually abused by health-care workers. Medical Post 2000, vol. 36(17).

42 van den Daele W, Müller-Salomon H: Die Kontrolle der Forschung am Menschen durch Ethikkommissionen. Medizin in Recht und Ethik, Bd. 22. Stuttgart, Enke, 1990.

43 Toellner R: Die Ethik-Kommissionen in der Medizin. Problemgeschichte, Aufgabenstellung und Organisationsformen medizinischer Ethikkommissionen. Stuttgart, Fischer, 1990.

44 Beauchamp TL, Childress JF: Principles of Biomedical Ethics. New York, Oxford University Press, 1994.

2 | Psychotraumatologie

Die nachfolgenden Ausführungen sollen den Leser mit den Forschungsergebnissen aus der Traumaforschung bekannt machen. Interessierten Personen und insbesondere Fachleuten empfehle ich die Lektüre des Lehrbuches von Fischer und Riedesser [1]. Ebenfalls sehr empfehlenswert sind die Arbeiten von van der Kolk, McFarlane und Weisaeth [2] sowie die Standardwerke von Judith Herman [3] und Edna B. Foa et al. [4].

Die Folgen und Auswirkungen von starken psychischen Erschütterungen folgen eigenen Gesetzmäßigkeiten. Will man die Situation von Betroffenen verstehen, muss man diese Gesetzmäßigkeiten kennen. In aller Regel hat man es nicht mit einem einmaligen Vorkommnis zu tun, das zu einer klar erkennbaren Schädigung führt. Vielmehr handelt es sich um lange andauernde und immer wiederkehrende psychische Verletzungen. Der Vertrauensmissbrauch in einer fachlichen Beziehung führt zu einer Traumatisierung des Opfers. Der Forschungsbereich der Psychotraumatologie setzt sich mit dieser psychischen Traumatisierung und den Folgen für Betroffene auseinander.

Die wissenschaftliche Auseinandersetzung mit der Psychotraumatologie ist ein eher junges Forschungsgebiet. Hinsichtlich der Begrifflichkeit ergeben sich dabei Abgrenzungsprobleme insbesondere zur somatisch orientierten Traumatologie, wo der Begriff traditionellerweise durch die Chirurgie belegt ist. Während sich die chirurgische Disziplin vorwiegend mit den physikalischen Traumaursachen sowie den körperlich fassbaren Verletzungsfolgen beschäftigt, behandelt die Psychotraumatologie das ganze Spektrum seelischer Verletzungen. Diese können zwar nicht direkt offensichtlich, für die Betroffenen jedoch umso schmerzhafter sein. Da psychische Störungen sehr mit unserer eigenen Wahrnehmung und Wertung von Krankheitsbildern zu tun haben, muss diesen sozial bedingten Phänomen besondere Beachtung geschenkt werden. Dies fordert unter anderem eine multidisziplinäre bzw. transdisziplinäre Auseinandersetzung mit der Thematik. Transdisziplinär meint in diesem Zusammenhang, dass über die fachlichen Grenzen hinaus der gesellschaftliche Bezug zu beachten ist.

Während eine körperliche Wunde ohne weiteres als Verletzung zu erkennen ist, ist dies bei seelischen oder psychischen Traumen weitaus weniger der Fall. Die unterschiedlichen Reaktionen auf psychischen Schmerz erschweren zusätzlich eine konsistente Beurteilung. Es kann sein, dass eine Person herzzerreißend weint – es kann jedoch auch sein, dass jemand verstummt. Auf welche Kriterien sollen wir bei der Beurteilung einer psychischen Traumatisierung abstellen?

Die Fachwelt diskutiert diese Fragen kontrovers. Sollen wir Fachleute uns durch das subjektive Erleben leiten lassen? Gibt es überhaupt objektive Kriterien in der Psychologie und Psychiatrie, die uns eine exakte Beurteilung erlauben? Die Psychotraumatologie als Forschungsrichtung versucht unter anderem, solche Fragen, die die Einschätzung der Traumen betreffen, zu beantworten. Fischer und Riedesser weisen in ihrem Lehrbuch [1] darauf hin, dass eine der Schwierigkeiten in unserer Denkgewohnheit begründet sein mag: «Die Psychotraumatologie hat immer zugleich mit Subjektivität und Objektivität zu tun. In der Psychotraumatologie benötigen wir eine Denkweise, die mit Widersprüchen umzugehen versteht, die den Widerspruch zum Beispiel zwischen einem objektiven und subjektiven Traumaverständnis nicht einfach als einen Irrweg oder als unlogisch abtut, sondern ihn ganz im Gegenteil zur Grundlage der Forschung macht. Erforderlich ist daher eine dialektische Denkweise als Grundlage dieser Disziplin.» Mit anderen Worten, ein psychisch traumatisches Ereignis muss immer sowohl objektiv als auch subjektiv verstanden werden.

Damit verliert der Forschungsgegenstand naturgemäß seine Eindeutigkeit. Nun ist diese Schwierigkeit keineswegs neu – die Psychologie als Wissenschaft kämpft mit ähnlichen Schwierigkeiten, auch die Philosophie kennt das Problem. Die dialektische Denkweise, das heißt die Integration widersprüchlicher Aspekte, ist daher wissenschaftstheoretisch durchaus vertraut. Objektive und subjektive Eindrücke miteinander zu verknüpfen, fällt allerdings schwer – denn das würde bedeuten, anzuerkennen, dass die Welt komplizierter ist, als wir es manchmal vielleicht gerne hätten. Das gilt insbesondere auch für die Psychotraumatologie. Um die Erfahrungen von Opfern zu verstehen, muss man sich jedoch in erster Linie in die Situation der Betroffenen hineinversetzen können.

Haben wir es mit Beziehungstraumen zu tun, muss man sich als Helfer klar machen, dass möglicherweise nur das Opfer die gewalttätige Seite einer Bezugsperson sieht oder zu spüren bekommt – während andere den guten Vater, den ausgezeichneten Arzt, den dicken Freund, etc., sehen.

(Diese Feststellungen gelten selbstverständlich auch für weibliche Täter-personen.) Als Beispiel möchte ich hier den Fall eines Gynäkologen an-führen, der rechtsgültig wegen sexueller Missbräuche mehrerer Frauen verurteilt wurde. Weil man ihn als ausgezeichneten und hilfsbereiten Arzt einstufte (es gab eine Unterschriftenaktion zu seinen Gunsten), wurde er durch einen Gnadenerlass rehabilitiert. Jahre später kam es zu einer erneu-ten Verurteilung wegen eines gleichen Deliktes – spätestens dann muss wohl vielen klar geworden sein, dass sie sich getäuscht hatten.

Die geschilderte Situation, dass in aller Regel nur das Opfer um die gewalttätige Seite weiß, führt nicht selten dazu, dass Opfern nicht geglaubt wird. Ihnen wird nachgesagt, ja vorgeworfen, die Unwahrheit gesprochen zu haben, Rache zu üben, die Situation aufzubauschen. Nicht nur diese Ungerechtigkeiten belasten, man muss sich auch vorstellen, was eine Nichtverurteilung des Täters für Betroffene bedeutet. Die Opfer erleben sich selbst oft schwer beeinträchtigt und leiden unter den psychischen, al-lenfalls auch körperlichen Folgen, während der Täter freigesprochen wird. Die moralische Beurteilung der Öffentlichkeit richtet sich nicht selten ge-gen das Opfer, das nun auch vor Gericht unterlegen ist. In Zusammenhang mit sekundärer Viktimisierung (siehe Kapitel 3.4) wird diese Problematik näher erläutert werden.

2.1 Psychische Traumatisierung

Eine grundlegende Frage ist, wie ein traumatisches Geschehen zu de-finieren ist. Die obenstehenden Ausführungen deuten schon darauf hin, dass nicht allein das traumatische Moment (z. B. eine Vergewaltigung) maßgebend ist, sondern ebenso eine nachfolgende Strafuntersuchung, Ge-richtsverhandlung oder das Verhalten der Gesellschaft zum Vorfall. Heute wird solchen Überlegungen sowohl in der polizeilichen Ermittlung wie auch in der Strafabklärung vermehrt Rechnung getragen. Eine Frau, die Opfer eines Gewaltverbrechens wurde, hat heute vielerorts das Recht, auf einer Einvernahme durch eine Frau zu bestehen. Aussagen von Kindern, die Opfer von Inzestverbrechen wurden, werden auf Video festgehalten und sind rechtsgültig. Die Betroffenen werden nicht mehr gezwungen, wo-möglich die gleichen Aussagen wiederholt abgeben zu müssen, was eine schwere seelische Belastung darstellt. Es wurde mittlerweile akzeptiert, dass beispielsweise durch die Art der Ermittlungen häufig eine Fortsetzung der traumatischen Situation geschaffen wurde, anstatt dem Opfer zu seinem Recht zu verhelfen.

Psychologisch verläuft die seelische Reaktion auf eine Traumatisierung in drei Phasen:

1. Die Schockphase dauert vom Moment der traumatischen Einwirkung bis längstens rund eine Woche nach dem Vorfall. Es kann durchaus einige Zeit verstreichen (Stunden bis Tage), bis ein Opfer das Ausmaß der Verletzung erfassen kann. Charakteristisch ist eine initiale Verleugnung des wahren Schadens, auch die eigene Betroffenheit wird häufig abgestritten. Häufig können veränderte Wahrnehmungen wie Derealisierung oder Depersonalisierung beobachtet werden. Meistens kann das Geschehene nicht einmal in Worte gefasst werden. Selbst bei als unerschütterlich bekannten Naturen kann dieses Phänomen beobachtet werden. So berichteten beispielsweise militärische Führungsleute der Alliierten, dass sie, als sie auf die Massengräber der Nazivernichtungslager stießen, nicht in der Lage waren, das Geschehen in Worte zu fassen. Die Macht der Worte und Sprache wird gerne überschätzt, insbesondere durch psychotherapeutische Fachleute. Neue neurobiologische Untersuchungen zeigen zudem erhebliche endokrine und hormonelle Veränderungen während initialer Schockphasen [2].

2. Die Einwirkungsphase beginnt einige Zeit nach dem eigentlichen traumatischen Ereignis und kann bis zu zwei Wochen dauern. Hier manifestieren sich charakteristischerweise Wut und Ärger z. B. auf Rettungskräfte, Ermittlungsbehörden und Angehörige. Starke Selbstzweifel tauchen auf, die Opfer klagen sich selbst an und bezichtigen sich fehlerhaften Verhaltens; sie hätten es nicht verdient, zu überleben bzw. weiterzuleben. Häufig sind depressive Reaktionen zu beobachten, z. B. Ein- und Durchschlafstörungen, immer wiederkehrende Alpträume, Schreckhaftigkeit und Übererregbarkeit. Gefühle von apathischer Ohnmacht- und Hoffnungslosigkeit können folgen. Außerdem können Konzentrations- und Gedächtnisstörungen sowie Grübeln und Gedankenkreisen auftreten. Auch Flash-backs, also immer wieder auftauchende Erinnerungsbruchstücke, werden genannt.

3. In der Erholungsphase kann das Opfer das traumatische Ereignis überwinden [3]. Insbesondere der Austausch über die durchlebten Erfahrungen, nach Möglichkeit auch mit anderen Betroffenen, kann hier helfen. Besonders hilfreich wird das Gespräch mit einer Vertrauensperson erlebt. Ob überhaupt oder zusätzlich fachliche Hilfe in Anspruch genommen

wird, stellt eine der kritischen Weichenstellungen dar, die oft über den weiteren Verlauf entscheidet. Im Zweifelsfall sei die Konsultation von Fachleuten empfohlen, bevor sich chronische depressive Störungsbilder und/oder Alkohol-, Drogen- und Medikamenten-Abhängigkeiten entwickelt haben. Wichtig ist für die Erholungsphase, Opfer aus der traumatischen Umgebung zu entfernen. Es muss unbedingt eine Konfrontation mit den Stressoren oder traumaauslösenden Bezugspersonen verhindert werden. Sonst ist die Entwicklung einer kumulativen Traumatisierung zu befürchten, wie sie weiter unten beschrieben wird; sie wird durch Störungen der Erholungsphase hervorgerufen. Dies ist mit einer der Gründe, wieso Gegenüberstellungen von Opfern und Tätern in Beziehungstraumen zumindest in dieser frühen Phase kontraindiziert sind und häufig zu einer Verschlimmerung der Folgen führen.

Anatomisch bzw. physiologisch ereignet sich während der Schockphase Folgendes. Das Corpus amygdaloideum als Teil des limbischen Systems stellt gewissermaßen die zentrale Alarmstelle im Gehirn dar und reguliert die beginnenden Alarmreaktionen. Eine enge neuroanatomische Verbindung zum Hippocampus moduliert die Alarmreaktionen. Der Hippocampus funktioniert als kognitives Steuerungszentrum und Alarmgedächtnis. Hier wird abgespeichert, ob bestimmte Ereignisse, Gegenstände, Situationen, etc. als gefährlich einzustufen sind. Durch Lernvorgänge lassen sich die Antworten modulieren. Entwicklungsgeschichtlich gehören diese Strukturen zum ältesten Teil der Hirnrinde. Durch weitere anatomische Verbindungen, beispielsweise zum Thalamus, findet eine nochmalige Modulation entsprechend der emotionalen Stimmungslage statt.

Während der initialen Schockphase werden hohe Dosen an Catecholaminen (Stresshormone) freigesetzt. Forschungsbefunde weisen darauf hin, dass hohe Konzentrationen zu einer verminderten Gedächtnisfunktion führen und die Speicherungsfähigkeit von Erlebnissen und Eindrücken reduzieren können. Je größer die erste Stressreaktion ausfällt, desto höher ist die Wahrscheinlichkeit, dass sich keine PTSD (engl. für Posttraumatische Belastungsstörung) ausbildet. Je mehr Catecholamine produziert werden, desto eher entwickeln sich depressive Symptome [2]. Umgekehrt ist belegt, dass das Risiko zur Ausbildung einer PTSD mit jedem vorausgegangenen Traumaereignis zunimmt.

Was der Leser nicht aus den Augen verlieren darf, ist nun die Tatsache, dass professionelle Missbräuche meist scheinbar mit beiderseitigem Einverständnis ablaufen und selten diesem plötzlichen, schockartigen

Traumakonzept entsprechen. Meist wird Betroffenen erst lange nach dem sexuellen Kontakt klar, dass sie eigentlich ausgenutzt bzw. missbraucht wurden. Auch wenn sie im Ablauf große Ähnlichkeiten aufweisen, lassen sich viele Reaktionen nicht unter PTSD einordnen [4].

Für ein besseres Verständnis des weiteren Zeitablaufs sind die nachfolgenden Forschungsergebnisse besonders wertvoll. Nach Mardi Horowitz [5] kann die physiologische Reaktion auf ein Trauma als ‹stress response› verstanden werden. Er teilt die traumatische Reaktion in 5 Phasen:

1. Peritraumatische Expositionsphase mit normalen Reaktionen wie Aufschrei, Angst und Wut. Auch Trauer kann beobachtet werden.
2. Verleugnungsphase: Betroffene wehren sich gegen das Erinnern an das unmittelbare Trauma.
3. Wiederauftauchen von Erinnerungsbildern: Gedanken und Erinnerungen, die mit dem Trauma zusammenhängen, werden mehr und mehr wahrgenommen.
4. Durcharbeiten: Die wieder zugelassenen Erinnerungen führen zu einem Verarbeitungsprozess, Trauer- oder Wutreaktionen sind möglich. Es findet eine persönliche Auseinandersetzung mit der Vergangenheit statt.
5. Abschlussphase: Die Verletzung wird nicht vergessen, sondern kann jetzt ohne überwältigende emotionale Reaktionen zugelassen werden.

Kommt es im Gegensatz zum oben Beschriebenen zu einem pathologischen Ablauf, können die folgenden Phasen voneinander abgegrenzt werden:

1. Peritraumatische Reizüberflutung: Überwältigende Eindrücke überschwemmen ein Individuum, ohne dass eine Chance besteht, die Erfahrungen zu ordnen oder zuzuordnen. Nach der eskalierenden emotionalen Reaktion kann eine anhaltende Phase von Panikzuständen oder eine Erschöpfungsphase folgen.
2. Verleugnungsphase: Der seelische Schmerz führt zum Versuch, alle Erinnerungen an das Trauma zu unterdrücken. Durch Drogen, Alkohol oder Medikamente wird dieser Vorgang häufig zusätzlich unterstützt.
3. Dauernde Präsenz von Erinnerungen: Gedanken und Erinnerungen drängen sich dauernd und zwanghaft auf. Der Schlaf kann massiv gestört sein, immer wieder treten Alpträume auf.
4. Fehlendes Durcharbeiten: Betroffene versuchen einer inneren Auseinandersetzung auszuweichen, häufig mittels Gebrauch dämpfender Substanzen.

5. Kein Abschluss: Betroffene können unter Umständen lebenslang unter den Symptomen leiden. Sie entwickeln ein Ohnmachtgefühl und werden damit unter Umständen lebenslang in ihrer Opferhaltung fixiert [5].

Bei pathologischer und krankmachender Verarbeitung entsteht die typische traumatische Reaktion, die mit psychiatrisch-psychologisch fassbaren Phänomenen einhergeht. Es handelt sich gewissermaßen um erstarrte Zustände, in denen die Verarbeitung der Verletzung nicht erfolgen kann. Betroffene verlieren mit der Zeit jegliche Hoffnung auf Besserung ihres Befindens. Sie entwickeln die Überzeugung, dass sie ihre Ruhe und ihr inneres Gleichgewicht nie wieder finden werden. Es können sogar Charakterveränderungen auftreten, um überhaupt noch mit der subjektiv nicht zu bewältigenden traumatischen Erfahrung leben zu können. Ausgeprägtes Vermeidungsverhalten kann mit der Zeit zu phobischen Verhaltenszügen führen. Charakteristisch sind Störungen der Arbeits- und Liebesfähigkeit und der Verlust von Vertrauen zu nahestehenden Menschen. Die zunehmende Isolierung kann im Sinne eines Circulus vitiosus zu Suizidimpulsen und -versuchen führen. So ist beispielsweise bei Mobbingopfern durch eine schwedische Studie belegt, dass 42% der Befragten [6, 7] Suizidgedanken hatten. Gemäss einer weiteren schwedischen Arbeit [8] sind schätzungsweise 10–20% der jährlichen Selbstmorde auf Mobbingsituationen zurückzuführen. Bei Ausbildung einer posttraumatischen Belastungsstörung (PTSD) besteht im Vergleich mit anderen psychischen Erkrankungen eine weitaus größere Wahrscheinlichkeit, dass sich Suizidgedanken und Impulse einstellen. Über 20% aller Menschen mit PTSD geben in Befragungen Suizidgedanken an [2].

Die bahnbrechende Arbeit von Horowitz wurde 1976 veröffentlicht. Ihm ist auch die Beschreibung des biphasischen Verlaufs einer traumatischen Reaktion zu verdanken. Der regelhaft wiederkehrende Wechsel von Eindringen der Erinnerungen und Versuch zur Verleugnung ist charakteristisch für den pathologischen Verarbeitungsmechanismus. Wie der von Freud beschriebene Wiederholungszwang folgt der biphasische Verlauf einem analogen Muster und hat dieselbe teleologische Bedeutung: Das Individuum versucht das Unfassbare zu verarbeiten und scheitert doch immer wieder. Der Einzelne versucht deswegen zwanghaft, immer wieder dieselben Gegebenheiten oder Beziehungskonstellationen zu inszenieren, im steten Versuch, die Situation endlich zu bewältigen. Der dahinter liegende emotionale Schmerz, dem auszuweichen versucht wird, bedingt letztendlich diesen Mechanismus. So betrachtet, muss jede Heilung schmerzhaft sein, so paradox das klingen mag. Im Akzeptieren des Geschehenen vollzieht sich dieser Prozess. Es lässt sich nichts ungeschehen machen, die einzige Chance besteht im Akzeptieren-Können des Vorgefallenen.

Masud Khan hat mit seinen Erörterungen zum Begriff des kumulativen Traumas [9] auf den Umstand hingewiesen, dass bei einer wiederholten Abfolge traumatischer Ereignisse die einzelnen Momente durchaus unterschwellig sein können, durch die zeitliche Abfolge und Häufung werden dennoch die selbstheilenden und wiederherstellenden Kräfte der betreffenden Person so sehr geschwächt, dass insgesamt eine oft schwerere traumatische Reaktion zu beobachten ist, als es nach einem einzelnen Ereignis der Fall wäre. Die Erholungs- und Heilungsphase wird immer wieder unterbrochen, woraus chronische und schwerwiegende Störungen der Persönlichkeit resultieren können. Die meisten Beziehungstraumata sind diesem Verlaufsbild zuzurechnen.

Die traumatischen Auswirkungen sind umso komplexer, je mehr das Opfer in einem Vertrauens- und Abhängigkeitsverhältnis zum Täter steht. In vielen professionellen Beziehungen sind derartige Verhältnisse zu beobachten, insbesondere im Gesundheitswesen, in der Seelsorge und im Bildungsbereich. In der Arzt-Patienten-Beziehung wird dieses Vertrauen sogar vorausgesetzt, damit sich überhaupt ein Behandlungserfolg einstellen kann. Auch in pädagogischen Situationen wird ein ungestörtes Vertrauensverhältnis zum Lehrenden vorausgesetzt, damit überhaupt eine Wissensvermittlung stattfinden kann. Das Urvertrauen und die Zuverlässigkeit sozialer Beziehungen werden nachhaltig erschüttert, wenn dieses Vertrauensverhältnis missbraucht wird. Für die Folgen sexueller Übergriffe in Psychotherapien liegen unzählige entsprechende Untersuchungen vor [9–13], ebenso für Übergriffe in der Seelsorge und im Bildungsbereich [14]. Die entsprechenden Ergebnisse sind im 6. Kapitel (Folgen von PSM) zusammengestellt.

Dass der Vertrauensmissbrauch wahrscheinlich das entscheidende traumatische Element in einer ganzen Kaskade darstellt, lässt sich sogar tierexperimentell zeigen. Fischer und Riedesser weisen in ihrem Lehrbuch der Psychotraumatologie [1] in einer genialen Schlussfolgerung darauf hin, dass in den Pawlow'schen Hundeexperimenten zur Konditionierung [15] die Traumatisierung erst vor dem Hintergrund mehrerer Versuchsdurchgänge möglich wird. Die Tiere lernen, bestimmte Regeln zu beachten. Erst anschließend wird die Versuchsanordnung so manipuliert, dass die Tiere sich nicht mehr an definierten Signalen orientieren können. Die Folge sind völlig verstörte Tiere mit Reaktionen von Apathie und Resignation. Die gleichen Tiere hatten anfänglich ohne nachhaltige Folgen auf Elektroschocks oder ähnliche Bestrafungen reagiert, und nun reagierten sie mit Symptomen, die einer menschlichen Depression nicht unähnlich sind. Fischer und Riedesser kommentieren: «Die Tiere lernen, dass sie in einer Welt leben, in der man nichts lernen kann, so lässt sich die traumatogene Situationskonstellation bei Pawlow anthropomorph, d. h. analog zu menschlichen Verhältnissen, umschreiben. Die Meta-Botschaft, dass die vorausgegangene Lernanstrengung zwecklos war und die Welt keinerlei Vorhersagbarkeit bietet, erschüttert das Vertrauen in den sinnhaften Aufbau der Lebenswelt. Dies ist die kognitive Voraussetzung jener affektiven Einstellung, die der Psychoanalytiker Erik Erikson (1950) als Urvertrauen (basic trust) bezeichnet hat [16]. Urvertrauen besteht in unserer Erwartung oder zumindest in der Hoffnung, dass trotz aller Widrigkeiten die Probleme der Welt zu meistern sind, wenn wir uns nur genügend Mühe geben, die Kausalität der Abläufe zu verstehen und uns nach dieser Einsicht richten.» Die Autoren weisen darauf hin, dass die Bedeutung der vorausgehenden Lernsituation für die Traumatisierung bisher nie theoretisch reflektiert wurde. Wendet man diese Hypothese beispielsweise auf eine sexuelle Missbrauchssituation in einer Psychotherapie an, so wird verständlich, warum viele Autoren immer wieder betonten, dass nicht unbedingt das sexuelle Moment per se traumatisierend ist, sondern das Eingebettetsein des sexuellen Erlebnisses in ein Vertrauensverhältnis, wo der Klient nicht damit rechnen muss, dass er geschädigt werden könnte. Es ist die Erschütterung der Grundannahme «Hier finde ich die Hilfe, die ich suche und brauche», die für die späteren Folgen verantwortlich ist.

2.2 Traumabewältigung

Verschiedene Autoren haben untersucht, ob und wie sich chronische Störungsbilder nach traumatischen Erlebnissen prognostizieren lassen. Dies ist insbesondere deshalb schwierig, weil berücksichtigt werden muss, dass Betroffene über individuell unterschiedliche Ressourcen zur Traumabewältigung verfügen. Ein bestimmtes Ereignis trifft nicht alle Personen in ein und derselben Weise, sondern hängt sehr von der persönlichen Verletzlichkeit, der Lebensgeschichte und den jeweiligen konkreten Umständen ab. Die Life-event(Bedeutung von einschneidenden Lebensereignissen)-

Forschung belegt beispielsweise, dass eine Scheidungssituation nicht zwingend eine anhaltende psychische Störung bei Kindern hinterlässt. Auch der Verlust eines Elternteils, so schlimm dies im Einzelfall ist, muss nicht zwangsläufig zu einer psychischen Erkrankung führen. Menschen verfügen über unterschiedliche Ressourcen, um mit Schicksalsschlägen fertig zu werden. Entscheidend ist wohl in jedem Fall, ob eine adäquate Trauerverarbeitung stattfindet, ob das Schreckensereignis tabuisiert und damit das betroffene Kind mit seinen Gedanken und Gefühlen allein gelassen wird. Fachleute raten immer zu einem Gespräch mit einer Vertrauensperson, dies scheint für die Verarbeitung des traumatischen Ereignisses eine der entscheidenden Voraussetzungen zu sein. Bemerkungen wie «Das ist ja nicht so schlimm ...» oder «Andere haben auch damit fertig werden müssen ...» sind bei der Bewältigung von psychischen Verletzungen eher geeignet, die Verzweiflung zu vergrößern als einen beruhigenden Effekt zu haben.

Bei der Traumabewältigung können kognitive Verzerrungen bei den Betroffenen den Heilungsprozess behindern. Zusammenhänge werden von den Opfern verzerrt wahrgenommen, falsch interpretiert, und Ursachen werden falsch zugeordnet. Beispielsweise schreibt sich ein Opfer selbst die Schuld an einem sexuellen Übergriff zu. Das bekommt besonders dann großes Gewicht, wenn im gleichen Fall der Täter die Situation ebenfalls so interpretiert, damit ihm die Verantwortung oder Mitbeteiligung am Unglück anderer abgenommen wird («Sie wollte es ..., sie genoss es sogar ...») – damit gelingt es dem Täter häufig, sich von jeglicher Schuld zu befreien. Da viele solcher Stereotypen allgemeinen Vorurteilen entsprechen, gelingt es den Tätern regelmäßig, selbst Strafbehörden und Gerichte zu manipulieren. Es darf jedoch nicht vergessen werden, dass derartige kognitive Verzerrungen auf Seiten der Opfer immer auch einen Selbstschutzmechanismus darstellen, und es braucht oft eine sehr, sehr behutsame therapeutische Vorgehensweise, damit ein Missbrauchsopfer nicht an den Folgen der Traumatisierung zerbricht. Die kognitiven Verzerrungen behindern die Heilung, deshalb müssen sie in einem therapeutischen Prozess aufgelöst werden. Im Kapitel zur Opferberatung findet sich eine ausführliche Darstellung zu dieser Thematik.

2.3 Traumabewältigung als soziale Aufgabe

Grundsätzlich gilt: Die Folgen psychischer Traumatisierung kann ein Mensch nicht allein bewältigen. Verarbeitung und Heilung sind nur im sozialen Kontext möglich. Für den Heilungsprozess ist deshalb für Opfer so entscheidend, wie sich die Allgemeinheit gegenüber der individuellen Begebenheit verhält. Ein Zitat aus dem Lehrbuch von Fischer und Riedesser mag das verdeutlichen [1]:

> Das verantwortliche Sich-Erkennen der Allgemeinheit im besonderen Elend der Opfer, das Bemühen um Hilfe für sie und ihre Rehabilitation, die Anerkennung von Gerechtigkeit und Würde ist vor allem bei absichtlich herbeigeführten Desastern für den Traumaverlauf bzw. den Erholungs- und Restitutionsprozess von großer Bedeutung. Lehnt ein soziales Kollektiv es beispielsweise ab, die Verantwortung zu übernehmen für Gewalttaten oder sonstiges Unrecht gegen Außenstehende oder Minoritäten, so untergräbt die verleugnete Schuld die psychische und moralische Substanz der Täter- oder Verursachergruppe oft über Generationen hinweg. Der traumatische Prozess ist also nicht nur ein individueller, sondern stets auch ein sozialer Vorgang, worin die Täter-Opfer-Beziehung bzw. das soziale Netzwerk der Betroffenen und letztlich das soziale Kollektiv einbezogen sind.

Wird den Opfern und ihren Angehörigen nicht jene Anerkennung und Unterstützung zuteil, die vom Gerechtigkeitsempfinden her angebracht erscheint, kann sich das erschütterte Selbst- und Realitätsverständnis nicht regenerieren. Das Trauma bleibt unfassbar. Die Betroffenen fühlen sich fremd in ihrer sozialen Umgebung, welche das Unrecht, das ihnen widerfuhr, als solches nicht anerkennt.

Wie schwer sich einzelne Gesellschaften tun, verübtes Unrecht als solches zu akzeptieren, zeigt etwa die Situation in der Schweiz angesichts der Umstände des 2. Weltkrieges, wie sie im Flüchtlingsbericht von Bergier [17] aufgeführt wurden. Selbst 50 Jahre nach dieser Schreckenszeit sind die Narben nicht verheilt. Ein weiteres Beispiel, welches zeigt, wie schräg so manches Schuldbekenntnis liegt, ist die katholische Kirche. Papst Johannes Paul II stellte im Frühjahr 2000 fest, wie viel Unrecht im Namen der katholischen Kirche auf dieser Erde verübt worden sei [18]. Sein mehr historischer Blickwinkel verschleierte jedoch, wie viel Unrecht auch heute noch verübt wird: Frauen kämpfen um gleichberechtigte Stellung zur Ausübung eines Ordinariats. Fragen von sexuellen Übergriffen durch Geistliche gegenüber Kindern, gegenüber erwachsenen Gläubigen oder Nonnen sind noch immer tabuisiert. Die Machtstrukturen innerhalb der katholischen Kirche haben bisher eine profunde Auseinandersetzung mit solchen Themen verhindert, obwohl viele Diözesen weltweit in eigener Kompetenz gegen derartige Missbräuche vorgegangen sind.

Manchmal zwingt die drohende Verurteilung durch die Gesellschaft das Opfer zum Schweigen. Dies ist beispielsweise für die euphemistisch bezeichneten ‹Comfort Women› belegt [20]. Die Bezeichnung wurde für junge Frauen im asiatischen Raum verwendet, die von japanischen Truppen im Zeitraum von 1942–1945 zur Prostitution gezwungen wurden. Betroffene wagten meist nicht einmal, ihren nächsten Angehörigen etwas über ihre Situation zu berichten. In der strengen asiatischen Kultur und Religionsgemeinschaft gelten vergewaltigte Frauen nicht mehr als heiratsfähig. Sie wären aus der Gemeinschaft ausgeschlossen worden. So schwiegen viele, oft über 50 Jahre lang, und fanden erst als betagte Frauen den nötigen Mut und wohl auch die nötige Unterstützung, ihr Leid preiszugeben.

Nicht unterschätzt werden dürfen die Folgen der Traumatisierung für die Angehörigen der Opfer. Die Auswirkungen sind zwar nicht direkt denjenigen gleichzusetzen, unter denen betroffene Opfer leiden. Dennoch muss man die enorme seelische Belastung der Familienmitglieder oder Freunde beachten. Es ist auch daran zu denken, dass Traumaerfahrungen über Generationen hinweg weitergegeben werden, wie dies etwa bei den Holocaust-Opfern und ihren Familien belegt ist. Hier hat sich insbesondere gezeigt, dass die Tabuisierung derartiger Horrorerlebnisse innerhalb eines Familiensystems die nachfolgenden Generationen erheblich beeinträchtigen kann. Schließlich ist auch an die vicariierende Traumaerfahrung zu denken (vicarious = stellvertretend), denen helfende Personen (psychologisch-psychiatrische Fachpersonen, Pflegepersonal) sowie ermittelnde Fachleute (Polizeiorgane, Untersuchungsbehörden) ausgesetzt sind. Beispielsweise sind Rettungskräfte bei Flugzeugabstürzen oft mit furchtbaren Situationen konfrontiert. Diesem Punkt muss vor allem in der Beratungssituation gegenüber dem eingesetzten Personal Rechnung getragen werden (s. Beratung der Institutionen).

Werden der zeitliche Aspekt der psychischen Traumatisierung und die Bedeutung der sozialen Reaktion nicht berücksichtigt, kann man bei einer phänomenologischen Beurteilung zu einem beliebigen Zeitpunkt nach der Traumatisierung leicht zu falschen Schlussfolgerungen kommen. Die traditionelle psychiatrische Psychopathologie mit ihrer Nosologie und Diagnostik hat viel zur Zementierung des Elends von betroffenen Opfern beigetragen. Allzu häufig enthüllten sich hinter einer Lebensgeschichte absurde und schreckliche Traumatisierungen, denen Begriffe wie Borderline-

Störung oder psychotische Dekompensation nie gerecht werden. Im Gegenteil wurde die Not vieler Opfer nicht wahrgenommen, solange die psychiatrischen Störungsbilder nur auf die persönlichen Lebensumstände des oder der Betroffenen zurückgeführt wurden. Viele der dynamischen Aspekte in Zusammenhang mit der Reaktion der Umgebung wurden gar nicht erfasst und mitberücksichtigt. Frank Urbaniok geht sogar noch weiter, wenn er konstatiert: «Der Umgang mit Opfern in psychiatrischen Institutionen ist eine Tragödie» [21]. Psychische Krankheit wird leider oft als eine persönliche Problematik gesehen, ja quasi im Sinne einer Unfähigkeit zur Lebensbewältigung.

Ein Beispiel aus meiner eigenen Praxis mag diese Aussage verständlicher werden lassen: Eine junge, knapp 25-jährige Frau wurde während ihres Studiums zunehmend depressiv und begann eine Psychotherapie. Drei Monate nach Beginn der Behandlung kam es erstmals zu intimen Kontakten mit ihrem Therapeuten. Der Patientin ging es zusehends schlechter, und nach einem Suizidversuch musste sie psychiatrisch hospitalisiert werden. Im Laufe der stationären Behandlung erzählte sie der dortigen Ärztin unter Tränen von den sexuellen Kontakten zu dem Arzt. Die Ärztin reagierte unwirsch und betonte, solche Dinge gebe es nicht, sie kenne diesen Arzt, das sei ein angesehener Fachmann und es handele sich ja wohl um ihre Wunschvorstellungen. Die Patientin versank tiefer in ihre Isolation. Sie versuchte schließlich erneut, sich das Leben zu nehmen. Inzwischen geht es ihr nach einer längeren psychotherapeutischen Behandlung mit einem Arzt, der in der Traumatolgie versierter ist, deutlich besser. Sie ist nun auch wieder in der Lage, über das Vorgefallene zu sprechen. Diagnostisch wurde in diesem Fall von einer Depression ausgegangen. Phänomenologisch bestehen an dieser Aussage wohl keine Zweifel. Die Frau wurde mittels Antidepressiva-Infusionen medikamentös behandelt. Naheliegender wäre in diesem Fall wohl ein intensives gesprächstherapeutisches Angebot gewesen – es bleibt spekulativ, ob sich die Krankheit in eine andere Richtung entwickelt hätte, wenn die Klinikärztin verständnisvoll auf die Aussage reagiert hätte. Zumindest belegt die nachfolgende psychotherapeutische Aufarbeitung durch eine kompetente Fachperson, welche den Aussagen der Patientin Glauben schenkte, dass die Depression einer neuen, positiven Lebensperspektive wich und keine Suizidimpulse mehr auftraten. Erst nach einer längeren Behandlungsphase wagte diese junge Frau, gegen den Arzt vorzugehen, der sie missbraucht hatte.

Vieles am Verhalten eines Opfers mag uns unverständlich und irrational erscheinen. Dass eine durch einen Arzt sexuell missbrauchte Frau in

Zukunft wahrscheinlich nur unter größter Überwindung zu einer ärztlichen Konsultation erscheinen kann, womöglich auf jede Berührung mit erheblicher Angst und psychovegetativen Symptomen reagiert, wird erst verständlich, wenn man die Vorgeschichte kennt. Die Erschütterung des Selbstverständnisses eines traumatisierten Menschen ist folglich keineswegs so irrational, wie dies für einen außenstehenden Beobachter zunächst erscheinen mag. Irrational und wirklich nicht fassbar ist allenfalls das Trauma selbst, wie auch die häufig vernichtende Reaktion der Umwelt dem Opfer gegenüber. In einem solchen Fall verhält sich die betroffene Person in aller Regel so zweckdienlich wie möglich – auch wenn dies von außen betrachtet anders scheinen mag. Erneut muss man sich in die Situation eines Opfers versetzen, um zu verstehen, welche Lebenserfahrung hinter diesen Coping-Mechanismen liegt, denen allzu oft ein ‹Irrational belief› unterstellt wird. Die Lebensmaxime, niemandem zu vertrauen, wird erst verständlich, wenn man sich die traumatische Beziehungserfahrung des betreffenden Opfers anhört. Die kognitive Verhaltenstherapie hat sich als geeignetes Therapieverfahren erwiesen, diese persönlichen Konzepte in ihrer Bedeutung zu verstehen und mittels therapeutischer Interventionen eine Änderung der dysfunktionalen Mechanismen zu erreichen.

2.4 Die Latenzzeit bei psychischen Traumen

Traumatische Situationen enden nicht damit, dass das unmittelbare traumatische Ereignis vorbei ist. Zunächst führt das Trauma selbst zu einer schweren und dauerhaften Erschütterung des Selbstwertgefühls und des Weltverständnisses. Die zusätzliche Erfahrung des Abgelehntwerdens und die Tatsache, dass ihnen nicht geglaubt wird, führt bei vielen Opfern zu einem Verlust des Vertrauens in das soziale Netz. Dieser Teufelskreis kann aus eigener Kraft kaum unterbrochen werden. Bedenkt man zudem die Auswirkungen der Täter- und Opferidentifikationen, kann man sich unschwer die aussichtslose und verzweifelte Situation vorstellen, in der sich die Opfer befinden. Bei der Erörterung des zeitlichen Aspekts traumatischer Ereignisse haben Fischer und Riedesser wichtige Gedanken geäußert [1]:

Unter subjektiven Gesichtspunkten enden sie, vor allem wenn sie von Menschen verursacht werden, erst dann, wenn die zerstörte zwischenmenschliche und ethische Beziehung durch Anerkennung von Verursachung und Schuld wiederhergestellt wurde. Exemplarische Situationen enden nicht einfach, wenn Zeit vergeht.

Daher heilt Zeit allein nicht alle Wunden. Vielmehr muss eine qualitativ veränderte Situation entstehen, die die traumatischen Bedingungen in sich aufhebt, d. h. sie überwindet und einen qualitativ neuen Anfang erlaubt. Bei dieser Auflösung und Überwindung von traumatischen Situationen sind Schuldanerkennung, Wiedergutmachung, aber auch Fragen von Sühne und Strafe von Bedeutung.

Dass traumatische Ereignisse unter Umständen mit langer Latenz wieder bewusst werden können, zeigen zahlreiche Fälle mit unterschiedlichen Begebenheiten. Ein Überlebender einer Feuerkatastrophe entwickelte nach 40-jähriger Symptomfreiheit plötzlich Beschwerden, die auf das längst vergangene Trauma zurückgeführt wurden [1]. Missbrauchsopfer schweigen häufig aus Scham und Angst jahrelang. Bei der Anlauf- und Beratungsstelle für sexuelle Übergriffe in Psychotherapien in Basel meldeten sich vereinzelt Frauen, die erstmals wagten, über ihre teilweise über 20 Jahre zurückliegenden Missbrauchserfahrungen in ärztlichen Behandlungen zu berichten. In einem Fall lag der Missbrauch in einer ärztlichen Behandlung sogar 50 Jahre zurück. Die Frau hatte als 18-jährige einen sexuellen Übergriff durch ihren Hausarzt erlebt und es bis heute nicht gewagt, jemanden in den Vorfall einzuweihen. Es waren beispielsweise Medienberichte zur Missbrauchs-Thematik, die die vergessenen Erinnerungen wieder hochkommen ließen. Aus Scham und Angst, es glaube ihnen niemand, hatten viele der Frauen ihr Leid über Jahre hinweg still getragen, ja es manchmal selbst nicht mehr wahrgenommen. Verarbeitet war es in keinem dieser erwähnten Fälle. Für die Frauen war es zum Teil sehr erleichternd, dass sie endlich einmal einer Fachperson erzählen konnten, was geschehen war. Auch 20 Jahre später war festzustellen, wie viele Opfer sich nach wie vor die Schuld am Vorfall selbst zuschrieben und den Fehler bei sich suchten. Mit der Hilfe von Beratungsstellen konnten viele Betroffene ihre traumatisierenden Erfahrungen hinter sich lassen – nicht im Sinne von Vergessen, sondern im Sinne von Überwindung [3].

Literatur

1   Fischer G, Riedesser P: Lehrbuch der Psychotraumatologie. München, Reinhardt, 1999.
2   Van der Kolk BA, McFarlane A, Weisaeth L: Traumatischer Stress. Grundlagen und Behandlungsansätze. Paderborn, Junfermann, 2000.
3   Herman J: Trauma and Recovery. New York, Basic Books, 1992.

4 Foa EB, Keane TM, Friedmann MJ: Effective Treatments for PTSD. Practice Guidelines from the International Society for Traumatic Sress Studies. New York, Guilford, 2000.

5 Horowitz MJ: Stress Response Syndromes. New York, Aronson, 1976.

6 Halama P: Die Halama-Mobbing-Studie '94. Gesellschaft gegen psychosozialen Stress und Mobbing, Bad Lippspringe, 1994.

7 Halama P: Die Halama-Mobbing-Studie '95. Gesellschaft gegen psychosozialen Stress und Mobbing, Bad Lippspringe, 1995.

8 Leymann H: Mobbing – Psychoterror am Arbeitsplatz und wie man sich dagegen wehren kann. Hamburg, Rowohlt, 1993.

9 Khan MMR: The concept of the cumulative trauma; in Khan MMR: The Privacy of the Self. London, Hogarth, 1963.

10 Becker-Fischer M, Fischer G: Sexueller Missbrauch in Psychotherapie und Psychiatrie. Stuttgart, Kohlhammer, 1997.

11 Becker-Fischer M, Fischer G: Sexueller Missbrauch in der Psychotherapie – was tun? Heidelberg, Asanger, 1996.

12 Becker-Fischer M, Fischer G: Sexuelle Übergriffe in Psychotherapie und Psychiatrie. Forschungsbericht des Institutes für Psychotraumatologie im Auftrag des Bundesministeriums für Familie, Senioren, Frauen und Jugend. Materialien zur Frauenpolitik 51. Bonn, 1997.

13 Brodbeck J: Bedingungen und Folgen sexueller Übergriffe in der Psychotherapie. Eine Vergleichsuntersuchung aus der Opferperspektive. Diplomarbeit Universität Freiburg, Schweiz, 1994.

14 Gisler P, Dupois M, Emmenegger B: Anmachen – Platzanweisen. Soziologische Untersuchung zu sexueller Belästigung an Universitäten und Musikhochschulen. Bern, Haupt, 2000.

15 Pawlow I: Zwanzigjährige Erfahrung mit dem objektiven Studium der höheren Nerventätigkeit. Sämtliche Werke; in Fischer G, Riedesser P: Lehrbuch der Psychotraumatologie. Reinhardt, München, 1999.

16 Erickson EH: Kindheit und Gesellschaft. Stuttgart, Klett, 1950.

17 Bergier J-F: Die Schweiz und die Flüchtlinge zur Zeit des Nationalsozialismus. Unabhängige Expertenkommission Schweiz – Zweiter Weltkrieg, Bern, 1999.

18 Internationale Theologische Kommission: Erinnern und Versöhnen. Die Kirche und die Verfehlungen in ihrer Vergangenheit. Rom, Vatikan, 2000.

19 Hicks GL: The Comfort Women. Japan's Brutal Regime of Enforced Prostitution in the Second World War. New York, Norton, 1995.

20 Burgonio-Watson T: Seeking justice, seeking healing – An Asian Pacific Islander Immigrant's Perspective. J Religion Abuse 1999;1.

21 Urbaniok F: Teamorientierte Stationäre Behandlung in der Psychiatrie. Stuttgart, Thieme, 2000.

3 PSM – Professional Sexual Misconduct

Sexuelle Übergriffe durch Fachleute führen meistens zu gravierenden Folgen bei Betroffenen. Dies ist inzwischen durch eine Vielzahl von Studien belegt. Das Geschehene beruht auf einer Traumatisierung von Betroffenen, die sich voller Hoffnung und Vertrauen an eine Fachperson gewandt haben. Zurück bleiben seelische Verwundungen und Schmerzen, die als solche selten wahrgenommen und anerkannt werden. Das ausgezeichnete Werk von Elaine Scarry «The Body in Pain.» [1] zeigt die Chiffren der Verletzlichkeit im kulturellen Kontext auf. Bei der Beurteilung des Schweregrades und der Folgen eines sexuellen Übergriffes durch Fachleute können die Einteilungen für schwere Traumatisierungen, wie sie in der psychiatrisch-klinischen Diagnostik verwendet werden, herangezogen werden. Gemäss DSM-IV [2] (Diagnosehandbuch der Psychiatrie) gelten als sehr schwere Traumatisierung Vergewaltigungen bzw. fortwährende körperliche Misshandlungen oder sexueller Missbrauch. Dieselbe Wertung besteht sowohl für Erwachsene wie für Kinder. Als genauso schwere psychosoziale Belastung gilt bei Kindern der Tod eines Elternteils, und als noch schwerere Traumatisierung wird der Tod beider Elternteile oder eine chronische, lebensbedrohende Krankheit aufgeführt. Bei Erwachsenen wird als schwere Belastung die Diagnose einer schweren körperlichen Erkrankung oder die schwere chronische Erkrankung eines Kindes vermerkt. Als schlimmere Belastung werden der Tod eines eigenen Kindes, verheerende Naturkatastrophen, Gefangennahme als Geisel und Erfahrungen im Konzentrationslager genannt.

Diese Einteilungskriterien decken sich weitgehend mit denjenigen, die in der polizeilichen Ausbildung vermittelt werden. Die amerikanische Bundespolizei FBI nennt als schlimmstmögliches Verbrechen Mord, gefolgt von Vergewaltigung. Die sexuelle Traumatisierung einer Vergewaltigung trifft die körperliche Integrität und das Selbstbestimmungsrecht dermaßen zentral, dass diese Einteilung sicher gerechtfertigt ist. Opfer sexueller Gewalt berichten im Rahmen psychotherapeutischer Behandlungen oft, dass sie sich selbst oder ihren Körper wie tot erleben. Auch von diesen subjektiven Erfahrungen her bestätigt sich der Schweregrad der sexuellen Übergriffe zweifelsfrei.

Ein entscheidender Unterschied, der oft gegen den Vergleich mit obigen Überlegungen angeführt wird, ist die Tatsache, dass bei sexuellen Übergriffen im Rahmen von Behandlungen, Beratungen oder Ausbildungsverhältnissen direkte körperliche Gewalt nur selten stattfindet. Im Gegenteil ist davon auszugehen, dass, sobald direkte körperliche Gewalt mit im Spiel ist, betroffene Opfer sich weitaus selbstverständlicher an die zuständigen Ermittlungsbehörden wenden. Die entsprechenden Bestimmungen in den Strafgesetzbüchern sind eindeutig, und die Öffentlichkeit ist hinreichend informiert, wie im Einzelfall vorzugehen ist. Die (scheinbar) konsensuelle Situation eines Missbrauchs in einem professionellen Abhängigkeitsverhältnis entpuppt sich für das Opfer meist erst nach längerer Zeit als missbräuchliches Verhalten.

Die subtilen Formen der Gewalt, die häufig hinter verschlossenen Türen stattfinden, bestehen beispielsweise in der Manipulation derjenigen Personen, die sich in einem strukturellen Abhängigkeitsverhältnis befinden (s. u.). Der Vertrauensmissbrauch gegenüber der rat- oder hilfesuchenden Person stellt dabei das traumatische Ereignis dar, nicht einmal notwendigerweise der sexuelle Kontakt an sich. Sexuelle Beziehungen zwischen Erwachsenen sind ja nicht per se schädigend, sondern erst das Eingebettetsein in eine Vertrauens- und Abhängigkeitsbeziehung erklärt die oft verheerenden Folgen. Wenn beispielsweise der Psychotherapeut seiner Klientin weismacht, dass sie an sexuellen Problemen leide, wenn sie seine sexuell gefärbten Annäherungsversuche unbehaglich und unwohl stimmen und er ihr weiter vorschlägt, in sexuelle Kontakte zwecks Heilung ihrer Beschwerden einzuwilligen – so vollzieht sich äußerlich betrachtet der intime Kontakt ohne direkte körperliche Gewaltanwendung. Die manipulativen Aussagen über die sexuellen Störungen und die Heilwirkung des sexuellen Kontaktes hinterlassen jedoch in aller Regel große Verunsicherungen und Zweifel bei den Opfern, ob dieser Therapeut mit seinen Aussagen nicht doch recht habe. Und schlussendlich wirkt sich der Behandlungsbetrug langfristig dann doch fatal aus, wie es mehrfach belegt ist [2].

Wo unter Fachleuten im psychosozialen Bereich keine Einigkeit über die Folgen sexueller Übergriffe zu bestehen scheint, hat beispielsweise das oberste Schweizer Gericht in einem Berufungsverfahren gegen einen Psychotherapeuten eine wohltuend eindeutige Position eingenommen – Fachleuten speziell im psychosozialen und juristischen Bereich sei empfohlen, diese Stellungnahme zur Kenntnis zu nehmen:

In der Psychotherapie entsteht ein intensives Vertrauensverhältnis zwischen Therapeut und Klient. … In der Psychotherapie, die in der Regel in einer exklusiven Zweierbeziehung durchgeführt wird, vertrauen sie sich gegenseitig in einem Masse, wie es in Alltagsbeziehungen nicht üblich ist, mit all ihren Problemen, Sorgen und Schwächen den Behandelnden an und legen dabei ganz persönliche Gefühle, Phantasien, Ängste und Wünsche offen. Daraus entwickelt sich eine ausserordentlich intime Situation, die sich im Laufe einer Therapie meist verstärkt und in hohem Masse eine Verletzlichkeit des Patienten mit sich bringt. Denn im Verhältnis zum Therapeuten werden in dieser Situation eine ganze Reihe von Selbstschutzmechanismen, die im normalen Leben unverzichtbar sind, ausser Kraft gesetzt, so dass sich der Patient in gewissem Mass dem Therapeuten ausliefert. Dadurch entsteht eine starke Bindung, die mit intensiven Gefühlen von Idealisierung, Verliebtheit, Liebe, Wut und Hass verbunden sein kann. Charakteristisch für diese Bindung ist stets ein erhebliches Machtgefälle zwischen Therapeut und Patient und von daher ein ausgeprägtes Abhängigkeitsverhältnis. … jede therapeutische Beziehung lebt von der grundlegenden Voraussetzung, dass Patienten darauf vertrauen können, dass die Grenzen gewahrt bleiben und dass der Therapeut sie schützt und nicht eigennützig agiert. Dabei trägt allein der Behandelnde die Verantwortung für den therapeutischen Prozess. [4]

Das Entscheidende ist letztendlich nicht so sehr, welche Form von sexuellem Kontakt tatsächlich stattfindet, sondern dass das Beziehungsverhältnis ausgenutzt wird! Sexuell entwertende Aussagen etwa in der Art: «So wie Sie aussehen, finden Sie nie einen Partner» können verheerende Folgen für eine unsichere und hilfesuchende Person haben. Von vielen Autoren wird immer wieder der Vergleich einer Eltern-Kind-Beziehung herangezogen, wenn die strukturelle Abhängigkeit zwischen einem Seelsorger und einem Gläubigen, einem Arzt und seinem Patienten, einem Lehrer und seinem Schüler etc. beschrieben wird. Die Autorität des Fachmanns führt zum erwähnten Machtgefälle, die durch die Definitionsgewalt (s. u.) des Fachmanns weiter gefestigt wird.

Diesen Umstand demonstriert beispielsweise Roman Paur, der Leiter des Interfaith Sexual Trauma Institute und selbst Benediktinermönch, in seinen Vorträgen, wenn er als Seelsorger vor dem Publikum steht und Aussagen in der Art macht: «Ich als Priester definiere, was falsch und was recht ist, was als eine Sünde zu gelten hat, was nicht. Ich vergebe den Menschen im Namen Gottes ihre Untaten (oder auch nicht). Der Gläubige muss mir glauben, und vielleicht auch gehorchen – sonst bezichtige ich ihn des Ungehorsams gegenüber Gott. Wer ist schon bereit, solche Schuld auf sich zu laden?» Solche Worte aus dem Mund eines Geistlichen zeigen eindrücklich die Definitionsgewalt des Seelsorgers, in Analogie gilt sie für andere Fachleute genauso. Dank seiner Stellung und Macht entscheidet er, was als richtig zu gelten hat und was nicht. Damit wird die Manipulierbarkeit jeder fachlichen Beziehung erfassbar. Gleiches trifft zu, wenn ein Lehrer beim abendlichen Rundgang durch die Schlafzimmer im Skilager die Bettdecken der Mädchen hochhebt und dies mit seinen Kontrollpflichten begründet. Dass sich einzelne Mädchen bloßgestellt fühlen und dies als sexuell gefärbte Handlung interpretieren, interessierte in diesem Fall die Schulbehörden nicht weiter. Das Beispiel soll dennoch illustrieren, dass selbst bei sehr subtilen Situationen an die Manipulierbarkeit der Aussagen zu denken ist.

Ich möchte es in diesem Buch immer wieder wiederholen: Will man das traumatische Moment verstehen, muss man sich in die Situation der Opfer versetzen. Auch der jeweilige Kontext, in dem Missbräuche stattfinden, muss immer berücksichtigt werden. In Workshops zu Boundary Training stellen die Teilnehmer immer wieder fest, dass bestimmte Verhaltensweisen je nach Kontext als unpassend oder grenzverletzend empfunden werden können. Je nach Situation kann zum Beispiel eine Umarmung oder eine zärtliche Berührung vollkommen unstatthaft und unprofessionell, in anderen Situationen aber durchaus angebracht sein. Dass eine Fachperson einem trauernden Menschen ihre Anteilnahme spüren lässt und dies auch durch körperliche Gesten zum Ausdruck bringt, wird durchaus als adäquate Reaktion aufgefasst. Die Auseinandersetzung im Workshop macht den Anwesenden klar, dass es keine starren Regeln gibt. Der Kontext ist letztendlich entscheidend. Wo sich eine Person durch das Verhalten anderer unangenehm berührt fühlt oder sich gar in sexueller Art und Weise belästigt fühlt, muss diese Empfindung absolut akzeptiert werden. Wir attestieren Erwachsenen, dass sie sehr wohl eine zärtlich und wohlwollend gemeinte Geste von einer sexuell gefärbten Handlung unterscheiden können. Bei Kindern ist dies nicht zwangsläufig der Fall, da die Beurteilungsmöglichkeit an die emotionale und intellektuelle Entwicklung gebunden ist. Jugendliche nehmen diesbezüglich eine Zwischenstellung ein, sie befinden sich jedenfalls in einem verletzlichen Stadium der Orientierung. Besonders in sexueller und moralischer Hinsicht suchen sie Führung und Anleitung durch andere, die gewissermaßen als Modelle für eigenes Verhalten dienen.

Die Beurteilung, ob in einem professionellen Abhängigkeitsverhältnis eine Grenzverletzung stattfindet, setzt eine andere Wahrnehmung und Wertung voraus, als etwa für alltägliche Situationen angebracht ist. Wenn ihnen beispielsweise in einem öffentlichen Verkehrsmittel jemand zu nahe kommt, wissen die meisten sich eindeutig zu wehren. Wenn hingegen eine Fachperson, der man aufgrund ihrer beruflichen Qualifikation in besonderem Masse Vertrauen entgegenbringt, die Grenzen überschreitet, können die eigenen Wertmassstäbe und Beurteilungskriterien beeinträchtigt sein. Erst recht dann, wenn vielleicht zusätzlich Gefühle von Verliebtsein, Hoffnung und Sehnsucht auf Seiten des Klienten eine Rolle spielen. Aufgrund der heute bekannten Zahlen muss realistischerweise davon ausgegangen werden, dass mindestens 20–30% aller Frauen und 10–20% aller Männer in ihrer Kinder- und Jugendzeit Opfer von sexueller Gewalt werden. Weiter wurde gemäss einer Studie des Eidgenössischen Gleichstellungsbüros festgestellt, dass 72% aller befragten Frauen im Laufe ihrer Berufstätigkeit sexuelle Belästigungen erlebt hatten [5]. 19,4% der weiblichen und 3,4% der männlichen Absolventen der höheren Musikausbildung berichteten über sexuelle Belästigungen [6]. Weiter ist zu berücksichtigen, dass laut einer Untersuchung die Mitarbeiter von Opferberatungsstellen in bloß 6% aller sexuellen Gewaltdelikte zu einer Anzeige raten und in höchstens 10–15% aller Anzeigen bei Sexualdelikten eine Verurteilung stattfindet [7]. Diese Zahlen lassen erahnen, wie viele Personen Opfer sexueller Übergriffe werden oder geworden sind. Sie zeigen auch, wie beklemmend wenige Betroffene es wagten, gegen ihre Peiniger vorzugehen. Die Justiz muss sich zumindest die Frage gefallen lassen, wieso nur ein verschwindend kleiner Bruchteil aller Übergriffe zur Anzeige gelangt.

Die feministische Theologin Eva Renate Schmidt spricht vom ‹Liebes-Patriarchat›, wo in männlich dominierten und geprägten Gesellschaften ungerechte Strukturen mit Liebe verkleidet und verharmlost werden. Die patriarchalischen Machtstrukturen werden durch sich selbst legitimiert und so gewissermaßen als naturgegeben hingestellt. Wenn Machtmissbräuche nicht zur Kenntnis genommen werden, findet eine Selbstzensur in den Köpfen statt. Die Frauen leiden seit Jahrhunderten und Jahrtausenden unter den Auswirkungen dieser ‹Blindheit› – sie sind in weit größerem Masse als Männer durch sexuelle Ausbeutung in allen möglichen Formen betroffen. Da Frauen traditionell den weitaus größeren Anteil an Beziehungstraumen erlitten haben und wahrscheinlich immer noch erleiden, waren es historisch bedingt eher emanzipierte und feministisch orientierte Frauen, welche für mehr Gerechtigkeit plädierten und derartige Themen wie sexuelle Missbräuche öffentlich zu thematisieren wagten.

Dass auch Männer Opfer sexueller Übergriffe sein können, wird erst zögernd zur Kenntnis genommen. Leider sind auch dies keine bedauerlichen Einzelfälle, wie man oft zu hören bekommt. Die Tabuisierung sowie die gängigen Rollenvorstellungen spielen auch da eine entscheidende Rolle. Umgekehrt haben die traditionellen Rollenbilder dazu beigetragen, Frauen allenfalls als Opfer zu sehen, nicht hingegen als Täterinnen. Auch wenn es sich eindeutig zu bestätigen scheint, dass weitaus mehr Männer Frauen missbrauchen als umgekehrt, so muss doch im Rahmen einer derartigen Erörterung der weibliche Missbrauch ebenfalls thematisiert werden. Die neueren Untersuchungen über professionelle Missbräuche zeigen, dass rund ein Viertel der Übergriffe durch Fachfrauen [8] und drei Viertel durch Fachmänner verübt werden.

Missbräuche sind nicht ausschliesslich an das Geschlecht gebunden. In Behandlungen können Kontakte zwischen weiblicher Fachfrau und weiblicher Patientin genauso vorkommen, wie im Freizeitbereich ein Missbrauch durch einen männlichen Leiter gegenüber einem anderen Mann stattfinden kann. Missbräuche ereignen sich nicht nur zwischen männlichen Fachleuten und weiblichen Klientinnen. Der vorliegende Text will dem Leser zu einer möglichst vorurteilsfreien Betrachtung der möglichen und tatsächlichen Missbrauchsszenarien verhelfen. Gelänge es, unvoreingenommen den Schilderungen von Betroffenen zu folgen und die Erlebnisse aus ihrer Sicht zu verstehen, wäre viel erreicht.

3.1 Gesellschaftliche Tabuisierung

Opfer sexueller Übergriffe entwickeln ein feines Gespür, wem sie etwas anvertrauen können und wem besser nicht. Sie schützen sich so vor erneuter Erniedrigung und Retraumatisierung. Betroffene erleben sehr häufig, dass ihnen nicht geglaubt wird, dass sie sogar selbst beschuldigt werden. Bagatellisierung oder gar Schuldzuweisungen stellen dabei nur die sichtbaren Reaktionen in der Gesellschaft dar, deren Ursprung in festen Rollenvorstellungen wurzelt. Geht man der Sache mehr auf den Grund, so trifft man auf eine tiefe Resignation, welche ihrerseits mit den Rollenerwartungen und -zuschreibungen zu tun hat. Einfach gesagt: Niemand identifiziert sich gerne mit Opfern, weil man dann mit sehr unangenehmen Gefühlen wie Schmerz, Ohnmacht, Resignation und Wut konfrontiert würde.

«Gewiss kann es einmal ein ungeschicktes Verhalten geben», «Man soll Einzelfälle nicht überbewerten und aufbauschen», «Das Beste ist, stillschweigend darüber hinwegzugehen und kein großes Aufheben davon zu

machen. Solche Dinge regeln sich von alleine» (zitiert nach Udo Rauch-
fleisch an einer Tagung des eidgenössischen Büros für die Gleichstellung
von Frau und Mann in Bern, 1999). Solche beschwichtigenden Ratschläge
hört man immer wieder, wenn es um sexuelle Gewalt geht, sei es häusliche
Gewalt, Vergewaltigungen oder sexuelle Übergriffe in professionellen Behandlungen. Dieses Herunterspielen des Ernstes einer Situation hängt einerseits mit der Tabuisierung von Sexualität und noch weit mehr mit der
Tabuisierung der Machtverhältnisse in unserer Gesellschaft zusammen.
Seitdem der Mythos, wonach es in einer ehelichen Beziehung keine Vergewaltigung gebe, ins Wanken geraten ist und immer drängender um eine
Aufhebung solcher rechtsfreier Räume gerungen wird, sind auch andere
bisher tabuisierte Bereiche hinterfragt worden.

Die Tabuisierung drückt eine kollektive Abwehrhaltung aus, indem
praktisch alle Mitglieder einer Gesellschaft auf das Ansprechen bestimmter Themen mit Schweigen und peinlichem Berührtsein reagieren. Das Tabu soll uns vor etwas schützen, das wir als unangenehm wahrnehmen. Es
kann jedoch kaum die Sexualität an sich sein, die Erwachsene dermaßen
tabuisieren müssen – eher sind es die angesprochenen Macht- und Domi-
nanzansprüche. Liest man beispielsweise die Zeilen von Juliana Balmer
und Rita Dolder [9] und reflektiert, was da über männliches Sexualverhalten geschrieben steht, kann man diese Aussage leicht nachvollziehen. Das
Buch schildert die Erfahrungen einer Prostituierten und zeigt derartige
Verhaltensmuster ungeschminkt. Die Tabuisierung verhindert, dass man
sich mit dem Thema auseinandersetzt. Sie verhindert aber auch, dass die
Situation der Opfer wahrgenommen wird und sie somit noch mehr geschädigt werden. Stattdessen spielt man die Situation herunter oder kehrt sie
sogar um. Dann sind folgende Aussagen zu hören: «Ja das kann doch nicht
stimmen, dann wäre ja jede vierte Frau betroffen ... das ist aufgebauscht
... feministische Weltverbesserungsansichten ... Rache für unbefriedigte
Sexualität ... die Untersucher leiden an Sexualneurose ... so wie die her-
umläuft ... Männer können nicht vergewaltigt werden ...»

Dass Männer nicht vergewaltigt werden können, ist ebenso ein Mythos.
Man muss sich klarmachen, dass Missbräuche oft mit anderen Mitteln zu Wege gebracht werden als mit körperlicher Gewalt. In dem Theaterstück «Täter»
von Thomas Jonigk [10] wird die zynische Verklärung des weiblichen Missbrauchs deutlich, wenn Frau Doktor in Gedanken versunken sagt: «Es stimmt.
Frauen sind weniger schlimm als Männer. Männer sind grausam. Frauen
missbrauchen viel menschlicher und zarter und gehen viel besser auf Kinder
ein als Männer. Vor allem ist da ein ganz großer Unterschied, was Gewalt an-

geht und dergleichen Furchtbarkeiten. Männer erzwingen alles. Sie drohen auch und schlagen. Frauen tun das in der Regel nicht. Oder jedenfalls ganz selten in Ausnahmefällen, die die Regel bestätigen. Frauen gebrauchen das Feingefühl, das ihnen zur Verfügung steht. Wozu Faustschläge, wenn die Rechnung der Frau auch mit Liebe und Zärtlichkeit aufgeht.»

3.2 Möglichkeiten zur Feststellung eines Missbrauches

Wenn eine Fachperson das Vertrauen, das man ihr entgegenbringt, zu ihrem persönlichen Vorteil ausnutzt, sprechen wir von Missbrauch. Missbräuchliches Verhalten kann dabei immer nur aus einer konkreten Situation heraus verstanden und definiert werden. Ein entscheidender Punkt ist dabei stets die subjektive Wertung und Einschätzung der betroffenen Person. Die nachfolgende Auflistung (s. u.) hilft uns einzuschätzen, in welchen Bereichen und in welcher Art mit missbräuchlichem Verhalten zu rechnen ist. Sexuelle Ausbeutung ist meist erst das letzte Glied einer Kette von Missbräuchen, die sich in kleinen Schritten abwickeln und anbahnen. All die Ereignisse davor oder auch danach werden gerne vergessen, obwohl sie oft weitaus gravierendere Folgen haben können.

Man hüte sich auch davor, emotionale Missbräuche zu bagatellisieren und als weniger schwerwiegend einzustufen. Ein emotionales Beziehungstrauma kann ein Opfer unter Umständen in den Suizid treiben. Die Schwierigkeiten bei der genauen Definition von tolerierbarem und missbräuchlichem Verhalten (s. o.) dürfen uns nicht davon abhalten, klare moralische und rechtliche Grenzen zu setzen, wo dies möglich ist. Dies wird beispielsweise in der Regelung von sexueller Belästigung im Arbeitsbereich versucht. Das Schweizer Büro für die Gleichstellung von Mann und Frau hat in seinem Informationsblatt «Genug ist genug» [11] die folgenden Definitionen von sexueller Belästigung am Arbeitsplatz aufgeführt, die uns bei der Einschätzung von nicht mehr tolerierbarem Verhalten einen allgemeinen Anhaltspunkt geben können. Als sexuelle Belästigung gelten demgemäß:

– Es werden anzügliche und peinliche Bemerkungen über das Äußere gemacht.
– Frauen erhalten unerwünschte Einladungen mit eindeutiger Absicht.
– Scheinbar zufällig «passieren» Körperberührungen.

- Frauen werden innerhalb und außerhalb des Betriebes verfolgt.
- Es werden Annäherungsversuche gemacht, die mit Versprechen von Vorteilen oder Androhen von Nachteilen einhergehen.
- Arbeitnehmerinnen werden erpresst.
- Es kommt zu unerwünschten Körperkontakten.
- Sexuelle Beziehungen werden erzwungen.
- Es kommt zu sexuellen und körperlichen Übergriffen, Nötigungen und Vergewaltigungen.

Die nachfolgende Zusammenstellung möglicher Missbräuche und Übergriffe ist aus Erfahrungen in der psychotherapeutischen Beratung und Behandlung mit Missbrauchsopfern entstanden. Umfangreiche Definitionsversuche wurden beispielsweise durch das Client Rights Projekt [12] in Ontario/Kanada entwickelt. Als erste Fachdisziplin hat die Psychotherapie das Problem erkannt und mittels berufsethischer Reglements zu lösen versucht. Darüber hinaus kommt der Psychotherapie aufgrund ihrer ausgeprägten engen und intimen Beziehungssituation zwischen Patient/in und Therapeut/in gewissermaßen eine Schlüsselrolle für das Verständnis missbräuchlicher Situationen zu. Die aufgeführten Formen gelten selbstverständlich exemplarisch auch für andere Berufsgruppen, müssen aber in der jeweiligen berufsethischen Formulierung unter Umständen modifiziert werden. Inwieweit ein Seelsorger, der nicht psychotherapeutisch tätig ist, soziale Kontakte pflegt, hat sicher eine andere Bedeutung, als dies etwa bei einem psychotherapeutisch tätigen Fachmann der Fall ist. Auf derartige berufsspezifische Unterschiede wird im Kapitel über PSM in den einzelnen Berufsbereichen näher eingegangen.

Wir unterscheiden mehrere Kategorien von Missbräuchen durch Fachleute: emotionaler Missbrauch, direkte körperliche Gewalt, sozialer Missbrauch, sexueller Missbrauch, finanzieller und religiöser Missbrauch. Die einzelnen Gruppen sollen nun näher erläutert werden. (Ich möchte betonen, dass bei den Bezeichnungen Therapeut bzw. Patient selbstverständlich immer beide Geschlechter gemeint sein können.)

Emotionaler Missbrauch

1. Inadäquate Komplimente. Der Therapeut macht einem Patienten besondere Komplimente, insbesondere etwa, dass die betreffende Person sein Lieblingspatient sei o.ä. Diese narzisstische Aufwertung impliziert dem Patienten, dass er etwas Besonderes sei – nicht durch seine Art und seine Person, sondern durch die Aussage des Therapeuten. Damit werden Abhängigkeiten geschaffen, die nicht mehr ohne Verletzung zu lösen sind. Man sei folglich wachsam, wenn Therapeuten derartige Aussagen verwenden.

2. Therapeut benutzt Klienten als Ratgeber für persönliche Belange. Auch dieses Verhalten führt bei Patienten häufig zu einer narzisstischen Aufwertung, sie fühlen sich geschmeichelt, haben womöglich das Gefühl, mit dem Therapeuten in einem besonderen Vertrauensverhältnis zu stehen, welches über das durchschnittliche Maß hinausgeht. Umgekehrt missbraucht der Therapeut das Vertrauensverhältnis, wenn er den Patienten als Ratgeber benutzt. Der Behandlungsauftrag impliziert ein einseitiges Verhältnis von Beratung, kein gegenseitiges. Benötigt ein Therapeut Informationen jeglicher Art, muss er sich diese anderswo beschaffen.

3. Persönliche Beziehung. Der Therapeut geht mit seinem Klienten eine freundschaftliche Beziehung ein oder arrangiert gemeinsame Besuche von Theater- und Kinovorstellungen, Unterhaltungsveranstaltungen o. ä. Gemeinsame Essen gehören ebenfalls hierher. Die Rolle des Therapeuten wird unklar – ist er der Fachmann oder ein Freund? Diese Rollendiffusion führt bei Patienten regelmäßig zu Konfusionen und dient nicht der Klärung ihrer Beschwerden, sondern verschlimmert diese vielfach.

4. Therapeut schenkt Klienten keinen Glauben. Vom Patienten geäußerte Behinderungen oder Beschwerden werden vom Therapeuten nicht als solche akzeptiert, sondern bagatellisiert. Bemerkungen wie «Nehmen Sie sich doch etwas zusammen» stellen Opferbeschuldigungen und Unterstellungen dar. Bestehen berechtigte Zweifel an der Symptomatik eines Patienten, soll man ihm dies sachlich darlegen und mittels testpsychologischer Verfahren eine Validierung vornehmen. Häufig sind Bemerkungen wie «Das ist alles psychisch» dazu angetan, beim Patienten ein Gefühl zurückzulassen, er selbst sei für seine Beschwerden verantwortlich – eine denkbar schlechte Voraussetzung für die Genesung! Haus- oder Fachärzte ohne besondere psychotherapeutische Kenntnisse wären besser beraten, sie würden ihren Patienten mitteilen, dass sie die Beschwerden nicht verstehen und nicht einordnen können und es deswegen allenfalls sinnvoll wäre, einen Psychiater beizuziehen.

5. Therapeut mangelt es an Einfühlungsvermögen. Opfer von Beziehungstraumen verhalten sich verunsichert und haben große Mühe bei körperlicher Nähe oder Situationen, wo sie sich ausgeliefert fühlen. Bei medizinischen Behandlungen kann dies aber regelmäßig auftreten. Opfer lösen zudem aufgrund ihrer Situation beim Therapeut oder Arzt unangenehme Gefühle wie Ohnmacht, Ablehnung und Ärger aus. Fachleute müssen diese Zusammenhänge kennen und dürfen nicht einfach ihren Gefühlen freien Lauf lassen. Beleidigungen und Einschüchterungen gelten auch im sozialen Alltag nicht als die feine Art. Werden sie gegenüber abhängigen Personen verwendet, resultieren häufig traumaverstärkende Faktoren und es kann zu iatrogenen Schädigungen kommen. Dass damit elementarste Grundsätze ärztlicher und therapeutischer Handlungsmaximen verletzt werden, versteht sich von selbst. Dass damit auch rechtliche Grundsätze aus dem Auftragsverhältnis verletzt werden, scheinen viele nicht zu wissen.

6. *Therapeut verwendet Fachjargon.* Eine Bemerkung wie «Dies steht in keinem Lehrbuch» ist genauso angetan, einen Patienten zu verletzen, wie Erklärungen unter Verwendung von Fachausdrücken oder Formulierungen, die das Verständnis des Patienten übersteigen. Beides zeugt von einem arroganten Verhalten. Solche Grundsätze können rechtlich kaum reglementiert werden, aber es ist eine Frage der persönlichen Einstellung, ob man den Patienten bewusst verwirren möchte oder ihm tatsächlich die Sachlage verständlich erklären möchte. Immerhin bemühen sich die Medizinischen Fakultäten heute, die Kommunikationsfähigkeit der Medizinstudentinnen und -studenten zu verbessern. Inwieweit dies bereits in die Approbationsordnungen und Curricula anderer Fachdisziplinen eingeflossen ist, bleibt offen.

7. *Rassistische oder sexistische Äußerungen.* Sie stellen persönliche Beleidigungen dar, die insbesondere bei traumatisierten Menschen die persönliche Situation verschlechtern können, und müssen somit als iatrogene Schädigung gewertet werden.

8. *Negative Bemerkungen über Aussehen, Alter, Geschlecht oder soziale Stellung.* Solche Bemerkungen sind dazu angetan, den Patienten zu schädigen, insbesondere wenn er bereits unter Selbstunsicherheit und Selbstzweifeln leidet. Wenn eine Fachperson, der aufgrund ihres Wissens und Könnens eine besondere Urteilskraft und Definitionsgewalt zukommt, zusätzlich solche Äußerungen zur Situation des Betroffenen fallen lässt, können sich Unsicherheitsgefühle erheblich verstärken und verfestigen. Man muss bei derartigen Schädigungen insbesondere auch die möglichen Langzeiteffekte bedenken. Die Bemerkung «Sie haben sowieso keine Chance» kann eine allgemein zu beobachtende Opferreaktion mit einem starken Gefühl, tatsächlich keine Chance zu haben, im Sinne einer tertiären Viktimisierung erst recht verfestigen. Dies ist dann iatrogen bedingt,

also durch die Verantwortung des Therapeuten! Ich rate deswegen Opfern von Beziehungstraumen immer wieder, sich ihre Therapeuten und Ärzte behutsam und sorgfältig auszuwählen und sich insbesondere auf ihre eigenen Gefühle und Wahrnehmungen zu verlassen, wenn es zu Unstimmigkeiten kommt.

9. Einschüchterungen, Beschuldigungen. Insbesondere im Zusammenhang mit Aussprachen, Klärungsversuchen oder Klagen ist immer wieder zu beobachten, dass Fachleute versuchen, Klienten mit Drohungen, unter Umständen gegen Leib und Leben, einzuschüchtern, anstatt sich sachlich mit der Kritik auseinander zu setzen. Ebenso werden Opfer häufig beschuldigt, selber schuld und verantwortlich zu sein, oder sie würden übertreiben und seien überempfindlich. Wir raten immer, Konfrontationsgespräche nie allein zu führen, sondern nach Möglichkeit sich durch eine Vertrauensperson begleiten zu lassen.

Direkte körperliche Gewalt

Wenn direkte physische Gewalt angewendet wird, haben die meisten kein Problem bei der Einschätzung des Geschehenen und wissen meist, was sie unternehmen können. Körperliche Gewalt ist eindeutig. Die gesetzlichen Bestimmungen sind vorhanden, und die Ermittlungsbehörden verfügen über einschlägige Erfahrungen. Gewaltverbrechen sind nicht Gegenstand dieses Werkes, obwohl sie ebenfalls den Missbräuchen zuzurechnen sind. Der Vollständigkeit halber sind hier die wesentlichen Ausprägungen aufgeführt. Hinterlassen die Tätlichkeiten entsprechende körperliche Spuren, sollten Betroffene immer an die Spurensicherung denken und sich entweder an die nächstgelegene Polizeistation oder an ein Spital wenden. Polizeirapporte und ärztliche Atteste sind wichtige Beweismittel in gerichtlichen Auseinandersetzungen. Bei möglichen Langzeitfolgen, die sich zum Tatzeitpunkt noch keineswegs abzuzeichnen brauchen, sind solche Unterlagen zur Durchsetzung von Ansprüchen wichtig. Opfer körperlicher Gewalt, insbesondere in Zusammenhang mit sexuellen Handlungen, sind daher gut beraten, rechtzeitig die nötigen Schritte zu unternehmen.

Häufig werden Opfer durch Fachleute nachträglich unter Druck gesetzt, ihre Anzeigen oder Beschwerden zurückzuziehen. Es wird vielfach auf die persönlichen Konsequenzen hingewiesen, die nun dem Täter drohen, und das betreffende Opfer wird direkt dafür verantwortlich gemacht («Meine Karriere ist ruiniert», «Meine Reputation leidet Schaden», «Es war doch nicht so gemeint»). «Blaming the victim» nennt sich diese Vorgehensweise, die als manipulativer Versuch durch Täter zu werten ist, sich um die Verantwortung zu drücken. Gerade in Zusammenhang mit möglichen Langzeitfolgen müssen betroffene Opfer davor geschützt werden, ihre Beweismittel allzu leichtfertig aus der Hand zu geben. Ob ein Opfer gegen den Täter vorgeht oder nicht, muss noch nicht zu diesem Zeitpunkt entschieden werden. Eine ärztliche Untersuchung stellt noch lange keine Anklage dar, sondern dient in erster Linie dazu, allfällige Schäden festzustellen und gegebenenfalls eine Behandlung einzuleiten.

Genauso wenig stellt ein Polizeirapport eine Anklageerhebung dar. In den meisten Fällen können betroffene Opfer im Verlaufe des Verfahrens entscheiden, welche weiteren Schritte sie unternehmen möchten. Bei Offizialdelikten wie beispielsweise Vergewaltigungen ist dies allerdings nicht möglich.

1. Berührungen gegen den Willen eines Klienten. Jegliche unerwünschte körperliche Berührung, vor allem gegen ausdrückliche Willensbekundung, stellt eine Verletzung der körperlichen Integrität dar. In psychiatrischen Kliniken gibt es häufig die Situation, dass Maßnahmen gegen den Willen Betroffener angeordnet werden müssen. Solche Schritte dürfen nur auf einer klaren gesetzlichen Grundlage erfolgen und bedürfen einer eingehenden Nachbesprechung mit den Betroffenen.

2. «Das gehört zu einer ordentlich durchgeführten Behandlung» wird häufig in Zusammenhang mit sexuellen Übergriffen in ärztlichen Behandlungen als Vorwand verwendet, den Willen einer Person zu unterminieren. Da werden Untersuchungen der weiblichen Brust oder der Genitalorgane von nicht gynäkologisch orientierten Fachleuten vorgenommen, verbunden mit der Behauptung, dass dies medizinisch notwendig sei. Dieselben Argumente werden auch während gerichtlicher Verfahren als Schutzbehauptung der Täter vorgebracht.

3. Körperliche Überforderung bei Behinderungen. Äußerungen wie «Stellen Sie sich nicht so dumm an» zeigen, dass ein Therapeut oder eine Therapeutin nicht bereit ist, eine körperliche und/oder psychische Behinderung als solche zu akzeptieren und sich darauf einzustellen. Solche Infragestellungen können eine Person in erheblichem Masse verunsichern und schädigen.

4. Verweigerung adäquater Medikation bzw. Therapien oder das Gegenteil. Auch hier werden häufig unhaltbare fachliche Gründe angeführt, die der Patient natürlich häufig nicht beurteilen kann. Er muss dem Ratschlag vertrauen – was hinterher der Täter als Zustimmung auslegt. Es hat sich insbesondere bei größeren operativen Eingriffen gezeigt, dass die Einholung einer anderen Meinung für alle Beteiligten sinnvoll sein kann. Bedenken eines Klienten oder Patienten gegen geplante Therapiemaßnahmen sind ernst zu nehmen. Bevormundungen sind nicht dazu angetan, das Vertrauen von Patienten in die Medizin zu festigen. Nicht von ungefähr werden immer wieder Untersuchungsergebnisse veröffentlicht, die beispielsweise zeigen, dass viele verschriebene Medikamente nicht eingenommen werden.

5. Anwendung nicht erprobter oder nicht zugelassener Verfahren oder Substanzen. Hier ist insbesondere der Einsatz von Medikamenten zu erwähnen, welche nicht zugelassen sind.

Sozialer Missbrauch

1. Soziale Kontakte außerhalb der Behandlung. Dies stellt in der Psychotherapie eine Verletzung der Abstinenzregel dar. Unabhängig davon, von wem die Initiative zu derartigen Kontakten ausgeht, ist es der Therapeut, der die Grenzen setzen muss. Die Abstinenzregel hat den Sinn, eine selbstständige Entwicklung des Patienten während der Behandlung zu fördern, unabhängig und unbeeinflusst von den Ansichten und Lebenserfahrungen des Therapeuten. Dass dies einer idealtypischen Modellvorstellung entspricht, ist klar, trotzdem hat die Abstinenzregel eben gerade als Regel ihre Berechtigung und verdient deswegen Beachtung. Der Therapeut soll als Projektionsfläche zur Verfügung stehen, aber nicht sie vorwegnehmen.

2. Überlappende Beziehungen (Dual relationship). Wenn ein Therapeut Personen, die ihm persönlich nahe stehen oder mit denen er gar verwandt ist, als Patienten akzeptiert, kommt er seinerseits in einen Rollenkonflikt. Dasselbe gilt, wenn gemeinsame Freizeitbetätigungen und dergleichen mehr mit Patienten unternommen werden oder sonstige soziale Kontakte außerhalb der Behandlung gepflegt werden. Ein analoges Problem stellen Behandlungen von Personen dar, die durch Patienten vermittelt werden, die aktuell in Behandlung sind. Man trifft immer wieder Therapeuten, die behaupten, solche Rollenkonflikte problemlos handhaben zu können. Meistens führen jedoch die divergierenden Interessen zu unlösbaren Konflikten, welche letztendlich die Patienten schädigen können. Es liegt eindeutig am Fachmann oder an der Fachfrau, hier die entsprechenden Grenzen und Bedingungen für die Arbeit zu setzen.

3. Persönliche Dienstleistungen. Jegliche Form von Dienstleistungen wie kleine Gefälligkeiten und Besorgungen bis zu bezahlter Arbeit, die der Therapeut in Auftrag gibt, ist ebenso nicht statthaft. Mit den realen Abhängigkeitsverhältnissen vermischt sich die innere Realität der Person, die psychotherapeutische Hilfe sucht, was zu unklaren Grenzen führt. Da besonders Opfer von Beziehungstraumen an unklaren Grenzen leiden, sind derartige Handlungen in ihren Auswirkungen verheerend. Wiederum liegt es an den Fachpersonen, die nötigen Klarstellungen und Grenzen vorzugeben.

4. Weitergabe persönlicher Daten. Die Weitergabe von persönlichen Daten an Drittpersonen kommt einem erheblichen Vertrauensbruch gleich, abgesehen davon, dass dies für die meisten Behandlungs- und Beratungsverhältnisse auch rechtlich klar untersagt ist. Sowohl in medizinischen Behandlungen wie auch in anderen Beratungen ist es ausschließlich der Patient oder Klient, der bestimmen kann, welche Informationen wohin gelangen. Diese Regel kennt Ausnahmen, beispielsweise haben Krankenversicherer das Recht auf ärztliche Auskunft über die Indikation und den Behandlungsverlauf. Grundsätzlich darf weder ein Arzt, noch ein Seelsorger, noch ein Jurist Daten ohne ausdrückliche Zustimmung weitergeben, der Patient oder Klient hingegen schon. Ihm ist es freigestellt, wen er ins Vertrauen ziehen will bzw. wem er etwas über seine Situation mitteilen möchte.

5. Opferbeschuldigungen. Besonders wenn sich Opfer zur Wehr setzen passiert es nicht selten, dass Täter versuchen, die betreffende Person im sozialen Umfeld schlecht zu machen oder gar im Sinne der Täter-Opfer-Umkehr die Opfer als Verantwortliche beschuldigen. Dies lässt sich beispielsweise bei Mobbingsituationen regelmäßig beobachten, wobei das Sich-zur-Wehr-Setzen der Opfer erneut als Beweis ihres unmöglichen oder unkooperativen Verhaltens hingestellt wird. Diese Falle führt häufig dazu, dass Opfer, anstatt Recht zu bekommen, nur noch weitere Angriffsflächen für destruktives Verhalten durch andere liefern. Derselbe Mechanismus lässt sich ebenso regelmäßig in nahen Beziehungsverhältnissen beobachten, wo es Tätern häufig gelingt, Opfer sozial zu isolieren und als «unmögliche» Personen hinzustellen.

In diesem Zusammenhang sind diejenigen Personen besonders gefährdet, die an psychiatrischen Störungen leiden oder gar psychiatrisch hospitalisiert werden müssen. Die Bereitschaft, an ihren Aussagen zu zweifeln, ist generell erhöht, und rasch kann es heißen, weil die betreffenden Personen «verrückt» seien, könne man ihren Behauptungen sowieso nicht glauben.

Alles sei Ausdruck ihrer Krankheit, und die geschilderten Tatsachen und Begebenheiten werden gleichsam als Beweis ihrer Krankheit hingestellt.

Sexueller Missbrauch

1. Schilderungen eigener sexueller Erlebnisse. Hier handelt es sich um eine häufig in Psychotherapien zu beobachtende Grenzverletzung, die später zu einem eigentlichen sexuellen Missbrauch führen kann. Wenn ein Therapeut über eigene sexuelle Bedürfnisse und Erfahrungen spricht, missachtet er die Abstinenzregel. Dadurch wird die Helfer-Patienten-Beziehung unterminiert und in ihr Gegenteil verkehrt. Der Patient mag sich zwar grandios vorkommen, wenn ihm sein Therapeut derartige Dinge anvertraut, korrekt oder hilfreich ist ein solches Verhalten aber nicht.

2. Voyeuristische Befragung. Bei einem Befragungsstil, wo mehr Details als nötig in Zusammenhang mit Sexualität und sexuellem Verhalten erfragt werden, besteht die Möglichkeit, dass Therapeuten sich an den geschilderten Fakten sexuell stimulieren.

3. Bemerkungen über Aussehen und Kleidung. Meistens passiert dies in Form von Lob und Anerkennung durch missbrauchende Therapeuten. Derartige Verhaltensmuster können einen Schritt auf dem ‹Slippery slope› bedeuten, der letztendlich zum Missbrauch führen kann. Häufig werden derartige Grenzüberschreitungen wie auch Berührungen von Patienten zu ihren Ungunsten uminterpretiert und als wohlmeinende Gesten und Handlungen aufgefasst.

4. Offenbarung von Liebesgefühlen dem Klienten gegenüber; Vorschlag, Behandlung zu beenden. In diesem Fall geht die Initiative zur Aufnahme eines sexuellen Kontaktes eindeutig vom Therapeuten aus. Da eine therapeutische Beziehung nicht von einem Tag auf den anderen beendet werden kann, sondern unter Umständen lebenslang nachwirkt, kennen viele Berufsreglemente eine Frist von mindestens 2 Jahren nach Behandlungsende, innerhalb der eine persönliche Beziehung nicht gestattet wird. Die tatsächliche Abhängigkeit über diese Zwei-Jahres-Grenze hinaus muss im Einzelfall geprüft werden und kann erheblich länger nachwirken.

5. Anzügliche Bemerkungen. Keine Person muss sich derartige Bemerkungen anhören. Aufgrund der eingeschränkten Reaktionsmöglichkeiten innerhalb einer therapeutischen Beziehung können sich Patienten nur höchst ungenügend oder überhaupt nicht zur Wehr setzen. Manchmal bestehen Zweifel auf Seiten des Opfers, ob der Helfer nicht doch Recht hat mit seinen Feststellungen und verhindern so ein wirkungsvolles Vorgehen. Es sei in diesem Zusammenhang an die Definitionsmacht durch Fachleute erinnert, auf die sich der Klient in aller Regel verlässt. Als unerwünschte und beleidigende Bemerkungen verletzen sie übrigens sogar Strafrechtsbestimmungen.

6. Berührungen im Intimbereich. Untersuchungen von Busen und Genitalbereich durch nicht gynäkologisch ausgebildetes Fachpersonal verletzen das Selbstbestimmungsrecht und führen insbesondere bei Opfern sexueller Übergriffe zu (iatrogenen!) Retraumatisierungen. Die Opfer werden mit Argumenten, dass dies fachlich oder medizinisch notwendig sei, eingeschüchtert und manipuliert. Umgekehrt wird die Situation bei körperlichen Untersuchungen erlebt, etwa beim Frauenarzt. Kommt es da zu unstatthaften Berührungen oder gar sexuellen Handlungen, wissen die betroffenen Frauen meist selber ganz klar, dass eine Grenzverletzung vorliegt. In Psychotherapien ist dies weit weniger klar, insbesondere wenn der Therapeut beispielsweise die medizinische Notwendigkeit als Argument anführt.

7. Sexuelle Handlungen. In keiner Psychotherapieform stellen sexuelle Kontakte (auch wenn vom Patient gewünscht) zwischen Therapeut und Patienten eine anerkannte Form der Behandlung dar. Sie bedeuten immer eine Grenzverletzung und sind nicht statthaft. Einige Länder kennen strafgesetzliche Regelungen für diese Form von Missbrauch, wobei in verschiedenen Gesetzen alle therapeutisch und beratend tätigen Fachleute eingeschlossen sind, einzelne kennen sogar den Einschluss der Seelsorge in die gesetzliche Regelung. Damit wird auch klar ersichtlich, dass der Gesetzgeber derartige Übergriffe als kriminelle Handlung einstuft. Die Verantwortung für das therapeutische Prozedere wird eindeutig den Fachleuten zugesprochen. Es ist deshalb unerheblich, von wem ursprünglich die Initiative zur Aufnahme einer sexuellen Handlung ausgeht.

Finanzieller Missbrauch

1. Überredung zu betrügerischem Verhalten. Patienten können beispielsweise dazu verführt werden, Krankenversicherungen durch gefälschte Behandlungsrechnungen zu betrügen. Davon können möglicherweise beide Seiten, Therapeut wie Patient, profitieren. Auf die gleiche Art und Weise können Sozialversicherungen und ähnliche Institutionen betrogen werden.

2. Unkorrekte Abrechnungen. Verrechnungen nicht erbrachter Leistungen gegenüber einem Patienten können aufgrund nicht transparenter Rechnungsstellungen auftreten. Eine übliche Art der Rechnungsstellung besteht in der Auflistung von Positionsnummern ohne weiteren erklärenden Text, so dass für den Laien absolut unverständlich bleibt, was berechnet wurde. Weiter können Verrechnungen nicht statthafter Positionen vorkommen, d. h. von Leistungen, welche nicht in den Tarifvereinbarungen mit den Kostenträgern enthalten sind. Wo Drittstellen für die Rechnungsvergütung verantwortlich sind, erfolgen Auszahlungen erst nach Kontrolle der entsprechenden Positionen.

3. Geldgeschäfte jeglicher Art. Von Darlehensgeschäften bis Bürgschaften sind jegliche finanziellen Geschäfte mit Patienten nicht erlaubt. Erneut würde eine Verwischung der therapeutischen Rolle resultieren.

4. Fortsetzung der Behandlung aus finanziellen Motiven. Behandlungen werden durchgeführt oder fortgesetzt, obwohl sie unter sachlicher Begutachtung nicht indiziert sind bzw. nicht zum Vorteil des jeweiligen Patienten sind. Sie dienen lediglich der persönlichen Bereicherung des Therapeuten. Da wo der Fachmann unternehmerisch denken muss, sind solche Konflikte per se möglich. Das gleiche gilt für Überweisungen an andere Spezialisten und Institutionen, sobald ein Therapeut in irgendeiner Weise am finanziellen Erfolg beteiligt ist.

5. Patienten werden verantwortlich gemacht, wenn Drittparteien nicht bezahlen. Wenn Krankenversicherer oder Unfallversicherungen ihre Bezahlungen nicht fristgerecht ausführen, kann der Therapeut nicht den Klienten dafür verantwortlich machen. Rechtlich ist es in der Schweiz oder generell bei privat versicherten Personen so, dass der Auftraggeber, somit der Patient, dem Ausführenden, also Arzt bzw. Therapeuten, das Honorar für dessen Aufwendungen schuldet. Der Patient schließt allerdings mit einem Krankenversicherer einen Versicherungsvertrag ab. Es ist der Krankenversicherer, der dem Patienten gemäss Vertrag die Behandlungshonorare rückerstatten muss. Vertraglich kann vereinbart werden, dass Honorarzahlungen direkt an den Fachmann oder die Fachfrau erfolgen.

Religiöser Missbrauch

1. Indoktrination jeglicher Art. Religiöse Beeinflussung jeder Art ist nicht erlaubt. In diversen Berufsreglementen wird dieser Punkt explizit festgehalten.

2. *Drohungen göttlicher Bestrafung.* Es wurde hin und wieder berichtet, dass Seelsorger mit göttlicher Bestrafung gedroht haben, um Gläubige gefügig zu machen. Auch derartiges Verhalten muss im Kontext der Beziehung verstanden werden, die Gläubige gegenüber einem Geistlichen haben. Der Seelsorger als Vertreter Gottes auf Erden hat die Definitionsgewalt über Sünde und Verdammnis. Derartige Verwendung von Drohungen ist ein besonders schändliches Mittel gegenüber Gläubigen in Zusammenhang mit sexuellen Übergriffen.

Beim Durchlesen der angeführten Beispiele wird vielleicht der eine oder andere Leser ungläubig seinen Kopf schütteln und denken, so schlimm kann es nun doch nicht sein. Die Beispiele müssen im Hinblick auf den Beziehungskontext gesehen werden und dürfen nicht isoliert und absolut gewertet werden. Die Relativität der Aussagen muss stets beachtet werden. Wie an anderer Stelle schon dargelegt, gibt es keine absoluten Aussagen über richtiges oder falsches Verhalten. Es muss vielmehr versucht werden, aus der potentiell zu Missbrauch verleitenden Situation der Abhängigkeitsverhältnisse heraus diese Beispiele zu beurteilen. Sie sollen in erster Linie illustrieren, welche Art von Missbräuchen überhaupt möglich ist. Die Aufzählung ist keineswegs abschliessend.

Der sexuelle Übergriff stellt in dieser Aufzählung vielleicht das am klarsten fassbare Beispiel der Ausnutzung einer Abhängigkeitsbeziehung dar. Die Befriedigung sexueller Wünsche und Bedürfnisse entpuppt sich als egoistisches und persönlichkeitsverletzendes Motiv, wenn diese im Rahmen einer professionellen Beziehung stattfindet. Die Nähe und Vertrautheit in einer solchen Situation ermöglicht erst den Übergriff und sollte daher durch gesetzliche Bestimmungen eindeutig geregelt werden. Die Thematisierung der sexuellen Übergriffe sowohl durch die Berufsgruppen wie auch durch die vielfältigen Beratungsstellen hat wesentlich zur vermehrten Beachtung der sexuellen Missbräuche durch Fachleute beigetragen.

Die Beispiele zeigen dem Leser auch die möglichen Schwierigkeiten, die Missbrauchsopfer bei der Einschätzung der erlebten Situation haben. Ein Mechanismus, der besondere Beachtung verdient, ist die Uminterpretation der Äußerungen und Handlungen der Fachpersonen durch die Opfer. Es kann nicht oft genug betont werden, wie sehr durch die fachliche Stellung von Ärzten oder Seelsorgern missbräuchliche Handlungen gar nicht in Betracht gezogen werden bzw. als unglaubliche Begebenheiten beiseite geschoben werden. Jeder denkt doch wohl zuerst, dass der Experte seine

Arbeit nach bestem Wissen und Gewissen leistet. Das ist wohl auch grundsätzlich richtig, sonst wäre ja kein Vertrauen möglich. Berufsorganisationen und Institutionen sollten sich daher gründlich überlegen, wie sie in Zukunft auf Klagen und Beschuldigungen reagieren wollen und wessen Interessen sie schützen wollen. Wenn Fachleute die elementarsten Grundregeln ihrer jeweiligen Berufsdisziplin verletzten, muss zwingend die weitere Berufsausübung in Frage gestellt werden.

3.3 Strukturelle Abhängigkeit bei professionellen Beziehungen

Bei Abhängigkeitsbeziehungen zwischen Erwachsenen gibt es ein Strukturmerkmal, welches auch bei der sexuellen Ausbeutung von Kindern und Jugendlichen bekannt ist: Opfer und Täter kennen sich, sie sind einander vertraut. Dies gilt für alle professionellen Beziehungen, natürlich in unterschiedlichem Ausmaß. Sei es eine psychotherapeutische Beziehung, sei es eine ärztliche oder pflegerische Behandlung, eine seelsorgerische Tätigkeit, eine Lehrer-Schüler-Beziehung – die Beteiligten kennen sich gegenseitig. In aller Regel handelt es sich nicht um eine Bekanntschaft zwischen gleichberechtigten Partnern. Durch das zugrunde liegende Auftragsverhältnis besteht eine Machtstellung der Fachperson gegenüber der ratsuchenden Person. Aufgrund der beruflichen Stellung kann die Fachperson die Beziehung weitgehend gestalten. Sei es, dass sie Raum, Zeit und persönliche Verfügbarkeit bestimmt, sei es dank dem Wissensunterschied, oder sei es durch die Definitionsgewalt (Benotung, Diagnosen, etc.). Nicht zuletzt durch die Mitarbeit in einer Institution erreicht der Täter meist eine moralisch höhere Glaubwürdigkeit und größere gesellschaftliche Achtung als das Opfer. Das Opfer ist in der Stellung eines Abhängigen, Rat- und Hilfesuchenden – innerhalb einer Behandlung oder Beratung, einer Weiterbildung oder in der Seelsorge.

In einer professionellen Beziehung werden die Rollen der Beteiligten sowie das daraus entstehende Abhängigkeitsverhältnis laut Luepker und Schoener [13] von der Gesellschaft folgendermaßen definiert:

1. Die Gesellschaft definiert die Rolle der Ärzte, Krankenpflegerinnen oder -pfleger, Psychologen oder Sozialarbeiter als Fachleute, welche ihren Patienten oder Klienten nach bestem Wissen und Gewissen helfen.

Weiter wird diesen Fachleuten attestiert, dass sie in der Lage sind, ihre persönlichen Bedürfnisse in ihrem beruflichen Alltag zurückzustellen und Kranken oder Bedürftigen dadurch Hilfe zu leisten. Für Lehrkräfte, Sportleiter und Freizeitverantwortliche gilt ebenfalls eine gesellschaftliche Rollenzuschreibung, dass sie die ihnen anvertrauten Jugendlichen nach bestem Wissen und Können fördern und ihnen keinen Schaden zufügen. Seelsorgern werden in der Rollenzuschreibung hohe ethische und mitmenschliche Werte attestiert, wenn sie Gläubige und Ratsuchende begleiten.

2. Die gesellschaftlich definierte Rolle von Patienten oder Klienten ist diejenige von bedürftigen Menschen, welche aufgrund eines Leidens, sei es körperlich oder seelisch, auf die Mithilfe von Fachleuten angewiesen sind. Kranke Mitmenschen suchen Fachleute im Glauben auf, dass ihnen kompetent geholfen wird, ihre gesundheitlichen Probleme zu lösen. Patienten begegnen Fachleuten im Gesundheitswesen mit einer Offenheit und Vertrauen, wie es im Alltag nicht selbstverständlich ist. Ähnliches gilt für die Seelsorge, wo sich Gläubige in ihrem Suchen nach Beistand und göttlichem Trost einem Geistlichen anvertrauen. Auch für Schüler, Studenten und Jugendliche gilt, dass sie sich vertrauensvoll und hoffnungsvoll gegenüber ihren Lehrern, Sportlehrern und Freizeitleitern verhalten und erwarten, dass ihnen neues Wissen und Können vermittelt wird.

Das Auftragsverhältnis erfordert keine explizite Nennung solcher Anforderungen an die Fachleute. Kauft man einen Neuwagen, muss der Kunde nicht darauf hinweisen, dass er erwartet, dass das Fahrzeug funktioniert. Solche Dinge werden stillschweigend vorausgesetzt. Dasselbe gilt im Auftragsverhältnis gegenüber Fachpersonen. Der Auftraggeber (Patient, Schüler, Klient) erwartet die fachlich korrekte Ausführung seines oder ihres Anliegens. Fühlt sich eine Fachperson dazu nicht in der Lage, kann sie den Auftrag ablehnen und zurückweisen.

Emotionale und sexuelle Gefühle spielen in alle menschlichen Beziehungen hinein. Von Fachleuten im Gesundheitswesen, in der Seelsorge oder in der Pädagogik wird erwartet, dass sie ihre Gefühle unter Kontrolle haben und ihre professionellen Grenzen kennen. Allerdings weisen viele Fachleute darauf hin, dass sie in ihrer Ausbildung keine Anleitung bekamen, wie sie mit ihren Gefühlen der Nähe und Intimität im Berufsalltag wirklich umgehen sollen. Wenn ein Musiklehrer einer Studentin Woche für Woche 45 Minuten Unterricht erteilt, dann entwickelt sich zwangsläufig eine sehr intime und vertrauensvolle Beziehung. Es ist indes die Aufgabe des Lehrers, mit der vertrauensvollen Beziehung verantwortungs-bewusst umzugehen. Pflegeberufe haben in noch größerem Maß mit Körperlichkeit und Intimität im Berufsalltag zu tun. Unzählige persönliche Hemmungen müssen überwunden werden, sowohl auf der Seite des Patienten als auch auf der Seite der Pflegenden. Erneut entstehen Situationen, die im persönlichen Alltag unbekannt sind. Scham und Ekelgefühle im Zusammenhang mit intimen und persönlichen Situationen müssen überwunden werden, um die Aufgabe auszuführen.

Werden diese Prinzipen der Verantwortung nicht beachtet, hat dies weitreichende Konsequenzen für das Vertrauensverhältnis der Klienten gegenüber den Fachleuten. Das Vertrauen gilt in vielen fachlichen Beziehungen als maßgebend und entscheidend für das Resultat. Nehmen wir als Beispiel die Psychotherapie, wo sich ein Anvertrauen-Können, ein Sich-Öffnen-Können, geradezu als Voraussetzung für einen Heilungserfolg erwiesen hat. Verbunden mit diesem Sich-Öffnen fallen Selbstschutzmechanismen weg, welche im Alltag dafür verantwortlich sind, dass wir mit unseren Mitmenschen überhaupt umgehen können, ohne dass sie uns gleich verletzen. Zusammen mit dem Vertrauen, dass die Fachleute gemäss dem Behandlungsauftrag alles daran setzen, dass die Behandlung gelingt, entwickelt sich ein zwischenmenschliches Klima, wie es in keiner anderen Beziehung denkbar ist. Umgekehrt ist diese Vertrauensbasis wie erwähnt die Grundvoraussetzung jeder psychotherapeutisch vermittelten Heilung.

Die Realitätsprüfung findet im Behandlungsraum statt, weil diese Erfahrung von Vertrautheit in aller Regel nicht mit anderen Personen geteilt wird. Der Patient ist in seinen Urteilen und Einschätzungen weitgehend von den Wertungen und Interpretationen des Therapeuten beeinflusst. Der Therapeut wertet die geäußerten Beschwerden und Befürchtungen des Patienten, er bezeichnet sie als Ausdruck einer Störung oder als adäquate Reaktion. Diese Definitionsgewalt führt zu einem Machtpotential des Therapeuten gegenüber dem Patienten. Zusätzlich wird dieses verstärkt durch die therapeutisch notwendige Einseitigkeit der Beziehung, wo der Patient von seinem Therapeuten praktisch nichts Persönliches weiß.

Analoge Machtunterschiede gibt es in anderen Berufen. Beispielsweise verfügt ein Lehrer über Kenntnisse, wie ein Stoff zu vermitteln ist. Er bestimmt, welche Schwerpunkte behandelt werden sollen. Es ist der Lehrer, welcher den Schüler anhand von Noten beurteilt und somit ebenfalls eine Definitionsgewalt darüber besitzt, ob der Schüler seine Aufgaben richtig löst oder nicht. Analog der Seelsorger, der darüber urteilt, ob eine

Sünde von Gott vergeben werden kann oder welche Art von Buße gegebenenfalls zu leisten ist. Auch er besitzt eine derartige Definitionsmacht.

Problematisch wird es an dem Punkt, sobald sich die persönlichen Bedürfnisse der Fachleute mit ihrer Aufgabe vermischen und unklare fachliche Grenzen resultieren. Die Folgen sind für die einzelnen Berufsdisziplinen im Kapitel über PSM aufgeführt und werden dort detailliert beschrieben.

Die Folgen der Vertrauensbeziehung dürfen nicht mit einer generell verminderten Urteilsfähigkeit des Patienten gleichgesetzt werden. Von krankheitsbedingten Ausnahmen abgesehen sind Patienten in aller Regel sehr wohl in der Lage, die Dinge richtig einzuschätzen. Durch manipulative Äußerungen der Fachleute können Patienten jedoch sehr oft nicht mehr ihren eigenen Wahrnehmungen trauen. Sie verlassen sich ja auf die Redlichkeit der Fachperson und realisieren oft erst viel später, dass sie getäuscht wurden. Aufgrund der Erwartungshaltung – Vertrauen in die Fachperson – werden Signale uminterpretiert und als Ausdruck von wohlgemeinten Ratschlägen verstanden. Oder die Patienten bezichtigen sich selbst als unsichere oder gar als ungerechte Personen, wenn sie einen Therapeuten verdächtigen, dass er sich nicht korrekt verhalte.

Betrachtet man die gängigen Reaktionen auf solche Vorkommnisse, so hört man meist zuerst, das könne doch nicht wahr sein. Betroffenen wird mit Unwissenheit und Unverständnis begegnet, was letztere als Zurückweisung deuten. Kommt es zu Klagen, vollzieht sich meist derselbe Mechanismus. Entsprechend der gängigen Rechtsauffassung müssen Opfer von Missbräuchen in Abhängigkeitsverhältnissen in jedem Einzelfall den Schaden belegen. Eine strafgesetzliche Regelung, wie man sie beispielsweise in Deutschland mit dem Paragraphen §174c des Strafgesetzbuches in Bezug auf die Psychotherapie kennt, die jeden Missbrauch unabhängig vom momentan erfassbaren individuellen Schaden unter Strafe stellt, würde viel zur Klärung beitragen. In Analogie kennen wir in der Schweiz diese Regelung beispielsweise im Jugendstrafrecht. Es ist primär nicht entscheidend, welcher Schaden beim Opfer feststellbar ist, der die Strafwürdigkeit eines Sachverhaltes bestimmt, sondern die Tatsache eines Missbrauches an sich wird bereits als hinreichend gewertet. Die realen Folgen und feststellbaren Schäden fließen dann allenfalls in die Strafbemessung ein.

3.4 Blaming the Victim

Schuldzuweisung an die Opfer ist wohl der am weitesten verbreitete und zugleich perfideste Mechanismus, Dinge zu verdrehen: Die Opfer sexueller Übergriffe werden nun selbst als die Schuldigen hingestellt. Sie haben den Täter ja verführt – mit ihrem Frausein, mit ihrer Kleidung, oder was immer für Gründe angeführt werden. Opfer werden auch häufig bezichtigt, einen ehrenwerten Fachmann in den Ruin zu treiben, weil sie gegen ihn wegen sexueller Verfehlungen ausgesagt haben. Es wird scheinbar vergessen, dass eigentlich ein Missbrauch stattgefunden hat.

Da ein Großteil unserer Gesellschaft offenbar leicht in diese Falle tappt, muss es Gründe für eine solche Reaktion geben, die auch hinterfragt werden sollten. Zwei Punkte verdienen hierbei besondere Beachtung: unsere Reaktion auf Opferrollen und die Tabuisierung bestimmter Themen. Zunächst also: Welche Reaktion lösen Opfer bei uns aus? Personen, denen Schlimmes widerfahren ist, lösen bei uns Gefühle von Ohnmacht, Verzweiflung und Ausweglosigkeit aus. Mit diesen unangenehmen Gefühlen werden wir konfrontiert. Das Vertrauen in das Funktionieren der menschlichen Einrichtungen ist meist tief erschüttert, weil niemand sie geschützt hat und vielleicht auch weiterhin nicht schützt. Opfer fordern Unterstützung, sie fordern von uns einen Positionsbezug. Dies ist bei individuellen Opfern nicht anders als bei kollektiven: Sei es die Auseinandersetzung mit dem Holocaust, die Frage von Missbräuchen durch Fachleute, die Situation von Folteropfern oder seien es die Opfer von kriegerischen Auseinandersetzungen.

Sie führen zu Betroffenheit und wir sehen uns mit Verantwortlichkeitsfragen konfrontiert, die uns unangenehm berühren. Wer schützt das kleine Schulmädchen, das einem sexuellen Missbrauch ausgesetzt ist? Wäre wegschauen nicht einfacher? Sich um die Verantwortung drücken? Was sollen wir tun? Die Lösungen liegen nicht einfach auf der Hand, sondern sie müssen häufig mühsam erarbeitet werden. Einfache, schnell umzusetzende Patentrezepte scheinen nicht vorhanden zu sein. Außerdem braucht es Mut. Betroffene fordern von uns eine tiefe Auseinandersetzung auch mit uns selbst. Dies ist nicht so einfach.

Leichter ist dagegen, beim Opfer einen Fehler zu suchen. Damit entledigen wir uns des Problems. Ganz nach dem Motto: Die Frauen sind selber schuld, jedes Opfer ist selbst schuld. Jeder sucht sich das Leben selbst aus, ein jeder ist der Schmied seines eigenen Glückes. Das Opfer als eigentlicher Täter? – Nein. Solche Aussagen sind nicht nur bitter, sie lassen jedes Opfer allein. Einer geschädigten Person wird so nicht geholfen. Was die Opfer brauchen, ist in erster Linie, dass sie nicht allein gelassen werden, dass man offen auf sie zugeht. Sie benötigen eine empathische Haltung, die weder voyeuristisch neugierig noch drängend ist. Einen Ort, wo sie sich angenommen fühlen können, wo sie spüren, dass ihnen geglaubt wird, ohne dass gleichzeitig suggeriert wird, dass nun endlich etwas getan werden sollte. Meistens haben die Opfer selbst schon viele Versuche hinter sich, etwas zu tun.

Wir, die Außenstehenden, sind nicht gerne mit der unangenehmen Tatsache konfrontiert, dass wir hilflos sind. Dass wir Dinge mit ansehen müssen, die uns zutiefst treffen. Vor diesem Hintergrund muss die gesellschaftliche Tabuisierung der Missbräuche gesehen werden, und vor diesem Hintergrund ist auch die Schuldzuweisung an die Opfer zu verstehen. Das Opfer verantwortlich zu machen bedeutet darüber hinaus, einen Schwarzen Peter zu finden, der uns nur Scherereien bringt – würden sie gefälligst ihren Mund halten, wären wir nicht mit solchen unangenehmen Tatsachen konfrontiert. Und alle jene, welche den Opfern zu ihrem Recht verhelfen, lösen erneut dieselbe Reaktion aus. Auch die sollten besser schweigen ...

Vor wenigen Jahren wurde in der Schweiz ein Frauenarzt wegen Verfehlungen gegenüber Patientinnen angeklagt. Unter der ortsansässigen Bevölkerung kam es zu einer Welle von Solidarität, eine Petition wurde für diesen Arzt durchgeführt, man sprach von Hexenjagd und Aufbauschung, und schlussendlich begnadigte ihn das Parlament. Nicht für die Opfer setzte man sich ein – für den Täter, wohlverstanden. Die klagenden Frauen wurden der Unwahrheit bezichtigt, von einem Komplott feministisch gesinnter Aktivistinnen war die Rede und ähnlichem mehr. Es gab Stimmen in der Bevölkerung, welche diesen Arzt buchstäblich vergötterten. Auch das Argument des Familienvaters, dessen Existenzgrundlage nun zerstört werde, wurde vorgebracht. In der Zwischenzeit sind viele klüger geworden. Aufgrund von erneuten Klagen gegen den Arzt entzog ihm das Gericht die Approbation für einige Jahre. Das Beispiel soll illustrieren, wie sehr Opfer-Täter-Situationen in Zusammenhang mit sexuellen Missbräuchen zu Polarisierungen und Dämonisierungen führen. Und wie rasch es passieren kann, die Anliegen der Opfer aus den Augen zu verlieren.

Der zweite Punkt, warum viele Menschen vorschnell die Opfer verantwortlich machen, betrifft die gesellschaftliche Tabuisierung der gesamten Problematik, wie auch die Tabuisierung durch die Fachleute. Zwar kennen alle den Hippokratischen Eid, der nun schon seit Jahrhunderten das ärztliche Ethos bestimmt. Jedoch die Bereitschaft, die entsprechenden Fakten und Kenntnisse in der Ausbildung innerhalb der Medizin zu vermitteln, ist nahezu gleich Null. Der Arzt solle sich vor allzu innigen Beziehungen gegenüber seinen Patientinnen hüten, damit ist das Thema meist erledigt. Keine europäische medizinische Fakultät hat in ihrer Ausbildung bisher Trainingsprogramme wie beispielsweise Boundary Training implementiert. In der deutschen Approbationsordnung wird um den Einbezug von ethischem Grundlagenwissen in der Ausbildung gerungen. Es muss als fahrlässig bezeichnet werden, dass in der Ausbildung seltene und bizarre Krankheitsbilder wie beispielsweise die Chorea Huntington oder Zwangskrankheiten in extenso vermittelt werden, während die wesentlich häufigeren Störungsbilder nach Missbräuchen völlig unbeachtet bleiben. Wenn man die Diskussion um die Qualitätssicherung in der heutigen Medizin verfolgt, so fällt auf, dass mit keinem Wort die persönliche Haltung des Arztes als eine der Grundbedingungen qualitativ hochstehender Medizinversorgung erwähnt wird [14]. Die Arzt-Patienten-Beziehung wird wohl zu Recht als einer der entscheidendsten Wirkfaktoren jeder Behandlung angesehen. Umso unverständlicher, dass diese Überlegungen keine Beachtung in der Qualitätssicherung finden.

Hat auch dies etwas mit der Tabuisierung zu tun? Wieso bestreiten selbst viele Fachleute die Notwendigkeit einer vertieften Reflexion angesichts der epidemiologischen Daten über sexuelle Missbräuche? Erneut laufen betroffene Opfer bzw. Fachleute, die auf die Missstände hinweisen, Gefahr, als Weltverbesserer oder feministische Extremistinnen hingestellt zu werden. Das ist gewissermaßen ‹Blaming the victim› auf höherer Ebene. Die Opfer konfrontieren die Fachleute mit genauso unangenehmen Tatsachen, wie die Öffentlichkeit damit konfrontiert wird. Erneut kann ein Vergleich mit der Inzestfamilie aufzeigen, wieso solche Reaktionen auftreten. Die Berufsgruppe sieht sich mit denkbar unangenehmen Vorwürfen konfrontiert und versucht, sich gegen außen vor Anschuldigungen und Verurteilungen zu schützen und versucht vorerst alles, um das Problem herunterzuspielen und zu bagatellisieren. Bis es in einer zweiten Phase zu Schuldzuweisungen denjenigen gegenüber kommt, die ihren Finger auf den wunden Punkt halten und ein angemessenes Vorgehen fordern.

Diese Ausführungen gelten für ein Spital genauso, wie sie für die Seelsorge gelten. Sie gelten für die Lehrerschaft, für die Pfadfinderorganisation und Sportvereine. Alle Berufsgruppen versuchen sich davor zu schützen, dass ihre Arbeit in der Öffentlichkeit in Zweifel gezogen wird. Kommt ein Opfer und klagt an, ist regelmäßig der ganze Berufsstand oder

die Institution betroffen. Diese Erkenntnisse konnten wir in der Beratungsarbeit von Organisationen gewinnen. Klagt ein Opfer an, wird es zum Stö-
renfried. Nach anfänglichem Mitleid für das Opfer macht sich zunehmende Distanz bemerkbar. «Mit dem Leiden muss nun Schluss sein! Das
Leben geht weiter!» Das Opfer trifft auf ungeduldige, herabsetzende und
wütende Reaktionen. Es wiederholt sich in fataler Weise die Täter-Opfer-
Beziehung [15].

Auf der persönlichen Ebene eines einzelnen Täters kann man ganz ei-
gennützige Zielsetzungen durchaus noch nachvollziehen, die mit diesem
Mechanismus verknüpft sind. Da jedoch dieser Mechanismus der Schuldzuweisung an das Opfer in großem Maßstab gleich abläuft, wird er kaum
als Manipulationsversuch zur Kenntnis genommen, sondern gilt gewissermaßen als normal. Wenn der Großteil der Bevölkerung so empfindet,
drückt sich letztendlich darin die Wertung für richtig und falsch aus. Das
Beispiel des oben erwähnten Frauenarztes bzw. die Reaktion der Bevölkerung mag das Gesagte illustrieren. Gelingt es einem Täter, das Opfer als
schuldig hinzustellen, zieht er persönliche Vorteile daraus. In erster Linie
werden sie sozial praktisch überhaupt nicht zur Verantwortung gezogen.
Auch für die Schuldzusprechung und allfällige Genugtuungszahlungen sowie das Strafmaß in gerichtlichen Verhandlungen spielen diese Faktoren
eine nicht zu unterschätzende Rolle. Die Gerichtsorgane unterliegen meist
denselben Mechanismen.

Da die bestehenden Justiz- und Strafgesetzsysteme vorwiegend täterorientiert sind, kommt den Anliegen von Opfern nur untergeordnete Bedeutung zu. Dies wurde in der Schweiz zumindest seit der Einführung
des Opfer-Hilfe-Gesetzes 1993 etwas korrigiert. Sowohl in Deutschland
als auch in Österreich erfährt das Thema des Täter-Opfer-Ausgleichs und
der Strafmediation vermehrt Beachtung. Dennoch führt aus der Sicht der
Opfer die verlangte Beweisintensität innerhalb des Strafrechtes – das urtei-
lende Gericht darf keine vernünftigen Zweifel am Tathergang haben – zu
fatalen Urteilen. Oft sind Aussagen der Opfer die einzigen Beweismittel.
Gelingt es der Verteidigung, diese Aussagen als unglaubwürdig hinzustellen, können mit wenig Aufwand jene richterlichen Zweifel geweckt werden, die schlussendlich zu einem Freispruch im Sinne «In dubio pro reo»
führen [16]. In anderen Rechtsgebieten genügt in der Regel der bloße
Wahrscheinlichkeitsbeweis. Die psychischen Folgen sowohl durch das Delikt, die realen Erfahrungen in der persönlichen Aufarbeitung wie auch der
gerichtlichen Befragung beeinflussen das Aussageverhalten entscheidend.
Die Strafjustiz müsste deshalb vermehrt Anliegen und Situation der Opfer

zur Kenntnis nehmen und beispielsweise in ihren Ermittlungen und Befragungstechniken mit berücksichtigen. Die durch Fegert [zit. in 17] publizierte Umfrage bei professionellen Opferhilfestellen, wonach 94% der befragten Helfer grundsätzlich von Anzeigen bei sexuellen Beziehungstraumen abraten, darf nicht länger ignoriert werden. Ihre Zurückhaltung wurde von den Beratungsstellen mit der Belastung polizeilicher Befragungen und den Unwägbarkeiten der gerichtlichen Beurteilung sowie den für die Opfer damit verbundenen unzumutbaren Belastungen begründet. Nicht vergessen werden darf, dass alle diese Opfer bereits den Schritt aus ihrer Anonymität heraus an eine professionelle Beratungsstelle gewagt hatten. Die Dunkelziffer von Betroffenen, welche nicht einmal diesen Schritt wagten, bleibt unbekannt.

3.5 Glaubwürdigkeit der Aussagen

Je mehr direkte Beweismittel vorliegen, desto weniger stellt sich die Frage, ob ein Opfer glaubwürdig ist. In der Opferberatung gehört das mit zu den ersten Dingen, auf die der Ansprechpartner hinweisen sollte. Unabhängig davon, was die Betroffenen weiter unternehmen möchten – es ist sinnvoll, mögliche Beweismittel zu sichern und nicht aus Wut oder Verzweiflung wegzuwerfen o. ä. Denn unter Umständen möchte das Opfer zu einem späteren Zeitpunkt gegen die Fachperson vorgehen – dann können solche Beweismittel für den Ausgang des Verfahrens entscheidend sein.

Da bei sexuellen Missbräuchen durch Fachleute selten körperliche Gewalt im Spiel ist, sind körperliche Schäden oder Gewaltmale, die sich ärztlich belegen lassen, selten. Bei Kindern und Jugendlichen ist dies weitaus häufiger der Fall. Bei ihnen haben Verletzungen im Genital- und Analbereich sowie Infektionen, die (ausschließlich) durch Sexualverkehr übertragen werden, eine hohe gerichtliche Beweiskraft. Sind physische Gewaltakte vorgekommen, empfiehlt sich in jedem Fall eine genaue ärztliche Untersuchung, insbesondere im Hinblick auf allfällige Spätfolgen, die unter Umständen zum Untersuchungszeitpunkt noch nicht feststellbar sind.

Es liegt in der Natur der Sache von sexuellen Missbräuchen, dass keine dritten Zeugen vorhanden sind. Dann steht Aussage gegen Aussage, und Fragen im Zusammenhang mit der Stichhaltigkeit und Glaubwürdigkeit der Aussagen tauchen auf. Oder sie werden durch die Gegenpartei in einem Gerichtsverfahren geschickt ausgenutzt, um den Verfahrensausgang in ihrem Sinn zu beeinflussen und das Opfer in seinen Aussagen zu diskreditieren. Die Frage der Glaubwürdigkeit stellt sich insbesondere bei Aussagen von Kindern. Hier muss die Vertrauensperson vor allem eine suggestive Einflussnahme verhindern. Einen möglichen Ausweg bietet die Videoaufzeichnung des Erstgespräches, was jedoch prozess- und verfahrensrechtlich noch nicht überall akzeptiert ist. Zumindest kann ein Gutachter aber belegen, was das Opfer bei der Erstbefragung ausgesagt hat. Eine Aufzeichnung der Erstbefragung beginnt sich auch aus dem Grund durchzusetzen, weil man erkannt hat, dass wiederholte Befragungen das Opfer schwer retraumatisieren können.

Die von Undeutsch [18] entwickelte kriterienbezogene Aussagenanalyse für die Glaubhaftigkeitsbeurteilung bei Aussagen von Kindern hat sich inzwischen als etablierter Standard durchgesetzt. In einer Erweiterung der Kriterien durch Steller [19] werden heutzutage folgende Punkte bei einer Beurteilung einbezogen:

– logische Konsistenz der Aussage,
– quantitativer Detailreichtum,
– Darstellung von Komplikationen im Handlungsverlauf,
– Schilderung ausgefallener Einzelheiten,
– Erwähnung nebensächlicher Details,
– delikttypische Einzelheiten,
– raumzeitliche Verknüpfungen und
– Schilderung unverstandener Handlungselemente.

Aufgrund der Überlegungen von Rometsch [20] müssen zudem aus der psychotraumatologischen Forschungsarbeit hervorgegangene Resultate mitberücksichtigt werden. Voraussetzung für eine verlässliche Aussage ist eine offene Fragetechnik mit präzisierenden Nachfragen möglichst ohne suggestive Hypothesen.

Gemäss der europäischen Strafrechtsdoktrin werden Täter im allgemeinen nicht auf ihre Glaubwürdigkeit hin beurteilt. Ebenso wenig kennt unser Strafrecht Maßnahmen zur Gewaltprävention, obwohl dies in anderen Rechtsbereichen durchaus möglich erscheint. Die von der Strafjustiz geforderte Beweisbarkeit genügt oft nicht, den Missbrauch in der Vorbereitungsphase zu erfassen. Anders verhält es sich übrigens etwa im Bereich des Arbeitsrechtes, wo der Arbeitgeber nachweislich präventive Maßnahmen umgesetzt haben muss, ansonsten kann er bei sexuellen Belästigungen rechtlich zur Verantwortung gezogen werden. Im Strafrecht bestehen hier leider Lücken, und für die Opfer sexueller Missbräuche kann dies oft erhebliche Folgen haben. Muss wirklich immer zuerst eine Tat geschehen, bevor jemand zur Verantwortung gezogen werden kann?

Erneut stellt sich in dem Zusammenhang die Frage, ob man den Aussagen Betroffener Glauben schenken möchte oder nicht. In die deutsche Version der Strafgesetzbestimmung zum Missbrauch in der Psychotherapie (StGB 174c) wurde folgerichtig folgender Passus aufgenommen: «Der Versuch ist strafbar.» Die Einführung solcher generalpräventiver Gesichtspunkte zeigt immerhin den Willen des Gesetzgebers, auch präventiv operieren zu wollen, und welche Rechtsgüter durch die Gesellschaft geschützt werden sollen.

Das wirkliche Ausmaß sexueller Übergriffe durch Fachleute wird immer noch unterschätzt. Durch Schamgefühle, Selbstbeschuldigungen und die Angst, nicht ernst genommen zu werden, verschweigen Opfer ihre Not und Erfahrungen. Laut kanadischen Studien [21] ist davon auszugehen, dass höchstens 10–40% aller sexuellen Missbräuche durch Fachleute gemeldet werden.

3.6 Epidemiologie

Sich ein wirklichkeitsgetreues Bild über die Häufigkeit von sexuellem Missbrauch durch Fachleute zu verschaffen, ist aus verschiedenen Gründen problematisch. Zum einen sind sexuelle Beziehungen etwas sehr Intimes und Persönliches und werden nicht ohne weiteres preisgegeben. Die Wahrnehmung der sexuellen Ausbeutung ist sehr subjektiv und mag sich zudem in einem zeitlichen Prozess verändern. Somit stellen die persönlichen Einschätzungen Betroffener kein verlässliches Kriterium dar. Dies führt zu einer methodologischen Schwierigkeit, welche in praktisch keiner der bisher durchgeführten Untersuchungen berücksichtigt wurde. In der Frühphase von PSM-Fällen lassen sich unter Umständen bei einer Mehrzahl von Betroffenen überwiegend positive Einschätzungen finden, die erst nach einer allmählichen Bewusstwerdung einer völlig veränderten Einschätzung Platz machen. Die narrativen Ergebnisse aus Einzelbeobachtungen lassen ebenfalls keine Schlussfolgerungen auf das tatsächliche Ausmaß zu, so schlimm die Erlebnisse im Einzelfall für die Betroffenen sein mögen.

Die vorhandenen Daten zur Inzidenz von PSM stammen aus verschiedenen Quellen. Seit der ersten Übersichtsstudie von Kardener et al. [22]

im Jahre 1973 wurden eine Vielzahl von epidemiologischen Daten publiziert. Einerseits wurden durch Eigenbefragung von Fachleuten entsprechende Daten erhoben. Andere Arbeiten versuchten sich durch Befragung von Folgetherapeuten ein Bild über die Häufigkeit von PSM zu machen. Direkte Opferbefragungen sind eher neueren Datums und wurden ebenfalls für verschiedene Berufsgruppen durchgeführt. Infolge unterschiedlicher Rücklaufquoten haftet allen diesen Datenerhebungen etwas Unsicheres an. Wir wissen nichts über die Situation derjenigen, die sich nicht an den Umfragen beteiligt haben. Eine weitere Schwierigkeit besteht durch Definitionsprobleme – was gilt als sexueller Missbrauch, was nicht? Versucht man sich einen Überblick zu verschaffen, wird eines sehr rasch klar: Sexueller Missbrauch ist ein in unterschiedlichen Berufsgruppen anzutreffendes Phänomen von erschreckender Häufigkeit. In der Mehrzahl sind Frauen von sexuellen Übergriffen betroffen, und der Missbrauch kann zu massiven Folgeschäden bei Opfern führen.

Missbrauch in der Psychotherapie

Als anerkannter Durchschnitt ist heute von rund 10% aller Therapeuten auszugehen, welche im Laufe ihrer Berufstätigkeit Patienten missbrauchen. Eine aktuelle Übersicht über die Häufigkeit von PSM in psychotherapeutischen Behandlungen findet sich bei Ehlert-Balzer [23]. Bei einer Rücklaufquote von 70% gaben in einer Umfrage bei 1000 Psychologen und Psychologinnen rund 12% der Therapeuten sowie rund 3% der Therapeutinnen sexuelle Kontakte an [24]. Ähnliche Ergebnisse erhielten Gartrell und seine Mitarbeiter [25].

Eine Umfrage von 1992 aus Norwegen ergab folgendes Bild [26]: Von 1715 Psychologen gaben 5% an, dass sie Geschlechtsverkehr mit ihren Patienten hatten, während 2% erotisch gefärbte Beziehungen mit ihren Patienten unterhielten. Weitere 3% hatten mit ehemaligen Patienten sexuelle Kontakte. Derek Jehu veröffentlichte 1994 ähnliche Zahlen für Grossbritannien [27].

Laut Befragung von Bouhoutsos et al. [28] waren 96% der missbrauchten Patienten durch einen männlichen Therapeuten ausgebeutet worden. Die Arbeit von Gartrell et al. [25] bestätigt diese Zahl. In den beiden Arbeiten lag der Anteil von Patientinnen, welche Opfer von sexuellen Übergriffen wurden, zwischen 94% [28] und 89% [25]. In den Untersuchungen von Holroyd und Brodsky [24] wurden 80% Wiederholungstäter ermittelt, während die spätere Arbeit von Gartrell et al. [25] nur 33% Wiederholungstäter herausfand.

Die meisten Missbräuche ereigneten sich laut Bouhoutsos et al. zwischen männlichen Therapeuten und weiblichen Patienten, nämlich zu 95% [28]. In derselben Arbeit werden 3% sexuelle Kontakte von Therapeutinnen zu männlichen Patienten genannt, in 2,5% fand der sexuelle Kontakt zwischen einem männlichen Therapeuten und einem männlichen Patienten statt und in 1,4% zwischen weiblichen Therapeutinnen und Patientinnen. Neue Daten zeigen höhere Werte für weibliche Therapeutinnen. Anders und Wiesler [29] kamen in einer deutschen Untersuchung bei einer Befragung von Folgetherapeuten zum Ergebnis, dass 86% der Fachmänner und 14% der Fachfrauen mit Patienten sexuelle Beziehungen unterhielten. Gary Schoener vom Walk-In Counseling Center in Minneapolis, der wahrscheinlich über die weltweit umfangreichste Erfahrung auf diesem Gebiet verfügt, nennt in 77% aller Fälle Übergriffe eines männlichen Therapeuten gegenüber weiblichen Patientinnen. In 15% handelt es sich um Therapeutinnen, die mit Patientinnen sexuelle Kontakte eingingen, in 5% um gleichgeschlechtliche Kontakte zwischen Männern und in 3% um Therapeutinnen, die mit männlichen Patienten Kontakte eingingen. Die Verschiebung hin zu höheren Anteilen an Frauen unter den Tätern entspricht in der Tendenz den Zahlen, wie sie für sexuelle Übergriffe gegenüber Kindern erhoben werden [30].

Missbrauch im medizinischen Bereich

Eine der weltweit wohl fundiertesten und aussagekräftigsten Arbeiten über ärztliche Missbräuche stellt die Studie dar, welche durch das College of Physicians and Surgeons of British Columbia durchgeführt wurde [31]. Von einer landesweiten Umfrage unter 8000 Haushalten konnten 2456 Antworten ausgewertet werden. Dies stellt die bisher umfangreichste direkte Befragung von Benutzern eines Gesundheitsdienstes dar. 0,7% der Befragten gaben an, dass sie mit ihrem derzeitigen Arzt intime Kontakte pflegen, während 0,3% angaben, dass mit einem ehemaligen Arzt intime Kontakte haben. Weiter gaben 4% der Befragten an, dass sie durch ihren Arzt in sexueller Weise berührt worden waren, und weitere 5,5% gaben an, durch sexuell gefärbte Bemerkungen belästigt worden zu sein. In einer neuseeländischen und einer niederländischen Selbstbefragung gaben 5% von Allgemeinmedizinern an, dass sie mit ihren Patienten sexuelle Kontakte hatten [32, 33]. Dazu erschien in einem Editorial des renommierten British Medical Journal [34] eine beachtenswerte Kommentierung. Die Autoren wiesen insbesondere darauf hin, «that this is not only a North American phenomenon».

In einer weiteren Studie unter den Mitgliedern der Society of Obstetricians and Gynaecologists of Canada (Kanadische Vereinigung der Frauenärzte und Geburtshelfer) gaben 3% der Fachmänner und 1% der Fachfrauen sexuelle Kontakte mit Patienten an [35]. Die Rücklaufquote dieser Untersuchung belief sich auf 78%. Über die Situation von Krankenpflegerinnen und Krankenpflegern wurden ebenfalls Studien veröffentlicht [36]. Eine Übersicht bietet die Arbeit von Moggi und Kollegen [37]. In dieser Arbeit wird eine Untersuchung durch Bachmann über die Häufigkeit von sexuellen Kontakten von Pflegepersonal in psychiatrischen Kliniken zitiert, wonach rund 17% des männlichen und 10,5% des weiblichen Pflegepersonals sexuelle Kontakte mit Patienten und Patientinnen angaben.

Die allerneuesten Zahlen stammen aus einer bisher nur auszugsweise veröffentlichten Untersuchung in Ontario (Kanada) aus dem Jahr 1999. Rund 110 000 Personen bzw. 1% der erwachsenen Bevölkerung gaben an, dass sie im Zeitraum von 5 Jahren sexuelle Übergriffe durch Mitarbeiter im Gesundheitswesen erlebt hatten. Weitere 2% gaben an, dass sie sexuell belästigt wurden, entweder durch unangemessene Bemerkungen oder durch Verhalten der Fachpersonen. Die 26 Bände umfassende Untersuchung des Health Professions Regulatory Advisory Counsil soll im Laufe von 2001 veröffentlicht werden [38].

Missbrauch in der Ausbildung

Betrachtet man Zahlen aus der höheren Bildung, so gewinnt man den Eindruck, dass durchschnittlich jede 5. Studentin sexuell belästigt wird [39]. Umfragen unter Hochschulabsolventen ergaben, dass 18% der Männer und 82% der Frauen sexuelle Belästigungen während ihrer Ausbildung erlebten. In der gleichen Arbeit gaben 13,5% an, dass sie mit einem Mitglied des Lehrkörpers Geschlechtsverkehr gehabt hatten. Ein sehr fundiertes und aufschlussreiches Buch wurde von einem Lehrer verfasst, der innerhalb SESAME (Survivors of Educator Sexual Abuse and Misconduct Emerge) tätig ist [40].

Eine Untersuchung an der Fachhochschule in Bielefeld ergab, dass 40% der Befragten sexuelle Belästigungen erlebt hatten [41]. In einer Arbeit im Rahmen des Schweizerischen Nationalfonds über sexuelle Belästigungen an den Musikhochschulen berichten 13% aller Studierenden bzw. 3% der männlichen und 19% der weiblichen Teilnehmer über sexuelle Belästigung in der Musikausbildung [6].

Missbrauch in der Sozialarbeit

Eine Arbeit über die Situation bei Sozialarbeitern wurde 1985 von Gechtman veröffentlicht [42]. 1000 Sozialarbeiter in den USA wurden mittels Fragebogen befragt, die Rücklaufquote lag bei rund 50%. 90% der Antwortenden waren der Ansicht, dass sexuelle Kontakte mit Klienten nie mit einem guten Resultat für die Beteiligten verbunden sind. 4% der Teilnehmer gaben an, dass sie während oder nach Behandlungen mit ihren Klienten sexuelle Kontakte hatten. Weitere sexuelle Kontakte wurden angegeben mit ihren Vorgesetzten (4%), mit Kollegen und Kolleginnen in Ausbildung (2%) sowie mit Therapeuten oder Therapeutinnen und administrativen Vorgesetzten.

Missbrauch in der Kirche

Aus der seelsorgerischen Arbeit sind ernsthafte Probleme mit sexuellen Missbräuchen spätestens seit 1984 bekannt. Eine Dissertation von Blackmon [43] unter den Mitgliedern von vier protestantischen Kirchen in den USA (Assembly of God, Episcopal, Presbyterian, United Methodist) ergab, dass 13% der befragten Seelsorger sexuelle Kontakte mit Frauen aus ihren Kirchgemeinden hatten. Weitere 38% gaben an, unangemessene Sexualkontakte zu Kirchenmitgliedern gehabt zu haben. Eine Untersuchung unter Psychologen, Seelsorgern und Sozialarbeitern in Wisconsin (USA) ergab, dass 9% von 430 antwortenden Seelsorgern sexuelle Kontakte mit Gläubigen zugaben [44]. Verschiedene Verantwortliche innerhalb der Kirche haben das Problem erkannt und fordern eine aktive Auseinandersetzung mit Fragen im Zusammenhang mit sexuellen Missbräuchen. Der Bischof von Birmingham, Marc Santer, hat sich anlässlich einer Veranstaltung dazu bekannt, dass die Kirche in dieser Hinsicht Fehler gemacht habe. Er wies weiter darauf hin, dass in den vergangenen Jahren bei vielen ein Umdenken stattgefunden habe und solche Berichte heute ernst genommen werden. Auch in der Ausbildung der Seelsorger nehme die Thematik der sexuellen Übergriffe heute einen festen Platz ein. Neben den Übergriffen gegenüber Kindern und Gläubigen finden auch sexuelle Missbräuche gegenüber Nonnen statt, welche grundsätzlich arbeitsrechtlich betrachtet werden können. Oft wird dabei die hierarchische Stellung ausgenutzt. Kommen überhaupt Verfahren in Gang, führen sie sehr oft zu einer Versetzung der beschuldigten Seelsorger, die dann innerhalb einer anderen Diözese weiterwirken – und oft genug erneute Übergriffe begehen.

Innerhalb Europa wird die Problematik innerhalb der Kirche nur zögerlich und widerstrebend zur Kenntnis genommen. Trotzdem kann man der Kirche generell attestieren, dass die Notwendigkeit einer vertieften Auseinandersetzung von vielen erkannt wurde und insbesondere in der Ausbildung sich niederzuschlagen beginnt. Der Autor würde es begrüßen, dieselbe Feststellung für seine eigene Fachdisziplin, nämlich die Medizin, machen zu können. Leider ist dies von wenigen Ausnahmen abgesehen überhaupt nicht so.

Missbrauch im Freizeitbereich

Für den Sport- und Freizeitbereich fehlen epidemiologische Daten. Hier müssen wir aufgrund von Einzelfallberichten davon ausgehen, dass in Sportverbänden und Jugendorganisationen das Problem sexueller Übergriffe durchaus häufig vorkommt. In der Schweiz fanden im Herbst 2000 verschiedene Informationsveranstaltungen durch die Fachstelle zur Prävention sexueller Ausbeutung im Freizeitbereich (MIRA) statt. Sie geht davon aus, dass in der Schweiz (rund 7 Mio. Einwohner) jährlich zwischen 3000 und 4000 sexuelle Übergriffe im Freizeitbereich stattfinden [45].

Missbrauch in der Rechtsberatung

Laut Murrell und seinen Mitarbeitern [46] sind in einer Untersuchung unter Anwälten in den Vereinigten Staaten 7% in sexuelle Kontakte mit ihren Klienten oder Klientinnen verwickelt. Aus Europa liegen nach Wissen des Autors keine entsprechenden Daten vor.

Missbrauch bei Kindern

Es ist nicht der primäre Inhalt dieses Buches, über kindliche Missbrauchssituationen zu berichten. Die vorhandenen Zahlen sowie die Untersuchungen über die Folgen runden jedoch das Bild der sexuellen Übergriffe im generellen ab. Die vorhandenen Studien zeigen ein sehr heterogenes Bild [47]. Ein Hauptgrund für die große Spannweite der erhobenen Daten mag mit den Schwierigkeiten einer eindeutigen Definition von sexuellen Missbräuchen zusammenhängen. Einige Fakten dazu seien ohne große Kommentierung erwähnt. Die Häufigkeit von Übergriffen gegenüber Kindern schwankt zwischen 15 und 35% (Mädchen) bzw. zwischen 5 und 16% (Jungen). Die Täter sind in ca. 90% der Fälle Männer, in rund 10% der Fälle Frauen [30]. Pädophile Täter nutzen familiäre Spannungen und Schwierigkeiten geschickt aus, um an ihre kindlichen Opfer zu gelangen [48]. Außerhalb der Familie werden Knaben häufiger als Mädchen missbraucht [49, 50].

Die meisten sexuellen Missbräuche gegenüber Kindern und Jugendlichen vollziehen sich allerdings im familiären Umfeld, am häufigsten werden die Kinder jedoch emotional missbraucht. Die Dunkelziffer für nicht erstattete Anzeigen wird auf über 90% geschätzt, d. h., auf jede angezeigte Straftat kommen mindestens 9 Taten, die nie angezeigt werden.

Die Vielzahl der vorhandenen Daten aus den verschiedenen Berufsgruppen lässt inzwischen den lapidaren Schluss zu, dass viele Menschen offenbar ein Problem im Umgang mit ihren fachlichen Grenzen haben. Ich habe das Gefühl, dass weder das Ausmaß noch das Problem an sich wirklich in der Fachwelt gesehen, geschweige denn verstanden wird. Die immanenten Probleme im Zusammenhang mit PSM werden wohl nie wirklich präzise Aufschlüsse über alle Facetten von sexueller Ausbeutung liefern. Die Themen Sexualität und Beziehungen stellen letztendlich auch eine sehr intime und persönliche Angelegenheit dar, die jeder Forschung Grenzen setzt. Wesentlich mehr, als wir jetzt bereits wissen, werden wir kaum in Erfahrung bringen können.

Wenn man bedenkt, dass der Hippokratische Eid seit Jahrhunderten das ärztliche Ethos prägte und die Tatsache der sexuellen Missbräuche hinreichend thematisierte, fragt man sich heute, was die Verantwortlichen davon abgehalten hat, klare Richtlinien zu erlassen und eindeutig gegen Missetäter vorzugehen. Es mag auch verwundern, dass bisher keine der Berufsorganisationen oder der Aufsichtsorgane mit einer Verantwortlichkeitsklage konfrontiert wurde – immerhin waren sie nicht in der Lage, Patienten oder Klienten vor derartigen Übergriffen zu schützen. Die bisher angeordneten und verfügten Maßnahmen haben sich jedenfalls als unzureichend erwiesen. Einzig dort, wo gleichzeitig strafrechtliche Regelungen eingeführt wurden und entsprechende Anpassungen der Ausbildungscurricula erfolgten, ist die Häufigkeit der sexuellen Missbräuche zurückgegangen [51].

Zum Abschluss dieser Ausführungen sei ein Bonmot des englischen Juristen und Spezialisten von Missbrauchssituationen, Allen Levy QC, erlaubt. Er präsentierte verschiedene staatliche Untersuchungsberichte sowohl vor dem englischen Parlament als auch vor dem europäischen Gerichtshof in Straßburg. In den Schlussfolgerungen seiner über 30 Untersuchungsberichte pflegte er im wesentlichen die immer gleichen Empfehlungen aufzuführen – leider wurden bis heute keine substantiellen Änderungen wirklich umgesetzt. So pflegte er lapidar festzustellen: «We are swimming in recommendations, what we really need is the implementation!»

3.7 Rechtliche Regelungen

Wie das Recht sexuelle Übergriffe taxiert bzw. die Justiz den Missbrauch ahndet, mag als Indikator gelten, wie die körperliche Integrität und Autonomie der Person und der Anspruch auf korrekte fachliche Behandlung durch die Gesellschaft geschützt werden. Auch die Vorgehensweise gegenüber Fachleuten, die wegen PSM verurteilt wurden, sowie die Auflagen, welche verfügt werden, mögen als weitere Indikatoren gelten, wie ernsthaft man das Problem in den Vollzugsbehörden und verantwortlichen Instanzen einschätzt.

Betrachtet man die einzelnen Gesetzesbestimmungen, bekommt man den Eindruck, dass der Gesetzgeber rein formal die notwendigen Vorkehrungen für den Schutz vor sexuellen Missbräuchen getroffen hat. Die Rechtsauslegung sowie die tägliche Gerichtspraxis ergeben jedoch ein anderes Bild. In der Schweiz bietet beispielsweise die Anwendung von Art. 193 StGB («Wer eine Person veranlasst, eine sexuelle Handlung vorzunehmen oder zu dulden, indem er eine Notlage oder eine durch ein Arbeitsverhältnis oder in anderer Weise begründete Abhängigkeit ausnützt, wird mit Gefängnis bestraft») große Schwierigkeiten, das tatsächliche Abhängigkeitsverhältnis zu belegen. Solche Auslegungsdiskrepanzen werden von der Verteidigung geschickt ausgenutzt, den Sachverhalt zu bestreiten.

Würden die Gerichte der einleuchtenden Tatsache folgen, dass jede fachliche Beziehung vom Moment der Kontaktaufnahme an besteht und per Definition somit ein strukturelles Abhängigkeitsverhältnis existiert, würden viele Urteile wohl anders ausfallen. Im Bereich der sexuellen Missbräuche durch Fachleute erweisen sich die bestehenden Gesetzestexte jedenfalls als zu wenig griffig und wirksam.

Verlassen sich die Gerichte auf beigezogene medizinische Experten, bagatellisieren diese die Folgen häufig, was wiederum die Täter begünstigt. Die Rolle der medizinischen Gutachter bedarf einer kritischen Reflexion, da – wie mehrfach erwähnt – in diesem Bereich die Fachleute über keinerlei Ausbildungsmöglichkeiten verfügen. Diese Ausführungen des Autors sollen nicht als pauschale Kritik oder Schuldzuweisung gegenüber der Strafjustiz bei Missbräuchen durch Fachleute verstanden werden – sie spiegeln jedoch das in der Beratung von Opfern von PSM gewonnene Bild wider und sollen den Verantwortlichen die Unhaltbarkeit der jetzigen Situation vor Augen führen. Die Schilderungen der betroffenen Opfer zeigen unzweifelhaft eine Seite auf, welche schmerzhaft berührt. Es dreht sich um das Phänomen, dass zwischen den Absichtserklärungen und der tatsächlichen Realität oft eine große Diskrepanz besteht. Traumatisierte Menschen stoßen in ihrem Suchen nach Gerechtigkeit und Anerkennung immer wieder auf diese Hindernisse – vor diesem Hintergrund müssen die juristischen Begebenheiten reflektiert werden, soll die Justiz für traumatisierte Personen wirklich eine Hilfe darstellen. Dazu gehört auch der Aspekt der weiteren Berufsausübung. Die meisten betroffenen Opfer stoßen sich zu Recht daran, dass missbrauchende Fachleute in den allerwenigsten Fällen von den Gerichten ein Berufsverbot auferlegt bekommen bzw. sich einem Assessment (Beurteilung) für die weitere Ausübung ihres Berufes unterziehen müssen. Wenn Fachleute die fundamentalen Prinzipien ihrer Arbeit verletzten, dürfen sie ihren Beruf nicht weiterhin ausüben, als wäre nichts geschehen. Es ist ein Skandal, mit welcher Nachlässigkeit diese Frage bisher im europäischen Raum behandelt wurde.

Literatur

1 Scarry E: The Body in Pain. The Making and Unmaking of the World. Oxford University Press, Oxford, 1985. Deutsch: Der Körper im Schmerz. Fischer, Frankfurt/M, 1992.

2 American Psychiatric Association: Diagnostic and Statistical Manual of Mental Disorders, ed 4. Washington, APA, 1994.

3 Moggi F, Brodbeck J, Hirsbrunner H-P: Therapist-Patient Sexual Involvement – Risk Factors and Consequences. Clin Psychol Psychother 2000;7:54–60.

4 Schweizerisches Bundesgericht (BGE 124 IV 13). Lausanne, 12.01.1998.

5 Ducret V, Fehlmann C: Sexuelle Belästigung am Arbeitsplatz. Worüber Frauen schweigen. Eidgen. Büro für die Gleichstellung von Frau und Mann, Bern, 1993.

6 Gisler P, Dupois M, Emmenegger B: Sexuelle Belästigung an den Musikhochschulen. Auszug aus dem Bericht zum Nationalen Forschungsprogramm 40: Sexuelle Belästigung in der höheren Ausbildung. Zürich, DAB, 1999.

7 Fegert JM: Institutioneller Umgang mit sexuell missbrauchten Kindern; in Kröber HL, Dahle KP (Hrsg): Sexualstraftaten und Gewaltdelinquenz. Verlauf, Behandlung, Opferschutz. Heidelberg, Heidelberger Kriminalverlag, 1998, pp 225–233.

8 Tschan W: Sexuelle Übergriffe in der ärztlichen Praxis. J Verband Schweiz Assistenz- und Oberärzte 2000;2:22–26.

9 Balmer J, Dolder R: Susanne D. Ein Leben als Prostituierte. Bern, Zytglogge, 1997.

10 Jonigk T: Täter. Schweizer Erstaufführung, Komödie, Theater Basel, 2000.

11 Eidgenössisches Büro für die Gleichstellung von Frau und Mann: Genug ist genug. Ein Ratgeber gegen sexuelle Belästigungen am Arbeitsplatz. Bern, 1998.

12 Beamish S, Melanson M, Oladimeji M: Client Rights in Psychotherapy and Counselling. A Handbook of Client Rights and Therapist Responsibility. Toronto, Client Rights Project, 1998.

13 Luepker ET, Schoener GR: Sexual involvement and the abuse of power in psychotherapeutic relationships; in Schoener G, Milgrom JH, Gonsiorek JC, Luepker ET, Conroe RM: Psychotherapists' Sexual Involvement with Clients: Intervention and Prevention. Minneapolis, Walk-In Counseling Center, 1989.

14 Haudenschild C: Qualitätspolitik Schweiz – Der kleinste gemeinsame Nenner. Schweiz Ärztez 2000;81:662–665.

15 Fischer G, Riedesser P: Lehrbuch der Psychotraumatologie. München, Reinhardt, 1999

16 Kranich C: Rechtliches zur Ausnützung von Abhängigkeitsverhältnissen. Wird das Recht missbrauchten Opfern gerecht? Neue Zürcher Zeitung 2./3. Okt. 1999.

17 Urbaniok F: Teamorientierte Stationäre Behandlung in der Psychiatrie. Stuttgart, Thieme, 2000.

18 Undeutsch U: Beurteilung zur Glaubhaftigkeit von Aussagen; in Undeutsch U (Hrsg): Handbuch der Psychologie, vol II. Göttingen, Hogrefe, 1967.

19 Steller M: Psychology and law – International perspectives; in Losel F, Bender D, Bleisner T (eds): Child Witness in Sexual Abuse Cases: Psychological Implications of Legal Procedures. Berlin, de Gruyter, 1992.

20 Rometsch C: Ansätze und Probleme der Glaubwürdigkeitsdiagnostik bei sexuellem Missbrauch in der Kindheit und in der Psychotherapie: Diplomarbeit am Lehrstuhl für Klinische Psychologie, Universität Köln, 1997.

21 Task Force on Sexual Abuse of Patients. College of Physicians and Surgeons of Toronto, Ontario, 1991, p13.

22 Kardener SH, Fuller M, Mensch IN: A survey of physicians' attitudes and practices regarding erotic and non-erotic contact with patients. Am J Psychiatry 1973;130: 1077–1081.

23 Ehlert-Balzer M: Fundament in Frage gestellt. Sexuelle Grenzverletzungen in der Psychotherapie. Mabuse 1999;121:47–51.

24 Holroyd JC, Brodsky AM: Psychologist's attitudes and practices regarding erotic and nonerotic physical contact with patients. Am Psychol 1977;32:843–849.

25 Gartrell N, Hermann JL, Olarte S, Feldstein M, Localio R: Psychiatrist-patient sexual contact: Results of a national survey. Prevalence. Am J Psychiatry 1986; 143:1126–1131.

26 Haavind H, Hvistendahl M: Erotisk og ikke-erotisk kroppskontakt og beroring mellom psykologer og deres klienter. Vedlegg til Tidskrift for Norsk Psykologforening 1992;29:10.

27 Jehu D: Patients as Victims. Sexual Abuse in Psychotherapy and Counselling. Chichester, Wiley, 1994.

28 Bouhoutsos J, Holroyd J, Lerman H, Forer BR, Greenberg M: Sexual intimacy between psychotherapists and patients. Profess Psychol 1983;14:185–196.

29 Anders B, Wiesler A: Therapeutischer Missbrauch – Sexuelle Ausbeutung in der Therapie. Unveröffentlichte Diplomarbeit, Universität Freiburg i.Br., 1992. (Zit. in: Becker-Fischer M, Fischer G: Sexuelle Übergriffe in Psychotherapie und Psychiatrie. Stuttgart, Kohlhammer, 1995.)

30 Heyne C: Täterinnen – Offene und versteckte Aggressionen von Frauen. Zürich, Kreuz, 1993.

31 Committee on Physician Sexual Misconduct: Crossing the Boundaries. Vancouver, College of Physicians and Surgeons of British Columbia, 1992.

32 Coverdale JH, Thomson AN, White GE: Social and sexual contact between general practitioners and patients in New Zaeland: Attidues and prevalence. Br J Gen Pract 1995;45:245–247.

33 Wilbers D, Veenstra G, van de Wiel HBM, Weijmar Schultz WCM: Sexual contact in the doctor-patient relationship in the Netherlands. Br Med J 1992;304: 1531–1534.

34 Fahy T, Fisher N: Sexual contact between doctors and patients. Br Med J 1992;304: 1519–1520.

35 Lamont JA, Woodward C: Patient-physician sexual involvement – A Canadian survey of obstetrician-gynecologists. Can Med Assoc J 1994;150:1433–1439.

36 Gallop R: Sexual contact between nurses and patients. Can Nurse 1993;89:28–31.

37 Moggi F, Bossi J, Bachmann KM: Sexueller Missbrauch in therapeutischen Beziehungen. Nervenarzt 1992;63:705–709.

38 Manzer J: Conduct unbecoming. Investigative report reveals thousands of Ontarians say they are sexually abused by health-care workers. Medical Post, Toronto. 2000;36:17.

39 Wishnietsky: Reported and Unreported Teacher-Student Sexual Harassment. J Ed Res 1991;3:164–169.

40 Seryak J: Dear Teacher, if you only knew! Bath, The dear teacher project, 1999.

41 Holzbecher M: Sexuelle Diskriminierung als Machtmechanismus. Vom Umgang der Hochschule mit einem unbequemen Thema; in Bussmann H, Lange K (Hrsg): Peinlich berührt. Sexuelle Belästigungen von Frauen an Hochschulen. München, Frauenoffensive, 1996, pp 20–35.

42 Gechtman L: Sexual contact between social workers and their clients; in Gabbard GO: Sexual Exploitation in Professional Relationships. Washington, American Psychiatric Press, 1989.

43 Blackmon RA: The Hazards of Ministry. Unpublished doctoral dissertation. Fuller Theological Seminary. Fullerton, CA, 1984.

44 Kuchan A: Survey of Incidence of psychotherapists' sexual contact with clients in Wisconsin; in Schoener G, Milgrom JH, Gonsiorek JC, Luepker ET, Conroe RM: Psychotherapists' Sexual Involvement with Clients: Intervention and Prevention. Minneapolis, Walk-In Counseling Center, 1989.

45 MIRA – Fachstelle zur Prävention sexueller Ausbeutung im Freizeitbereich: Prävention sexueller Ausbeutung in Vereinen. Zürich, 13. 06. 2000.

46 Murrell DS, Bernard JL, Coleman LK, O'Laughlin DL, Gaia RB: Loose Canons. A national survey of attorney-client sexual involvement – Are there ethical concerns? Mississippi State University Law Review, 1993, pp 483–506.

47 Gloor R, Pfister T: Kindheit im Schatten – Ausmaß, Hintergründe und Abgrenzung sexueller Ausbeutung. Bern, Europäischer Verlag der Wissenschaften, 1995.

48 Conte JR, Wolf S, Smith T: What sexual offenders tell us about prevention strategies. Child Abuse Negl 1989;13:293–301.

49 Ellinger TJ, Schötensack K: Sexueller Missbrauch von Kindern – eine kritische Bestandesaufnahme; in Nissen G (Hrsg): Psychogene Psychosyndrome und ihre Therapie im Kindes- und Jugendalter. Bern, Huber, 1991, pp 143–154.

50 Bange D: Die dunkle Seite der Kindheit. Sexueller Missbrauch an Mädchen und Jungen. Ausmaß – Hintergründe – Folgen. Köln, Volksblatt, 1992.

51 Gonsiorek J: Breach of Trust – Sexual Exploitation by Health Care Professionals and Clergy. Thousand Oaks, Sage, 1995.

4 Sexueller Missbrauch in einzelnen Berufsgruppen

Der Begriff «Professional Sexual Misconduct» (PSM) stammt aus dem nordamerikanischen Sprachraum. Bereits Ende der 1960er Jahre wurde unter Fachleuten im englischsprachigen Raum der sexuelle Missbrauch in Psychotherapien thematisiert. Zu dieser Zeit bezeichnete man das Phänomen an Tagungen und Kongressen noch als «Thema ohne Namen». Die Fachwelt benötigte eine gewisse Zeit, bis sich ein einheitlicher Begriff durchzusetzen begann. Heute wird PSM ganz allgemein verwendet, um in professionellen Beziehungen den sexuellen Missbrauch zu benennen. «Misconduct» heißt wörtlich übersetzt schlechtes Benehmen, Verfehlung. Sowohl in der Seelsorge, als auch im Gesundheitswesen und in der Psychotherapie, in Beratungen, in der Bildung, im Sport und in Freizeitaktivitäten, im Straf- und Maßnahmenvollzug – in allen Berufen, wo eine strukturelle Abhängigkeit gegeben ist, kann das Macht- und Wissensgefälle zur Befriedigung sexueller oder emotionaler Bedürfnisse missbraucht werden. Der konkrete sexuelle Übergriff ist möglicherweise das am klarsten fassbare Fehlverhalten, im Gegensatz etwa zu emotionalen Missbräuchen. Andererseits stellt gerade der sexuelle Missbrauch oft den Endpunkt einer langen Kette von Verfehlungen dar, die schon lange vorher stattfanden. Und selbst die Phase nach dem eigentlichen sexuellen Missbrauch kann von weiteren Grenzverletzungen gekennzeichnet sein.

Wo Sexualität in das Verhältnis zwischen Fachleuten und ihren Klienten hineinspielt, kann sie nicht mehr als Privatsache betrachtet werden. Sexualität beeinflusst in diesem Fall das professionelle Verhältnis, der Auftrag kann nicht mehr erfüllt werden. Verfehlungen müssen primär aus dem Blickwinkel des Auftragsverhältnisses heraus für die verschiedenen Berufe beurteilt werden. Für die verschiedenen Berufsgattungen und die Situation am Arbeitsplatz lassen sich keine allgemeingültigen Kriterien aufstellen, auch wenn die Folgen und Auswirkungen nach einheitlichen Gesichtspunkten beurteilt werden können. Um unterschiedlichen beruflichen Selbstverständnissen gerecht zu werden, folgt nun eine gesonderte Betrachtung je nach fachlichem Bereich. Jede Berufsgruppe hat letztendlich eine eigene spezifische professionelle Ethik zu entwickeln. Die Frage, welche Grundnormen innerhalb fachlicher Beziehungen zu gelten haben, muss zwischen den Klienten, den Fachleuten und Drittparteien wie Behörden und politischen Entscheidungsträgern ausdiskutiert werden.

Die sich daraus ergebenden vielfältigen Interessenskonflikte lassen sich nicht für alle Fachbereiche einheitlich regeln. Es sollte jedoch sichergestellt werden, dass Fragen des professionellen Handelns in Zukunft auch Gegenstand von Qualitätsbeurteilungen sind – genauso wie andere Parameter. Die ISO Norm 9001 sowie SA 8000 für die Zertifizierung von Einrichtungen im Gesundheitswesen beinhaltet zumindest eine Prüfung, ob die nötigen innerbetrieblichen Strukturen vorhanden sind, die der Qualitätssicherung dienen. Das Schweizer Bundesamt für Sozialversicherungen hat zusätzliche 19 qualitative Bedingungen aufgestellt, die erfüllt sein müssen, soll eine Institution staatliche finanzielle Unterstützung erhalten [1]. Diese Kriterien sollen unter anderem sicherstellen, dass Menschen, welche die Institutionen in Anspruch nehmen, in ihrer Integrität geschützt werden. Die Verantwortlichkeit der fachlichen Handlungen gegenüber Klienten wird entsprechend gewichtet. In der philosophischen Reflexion der professionellen Ethik zeigt sich immer wieder, dass Verantwortung eine knappe Ressource ist, die immer wieder aufs neue zu generieren ist. Die Ausführungen von Jonas [2] und Picht [3] können hilfreich sein, die Hintergründe der ethischen Diskussion zu solchen Fragen besser zu verstehen.

4.1 Medizin und Pflegeberufe

Schüler: Verzeiht, ich halt Euch auf mit vielen Fragen,
allein ich muss Euch noch bemühn.
Wollt Ihr mir von der Medizin
Nicht auch ein kräftig Wörtchen sagen?
Drei Jahr ist eine kurze Zeit,
Und, Gott! das Feld ist gar zu weit.
Wenn man einen Fingerzeig nur hat,
Lässt sich's schon eher weiterfühlen.

Mephistopheles (für sich).
Ich bin des trockenen Tons nun satt,
Muss wieder recht den Teufel spielen.
(Laut.) Der Geist der Medizin ist leicht zu fassen;

Ihr durchstudiert die groß' und kleine Welt,
Um es am Ende gehn zu lassen,
Wie's Gott gefällt.
Vergebens, dass ihr ringsum wissenschaftlich schweift,
Ein jeder lernt nur, was er lernen kann;
Doch der den Augenblick ergreift,
Das ist der rechte Mann.
Ihr seid noch ziemlich wohl gebaut,
An Kühnheit wird's Euch auch nicht fehlen,
Und wenn Ihr Euch nur selbst vertraut,
Vertrauen Euch die andern Seelen.
Besonders lernt die Weiber führen;
Es ist ihr ewig Weh und Ach
So tausendfach
Aus einem Punkte zu kurieren,
Und wenn Ihr halbwegs ehrbar tut,
Dann habt Ihr sie all unterm Hut.
Ein Titel muss sie erst vertraulich machen,
Dass Eure Kunst viel Künste übersteigt;
Zum Willkomm tappt Ihr dann nach allen Siebensachen,
Um die ein anderer viele Jahre streicht,
Versteht das Pülslein wohl zu drücken,
Und fasset sie mit feurig schlauen Blicken
Wohl um die schlanke Hüfte frei,
Zu sehn, wie fest geschnürt sie sei.

J. W. Goethe, Faust, 1. Teil, 1808

Generationen von Ärzten schmunzelten über dieses berühmte Faustzitat. Noch bekannter ist hingegen der Eid des Hippokrates, der in den griechischen Schriften in der Bibliothek von Alexandria enthalten war. Der Eid wurde von den christlichen Ärzten im Laufe der Jahrhunderte übernommen und entsprechend umformuliert. Wenn auch vieles am paternalistisch geprägten Tugendethos nicht mehr zeitgemäß ist, hat doch seine Kernaussage bis heute ihre Gültigkeit bewahrt. Aus dem Eid sei die folgende Stelle zitiert [4]:

In wie viele Häuser ich auch eintrete, eintreten werde ich zum Heil der Kranken und mich fernhalten von jeder vorsätzlichen und verderblichen Schädigung und besonders von Werken der Wollust an den Leibern von Frauen wie von Männern, von Freien wie von Sklaven.

Seit dem 4. vorchristlichen Jahrhundert bestimmte der Eid des Hippokrates das medizinische Handeln. Der Arzt soll im Rahmen seiner fachlichen Tätigkeit keine sexuellen Kontakte zu seinen Patienten eingehen. Der Wissens- und Erfahrungsunterschied zwischen Arzt und Patient führt zu einer strukturellen Abhängigkeit, in der die Machtposition des Arztes zugleich die Grundlage des Vertrauensverhältnisses ist. Der Patient nimmt zu Recht an, dass ihm der Arzt nach bestem Wissen und Gewissen helfen wird.

Wo dieses Vertrauen missbraucht wird und der Patient geschädigt wird, verletzt die Fachperson die Grundbedingungen des Auftragsverhältnisses. Eine Patientin erlebt vielleicht zum ersten Mal in ihrem Leben in dieser Intensität, dass ihr jemand zuhört, Vertrauen schenkt, schlicht da ist, und Anteil nimmt an ihrer Situation und ihrem Leben. Da mögen sich bei ihr Gefühle von Bewunderung, Sehnsucht und Verliebtheit einstellen, und es könnte dann nicht mehr weit sein bis zu einem sexuellen Abenteuer. Betrachtet man die Seite des Arztes oder der Ärztin, so können in der Situation einer solchen Nähe und Intimität sexuelle Wünsche hochkommen. Wohl häufig ist es auch ein Leichtes, den Schritt tatsächlich zu vollziehen. In der Opferberatung stellten wir fest, dass offensichtlich nicht beliebige Patienten missbraucht werden, sondern dass diese Personen gezielt vom Arzt ausgewählt wurden. Bestätigt wird diese Beobachtung durch die Erkenntnisse in Gesprächen mit missbrauchenden Ärzten, dass von einem gezielten Vorgehen ausgegangen werden muss. Eine unter vielen Möglichkeiten besteht beispielsweise darin, dass ein Arzt vorher genau prüft, wie eine Patientin auf Berührungen oder Komplimente reagiert. Auf der Opferseite wird dies umgekehrt als besondere Aufmerksamkeit und wohlmeinende Gesten interpretiert. Erst hinterher wird das manipulierende Vorgehen erkannt.

Das Entscheidende ist das strukturelle Vertrauensverhältnis zwischen Arzt und Patient, in dessen Rahmen der sexuelle Missbrauch stattfindet. Das Opfer willigt ein, sucht den Schritt möglicherweise sogar aus eigenen Bedürfnissen. Die romantische Vorstellung vom angehimmelten Doktor in Weiß ist nicht bloß Stoff von Arztromanen und Soap-Operas. In der Realität handelt es sich um eine Situation, wo zumindest dem Arzt klar ist, dass er im Begriffe steht, eine Grenze zu überschreiten. Es ist die Fachperson, welche die Grenzen der beruflichen Tätigkeit bestimmt. Kein Arzt kann diese Verantwortung auf Patienten abschieben! Es ist jedoch erstaunlich, wie oft diese banale Tatsache immer wieder in Frage gestellt wird und dem Patienten oder der Patientin die Schuld für das Fehlverhalten der Fachperson zugeschoben wird.

Viele Ärzte fühlen sich überfordert, wenn sie von Kollegen hören, die Patienten sexuell missbraucht haben. Die Hilflosigkeit und Nichtinformiertheit verhindert eine wirkungsvolle Vorgehensweise gegen den Täter und bedeutet für das Opfer oft eine Fortsetzung der schädigenden Situation. Eine Krähe hackt der andern kein Auge aus – kollegiale Rücksichtnahme verhindert oft eine angemessene Reaktion. Wenn sie im Rahmen einer ärztlichen Behandlung derartige Kenntnisse erlangen, sind viele Kollegen der Ansicht, es sei besser zu schweigen. Damit schützen sie den Täter, ob beabsichtigt oder nicht. Diese Feststellungen beruhen auf Evidenzerfahrungen durch Schilderungen betroffener Opfer. Sie verdeutlichen auch eine oft zu findende Diskrepanz zwischen dem beruflichen Selbstverständnis und den tatsächlichen Begebenheiten. Auf der nächsthöheren Ebene geht es genauso weiter: Die Verantwortlichen innerhalb der Ärztegesellschaft und die staatlichen Aufsichtbehörden fühlen sich meist außerstande, trotz der vorhandenen Kenntnisse wirksame Maßnahmen durchzusetzen, die wiederholte Missbräuche durch ein und denselben Täter verhindern würden. Das führt dazu, dass solche Täter unter Umständen mehrmals vor einem Gericht zu erscheinen haben, wo sie zwar jedes Mal ermahnt werden, aber der Circulus vitiosus wird nicht unterbrochen. Substantielle Maßnahmen wie beispielsweise ein berufliches Assessmentverfahren werden nie verlangt. In aller Regel üben Angeklagte oder verurteilte Fachleute ihren Beruf ohne Einschränkungen weiter aus, ohne dass wirksame Kontrollen angeordnet werden! Die Aufsichtsbehörden delegieren ihre Verantwortung an die Ärzteschaft und überlassen ihr die Beurteilung von missbräuchlichem Verhalten, diese wiederum gibt die Verantwortung an den Arzt weiter ...! Dass dies aufgrund kollegialer Verstrickungen nicht funktionieren kann, hat sich in der Vergangenheit hinreichend gezeigt. Darüber hinaus muss davon ausgegangen werden, dass viele der Übergriffe durch gut ausgebildete, anerkannte und erfahrene Fachleute ausgeübt werden. Oft bekleiden sie innerhalb der Ärzteschaft wichtige Positionen [5]. Klagen von Betroffenen haben angesichts dieser Ausgangslage kaum Chancen, unabhängig und unvoreingenommen beurteilt zu werden.

Der Pflegeberuf ist durch einen intensiven und oft auch sehr intimen Kontakt zwischen Pflegepersonal und Patient charakterisiert. Durch vielfältige Berührungen entsteht ein intensiver körperlicher Kontakt. Pflegende müssen häufig bestimmte Hilfestellungen leisten, die im privaten Bereich nie geduldet werden würden. Umgekehrt kann die Fürsorge und Pflege sexuelle Wünsche bei Patienten wecken. Zusätzlich fördert das traditionelle Rollenverständnis gegenüber dem lange als Frauenberuf geltenden Pflegeberuf eine Anspruchshaltung auf Seiten des Patienten. Das weibliche Pflegepersonal sieht sich häufig sexuell gefärbten Annäherungsversuchen ausgesetzt, bis hin zu offenen und direkt vorgebrachten Aufforderungen zu sexuellen Handlungen. Das Spektrum reicht von Begrabschen über die Aufforderung zur Masturbation bis hin zum Geschlechtsverkehr.

In solchen Fällen ist der Arbeitgeber rechtlich verpflichtet, das Personal zu schützen. Institutionen im Gesundheitswesen bieten dem Personal innerbetriebliche Hilfen durch Beratungsmöglichkeiten an. In der Ausbildung werden diese Schwierigkeiten thematisiert, und in Rollenspielen lernen Pflegeschülerinnen und -schüler, schwierige Situationen zu meistern. In der täglichen Arbeit hängt es ganz entscheidend vom Klima auf der jeweiligen Station oder Abteilung ab, inwieweit gegenseitige Hilfe und Unterstützung durch andere Teammitglieder in solchen schwierigen Situationen zur Verfügung stehen.

Umgekehrt werden nach wie vor Übergriffe von Pflegenden gegenüber Patienten tabuisiert. Weder in der Ausbildung noch im Klinikalltag findet eine systematische Auseinandersetzung mit dem Thema statt [6]. Allenfalls ziehen einzelne Kliniken im Anschluss an konkrete Vorfälle externe Experten für eine Beratung bei. Solche Übungen gleichen Feuerwehreinsätzen und werden höchstens von wenigen Teilnehmern und Interessierten besucht. Diese Einzelveranstaltungen stellen keine institutionalisierte Ausbildungsmaßnahmen dar. Statt dass wirkliche Veränderungen erreicht werden, können sich damit vielfach die Verantwortlichen beruhigen.

Gegenüber den Tätern verhalten sich die Verantwortlichen wiederum sehr ambivalent. Häufig wird einfach das Anstellungsverhältnis im gegenseitigen Einverständnis stillschweigend gelöst. Aus Angst vor negativen Medienberichterstattungen erfolgt in der Regel keine Anzeige. Auch Angehörigen der Opfer wird mit mehr oder weniger deutlichem Druck signalisiert, dass man den Vorfall aussergerichtlich zu lösen wünscht. Dies führt dazu, dass derartige Täter an einer anderen Institution eine neue Anstellung finden, und sich Jahre später der gleiche Vorfall erneut abspielt. Meist ergeben dann genauere Rückfragen, dass es bereits in der Vergangenheit zu Missbräuchen gekommen ist.

Ein Weg aus dem Teufelskreis wäre ein berufliches Rehabilitierungsprogramm. Institutionen müssen mit Verantwortlichkeitsklagen rechnen, wenn sich herausstellt, dass sie in ihren Anstellungsvereinbarungen solchen Punkten nicht die nötige Aufmerksamkeit geschenkt haben. Es liegt am Berufsverband, praktikable Modelle zu entwickeln, wie solche Programme umgesetzt werden können. Ähnlich wie in anderen Berufen steht am Anfang ein Assessment zur beruflichen Rehabilitierbarkeit, gefolgt von einem individuellen Trainingsprogramm. Je nach Ausgangslage sollte ein Täter seine persönliche Situation psychotherapeutisch aufarbeiten. Am Schluss des Trainingsprogramms wird ein Bericht über die weitere berufliche Tätigkeit erstellt. Angesichts der bekannten Zahlen über die Häufigkeit von sexuellen Übergriffen [7] sind die Verantwortlichen zweifellos verpflichtet, die nötigen Schritte einzuleiten.

Eine weitere Gefahr besteht dann, wenn Pädosexuelle medizinische oder pflegerische Berufe ausüben. Oft über Jahre hinweg schädigen sie unerkannt die kleinen Patienten. Solche Situationen stellen Berufsorganisationen und Institutionen immer wieder vor erhebliche Schwierigkeiten, wenn derartige Begebenheiten offenkundig werden. Entweder werden in kollegialer Solidarität die Vorwürfe bestritten und entkräftigt, oder die Verantwortlichen distanzieren sich und wollen mit der Sache nichts mehr zu tun haben. Das Naheliegende wird meist nicht in Betracht gezogen: dass die betreffende Person Hilfe braucht und eine fachliche Beratung angebracht erscheint. Einschränkend muss jedoch klar festgehalten werden, dass pädosexuelle Veranlagungen nicht heilbar sind, die pädophile Neigung lässt sich höchstens kontrollieren. Eine Weiterbeschäftigung in sensiblen Bereichen ist deshalb ausgeschlossen.

Die Ausführungen gelten sinngemäß auch für weitere Berufe innerhalb des Gesundheitswesens, so etwa für homöopathisch tätige Personen, Physiotherapeuten, Ernährungsberater etc. Alle Mitarbeiter im Gesundheitswesen stehen in einem Auftragsverhältnis gegenüber denjenigen Personen, die Hilfe suchen und benötigen. Wo dieses Anliegen nicht erfüllt wird und Fachleute das Abhängigkeitsverhältnis zur Befriedigung eigener Bedürfnisse ausnutzen, handelt es sich immer um ein gravierendes Fehlverhalten. Es gibt keine Situation, wo sexuelle Kontakte innerhalb fachlicher Beziehungen sinnvoll, erlaubt oder gar nützlich sind.

4.2 Psychotherapie, Beratung

In einer Psychotherapie ist die strukturelle Abhängigkeit des Klienten vom Therapeuten durch das therapeutische Bündnis sogar noch stärker. Der Patient wird angehalten, sich möglichst offen und vorbehaltlos dem Therapeuten anzuvertrauen. Dies führt zu einer therapeutisch beabsichtigten Reduktion der Hemmungen und Schutzmechanismen, die sonst in alltäglichen Beziehungen bestehen. Aus dieser Offenheit und Schutzlosigkeit entwickelt sich gleichzeitig eine intensive Abhängigkeit und Verletzbarkeit. Der Therapeut oder die Therapeutin wird zur Projektionsfigur für alle möglichen Zweifel und Bedürfnisse. Verantwortungsvolle Therapeuten nutzen dieses Vertrauen nicht aus, sondern können für die rat- und hilfesuchenden Personen zu einem Hoffnungsträger für neue Möglichkeiten und Entwicklungen werden. Dadurch erfährt die Abhängigkeit eher eine nochmalige Vertiefung, gleichzeitig vergrößert sich die Verletzlichkeit des Patienten. [10].

Finden in diesem Kontext sexuell gefärbte Handlungen statt, wird in jedem Fall die Behandlung in ihr Gegenteil verkehrt. Der Therapeut zerstört das feine Netzwerk der therapeutischen Beziehung und wird zu einer realen Figur, die er gar nicht sein kann. Wenn an die Stelle des Therapeuten der geliebte Partner tritt, findet eine Vermischung von Rollen statt, die für den therapeutischen Prozess verheerende Konsequenzen hat. Betroffene Opfer können ihren Gefühlen und Wahrnehmungen nicht mehr vertrauen, können Liebe, Sexualität und Zuneigung nicht mehr auseinanderhalten. Dies führt zu einer Konfusion auf Seiten der Patienten. Umgekehrt kann der Therapeut seine Aufgabe nicht mehr wahrnehmen, da die notwendige fachliche Distanz fehlt. Die Möglichkeit von Patienten, sich zu wehren, kann durch den therapeutischen Prozess selbst erheblich eingeschränkt und manipuliert werden. Der Therapeut hat als Fachmann die Definitionsmacht, ob ein Verhalten als krankhaft zu gelten hat oder nicht. Der Fachmann definiert, was erlaubt ist, was nicht.

Dem Missbrauch gehen verschiedene Grenzüberschreitungen voran. Man vergleicht deshalb diese Entwicklung mit einer Rutschbahn (‹Slippery slope›), wo sich innerhalb einer fachlichen Beziehung mehr und mehr Grenzverletzungen ereignen. Der fachliche Umgangston erfährt beispielsweise durch das Du eine persönliche Note, Therapeuten erzählen von sich und geben Einzelheiten aus ihrem Privatleben preis. Durch Eingehen auf die besonderen Anliegen von Patienten erfahren diese eine Aufwertung – sie erleben sich als jemand besonderes. Diese Aufmerksamkeiten schmeicheln ihnen. Die Fachperson wird als Guru oder Mutter Erde erlebt, als nährende und versorgende Instanz. Weiter kommt es vor, dass Fachleute einzelne ihrer Patienten in Dinge einweihen, welche sie von anderen Patienten erfahren haben, sie berichten ihnen über Schwierigkeiten in der Behandlung und überlassen ihnen sogar Krankengeschichten und Berichte zur Lektüre. Patienten fühlen sich erneut als etwas besonderes. Weisen sie ihre Therapeuten darauf hin, dass all dies eigentlich nicht in Ordnung ist, werden sie regelmäßig zurechtgewiesen – man wisse schon, was richtig ist. Auch private Begegnungen sind möglich. Irgendwann kommt es zu Zärtlichkeiten, vielleicht zum ersten Mal am Ende einer Sitzung, vielleicht bei einer Begegnung außerhalb der Praxisräumlichkeiten. Zögern Patienten, erfahren sie, dass Liebe noch nie jemandem geschadet habe oder ähnliche Dinge. Wiederum ist es die Fachperson, welche die Patienten manipuliert. Es werden gemeinsame Reisen unternommen, die Ferien werden gemeinsam verbracht. Patienten wähnen sich als die Geliebten, sie entwickeln Hoffnungen auf eine gemeinsame Zukunft, auf Heirat, auf eine stabile Beziehung.

Wie im vorangegangenen Kapitel bereits erläutert, geben eine Vielzahl von Untersuchungen Aufschluss über Häufigkeit, Geschlechtsverteilung und Ablauf von PSM bei Psychotherapien. Danach müssen wir davon ausgehen, dass mindestens 10% aller Psychotherapeuten im Laufe ihrer Tätigkeit Patienten sexuell missbrauchen. Die Arbeiten der Fachgruppe Psychiatrie und Psychotherapie in Basel bestätigen diese Zahlen (Dr. G. Grass anlässlich der Orientierung der Fachgruppe Psychiatrie und Psychotherapie, Basel, 03. 09. 1998). Aussagen über Dunkelziffern sind naturgemäß schwierig zu machen. Grundsätzlich gilt, dass durch die Tabuisierung der Thematik sowie durch die realen sozialen Machtstrukturen in Bezug auf die Geschlechterrollen die Aussage- oder Anzeigewilligkeit tendenziell eher klein ist [9]. In der Beratung hatten wir häufig die Situation erlebt, dass sich Frauen Jahre später nach dem Vorfall meldeten und es erstmals in ihrem Leben wagten, ihre Verletztheit einer Fachperson anzuvertrauen. Da beim PSM eine gegenseitige Zuneigung und ein Vertrauensverhältnis besteht, ist naturgemäß die Bereitschaft zu einer Aussage eher klein. Es ist somit vernünftigerweise davon auszugehen, dass die effektive Inzidenz eher höher liegt.

Die therapeutische Beziehung wirkt unter Umständen ein ganzes Leben lang nach. Das heißt im Grunde, dass sexuelle Beziehungen zwischen Psychotherapeuten und ihren Patienten für alle Zeiten tabu sind. Aus Fragen der Praktikabilität und zum Schutz der Patienten gibt es weltweit einen Konsens, dass innerhalb von 2 Jahren nach Behandlungsabschluss keine persönlichen Beziehungen erlaubt sind. Unter Umständen muss im Einzelfall geprüft werden, inwieweit eine weitergehende Abhängigkeit besteht, welche über diese Minimaldauer von 2 Jahren hinausgeht. Es hat in der Vergangenheit immer wieder besonders ‹Schlaue› gegeben, die eine psychotherapeutische Behandlung bei sich anbahnendem erotischem Verhältnis beendeten, um die berufsrechtlichen oder gesetzlichen Regelungen zu umgehen. Es wurde dann argumentiert, dass kein Behandlungsauftrag mehr vorliege und somit auch keine Verletzung von Behandlungsregeln stattgefunden habe.

4.3 Sozialarbeiter

Die sozialarbeiterische Tätigkeit ist häufig durch Beratungssituationen gekennzeichnet, welche den Grundsätzen einer psychotherapeutischen Behandlung entsprechen. Sozialarbeiter sind an Mediationsverfahren beteiligt, sie übernehmen Ehe- und Familienberatungen und psychotherapeutische Einzelberatungen. Ebenso häufig übernehmen sie in Institutionen beratende Aufgaben, insbesondere bei Abhängigkeitserkrankungen. So entwickelt sich eine enge und vertrauensvolle Beziehung zu ihren Mandanten. Vielfach gehören Hausbesuche zum Aufgabenbereich der Sozialarbeiter. Es entstehen Situationen großer Nähe und Intimität, welche durch Fachleute zur Befriedigung ihrer Bedürfnisse ausgenutzt werden können.

In der Ausbildung werden solche Themen praktisch nicht behandelt. Die Verantwortlichen negieren das Problem der sexuellen Missbräuche und sind nicht bereit, die Curricula anzupassen. Die vorhandenen Daten sind jedoch eindeutige – auch diese Berufsgruppe ist nicht von Problemen in Zusammenhang mit professionellen Grenzverletzungen und sexueller Ausbeutung von Klienten ausgenommen [10].

4.4 Behindertenbetreuung

Sowohl körperlich wie geistig behinderte Kinder und Erwachsene können Opfer sexueller Missbräuche werden. Meistens sind sie aufgrund ihrer Behinderung nicht in der Lage, sich gegen die Übergriffe zu wehren [11]. Als Täter kommen Betreuerinnen und Betreuer in Heimen und vergleichbaren Einrichtungen in Frage. Es muss jedoch auch bedacht werden, dass weitere Bezugspersonen ebenfalls die Lage ausnutzen können, so z. B. Fahrer von Behindertentransporten, das Küchenpersonal bzw. grundsätzlich alle Personen, die in der Betreuung Behinderter involviert sind.

Eine der fundiertesten Umfragen zur Häufigkeit sexueller Ausbeutung kommt zum Ergebnis, dass 64% der behinderten Frauen angaben, mindestens einmal Opfer sexueller Gewalt geworden zu sein [12]. Rund ein Drittel (36,5%) gaben an, dass ein einmaliger Missbrauch stattgefunden hat, in 15% kam es zu 2 Gewaltanwendungen, in 19% zu 3 und in 30% zu 4 und mehrmaligen sexuellen Übergriffen. Die Untersuchungen zu den Tätern und Täterinnen zeigte, dass das ganze Umfeld, in dem Behinderte leben und arbeiten, in Frage kommt – sowohl in der Ursprungsfamilie, im eigentlichen Betreuungsbereich, im ärztlich-therapeutischen und schulischen Bereich sowie im Freizeitbereich kommen Fälle von sexuellem Missbrauch vor.

Die Art der Behinderung scheint keinen Einfluss auf das Risiko zu haben, Opfer sexueller Gewalterfahrung zu werden. Zwar scheinen Frauen mit Lernbehinderungen häufiger sexuell missbraucht zu werden als Frauen mit körperlichen oder geistigen Behinderungen, allerdings sind die erhobenen Werte unterhalb der Signifikanzgrenze. Die Art der Wohnform hat ebenfalls keinen Einfluss auf die Wahrscheinlichkeit sexueller Gewalt.

Die Abhängigkeit von Behinderten gegenüber ihren Betreuungspersonen ist unvergleichlich größer als in allen anderen genannten Berufsbereichen. Viele benötigen direkte Hilfe bei der Verrichtung alltäglicher Dinge sowie im persönlich-intimen Bereich. Der Umgang mit der Sexualität unter Behinderten ist besonders problematisch. Rund zwei Drittel aller behinderten Frauen wurden sterilisiert. Der Großteil ohne Zustimmung vor ihrer Volljährigkeit. Dies impliziert einen gesellschaftlich tolerierten Umgang gegenüber der Autonomie von Behinderten, der ethisch bedenklich ist. Das Dilemma ergibt sich aus der Befürchtung, dass Behinderte nicht in der Lage sind, für ihren Nachwuchs aufzukommen resp. mit vermehrten Geburten von behinderten Kindern zu rechnen wäre. Diese Befürchtungen sind ernst zu nehmen, sie müssen jedoch in einer ethisch vertretbaren Weise vorgebracht werden. Zwangssterilisationen gegen den Willen oder ohne Wissen Betroffener entsprechen sicher nicht diesem Postulat.

In den letzten Jahren ist der gesamte Umgang mit Sexualität von Behinderten etwas enttabuisiert worden. In der Qualitäts-Zertifizierungen von Institutionen wird dem Thema Sexualität größere Bedeutung eingeräumt. Staatliche Subventionen sind vermehrt an entsprechende Auflagen gebunden [1]. Das Thema sexuelle Gewalt gegenüber Behinderten ist hingegen noch völlig tabuisiert [13] und wird auch von Fachleuten nur zögerlich zur Kenntnis genommen.

4.5 Seelsorge

Wer sich einem Geistlichen gegenüber öffnet, seinen Rat sucht, Erlösung von peinigender Seelenqual sucht, sich Gott anvertraut, der gibt vielleicht sein Innerstes preis. Wird diese Vertrautheit und Nähe missbraucht, geschieht meist eine unfassbare Traumatisierung. Oft geht der letzte Halt der Hilfesuchenden verloren. Ähnlich wie bereits in der Psychotherapie beschrieben, finden vor einem sexuellen Missbrauch bereits vielfältige Grenzüberschreitungen statt. Durch den nicht streng definierbaren Rahmen, in dem ein Priester praktiziert, sind auch fachliche Grenzen schwieriger zu ziehen. Seelsorger machen Hausbesuche, körperliche Berührungen bei Kranken oder Trostsuchenden sind an der Tagesordnung. Auch die Grenzen zwischen der fachlichen und privaten Tätigkeit erfahren innerhalb einer Diözese oder einer Kirchgemeinde vielfältige Überschneidungen. Gemeinsame Freizeitgestaltungen gehören oft mit zum Aufgabenbereich eines Seelsorgers. Seelsorgerische Kontakte werden häufig von beiden Seiten als etwas über die fachliche Begegnung hinausgehendes wahrgenommen oder gewünscht. Entsprechend schwieriger gestaltet sich die Aufrechterhaltung der fachlichen Grenzen.

Durch verschiedene Schweizer Printmedien erfuhr die Öffentlichkeit Ende Mai 2000 von der Verurteilung eines Priesters, der das Abhängigkeitsverhältnis einer Frau ausgenutzt hatte [14]. Die Strafuntersuchungen gegen den Geistlichen hatten sich über mehrere Jahre hingezogen und stellen laut der Anwältin des Opfers einen juristischen Präzedenzfall für Schweizer Verhältnisse dar. Gerichtlich wurde festgehalten, dass das Abhängigkeitsverhältnis in der Seelsorge gleich zu werten ist wie in der Psychotherapie. Ich habe bereits früher daraufhingewiesen, welche verheerenden Folgen es für Betroffene bedeuten kann, wenn in der seelsorgerischen Tätigkeit sexuelle Ausbeutungen vorkommen [15]. Bringen Seelsorger Formulierungen wie: «Gott regelt alles» oder «Liebe ist doch keine Sünde, wir haben uns doch gerne», so ist es oft nicht mehr weit, bis es zu sexuellen Kontakten kommt. Gläubige fühlen sich umgekehrt dafür verantwortlich, wie es ihrem Pfarrer geht («Ein bisschen Sex kann doch nicht schaden.»). Die Verstrickungen führen jedoch ähnlich wie bei psychotherapeutischen Fachleuten zu einer unmöglichen Situation und zu Konfusion bei allen Involvierten. Die fachliche Kompetenz und Neutralität kann nicht mehr gewährleistet werden, zudem ist die Kirche als Institution kompromittiert.

Wenn umgekehrt die Kirche nicht die notwendigen Vorkehrungen trifft und sich mit dem Thema auseinandersetzt, um sexuelle Missbräuche durch Seelsorger zu vermeiden, wird die Kirche als Instanz mit Verantwortlichkeitsklagen konfrontiert werden. Häufig genug stellt sich zum Beispiel in Verfahren heraus, dass der gleiche Geistliche bereits Jahre zuvor mit ähnlichen Klagen konfrontiert gewesen war. Durch stillschweigende Erledigung der leidigen Angelegenheit und Versetzungen in eine andere Kirchgemeinde oder Diözese versuchen die Verantwortlichen das Problem zu lösen. Das o.e. Beispiel kennt eine analoge Vorgeschichte.

Priester, die Schwierigkeiten im Umgang mit den Grenzen in ihrem Beruf haben, benötigen ‹Nachhilfeunterricht› und müssen sich womöglich auch psychotherapeutisch mit ihren Schwierigkeiten auseinandersetzen. Boundary Training stellt für Seelsorger ebenso wie für andere helfende Fachleute ein geeignetes Ausbildungs- und Weiterbildungsinstrument dar. Angeklagte Geistliche müssten sich in Analogie zu anderen Fachleuten zunächst einem Assessmentverfahren unterziehen, welches ihre Rehabilitierbarkeit beurteilt. Dabei gilt auch hier zu beachten, dass Geistliche mit pädosexuellen Neigungen nicht therapierbar sind. Pädophile Neigungen lassen sich höchstens kontrollieren. Betroffene Geistliche müssen ihren Tätigkeitsbereich ihren Schwierigkeiten anpassen und dürfen nicht weiter mit Kinder und Jugendlichen zu tun haben.

Einen anderen Aspekt zu diesem Thema möchte ich hier noch vorstellen: Sowohl innerhalb der Theologie als auch im gesellschaftlichen Kontext ist Gewalt gegen Frauen nach einer Untersuchung von Annegret Reese [16] eine alltägliche Erfahrung. Gemäß ihrer Darstellung sind die sexuellen und strukturellen Formen der Gewalt kein Randphänomen, sondern eine (versteckte) Massenerscheinung. Gewalt gegen Frauen stellt nicht eine Normverletzung dar, sondern sie entspricht einer Normverlängerung. Die Verfasserin stellt an die christliche Theologie Fragen von Schuld und Verantwortung, skizziert die androzentrischen Verzerrungen herkömmlicher theologischer Haltung in ihren Auswirkungen und entwickelt eine neue feministisch begründete Theologie. Annegret Reese weist darauf hin, dass das neue Jahrhundert die Erfahrungen und Erkenntnisse beider Geschlechter berücksichtigen muss, soll das Leben und Überleben auf dieser Erde für alle möglich sein. Strukturelle Gewalt haben auch Nonnen erlebt, welche durch männliche Priester sexuell ausgebeutet wurden. Rechtlich handelt es sich in solchen Fällen meistens um Verletzungen arbeitsrechtlicher Bestimmungen, wo die Kirche als Arbeitgeber auch im juristischen Sinne eine Mitverantwortung trägt.

4.6 Ausbildung

Das tatsächliche Ausmaß der sexuellen Belästigungen im höheren Bildungsbereich wird auch heute erheblich verleugnet. Zum einen spielt der akademische Umgang bei Fragen von Grenzverletzungen und Machtmissbrauch eine Rolle. Es herrscht die Meinung, sexuelle Missbräuche kämen nur in einem ‹bestimmten Milieu› vor – doch nicht an der Universität! Zum anderen haben sich die Verantwortlichen bisher erfolgreich dagegen gesträubt, das Problem als solches anzuerkennen. Werden einzelne Missbräuche bekannt, werden sie verharmlost oder bagatellisiert und man hört Aussagen wie «Es ist ja nichts geschehen.» oder «Das war sicher nicht so gemeint.» Die Opfer – meistens Frauen – werden der Übertreibung und Aufbauschung bezichtigt. Die mehrheitlich männlich dominierte Hierarchie im akademischen Bildungsbereich übt sich in falsch verstandener Solidarität und Verschwiegenheit. Die vorhandenen epidemiologischen Daten zeigen eindeutig, dass auch der Bildungsbereich Ort sexueller Ausbeutung sein kann, wie viele andere Bereiche auch [17].

Der Leser möge bedenken, dass die sexuelle Handlung jeweils in ein Muster von Ereignissen und Verhalten eingebettet ist. Die Situation vorher und nachher ist oft entscheidend dafür, wie das Opfer den Missbrauch erlebt. Es gilt auch hier, dass nicht zwingend die sexuelle Handlung per se traumatisierend wirkt, sondern auch und insbesondere die Reaktionen auf den Vorfall, sei es durch die Täter selbst oder durch die Verantwortlichen. Die meisten Opfer schweigen über ihre Notlage. Vor Scham und Angst wagen sie es nicht, sich jemandem anzuvertrauen. Oft fühlen sie sich selbst schuldig. Täter wissen um diese Zusammenhänge und verstärken dies oft mit mehr oder weniger deutlichen Drohungen.

Neben den persönlichen Folgen für Betroffene spielt hier auch die Tatsache eine Rolle, dass Beurteilungen durch die Lehrkräfte für die Karriere von eminenter Bedeutung sind. Opfer berichten häufig über Drohungen, schlechte Zensuren zu erhalten oder dass dafür gesorgt werde, dass sie keine Stelle finden werden. Studium, wissenschaftliche Karriere und beruflicher Werdegang stehen auf dem Spiel. Das Alter spielt wohl zusätzlich eine entscheidende Rolle. Häufig sind junge, unerfahrene und womöglich gutgläubige und naive Frauen betroffen. Ihre Fähigkeit, sich zu wehren, ist minimal. Die Angst gegenüber Respektpersonen und fachlichen Autoritäten ist viel zu groß.

An den meisten Universitäten mangelt es an Beratungsstellen. In

Deutschland war die Universität Bremen lange Zeit die einzige Hochschule, welche über ein Beratungsangebot verfügte [18]. Viele Maßnahmen im Bildungsbereich, sexuelle Gewalt einzudämmen, erwiesen sich als leere Worthülsen, so zum Beispiel, wenn in den unzähligen Gleichstellungsrichtlinien die Hochschulangehörigen aufgefordert werden, ein Klima zu schaffen, in der das Thema sexuelle Belästigungen ernst genommen wird. Was fehlt, sind Beratungsstellen mit kompetenten Mitarbeitern, um in Fällen von sexuellen Missbräuchen wirklich intervenieren zu können. Solche Stellen bedürfen eines klaren Auftrages durch vorgesetzte Instanzen, damit sie aktiv vorgehen können.

Es mag für den Leser unerklärlich bleiben, wieso solche Maßnahmen angesichts der doch anzutreffenden sexuellen Belästigungen nicht schon lange ergriffen wurden [19, 20]. Eine mögliche Antwort liegt darin begründet, dass bisher kein Interesse an einer wirklichen Änderung der Situation bestand. Solche Feststellungen werden von den Verantwortlichen regelmäßig als Vorwurf und Angriff verstanden. Eigentlich sind sie auch so gemeint, denn zumindest aus der Sicht der Opfer wurden über Jahre hinweg Zustände geduldet, die nicht akzeptabel sind und für die es keine Entschuldigungen gibt. Das Argument, man habe von der Thematik nichts gewusst, ist nicht stichhaltig. Eher weist es auf eine häufig zu beobachtende Kollusion mit eigenen Interessen hin – wo man nichts unternehmen will, da gibt es kein Problem. Vergleicht man beispielsweise die Diskussion um die Straffreiheit von sexueller Gewalt in der Ehe, sieht man bekannte Parallelen. Auch hier wurde die Thematik jahrzehntelang verschleppt. Leider sind die bisherigen Erfahrungen von Betroffenen, die sich zu einem aktiven Vorgehen entschlossen haben, dermaßen ernüchternd, dass sie auf andere eher abschreckend wirken. Die Chancen, dass die berechtigten Anliegen betroffener Opfer wahrgenommen werden und Verantwortliche zur Rechenschaft gezogen werden, ist auch heutzutage noch sehr gering.

Einen besonderen Bereich stellt die Musikausbildung dar. Der Musikunterricht findet häufig in Einzelstunden statt, wo sich über längere Zeiträume hinweg eine sehr intime Situation ergeben kann. Aus Ausbildungsgründen gehören Berührungen und Formungen der Haltung zur alltäglichen Unterrichtsmethode. Aufgrund von zunehmenden Klagen wurde in der Schweiz 1993 eine Arbeitsgruppe Sexismus des FrauenMusikForum (FMF) gegründet. Auf Initiative dieser Arbeitsgruppe hin wurde durch den Schweizerischen Nationalfonds eine Studie über Sexuelle Belästigung an den Musikhochschulen [20] durchgeführt. Knapp 20% der Frauen und 3% der Männer wurden laut Umfrage sexuell belästigt. Die Resultate wurden inzwischen publiziert [21]. Weiter wurde im Laufe des Herbstes 2000 eine Broschüre ‹Sexuelle Belästigung im Musikunterricht› veröffentlicht [22].

4.7 Sport und Freizeit

Die meisten Eltern wünschen sich nichts sehnlicher, als dass ihr Kind sich in seiner Freizeitaktivität wohl fühlt und es vielleicht zu sportlichen Auszeichnungen bringt. Dass das Kind oder der Jugendliche Opfer sexueller Ausbeutung ausgerechnet an diesem Ort werden könnte, ziehen sie kaum in Betracht. Alleine in der Schweiz werden nach Schätzungen von MIRA, der Fachstelle zur Prävention sexueller Ausbeutung, jährlich 3000–4000 Jugendliche Opfer solcher Vorfälle – die wenigsten werden angezeigt (Urs Hofmann, persönliche Mitteilung). Im Laufe des Herbstes 2000 fand in 12 schweizer Städten eine Informationskampagne durch MIRA statt. Die Verantwortlichen in den Freizeitorganisationen sind jedoch nach wie vor überfordert und hilflos. Sie können sich an niemanden wenden, der sie in solch heiklen Fragen berät. Handelt es sich bei den betroffenen Opfern um Minderjährige, gelten eindeutige strafgesetzlichen Bestimmungen. Schwieriger wird es, wenn es sich um Übergriffe gegen Erwachsene handelt. Sofern nicht eindeutige Gewalt im Spiel ist, sind die gesetzlichen Möglichkeiten sehr begrenzt.

Sportvereine und Freizeitorganisationen sind ein idealer Ort für Pädosexuelle. Als Jugendleiter oder Sportlehrer können sie ihr Tun unbehindert ausleben. Als Autoritätsfiguren in den Vereinen sind sie häufig fachlich und menschlich über alle Zweifel erhaben. Falls ein Vorfall bekannt wird, heißt es, die Jugendlichen hätten Probleme, sähen die Dinge verkehrt etc. Der Mechanismus ‹Blaming the victim›, kann auch hier beobachtet werden. Viele Täter geben sich gegen außen jovial, locker und selbstbewusst. Sie sind verheiratet, haben Kinder, sind sozial gut integriert. Alle Verdächtigungen werden gekonnt pariert. Nur das betroffene Opfer bekommt die andere Seite dieses Menschen zu sehen, deswegen glaubt ihm vielleicht auch niemand. Täter wissen das und nutzen dies oft auch geschickt aus [23].

4.8 Justiz, Straf- und Maßnahmenvollzug

Über das Leben in Gefängnissen erfährt der Durchschnittsbürger meist wenig. Allenfalls geben gelegentliche Presseberichte einen gewissen Einblick. Das Thema ist den meisten sehr fern. Und doch zeigen gerade diese Medienberichte, das es in europäischen Gefängnissen unhaltbare Zustände gibt [24]. Die Gefangenen seien zu Freiheitsstrafen verurteilt, nicht dazu, ihre Menschenrechte zu verlieren, wurde vom Vorsitzenden des entsprechenden Ausschusses der französischen Nationalversammlung zur dortigen Situation im Maßnahmevollzug festgehalten. Die massive Überbelegung führt zu mangelnder Hygiene, Verwahrlosung, Promiskuität und Gewalt. Selbstmorde sind siebenmal häufiger als in der übrigen Gesellschaft. Der Präsident der französischen Nationalversammlung erklärte, dass manche Richter in ihrem Leben noch nie ein Gefängnis betreten hätten und sich keine Vorstellung von den Zuständen machen können. Aus Angst vor Repressionen wagen es Insassen im allgemeinen nicht, sich über unmenschliche und grausame Zustände zu beschweren. Die Zustände in Frankreich wurden auch nicht durch Betroffene, sondern durch eine Gefängnisärztin publik gemacht. Kommt es zu sexuellen Übergriffen, spielen die analogen Mechanismen eine Rolle: Gefangene erhoffen sich Gefälligkeiten als Gegenleistung für ihre ‹Dienste›. Kommen solche Vorfälle überhaupt ans Licht, reagieren Verantwortliche allenfalls mit disziplinarischen Maßnahmen.

Wenn es vielleicht auch nur Einzelfälle sind, die publik werden, so lassen doch solche Medienberichte aufhorchen. Im Tessin wird gegen einen Gerichtspräsidenten ermittelt [25], in Freiburg/Schweiz wurde ein Untersuchungsverfahren gegen den Vorgesetzten einer Untersuchungsbehörde [26] geführt, wegen Vergewaltigung und sexueller Nötigung einer Tänzerin wurden zwei Polizisten verurteilt [27]. Solche Medienberichte weisen unter anderem auf die Tatsache hin, dass selbst vereidigte Staatsbeamte nicht gegen Verfehlungen gefeit sind. Die Frage «Who polices the police?» (Wer überwacht die Polizei?) taucht auf. Die Verantwortlichen müssen sich über die strukturellen Abhängigkeiten im Klaren sein und nach Wegen suchen, das potentielle Risiko eines missbräuchlichen Verhaltens zu minimieren.

4.9 Militär

Innerhalb der Streitkräfte und militärischen Verbände wurden immer wieder sexuelle Übergriffe festgestellt, meistens homosexueller Art. In denjenigen Staaten, wo auch Frauen in den Militärdienst eingeteilt werden, kam es auch zu heterosexuellen Übergriffen und Belästigungen. Aufgrund militärischer Sicherheitsbestimmungen und Geheimhaltungsbestimmungen sind praktisch keine verlässlichen Daten über die Häufigkeit bekannt. Dass jedoch das Problem von den Verantwortlichen erkannt wird, mag die zunehmende Präsenz von Militärärzten an diesbezüglichen Kursen und Veranstaltungen belegen. Zudem suchen die militärischen Stellen die Zusammenarbeit mit den öffentlichen Beratungsstellen. So hat beispielsweise die amerikanische Navy in ihrem Beratungsangebot einen Link zu advocateweb.org eingerichtet.

Was geschieht, wenn Militärpersonen im Einsatz (sexuelle) Übergriffe gegenüber Zivilpersonen verüben, haben die Ereignisse im Kosovo gezeigt. Laut einer Meldung der Deutschen Presseagentur im September 2000 wurden mehrere amerikanische Soldaten verurteilt, weil sie Frauen sexuell misshandelt hatten [28].

Die nachfolgenden Ausführungen betreffen zwar nicht die Situation im Militärdienst per se, sie weisen jedoch auf das erhebliche Gewaltpotential in der Truppe hin. In der Schweiz wird seit den 1970er Jahren eine jährliche Rekrutenbefragung zu aktuellen Themen durchgeführt. 1997 wurden 21 314 angehende Soldaten zum Thema sexuelle Gewalt befragt [29]. Parallel wurde die Hälfte aller Gleichaltrigen, welche in diesem Jahr nicht zum Militärdienst aufgeboten waren, mittels Fragebogen angeschrieben. Die Studie erfasste somit über 80% der männlichen Alterskohorte schweizerischer Nationalität. 14% der Befragten gaben an, innerhalb der vergangenen 12 Monate sexuelle Gewalt und Übergriffe begangen zu haben, rund ein Fünftel übten gegen den Willen der anderen Person Geschlechtsverkehr aus. Eine Gruppe von 30 Männern (4,6%) wandte dabei Einschüchterungen, Drohungen mit einer Waffe oder psychische Gewalt gegenüber dem Opfer an. Rechtlich sind die letzteren Vorkommnisse als Nötigung zu klassifizieren. Die überwiegende Mehrheit der Opfer waren Frauen. Bei rund einem Drittel handelt es sich um (Ex-) Partnerinnen, in knapp der Hälfte um andere bekannte Frauen und in rund einem Viertel um unbekannte Frauen. In knapp 10% der Fälle handelt es sich um männliche Opfer und in rund 1% um missbrauchte Kinder. Diese

Zahlen betreffen einen Altersjahrgang – man kann sich durch Hochrechnungen dieser Zahlen ein ungefähres Bild machen, wie häufig in einem Land wie der Schweiz, mit rund 7 Millionen Einwohnern, sexuelle Gewalt ausgeübt wird.

Literatur

1 Bundesamt für Sozialversicherungen: Qualitative Bedingungen für Wohnheime, Tagesstätten und Werkstätten. Bestimmungen ab 01. 01. 2000. Bern, 2000.

2 Jonas H: Das Prinzip Verantwortung. Versuch einer Ethik für die technologische Zivilisation. Frankfurt/M, Suhrkamp, 1987.

3 Picht G: Rechtfertigung und Gerechtigkeit. Zum Begriff der Verantwortung; in Picht G: Hier und Jetzt – Philosophieren nach Auschwitz und Hirsoshima. Stuttgart, Klett-Cotta, 1980.

4 Sigerist HE: Einführung in die Medizin. (Zit. in Vademecum für den Schweizer Arzt, Aufl 5. Zürich, FMH, 1991.)

5 Simon RI: Bad men do, what good men dream. A forensic psychiatrist illuminates the darker side of human behavior. Washington, American Psychiatric Press, 1995.

6 Bestimmungen für die Diplomausbildungen in Gesundheits- und Krankenpflege. Wabern b. Bern, Schweizerisches Rotes Kreuz, 01. 01. 1992.

7 Bachmann KM: Häufigkeit von Sexualbeziehungen zwischen Mitarbeitern und Patienten in psychiatrischen Kliniken; Zit. in Moggi F, Bossi J, Bachmann KM: Sexueller Missbrauch in therapeutischen Beziehungen. Nervenarzt 1992;63:705–709.

8 Luepker ET, Schoener GR: Sexual involvement and the abuse of power in psychoatherapeutic relationship; in Schoener G, Milgrom JH, Gonsiorek JC, Luepker ET, Conroe RM: Psychotherapists Sexual Involvement with Clients – Intervention and Prevention. Minneapolis, Walk-In Counseling Center, 1989.

9 Fegert JM: Institutioneller Umgang mit sexuell missbrauchten Kindern; in Kröber HL, Dahle KP (Hrsg): Sexualstraftaten und Gewaltdelinquenz. Heidelberg, Kriminalistik, 1998, pp 225–233.

10 Gechtman L: Sexual contact between social workers and their clients; in Gabbard GO: Sexual Exploitation in Professional Relationships. Washington, American Psychiatric Press, 1989.

11 Kelly L: The connection between disability and child abuse – A review of the research evidence. Child Abuse Rev 1992;1:157–167.

12 Zemp A, Pircher E: Sexuelle Ausbeutung von Mädchen und Frauen mit Behinderung. Wien, Bundesministerium für Frauenangelegenheiten, 1996.

13 Hug S: Sexuelle Ausbeutung von Behinderten. Zürich, Nottelefon Beratungsstelle für Frauen, 1999.

14 Neue Zürcher Zeitung Nr. 125, 30. 05. 2000.

15 Tschan W: Der Skandal der sexuellen Übergriffe in Beratung und Behandlung. Neue Zürcher Zeitung, Nr. 229, 2./3. 10. 1999.

16 Reese A: Gewalt gegen Frauen. Macht und Geschlecht als Instrumente einer feministisch-theologischen Analyse. Studien der Moraltheologie. Münster, LIT, 1997.

17 Bussmann H, Lange K: Peinlich berührt. Sexuelle Belästigung von Frauen an Hochschulen. München, Frauenoffensive, 1996.

18 Färber C: Sexuelle Diskriminierung und Gewalt gegen Frauen an der Hochschule. Berlin. Dokumentation der zentralen Frauenbeauftragten der Freien Universität Berlin, 1992.

19 Holzbecher M, Kneissler E, Müller U: Sexuelle Belästigung an Fachhochschulen. Projektbericht. Bielefeld, Soziologische Fakultät, 1994.

20 Gisler P, Dupois M, Emmenegger B: Sexuelle Belästigung an den Musikhochschulen. Ein Auszug aus dem Bericht zum Nationalen Forschungsprogramm 40: Sexuelle Belästigung in der höheren Ausbildung. Zürich, DAB, 1999.

21 Anmachen, Platzanweisen. Eine soziologische Untersuchung zur sexuellen Belästigung in der höheren Ausbildung. Bern, Haupt, 2000.

22 Sexuelle Belästigung im Musikunterricht. Broschüre des FrauenMusikForum Schweiz. Bern, FrauenMusikForum, 2000.

23 Kohler I: Im Sport berührt man sich halt so... Sexuelle Gewalt gegen Kinder und Jugendliche im Sport. Bern, Schweizerischer Kinderschutzbund, 2000.

24 Entsetzen über Frankreichs Gefängnisse. Heftige Kritik des Parlaments an Zuständen im Strafvollzug. Neue Zürcher Zeitung Nr. 156, 07. 07. 2000.

25 Das gefährdete Ansehen des Kantons Tessin. Neue Zürcher Zeitung Nr. 155, 06. 07. 2000.

26 Freispruch für Ex-Drogenchef Grossrieder. Neue Zürcher Zeitung, Nr. 154, 05. 07. 2000.

27 Zwei ehemalige Polizisten in Bellinzona erneut verurteilt. Neue Zürcher Zeitung, Nr. 127, 02. 06. 2000.

28 Zivilsten gepeinigt. Bern, Der Bund, 20. 09. 2000.

29 Haas H, Killias M: Sexuelle Gewalt und persönliche Auffälligkeiten – Eine Studie zu 20-jährigen Männern in der Schweiz. Crimiscope. Lausanne, Institut de police scientifique et de Criminologie 9, 2000.

5 | Sexuelle Belästigungen am Arbeitsplatz

Eva ist eine alleinstehende 25-jährige Frau und arbeitet seit 4 Jahren in der Kredit-abteilung einer Bank. Ihre direkte Vorgesetzte ist eine Frau, während der Leiter der Abteilung ein 32-jähriger Mann, Hans-Peter, ist. Als Eva ihre Stelle anfing, verhielt sich Hans-Peter sehr freundlich und hilfsbereit. Er kam zu ihrem Arbeits-platz und erkundigte sich, wie es ihr ging. Mehrmals wöchentlich rief er Eva per-sönlich an, um sich über ihre Arbeitserfolge zu informieren, anstatt den Dienstweg über ihre direkte Vorgesetzte einzuhalten. Als sich zufällig herausstellte, dass Eva und er nicht weit voneinander wohnten, bot er ihr an, sie mit dem Wagen mit-zunehmen. Etwa beim dritten oder vierten Mal versuchte er sie beim Abschied zu küssen. Eva verhielt sich distanziert und lehnte weitere Chauffeurdienste ab.

Hans-Peter tauchte weiterhin an ihrem Arbeitsplatz auf, immer unter dem Vor-wand, geschäftliche Angelegenheiten mit Eva besprechen zu müssen. Fast täglich hatte sie morgens mehrere Anrufe von ihm in ihrer Message-Box. Er wünschte ihr einen netten Tag oder lud sie zum essen ein. Hans-Peter begann nun, sie auch pri-vat anzurufen, und wollte mit ihr ausgehen.

Eva fühlte sich zunehmend unwohl und in der Situation gefangen. Was sollte sie tun? Kolleginnen und Kollegen hatten die Annäherungsversuche des Abteilungs-leiters ebenfalls mitbekommen. Mit ihrer direkten Vorgesetzten wagte sie nicht über die Angelegenheit zu sprechen, weil diese mit Hans-Peter offensichtlich befreundet war. Nachdem Eva während 10 Monaten versuchte, Hans-Peter zu ignorieren, sprach sie ihn schlussendlich persönlich an und bat ihn, sie in Ruhe zu lassen. Ab diesem Tag versuchte Hans-Peter ihre Arbeitsweise als unfähig hin-zustellen und tadelte sie wegen Kleinigkeiten. Sie begann zu fürchten, ihren Ar-beitsplatz zu verlieren, der ihr eigentlich sehr gut gefiel. In ihrer Angst zog sie sich mehr und mehr von ihren Arbeitskolleginnen und Kollegen zurück. In einer Arbeitsbeurteilung las Eva, sie sei zu langsam und zu unsorgfältig, sie mache Feh-ler und liege mit ihren Leistungen hinter den anderen zurück.

(Beispiel aus einem Workshop mit Gail E. Robinson, Toronto.)

Am Arbeitsplatz finden sich andere Formen von Abhängigkeiten als wir sie in den bereits beschriebenen fachlichen Beziehungen kennen ge-lernt haben. Obiges Beispiel illustriert eindrücklich, wie sich am Arbeitsplatz sexuelle Belästigungen und Mobbingsituationen vermischen und welche Auswirkungen resultieren können. Grundsätzlich können zwei Formen sexueller Belästigung am Arbeitsplatz unterschieden werden:

1. *Quid pro Quo (lat.=gleiches mit gleichem)* Sex gilt als implizite Bedingung des Arbeitsverhältnisses bzw. für Aufstiegs- und Karrierechancen. Quasi Beförderung gegen Sex. Diese Situation ist immer durch ein reales Machtgefälle gekennzeichnet. Die Abhängigkeit ergibt sich aus existentiellen Gründen sowie bestimmten Karrierewünschen. Widerstand gegen sexuelle Belästigungen muss nicht notwendigerweise direkt mit dem Verlust der Arbeitsstelle verbunden sein. Meistens werden jedoch Karrierepläne negativ beeinflusst. Betroffenen bleibt häufig nur die Möglichkeit, den Betrieb zu verlassen.

2. *Mitarbeiter und Mitarbeiterinnen auf gleicher Stufe.* Durch Mitarbeiter auf gleicher Stufe wird ein Verhalten praktiziert, das auf Beleidigungen und Einschüchterung eines Mitarbeiters beruht. Das Element der hierarchischen Machtunterschiede ist hier nicht gegeben, wird aber durch andersartigen Druck wettgemacht. Neben Einschüchterungen gehören dazu anzügliche Bemerkungen, wiederholte Annäherungsversuche, Berührungen, wie auch das Aufhängen von Bildern mit sexuellen Inhalten. Wenn das Opfer versucht, sich zu wehren, wird dieses Verhalten umgedreht und gegen sie verwendet («Sie soll sich nicht so zickig benehmen, wenn geschäftliche Dinge zu besprechen sind!», «Machen Sie doch nicht aus einer Mücke einen Elefanten!» Betroffene sollen durch solche Aussagen verunsichert werden, und tatsächlich tauchen oft Zweifel auf, ob alles nicht doch bloß ein Scherz war.

Das Erkennen sexueller Belästigung hängt sehr von der eigenen Perspektive und Wahrnehmung ab. Die jeweiligen Verhaltensmuster müssen in ihrem Kontext beurteilt werden und dürfen nicht isoliert betrachtet werden. Es gibt nicht unbedingt scharfe und eindeutige Abgrenzungen. Ein gemeinsames Abendessen außerhalb des Arbeitsbereiches kann durchaus adäquat sein, es kann jedoch auch ein Schritt auf dem ‹Slippery slope› sein, der schlussendlich zu ungewollten sexuellen Avancen am Arbeitsplatz führen kann.

Je mehr offensichtliche Verhaltensmuster zu beobachten sind, umso eher taxieren die Mitarbeiter ein bestimmtes Verhalten als sexuelle Belästigung. Beispielsweise wird eine sexuelle Belästigung umso deutlicher, je größer die Machtdifferenz, je älter der Täter (und somit umso erfahrener), wenn er zudem verheiratet ist und früher keine persönliche Beziehung zu der betroffenen Person bestand. Umgekehrt wird ein Verhalten umso weniger als sexuelle Belästigung beurteilt, je unklarer die Verhaltensmuster sind. Beispielsweise können Beteuerungen, dass wichtige geschäftliche Dinge zu besprechen seien, höchst undurchsichtig und irreführend sein, wie im angeführten Beispiel ersichtlich wird. Begebenheiten unter Mitarbeitern auf gleichem Niveau werden tendenziell eher als persönliche Schwierigkeiten zwischen den beiden bewertet. Die Beurteilung hängt auch sehr von der Geschlechtszugehörigkeit ab, so wird etwa Männern generell attestiert, dass sie eine Frau zu erobern haben und demgemäss offensiver vorgehen müssen. Umgekehrt wird Frauen kein offensives Vorgehen zugestanden, womit ein entsprechendes Verhalten auch nicht entsprechend eingestuft wird. So sehen die meisten Formulierungen in den Gesetzestexten weibliche Übergriffe nicht einmal vor. Gleichgeschlechtliche sexuelle Belästigungen sind ebenfalls nicht ‹vorgesehen› und werden mit den bestehenden Gesetzestexten nicht erfasst.

Bei den Opfern sind aufgrund der Geschlechtszugehörigkeit unterschiedliche Reaktion auf sexuelle Belästigung zu erwarten. Frauen sehen sich eher betrogen und enttäuscht, sie tendieren dazu, ihre Wut und ihren Ärger herunterzuspielen, oder sie nehmen den Fehler auf sich und denken, sie haben wohl nicht richtig gehandelt. Werden Männer Opfer von sexuellen Belästigungen, schweigen sie oft vor Scham, werden aber von anderen Männer oft bewundert («Der Glückspilz!»). Diese Männer leiden häufig unter Versagensängsten, waren es ja letztendlich nicht sie selbst, welche die Frau erobert haben. Besonders tragisch können sich gleichgeschlechtliche Belästigungen auswirken. Dieses Thema ist meist Scham besetzt und aus Angst vor unberechtigten Vorwürfen wagen es Betroffenen kaum, sich jemandem anzuvertrauen.

5.1   Mobbing

Der Begriff kommt aus dem Englischen und bedeutet über jemanden herfallen, belagern. Er hat inzwischen eine gewisse Inflation erfahren und sollte nur bei tatsächlichen Konflikten am Arbeitsort angewandt werden. Alltägliche Streitereien und Differenzen zwischen Mitarbeitern sind nicht als Mobbing zu bezeichnen, ebenso wenig eine Zurechtweisung durch den Vorgesetzten. Scharfe Definitionsgrenzen für Mobbing existieren allerdings nicht. Was gemeinhin als Psychoterror am Arbeitsplatz bezeichnet wird, trifft den Sachverhalt ziemlich genau. Mobbing entspricht einer kumulativen Traumatisierung, wo durch wiederholende Verhaltensmuster das Mobbingopfer in seinen Reaktionsmöglichkeiten an eine Grenze stößt. Der Übergang zu sexuellen Belästigungen kann fließend sein. Mobbing kann auch ohne sexuelle Aspekte stattfinden.

Laut Schreyögg [1] lässt sich die Mobbingsituation wie folgt charakterisieren: Es handelt sich um eine interaktive Eskalation am Arbeitsplatz. Aus geringfügigem Anlass wird ein Mitarbeiter zum Stein des Anstoßes. Anstatt den Vorfall direkt zu regeln, kommt es zu Schikanen gegenüber diesem Mitarbeiter. Der Mitarbeiter wird von anderen gemieden, man tuschelt über ihn, es werden absichtlich Dinge verlegt etc. Nachfragen des Betroffenen, oder Erklärungswünsche werden regelmäßig mit Kopfschütteln quittiert, bis zum Hinweis, dass er nicht mehr ganz ‹richtig im Kopf sei›. Zermürbt durch den kollektiven Aussonderungsprozess gerät die betreffende Person zunehmend in die Defensive und beginnt nun tatsächlich merkwürdig zu reagieren. Dadurch erhalten die Mobbenden subjektiv eine Rechtfertigung für ihr feindseliges Handeln.

Betroffene werden zum Täter gestempelt, im Sinne von ‹Blaming the victim›: z. B. hat der ganze Betrieb ihretwegen Schwierigkeiten, sie verhalten sich unmöglich. Durch Selbstzweifel oder sogar Selbstvorwürfe kann sich die Situation von Betroffenen meist zusätzlich verschlechtern. Die erlittenen Kränkungen und Ausgrenzungen verstärken die Symptome weiter. Die Krise bei Betroffenen erfährt zusätzlich noch eine dramatische Verschlechterung, wenn sich Ehepartner zurückziehen und es zu Trennungen und Scheidungen kommt. Damit verlieren die Betroffenen eine Kraft- und Vertrauensressource und werden weiter in einen Teufelskreis hineingezogen, dem sie aus eigener Kraft nicht mehr entrinnen können. Hoffnungslosigkeit und Resignation können sich breit machen. Die ganze Palette psychischer und psychosomatischer Beschwerden kann sich entwickeln. Oft benötigen Betroffene fachärztliche Hilfe oder müssen unter Umständen sogar hospitalisiert werden. Ein zusätzliches Problem entsteht dann, wenn nun der Vorwurf an sie gerichtet wird, sie seien nicht belastungsfähig. Im schlimmsten Fall endet für den Betroffenen die Situation mit Suizidversuchen. Aufgrund einer Schätzung von Leymann geschehen rund 10–20% der jährlichen Selbstmorde in Schweden infolge von Mobbing [2].

Vielfach laufen die Vorgänge für Betroffene zunächst unerkennbar und hinter ihrem Rücken ab. Damit können sie sich vorerst auch nicht zur Wehr setzen. Oder das Ausmaß der Probleme wird durch die Betroffenen selbst ignoriert und verleugnet. Sie wagen es häufig nicht, rechtzeitig

Hilfe zu organisieren. Der Mobbingprozess kann dann rasch Dimensionen annehmen, wo auch durch externe Beratung keine allseits befriedigende Lösung mehr möglich ist. Finden Betroffene rechtzeitig persönliche Hilfe, besteht eine gewisse Chance, den Prozess aufzuhalten. Weit wichtiger sind jedoch die Maßnahmen, welche durch den Arbeitgeber selbst in die Wege geleitet werden. Nach Leymann entsteht Mobbing nur dann, wenn es durch eine Firmenkultur zugelassen wird. So betrachtet handelt es sich bei Mobbing auch immer um ein Führungsproblem. (Hier kann der Leser eine Parallele zu sexuellen Missbräuchen erkennen, welche ebenfalls im Kontext der ‹Firmenkultur› gesehen werden müssen.) ‹Betriebskultur› ist immer eine Frage der Führung. Da für viele Betriebe große finanzielle Verluste durch Mobbingsituationen entstehen, befassen sich die Personalverantwortlichen mittlerweile mit dem Thema und suchen nach Wegen zur Prävention [3]. Der Arbeitgeber bietet Beratungsstellen für tatsächliche oder vermeintliche Mobbingopfer an und kann so mithelfen, bereits in der Frühphase ressourcengerechte Lösungen zu finden. Bei vollentwickelten Mobbingsituationen kommen meist nur noch Versetzungen oder Arbeitsplatzwechsel in Frage [4].

Die Persönlichkeitsstruktur der Betroffenen zeigt in Analogie zur Situation bei Opfern von sexuellen Missbräuchen keine prädisponierenden Faktoren auf. Mobbing kann überall entstehen – wichtig sind die Vorkehrungen durch den Betrieb resp. die Perception des Problems. Eine «Bei uns gibt es so was nicht»-Haltung ist kaum dazu angetan, brauchbare Vorkehrungen zu ergreifen. Das Gesundheitswesen, das Erziehungswesen, Polizeibehörden und Justizvollzug sowie kirchliche Organisationen gelten als mobbinganfällig. Wohl nicht zufällig sind es die selben Bereiche, in denen sexuelle Übergriffe bekannt sind

5.2 Rechtliche Regelungen bei sexuellen Belästigungen

Hat eine sexuelle Belästigung am Arbeitsplatz stattgefunden und möchte man dagegen rechtlich vorgehen, ist in erster Linie der Schweregrad der sexuellen Belästigung in der juristischen Beurteilung entscheidend. Handelt es sich um Bagatellen oder liegt sowohl objektiv wie auch subjektiv eine sexuelle Belästigung vor? Diese Beurteilung hängt wesentlich von der Wahrnehmung und Einschätzung ab und es sind vorwiegend Frauen, die immer wieder auf die Geschlechterunterschiede hinweisen. In einer von männlichen Vorstellungen geprägten Kultur wird die Situation von Frauen anders bewertet. Seit immer mehr Frauen beruflich aktiv sind, leitende Stellungen einnehmen und sich auch politisch artikulieren, hat sich die Beurteilung sexueller Belästigungen kontinuierlich geändert.

Ein wichtiger Aspekt ist die ungewollte bzw. wiederholt abgelehnte Belästigung. Repetitives Verhalten wird vor Gericht stärker gewichtet. Ob ein Körperkontakt unerwünscht ist oder nicht hängt von der persönlichen Wertung und Einschätzung ab. Die sexuelle Natur der Belästigung muss eindeutig sein, damit die Gesetzesbestimmungen angewandt werden können. Hier ergeben sich oft Abgrenzungsprobleme. Weiter ist entscheidend, inwieweit der Arbeitgeber mitverantwortlich gemacht werden kann. Hat er alles in seiner Macht stehende getan oder hat er sich Unterlassungen zuschulden kommen lassen? Die obige Auflistung wie auch die nachfolgende Sammlung der wichtigsten Gesetzestexte sollen deutlich machen, dass die Definition des sexuellen Übergriffes von der persönlichen und subjektiven Wahrnehmung auszugehen hat.

Die rechtliche Lage in der Schweiz kennt folgende Bestimmungen (GIG: Gleichstellungsgesetz, OR: Obligationenrecht, StGB: Strafgesetzbuch):

Art. 4. GIG: Diskriminierung durch sexuelle Belästigung. Diskriminierend ist jedes belästigende Verhalten sexueller Natur oder ein anderes Verhalten aufgrund der Geschlechtszugehörigkeit, das die Würde von Frauen und Männern am Arbeitsplatz beeinträchtigt ...
Art 5. Abs. 3 GIG: Bei einer Diskriminierung durch sexuelle Belästigung kann das Gericht oder die Verwaltungsbehörde der betroffenen Person zudem auch eine Entschädigung zusprechen, wenn die Arbeitgeberinnen oder die Arbeitgeber nicht beweisen, dass sie Maßnahmen getroffen haben, die zur Verhinderung sexueller Belästigungen nach der Erfahrung notwendig und angemessen sind und die ihnen billigerweise zugemutet werden können. Die Entschädigung ist unter Würdigung aller Umstände festzusetzen und wird auf der Grundlage des schweizer Durchschnittslohnes errechnet.
Art. 328 Abs. 1 OR: (...) Er (der Arbeitgeber) muss insbesondere dafür sorgen, dass Arbeitnehmerinnen und Arbeitnehmer nicht sexuell belästigt werden und dass den Opfern von sexuellen Belästigungen keine weiteren Nachteile entstehen.
Art. 198 StGB: Wer vor jemandem, der dies nicht erwartet, eine sexuelle Handlung vornimmt, wer jemanden tätlich oder in grober Weise durch Worte sexuell belästigt, wird auf Antrag mit Haft oder Busse bestraft.

In Deutschland ist das Gesetz zur Durchsetzung der Gleichberechtigung von Frauen und Männern (Zweites Gleichberechtigungsgesetz vom 24. Juni 1994 2.GleiBG) maßgebend.

Artikel 10 (Gesetz zum Schutz der Beschäftigten vor sexueller Belästigung am Arbeitsplatz (Beschäftigtenschutzgesetz).

§ 1 Ziel, Anwendungsbereich
(1) Ziel des Gesetzes ist die Wahrung der Würde von Frauen und Männern durch den Schutz vor sexueller Belästigung am Arbeitsplatz.

(2) Beschäftigte im Sinne dieses Gesetzes sind
1. die Arbeitnehmerinnen und Arbeitnehmer in Betrieben und Verwaltungen des privaten oder öffentlichen Rechts (Arbeiterinnen und Arbeiter, Angestellte, zu ihrer Berufsbildung Beschäftigte), ferner Personen, die wegen ihrer wirtschaftlichen Unselbstständigkeit als arbeitnehmerähnliche Personen anzusehen sind. Zu diesen gehören auch die in Heimarbeit Beschäftigten und die ihnen Gleichgestellten; für sie tritt an die Stelle des Arbeitgebers der Auftraggeber oder Zwischenmeister;
2. die Beamtinnen und Beamten des Bundes, der Länder, der Gemeinden, der Gemeindeverbände sowie der sonstigen Aufsicht des Bundes oder eines Landes unterstehenden Körperschaften, Anstalten und Stiftungen des öffentlichen Rechts;
3. die Richterinnen und Richter des Bundes und der Länder.

§ 2 Schutz vor sexueller Belästigung
(1) Arbeitgeber und Dienstvorgesetzte haben die Beschäftigten vor sexueller Belästigung am Arbeitsplatz zu schützen. Dieser Schutz umfasst auch vorbeugende Maßnahmen.

(2) Sexuelle Belästigung am Arbeitsplatz ist jedes vorsätzliche, sexuelle bestimmte Verhalten, das die Würde von Beschäftigten am Arbeitsplatz verletzt. Dazu gehören
1. Sexuelle Handlungen und Verhaltensweisen, die nach den strafgesetzlichen Vorschriften unter Strafe gestellt sind,
sowie
2. sonstige sexuelle Handlungen und Aufforderungen zu diesen, sexuell bestimmte körperliche Berührungen, Bemerkungen sexuellen Inhalts sowie Zeigen und sichtbares Anbringen von pornographischen Darstellungen, die von den Betroffen erkennbar abgelehnt werden.

(3) Sexuelle Belästigung am Arbeitsplatz ist eine Verletzung der arbeitsvertraglichen Pflichten oder ein Dienstvergehen.

§ 3 Beschwerderecht der Beschäftigten
(1) Die betroffen Beschäftigten haben das Recht, sich bei den zuständigen Stellen des Betriebes oder der Dienststelle zu beschweren, wenn sie sich vom Arbeit-

---

geber, von Vorgesetzten, von anderen Beschäftigten oder von Dritten am Arbeitsplatz sexuell belästigt im Sinne des § 2 Abs. 2 fühlen. Die Vorschriften der §§ 84, 85 des Betriebsverfassungsgesetztes bleiben unberührt.

(2) Der Arbeitgeber oder Dienstvorgesetzte hat die Beschwerde zu prüfen und geeignete Maßnahmen zu treffen, um die Fortsetzung einer festgestellten Belästigung zu unterbinden.

§ 4 Maßnahmen des Arbeitgebers oder Dienstvorgesetzten, Leistungsverweigerungsrecht
(1) Bei sexueller Belästigung hat
1. der Arbeitgeber die im Einzelfall angemessenen arbeitsrechtlichen Maßnahmen wie Abmahnung, Umsetzung, Versetzung oder Kündigung zu ergreifen. Die Rechte des Betriebsrates nach § 87 Abs. 1 Nr. 1, § 99 und 102 des Betriebsverfassungsgesetztes und des Personalrates nach § 75 Abs. 1 Nr. 2 bis 4a und Abs. 3 Nr. 15, § 77 Abs. 2 und § 79 des Bundespersonalvertretungsgesetzes sowie nach den entsprechenden Vorschriften der Personalvertretungsgesetze der Länder bleiben unberührt.

(2) Ergreift der Arbeitgeber oder Dienstvorgesetzte keine oder offensichtlich ungeeignete Maßnahmen zur Unterbindung der sexuellen Belästigung, sind die belästigten Beschäftigten berechtigt, ihre Tätigkeit am betreffenden Arbeitsplatz ohne Verlust des Arbeitsentgeltes und der Bezüge einzustellen, soweit dies zu ihrem Schutz erforderlich ist.

(3) Der Arbeitgeber oder Dienstvorgesetzte darf die belästigten Beschäftigen nicht benachteiligen, weil diese sich gegen eine sexuelle Belästigung gewehrt und in zulässiger Weise ihre Rechte ausgeübt haben.

§ 5 Fortbildung für Beschäftigte im öffentlichen Dienst
Im Rahmen der beruflichen Aus- und Fortbildung von Beschäftigten im öffentlichen Dienst sollen die Problematik der sexuellen Belästigung am Arbeitsplatz, der Rechtsschutz für die Betroffenen und die Handlungsverpflichtungen des Dienstvorgesetzten berücksichtigt werden. Dies gilt insbesondere bei der Fortbildung von Beschäftigten der Personalverwaltung, Personen mit Vorgesetzten- und Leistungsaufgaben, Ausbildner sowie Mitglieder des Personalrates und Frauenbeauftragten.

Interessant ist auch, diesbezüglich auf die Entwicklung in den Vereinigten Staaten zu schauen. Die Zahl der gerichtlich zu beurteilenden Fälle von sexueller Belästigung haben sich innerhalb eines Zeitraumes von 10 Jahren verdoppelt. Wieso diese Erhöhung? Maßgeblich verantwortlich sind die Entscheide des Obersten Gerichtshofes. Viele Urteile der vergangenen Jahre haben eindeutig die Verantwortung der Arbeitgeber bejaht und Opfern Recht gegeben. Damit präsentiert sich heute eine völlig neue Situation. In einem ersten Fall von sexueller Belästigung, der durch den Supreme Court beurteilt wurde klagte eine Frau gegen die Meritor Savings Bank wegen sexueller Belästigung durch einen Mitarbeiter – sie gewann den Fall. Weitere Entscheide von großer Bedeutung folgten. 1998 wurde der erste Fall gleichgeschlechtlicher Belästigung vor dem Supreme Court entschieden. Ebenfalls 1998 wurde in einem Fall durch den obersten Gerichtshof klar gestellt, wie wichtig eine klare Firmenstrategie sowie Training des Personals ist, damit ein Arbeitgeber nicht zur Verantwortung gezogen werden kann. Der Mitarbeiter muss zudem nachweislich die Möglichkeit einer internen Beschwerde gehabt haben [5].

Auf der anderen Seite wird durch die Verteidigung die Situation der Opfer immer wieder in Frage gestellt, indem etwa vorbestehende psychische Leiden von der Gegenseite angeführt werden, um den eingetretenen Schaden zu bestreiten. Dies gelingt auch häufig. Es ist jedoch in der Literatur eindeutig belegt, dass gerade bei zusätzlichen zurückliegenden Traumatisierungen mit entsprechenden Folgen die Auswirkungen einer erneuten Schädigung weit schlimmer ausfallen [6]. Das bedeutet beispielsweise für behandelnde Fachleute, dass sie mit traumatisierten Personen noch sorgfältiger umgehen müssen. Wo Fachleute diesen Grundsatz missachten, bedürfen umgekehrt die betroffenen Opfer eines besonderen Schutzes durch die Rechtssprechung. Die heutige Realität steht dem oft diametral entgegen. Aufgrund der vorbestehenden Schäden werden häufig den Opfern durch die Gerichtsinstanzen angemessene zivilrechtliche Ansprüche abgesprochen.

Es hat sich gezeigt, wie schwierig es für Gutachter ist, den Schaden korrekt zu belegen, was jedoch umso wichtiger ist, weil sexuelle Missbräuche durch Gerichte immer im Hinblick auf tatsächliche Folgen in Abhängigkeit vom Vorzustand hin beurteilt werden. Renee Binder [7] erläutert dies mit folgendem Vergleich: Wirft eine Person jemandem einen Stein an den Kopf, und die Person hat das Glück, einen harten Schädel zu haben, geschieht vielleicht nicht viel. Der Schaden ist irrelevant. Hat die Person Pech, kommt es zu einer Schädelfraktur. Vor Gericht ist nun in Analogie zu einem sexuellen Missbrauch entscheidend, welcher Schaden nach dem Steinwurf resultiert. Es spielt in der gerichtlichen Beurteilung eine unbedeutende Rolle, wie gefährlich ein Steinwurf per se zu beurteilen ist. Erst im eingetretenen Schadensfall wird dies berücksichtigt. Hier drängt sich im Falle von sexuellen Belästigungen ein fundamentaler Paradigmenwechsel auf, weil einerseits die momentanen Folgen aufgrund der Ergebnisse der Psychotraumatologie nicht allein maßgebend sein können. Und andererseits, wie weiter oben festgehalten, weil vorbestehende psychische Probleme häufig eine drastische Verschlimmerung erfahren. Insbesondere wenn sie ihrerseits durch traumatische Ereignisse bedingt waren. Die repetitive Schädigung führt zu weitaus gravierenderen Folgen für die Betroffenen. Diese Erkenntnis scheint jedoch auf beiden Seiten des Atlantiks noch absolutes Neuland zu sein.

Zur Illustration der Bedeutung von Klagen wegen sexueller Belästigung sei der Leser auf die finanzielle Bedeutung der Urteile hingewiesen. Eine Erdölfirma ging bei einem Diskriminierungsverfahren 1996 einen Vergleich von 176 Millionen Dollar ein [8]. Ein Autohersteller wurde 1999 im Zusammenhang mit sexueller Belästigung am Arbeitsplatz zur Zahlung von 21 Millionen Dollar verurteilt [9]. Arbeitgeber in den Vereinigten Staaten haben angesichts dieser horrenden Summen großes Interesse, ihre Mitarbeiter vor sexuellen Belästigungen zu schützen, bevor es zu Vorfällen kommen kann. Der Gesetzgeber und die Gerichte verhelfen durch ihre Haltung solchen Maßnahmen zur nötigen Beachtung. Sexuelle Belästigung hat den Status eines Kavalierdeliktes längst hinter sich gelassen.

5.3 Beratung

Fachleute in Beratungsstellen müssen ihre Rolle und Aufgabe gegenüber Betroffenen von Anfang an klarstellen. Hierher gehört auch die Unterscheidung, ob sie als Therapeut und Berater zur Verfügung stehen oder ob eine Beurteilung im Hinblick auf gerichtliche Auseinandersetzungen erfolgen soll. Steht der Helfer selbst in einem Abhängigkeitsverhältnis zum Arbeitgeber der Betroffenen, müssen klare Rollendefinitionen vorgenommen werden und insbesondere die Auskunftspflicht gegenüber dem Auftragsgeber klargestellt werden. Hilfreich kann dabei sein, wenn eine Firma oder ein Betrieb Richtlinien für Beratungen und Vorgehensweisen bei sexuellen Belästigungen entwickelt, die den Mitarbeitern bekannt sind. Eine Beratung umfasst folgende Aufgaben:

Beurteilung der persönlichen Situation

Es muss ermittelt werden, ob der Arbeitsplatz gefährdet ist, wie die persönliche Situation des Opfers aussieht und welche psychopathologischen Symptome vorhanden sind. Ist der Arbeitsplatz gefährdet, müssen

in erster Linie die finanziellen Konsequenzen geklärt werden. Häufig ergeben sich auch Schwierigkeiten mit der Ausbildung und dem beruflichen
Werdegang. Der Beruf dient nicht nur dem Broterwerb – Beruf bedeutet
auch Identität, hat somit etwas sinnstiftendes und bestimmt auch die soziale Stellung. Die persönliche Situation ist vor allem im Hinblick auf enge
und stützende Beziehungen zu beurteilen, insbesondere Ehepartner können
in derartigen Krisensituationen eine tragfähige Hilfe sein. Bei der
Abschätzung der Symptome muss entschieden werden, ob eine Krisenintervention angezeigt ist, ob Suizidideen bestehen und welche Behand-
lungsstrategie notwendig erscheint.

Beurteilung und Dokumentation der vorliegenden Symptome

Auch wenn der Helfer primär nicht für gerichtliche Beurteilungen zuständig ist, kann er beraten, was für solche Schritte wichtig wäre. Zum
Beispiel können die dokumentierten Fakten eine eminente rechtliche Bedeutung erlangen. Oft werden erst im Laufe der späteren Verfahrens Berichte oder Zeugnisse über die initiale Situation verlangt, die nicht mit fo-
rensischen Beurteilungen gleichzusetzen sind. Sondern es werden schlicht
Angaben benötigt, welche eine nachträgliche Beurteilung der Umstände
resp. der jeweiligen Situation erlauben.

Evaluation der Befindlichkeit der Betroffenen

Häufig sind Betroffene emotional tief aufgewühlt und berichten über
kaum zu unterdrückende Gefühle von Wut und Ärger, auch Rachegefühle
gegenüber ihren Peinigern. Scham- und Schuldgefühle bei sexuell gefärbten Themen sind ebenfalls die Regel, ferner Selbstanklagen – all dies trägt
häufig zu einer Isolation der Betroffenen bei. Dann ist häufig Angst vor
weiteren Belästigungen oder Konsequenzen im Hinblick auf den Arbeitsplatz feststellbar. Auch Angst vor Vergeltungsmaßnahmen kann beobachtet werden. Gegenüber dem Täter bestehen meist anhaltende ambivalente
Gefühle.

5.4 Individuelle Lösungssuche

Wann immer möglich sollten die Betroffenen keine vorschnellen Entscheidungen fällen. Meistens sind sie durch die traumatisierende Erfahrung in ihren kognitiven Fähigkeiten eingeschränkt. Im optimalen Fall ist eine gemeinsame Lösungssuche anzustreben, wobei es sinnvoll sein kann, verschiedene Szenarien durchzuspielen. Als beratender Helfer muss man versuchen, Opfern aus der einseitigen ‹winner-looser›-Position herauszuhelfen. Derartige Schwarzweiß-Bilder suggerieren immer nur Entweder-oder-Lösungen und lassen keinen Mittelweg offen. Manchmal ist die Kündigung einer Stelle der beste Weg, manchmal erweist sich eine juristische Vorgehensweise als richtig. Manchmal ist eine Umplatzierung sinnvoll. Diese Entscheidungen müssen immer individuell gesucht werden. Betroffene dürfen nicht durch Helfer zu Entscheidungen gedrängt werden, auch wenn die Situation gelegentlich desolat aussehen mag. Die Berater sollen durchaus ihren Standpunkt klar darlegen, aber die Entscheidung den Betroffenen überlassen. Insgesamt bietet die emotionale Begleitung für die Opfer die Gewähr, dass in weiteren Krisensituationen ein Ansprechpartner da ist, der ihnen bekannt ist.

Hilfreich ist es, gemeinsam mit den Betroffenen die Ziele zu evaluieren. Dort wo unrealistische Erwartungen über den weiteren Verlauf geäußert werden, müssen Berater korrigierend eingreifen. Fachleute in den Beratungsstellen müssen ihren Klienten unvoreingenommen und wertneutral begegnen, die Begleitung erfolgt frei von Ideologien und theoretischen Konzepten. Obwohl der Berater naturgemäß über ein umfassendes theoretisches Repertoire verfügt, erfolgt die Begegnung so, dass der Helfer mögliche Alternativen aufzeigt und den Klienten nicht dominiert. Durch die neutrale Haltung des Helfers – er ist optimalerweise nicht in die Firmenstruktur des Klienten eingebunden – ist er in der Lage, eine neue und unbefangene Sicht auf Probleme anzubieten. Der Helfer kann auch unübliche Maßnahmen vorschlagen, die betriebsintern vielleicht gar nicht für möglich gehalten würden.

Entschließen sich Betroffene zu rechtlichen Schritten, müssen die damit verbundenen Konsequenzen abgeschätzt werden. Im Sinne einer Abwägung von Kosten/Nutzen müssen auch die damit verbundenen emotionalen und finanziellen Folgen mit berücksichtigt werden. Häufig können emotional wichtige Beziehungen dermaßen belastet werden, dass sich nahe Bezugspersonen sogar zurückziehen. Auch Folgen im Hinblick auf die berufliche Karriere müssen in die Überlegungen miteinbezogen werden. Letztendlich zählt nicht allein ein Erfolg vor Gericht, längerfristig ist das persönliche Wohlbefinden das wesentlichere Kriterium. Diese Überlegungen müssen sich insbesondere auch Juristen machen, wenn sie einen Klienten im Hinblick auf weiteres Vorgehen beraten. Der persönliche Erfolg stellt sich umso eher ein, je realistischer die Erwartungen sowohl an rechtliche Verfahren als auch an Beratungs- und Behandlungsmöglichkeiten sind. Je mehr Unterstützung von nahen Personen jemand erhält, desto eher ist er in der Lage, die emotionalen Belastungen durchzustehen. Oft verhält es sich so, dass mit einem gewonnenen Prozess persönlich noch lange nichts gewonnen ist. Häufig genug ist eine psychotherapeutische Behandlung notwendig, um über die Folgen der Traumatisierung hinwegzukommen.

Aufgrund der politischen Entscheidungsprozesse sind rechtliche Verfahren eher auf die Bedürfnisse der Unternehmen als auf denjenigen von Betroffenen ausgerichtet. Opfer haben selten eine Lobby oder eine Interessensvertretung für ihre Anliegen, während eine Firma als Arbeitgeber naturgemäß über entsprechenden Einfluss verfügt. Die rechtlichen Regelungen sind somit nicht primär auf die Anliegen der Betroffenen zugeschnitten.

Die Abschlussphase einer Beratung sollte genügend Zeit und Raum geben, damit sich die Betroffenen darauf vorbereiten können, in Zukunft auf einen Helfer zu verzichten und gewissermaßen wieder auf sich gestellt den ‹Lebenskampf› auf sich zu nehmen. Die emotionale Bewältigung des Abschlusses gehört mit zur Aufgabe von Helferpersonen.

Literatur

1 Schreyögg A: Coaching – Eine Einführung für Praxis und Ausbildung. Frankfurt, Campus, 1996.
2 Leymann H: Självmord till följd av förhallanden i. arbetmiljön; in Arbeite, människa, miljö 1987;3:155–160.
3 Leymann H: Mobbing, Psychoterror am Arbeitsplatz und wie man sich dagegen wehren kann. Hamburg, Reinbek, 1993.
4 Walter H: Mobbing – Kleinkrieg am Arbeitsplatz. Konflikte erkennen und lösen. Frankfurt, Campus, 1993.
5 Jorgenson LM: Clinical and forensic issues in sexual harassment. Am Psychiatr Ass Ann Meeting. Chicago, 17. 05. 2000.

6 Van der Kolk BA, McFarlene A, Weisaeth L: Traumatischer Stress. Grundlagen und Behandlungsansätze. Paderborn, Junfermann, 2000.

7 Binder RL: Sexual Harassment: Psychological and legal aspects. American Am Psychiatr Ass Ann Meeting. Chicago, 14. 5. 2000.

8 Pless NM: Diversitätsmanagement – Geschäfterfolg in den USA. Das Schweizer HRM-Journal 2000:5.

9 $ 21 Million Award in Sex-Harassment Case. New York Times, July 20, 1999, Vol. CXLVIII, No. 51.601.

Literatur   117

6 Folgen

6.1 Folgeschäden bei Opfern und ihren Angehörigen

Grundsätzlich müssen bei einem sexuellen Missbrauch drei Phasen der Traumatisierung unterschieden werden: zum einen die unmittelbaren Folgen eines Missbrauches bzw. der unmittelbar resultierende Schaden, zweitens die Langzeitfolgen eines Beziehungstraumas mit dem Hauptmechanismus des ‹Blaming the victim›, und drittens die soziale und gesellschaftliche Antwort auf die Traumatisierung. Letzteres kann zu einer lebenslangen ‹Zementierung› der Opferidentität führen. Das Gefühl, keine Chance zu haben oder nie Recht zu bekommen, führt zu einer tiefen und verzweifelten Ohnmachterfahrung und kann im Sinne eines Circulus vitiosus grundlegende Charakteränderungen bewirken. Nicht vergessen werden dürfen die Auswirkungen für Angehörige der Opfer. Sie können vor allem durch die gesellschaftliche Antwort unter Umständen in ähnlicher Weise betroffen sein.

Diese drei Phasen werden im Handbuch ‹Trauma survivors: I can't get over it› von Aphrodite Matsakis eindrücklich beschrieben [1]. Die unmittelbaren Traumafolgen müssen denjenigen eines emotionalen Schockerlebnisses gleichgesetzt werden. Selbstvorwürfe und Selbstbeschuldigungen mischen sich mit Wut, Scham, Verzweiflung und tiefer Rat- und Hoffnungslosigkeit. Diese Reaktionen werden durch die individuelle Wahrnehmung sowie die persönlichen Ressourcen stark beeinflusst und hängen außerdem von den jeweiligen Begebenheiten und Umständen ab, unter denen der Missbrauch stattgefunden hat bzw. in der sich das Opfer befindet. Wie bei jeder emotionalen Krise können Suizid- und oder Racheimpulse auftreten. Depressive Reaktionen und Rückzugtendenzen sind ebenfalls möglich.

Die sekundäre Viktimisierung wird entscheidend durch die Reaktionen von Institutionen, Untersuchungsbehörden und beratenden Fachleuten bestimmt. Wird das Verhalten des Opfer kritisiert oder in Frage gestellt, verstärkt man damit stets die bereits vorhandenen Schuldgefühle. Schlimm ist auch, wenn das Opfer beschuldigt wird. Diese Wertungen führen zum Phänomen des ‹Blaming the victim› – dem Opfer wird die ganze Schuld mit allen Folgen der Missbrauchssituation zugeschrieben. Die Unfähigkeit vieler Fachleute, adäquat auf Opfer sexueller Missbräuche einzugehen, verstärkt diesen Effekt noch zusätzlich. Verfahren vor Standes- oder öffentlichen Gerichten führen häufig zum selben Effekt.

Das dritte Stadium der Viktimisierung besteht in der Ausbildung einer unter Umständen lebenslangen Identität als Opfer. Betroffene entwickeln ein Syndrom bestehend aus Hilflosigkeit, Resignation, sozialem Rückzug und einer Perspektive von Chancenlosigkeit und Ratlosigkeit. Meistens verstummen die Betroffenen vollständig, sie wagen es oft nicht mehr, das Erlebte anderen Menschen anzuvertrauen. Gleichgültigkeit macht sich breit. Als größtes Hindernis, Hilfe und Heilung zu finden, erweist sich ein tiefes Schamgefühl. Der sexuelle Missbrauch berührt einen sehr intimen Bereich. Über derartige Verletzungen zu sprechen bedeutet, die große Hilflosigkeit und Not zuzugeben. Ist die Traumatisierung durch eine Helferperson verursacht worden, entwickeln Betroffene Zweifel und Ängste, sich erneut an eine Fachperson zu wenden. Betroffene befürchten, dass ihnen nicht geglaubt wird, dass sie nicht ernst genommen werden oder dass sie eines Fehlverhaltens bezichtigt werden.

Kenneth Pope formulierte eine Liste mit 10 Problembereichen und Kernsymptomen, die nach PSM auftreten können [2]. Pope weist darauf hin, dass sich bei jedem Betroffenen die Folgeschäden unterschiedlich manifestieren können. Die nachfolgende Zusammenstellung ist keineswegs als umfassend und erschöpfend zu betrachten.

Schuldgefühle/Schuldzuweisung

Praktisch alle Opfer von PSM zeigen anfänglich vielfältige Schuldgefühle. Sie bezichtigen sich, falsch gehandelt zu haben. Sie hätten früher reagieren sollen, sie hätten auf sich hören sollen, sie hätten dies und jenes nie dulden sollen etc. Oft suchen sie verzweifelt nach einer Erklärung, wieso ausgerechnet sie das Opfer einer derartigen Konstellation geworden sind. Solche Schuldgefühle werden durch beratende Fachleute zusätzlich verstärkt, wenn diese aufgrund mangelnder Zusatzausbildung nicht in der Lage sind, die Situation der Opfer richtig einzuschätzen.

Die Schuldgefühle haben nicht zuletzt mit der sozialen Rollenerwartung zu tun. Dem Fachmann wird das Vertrauen entgegengebracht, dass er seine Arbeit nach bestem Wissen und Gewissen ausübt. Zudem wird die Arbeit der Fachleute von entsprechenden Instanzen überwacht.

Verlust der Fähigkeit zu vertrauen

Der Missbrauch führt zu einer tiefen Erschütterung des Vertrauens. Das ganze Geschehen findet im Kontext einer vertrauensvollen Beziehung statt. Die Erschütterung grundlegender Werte führt zu einem nachhaltigen Vertrauensverlust in nahe Beziehungen. Oft kann man geschlechtsbezogene Folgen beobachten. Wenn beispielsweise der Missbrauch durch einen Fachmann verübt worden ist, werden nur noch weibliche Helferpersonen akzeptiert.

Ambivalenz in nahen Beziehungen

Opfer schwanken zwischen Hilfesuchen und Angst vor erneutem Missbrauch in Vertrauensverhältnissen. Dies kann auch andere wichtige Beziehungen wie beispielsweise eine Ehe nachhaltig beeinflussen und belasten. Die Angst vor erneuten Arztbesuchen kann gesundheitliche Folgen nach sich ziehen.

Isolation und Depression

Der Vertrauensmissbrauch durch Fachleute führt dazu, dass die Fähigkeit, anderen Menschen vertrauen zu können, erheblich beeinträchtigt werden kann. Dies wiederum fördert den sozialem Rückzug. Häufig kommt es zum Bruch naher Beziehungen, wenn dieses Misstrauen und die Spannungen nicht bewältigt werden können. Betroffene äußern entwertende Gefühle über sich selbst: «Niemand möchte sich dauernd die gleiche Geschichte anhören ...». Sie leiden unter ihren eigenen Beschwerden. Dieser Rückzug wird durch allgemeine depressive Symptome sowie Energie- und Chancenlosigkeit zusätzlich verstärkt. Betroffene fühlen sich leer, leblos, uninteressant, als eine Qual und Zumutung für andere. Als weitere Folgen können sich depressive Symptome, Schlafstörungen und Angstzustände einstellen, welche unter Umständen zu psychiatrischen Hospitalisation führen können.

Vielfältige psychosomatische Erkrankungen sind ebenfalls bekannt. Diese körperlichen Beschwerden zeigen eine ausgeprägte geschlechtliche Spezifität und werden vorwiegend von Frauen angegeben. Dazu gehören Essstörungen wie anorektisches oder bulimisches Verhalten. Weiter können asthmatische Beschwerden sowie weitere allergische Reaktionen beobachtet werden. Kopfschmerzen und Migräneattacken, auch Gelenkbeschwerden im Rahmen weichteilrheumatischer Erkrankungen, sowie Hautkrankheiten wurden beschrieben. Als zusätzliche Krankheiten kommen Drogen-, Alkohol- und Tablettenabhängigkeiten hinzu.

Emotionale Labilität

Damit sind Stimmungsschwankungen ohne ersichtlichen Grund gemeint. Betroffene können ihre emotionalen Reaktionen nicht kontrollieren. Sie leiden unter ihrem Kummer, den sie womöglich mit niemandem teilen können. Die Personen brechen z. B. während eines Filmes oder einer Fernsehsendung plötzlich in Tränen aus. Das kann verständlicherweise zu einer zusätzlichen Verunsicherung führen und unter Umständen auch die Arbeitsfähigkeit beeinträchtigen. Das soziale Funktionieren ist gefährdet.

Unterdrückte Wut und Aggressivität

Opfer verneinen anfangs häufig ihre Gefühle von Betroffenheit und Verletztheit. Es kann mitunter Jahre dauern, bis die Wut spürbar wird und zum Vorschein kommt. Da solche Gefühle häufig unkontrollierbare Formen annehmen, kann es für Betroffene hilfreich sein, sich in einer Behandlung zu wissen, in der die Emotionen zur Sprache kommen, zugeordnet und verstanden werden können. Unterdrückte Gefühle können für innere Spannungen und psychosomatische Krankheiten verantwortlich sein. Häufig kommt es auch vor, dass sich diese Wut gegen sich selbst richtet, zum Beispiel gegen den eigenen Körper, und es zu weiteren körperlichen Schädigungen und Vernachlässigungen kommt.

Sexuelle Störungen

Der sexuelle Missbrauch kann zu erheblichen Störungen des sexuellen Beziehungsverhaltens führen. Einerseits sind vollständiger Rückzug in ein

Leben ohne Sexualität als Folge bekannt. Das traumatische Erlebnis führt zu einer Art Blockade von sexuellen Empfindungen. Gegenteilige Reaktionen kommen ebenfalls vor und äußern sich in wahlloser Promiskuität und damit potentiell gefährlichem Sexualverhalten. Frauen können jahrelang unter Zyklusstörungen und schmerzhaften Menstruationen leiden. Weitere Folgen können die geschlechtliche Identität betreffen und zu inneren Widerständen gegen die eigene geschlechtliche Rolle führen. So kann beispielsweise die Frauwerdung innerlich abgelehnt werden, weil das Frausein mit der Opferrolle und Ausbeutung gleichgesetzt wird.

Suizidrisiko

Die tiefe Verzweiflung und Ohnmacht vieler Betroffener führt zusammen mit der sozialen Isolierung und dem Verlust von tragfähigen Beziehungen zu einem erheblich gesteigerten Suizidrisiko. Laut Susan Penfold [3] versuchen 14% aller Personen, die eine sexuelle Beziehung zu einem Therapeuten erlebten, mindestens einmal sich das Leben zu nehmen. Rund 1% beenden ihr Leben durch Suizid. Gelegentlich haben sich auch Angehörige suizidiert [4].

Probleme mit Nähe und Distanz

Das Beziehungstrauma führt zu Unsicherheiten in Bezug auf eigene Grenzen. Die tiefen Selbstwertzweifel und die innere Leere werden durch Aufopferung gegenüber anderen zu überwinden versucht. Opfer können sich nur auf diese Weise als wertvoll und geliebt erleben. Besonders Frauen neigen aufgrund ihrer Sozialisation, die von ihnen verlangt, sich zu Gunsten anderer zurückzunehmen, zu diesem Verhalten.

Kognitive Störungen

Das Beziehungstrauma führt auch dazu, dass man sich auf die eigenen Gefühle und Wahrnehmungen nicht mehr verlassen kann. Auch die Ansichten über die Welt werden nachhaltig erschüttert. Wenn eine Fachperson das entgegengebrachte Vertrauen missbraucht, brechen grundlegende Vorstellungen und Werte zusammen. Wenn zusätzlich in den Verfahren weiter Beschuldigungen erfolgen, bleiben außerordentliche Verunsicherungen und Ratlosigkeit zurück. Der Glaube an die grundlegenden gesellschaftlichen Werte wird erschüttert. Dies um so mehr, als der Missbrauch durch Fachpersonen verübt wird, denen eine sozial gute Akzeptanz attestiert wird.

Neben den oben genannten kategorisierten Symptomen treten darüber hinaus häufig Körperwahrnehmungsstörungen auf. Der eigene Leib wird wie tot empfunden, leblos, unempfindlich und nicht zu einem gehörend. Manche Opfer führen sich absichtlich Schmerzen zu, indem sie sich verletzen, schneiden, kratzen oder mit Zigaretten brennen. Damit wird eine Körperempfindung ausgelöst, die zwar schmerzhaft ist, jedoch immerhin den Körper spürbar macht. Missbrauchsopfer sind an Schmerzen gewöhnt, es sind oft die einzigen Empfindungen, die sie noch kennen. Es vermittelt zudem das Gefühl der Kontrolle, wenn sie sich selbst diese Schmerzen zufügen. Die Schmerzen, die ihnen früher durch ihren Peiniger zugefügt wurden, waren sie schutz- und wehrlos ausgeliefert. Ohnmächtig mussten sie miterleben, wie ihr Körper benutzt wurde.

Dissoziative Störungen wie auch schizophrene Störungsbilder, Borderline-Persönlichkeitsstörungen und autoaggressives Verhalten legen immer den Verdacht auf sexuelle Ausbeutungserlebnisse nahe [5]. Das Phänomen der dissoziativen Störung wurde durch Pierre Janet (1859–1947), einem der Lehrer von Piaget, beschrieben. Er wies auch als erster auf Gedächtnisstörungen als Folge von traumatischen Ereignissen hin [6]: Infolge Überforderung des Bewusstseins durch die Verarbeitung traumatischer Ereignisse kommt es zu Dissoziationen. In einer weiteren Arbeit [7] führte er aus, wie traumatische Erfahrungen vom Bewusstsein abgespalten werden, und nicht verarbeitet werden können. Er erklärte auch Gedächtnislücken (Amnesien) und Hypermnesien (übergenaue Erinnerungen) als eine Art Übersetzungsfehler des Bewusstseins. Die nicht integrierbaren Erlebniszustände können im Extremfall zur Ausbildung unterschiedlicher Teilpersönlichkeiten führen, welche der dissoziativen Identitätsstörung entsprechen.

Gemäß DSM IV wird die Diagnose einer dissoziativen Identitätsstörung gestellt, wenn die nachfolgenden Kriterien zutreffen [8]:

A. Das Vorhandensein von zwei oder mehreren unterschiedlichen Identitäten oder Persönlichkeitszuständen (jede mit einer relativ überdauernden Weise des Wahrnehmens, der Beziehungsgestaltung und der Einstellung gegenüber der Umgebung und der eigenen Person).

B. Zumindest zwei dieser Identitäten oder Persönlichkeitszustände üben wiederholt die Kontrolle über das Verhalten der Persönlichkeit aus.

C. Eine Unfähigkeit, sich an wichtige persönliche Geschehnisse zu erinnern, die über gewöhnliche Vergesslichkeit weit hinausgeht.

D. Die Störung ist keine physiologische Auswirkung einer chemischen Substanz (z. B. Blackouts oder chaotisches Verhalten während Alkoholintoxikationen) oder ein allgemeiner Krankheitszustand.

Zu beachten: Bei Kindern sind diese Symptome nicht zurückführbar auf Spielgefährten in der Phantasie oder anderes Phantasiespiel. Die dissoziative Identitätsstörung geht auf zwei Dispositionen zurück, einerseits eine Neigung zu dissoziativen Reaktionen, wie Geistesabwesenheit, starke Vergesslichkeit, usw. Der zweite ätiologische Faktor betrifft extreme traumatische Erfahrungen in der Kindheit durch physische Misshandlungen und/oder andere Formen extremer Traumatisierung.

In den einzelnen Kapiteln zu PSM sind weitere spezifische Folgen zu den jeweiligen Berufsdisziplinen aufgeführt. Viele der genannten Auswirkungen sind unter Umständen zu einem bestimmten Zeitpunkt nicht nachweisbar [9], können sich jedoch sehr wohl zu einem späteren Zeitpunkt bemerkbar machen. Diesem Sachverhalt muss in gerichtlichen Beurteilungen vermehrt Beachtung geschenkt werden, wenn Folgenabschätzungen vorgenommen werden. Bei der Beurteilung der Folgen ist außerdem immer zu berücksichtigen, wann im Verlauf einer Abhängigkeitsbeziehung der Missbrauch stattgefunden hat. Es ergeben sich daraus unterschiedliche Folgen für Betroffene. Häufig kann beobachtet werden, wie sich unmittelbar nach einem Missbrauch ein Hochgefühl bei dem Opfer einstellt. Es fühlt sich begehrt, geliebt, akzeptiert und träumt womöglich von einer dauerhaften ehelichen Verbindung. Das Glücksgefühl währt meist nur solange, bis Betroffene realisieren, ausgenutzt worden zu sein, was meist mit einem emotionalen Schockerlebnis verbunden ist. Durchgeführte Studien über die Folgen von Missbräuchen leiden häufig unter dem methodischen Mangel, dass der Zeitpunkt der Datenerhebung den beschriebenen Verlauf nicht berücksichtigt. Man stößt deshalb immer wieder auf positive Berichte über sexuellen Kontakte [10]. Legt man den Befragungszeitpunkt in diese frühen Phasen, stellt man tatsächlich häufig fest, dass eine Mehrzahl aller Beteiligten den sexuellen Kontakt zu einer Fachperson begrüßt und idealisiert [11].

Ziehen sich Beziehungen zwischen Fachmann und Klient in die Länge, können sie zum Bruch schon bestehender partnerschaftlicher Beziehungen und Scheidungen führen. Die Beziehung zu einer Fachperson muss umgekehrt häufig von beiden Beteiligten geheimgehalten werden, was zu einer zunehmenden Isolation von Betroffenen führen kann und die Abhängigkeit gegenüber der Fachperson meist noch vergrößert. Freunde und Bekannte wenden sich womöglich ab oder verhalten sich distanziert. Die Betroffenen zeigen zunehmende Ambivalenz in ihren Gefühlen und fühlen sich häufig in einer ausweglosen Situation. Sie beginnen zu realisieren, dass diese Beziehung kaum zu einer gemeinsamen Zukunft führen wird. Zweifel und Unsicherheit machen sich breit, auch Hilflosigkeit.

Eine Beziehungsaufnahme nach Beendigung einer fachlichen Beratung geht gelegentlich von Klienten aus. Sie schreiben, rufen an oder man trifft sich mehr oder weniger zufällig bei privaten Gelegenheiten. Umgekehrt beenden Fachleute eine professionelle Beziehung, um ohne Friktionen mit gesetzlichen Bestimmungen oder Berufsrichtlinien eine private Beziehung eingehen zu können. Dies kann dazu führen, dass eine angefangene Behandlung frühzeitig beendet wird und Klienten nach Jahren immer noch mit den selben Problemen zu kämpfen haben, welche sie ursprünglich in eine Behandlung geführt haben. Auch zeigt sich durch viele Untersuchungen, dass nach sexuellen Missbräuchen durch Therapeuten die angegebenen Beschwerden ausgeprägter und deutlicher vorhanden waren, als vor Beginn einer Behandlung [10]. Meist kommen noch zusätzliche Verschlechterungen des Befindens hinzu.

Die Spätfolgen für Missbrauchsopfer stehen in Zusammenhang zur vorbestehenden Situation. Personen mit sexuellen Gewalterfahrungen wie Inzest oder Vergewaltigungen in ihrer Vergangenheit reagieren mit einer deutlichen Verschlechterung ihrer Beschwerden («Frauen, die in der Kindheit sexuell misshandelt wurden, werden nicht häufiger in der Therapie missbraucht als andere Patientinnen, sie leiden jedoch stärker unter dem Missbrauch in der Behandlung.» [12]) Zu den gleichen Ergebnissen kam eine Studie von 1994, wo sich frühere sexuelle Gewalterfahrungen als der stärksten Prädiktor für das Ausmaß der Folgen herauskristallisierte [13].

Weitere schwerwiegende und nachhaltige Folgen nach einem Missbrauch können in der Beeinträchtigung der Arbeits- und Erwerbsfähigkeit resultieren, welche unter Umständen zu einer Invalidisierung führt. Die Fürsorge gegenüber eigenen Kindern und weiteren Angehörigen kann in erheblichem Masse eingeschränkt sein, was weitere soziale Kosten nach sich zieht.

In Bereichen wie der Ausbildung, im Sport oder im Arbeitsbereich kann der sexuelle Missbrauch zusätzliche Folgen haben, welche sich aus der jeweiligen Konstellation ergeben. Sportlehrer geben beispielsweise einer Person nicht mehr die nötige Hilfestellung [14], wenn es zu Spannungen gekommen ist. Ein Zitat aus der Broschüre der Schweizerischen Kinderschutzbundes soll dies verdeutlichen: «Als er merkte, dass ich nicht mehr mit ihm redete, liess er mich einmal bei den Übungen fallen ... Ich bin zweimal auf den Kopf gefallen, weil er mich nicht mehr gehalten hat ... Seine Trainingsmethoden wurden hart und ungerecht, ich musste oft weinen.» Solche Aussagen sind naturgemäß mit der in Strafprozessen geforderten Beweisbarkeit schlecht zu belegen. Sie weisen jedoch auf mögliche Probleme hin, die in Abhängigkeitsverhältnissen auftreten können. Auswirkungen auf Karriere, Ausbildung und Beruf müssen ebenfalls als gravierende Folgen für betroffene Opfer in Betracht gezogen werden.

6.2 Folgen für missbrauchende Fachleute

Das Risiko, selbst einen sexuellen Missbrauch zu begehen, wird von den meisten Fachleuten sehr gering eingeschätzt. Es sind immer die anderen, denen so etwas zugetraut wird. Man selbst fühlt sich persönlich gewappnet, sei es durch die entsprechenden fachliche Ausbildung, sei es, weil man sich gut genug kenne. Hierbei handelt es sich übrigens um die gleichen Rationalisierungen, die oft im Zusammenhang mit kriminellen Verhaltensweisen angeführt werden: «Ich doch nicht! Ich würde nie so etwas tun» [15] Geht man bei diesem Thema allerdings etwas tiefer, räumen viele Fachleute ein, dass sie sehr wohl von solchen Vorkommnissen gehört haben. Die meisten kennen sogar Kolleginnen und Kollegen, die in sexuellen Beziehungen mit ihren Klienten verstrickt waren. Dass darunter durchaus Fachleute sind, denen man dies eigentlich nicht zutraut, wird nicht als Widerspruch wahrgenommen.

Wenn Fachleute aufgrund individueller Umstände in persönliche Krisen und Schwierigkeiten geraten, sei es durch Eheprobleme oder Scheidung, berufliche oder finanzielle Probleme etc., nimmt auch bei ihnen die Verletzlichkeit deutlich zu. Sie sind oft nicht mehr in der Lage, ihre fachlichen Grenzen zu wahren. Sie sind vielleicht selbst emotional bedürftig und sehnen sich nach Bestätigung und freundschaftlichen Kontakten. Das Risikobewusstsein, dass sie deswegen in Schwierigkeiten geraten können, ist unter Fachleuten klein. Im Grunde geben ihnen Justiz und Berufsgerichte ja noch recht: Dass ein Fachmann aufgrund sexueller Kontakte im Rahmen einer fachlichen Begegnung mit erwachsenen Klienten oder Patienten ernsthafte Konsequenzen zu befürchten hätte, damit hat im Grunde niemand zu rechnen. Ein Arzt darf zwar laut der geltenden Standesordnung die sich ergebende Abhängigkeit zum Patienten weder sexuell noch anders ausnutzen. Erkundigt man sich bei Ärzteorganisationen, welche Konsequenzen einem Arzt im Falle sexueller Verfehlungen drohen, wird man auf Ermahnungen und ähnliche Maßnahmen hingewiesen.

Selbst öffentliche Gerichte gehen kaum ernsthaft gegen missbrauchende Fachleute vor. Vor dem Zürcher Obergericht wurde z. B. ein Psychiater angeklagt, weil er unbestritten mit einer zu begutachtenden Patientin bereits nach wenigen Konsultationen ein sexuelles Verhältnis einging [16]. Angesichts der an einen Gutachter zu stellenden Anforderungen nach Objektivität und Unabhängigkeit würde man ein klares Verdikt erwarten. Das Urteil lautete Freispruch. In einem anderen Fall verlor eine Patientin während einer medizinischen Untersuchung aufgrund einer Krankheit ihr Bewusstsein. Der Arzt missbrauchte die Frau und wurde durch das Strafgericht nur mit bedingtem Strafvollzug verurteilt. Kommt es zu scheinbar einvernehmlichen Sexualkontakten zwischen Erwachsenen, ist zumindest in der Schweiz praktisch nichts zu befürchten. In Deutschland besteht im Bereich der Psychotherapie seit der Inkraftsetzung von StGB 174c eine klare Regelung, für andere Berufsbereiche bestehen jedoch nach wie keine entsprechenden Strafgesetzbestimmungen.

Unabhängig von derartigen gesetzlichen Bestimmungen setzen sich Fachleute einem beträchtlichen beruflichen Risiko aus, wenn sie innerhalb ihrer Arbeit sexuelle Kontakte eingehen. Aufgrund der persönlichen Verstrickungen verlieren sie ihre Objektivität und fachliche Unabhängigkeit und sind in ihren Entscheidungen beeinträchtigt. Oft kommt es zu einer Umkehrung der Machtverhältnisse, insbesondere wenn die Opfer mit Klagen oder Anzeigen drohen. Schon vor Jahren wurden durch Fachartikel auf die möglichen Konsequenzen hingewiesen [11]. Fachleute entwickeln Ängste vor drohenden Konsequenzen und verhalten sich zunehmend defensiv. Umgekehrt versuchen einzelne, mit Gegendrohungen die Opfer einzuschüchtern. Dank den vielfältigen Beratungsmöglichkeiten, die Opfer mittlerweile in Anspruch nehmen können, bewirken solche Maßnahmen höchstens das Gegenteil.

Bei Beeinträchtigung der beruflichen Identität reagieren beschuldigte Fachleute verunsichert und hilflos. Viele benötigen psychotherapeutische Hilfe angesichts von Depressionen und suizidalen Krisen, in die sie aufgrund ihrer Verfehlungen geraten. Diese Krankheitsbilder sind in der

Mehrzahl der Fälle sekundär bedingt und können nicht als straf- oder verantwortungsmildernde Umstände angeführt werden. Die persönlichen Schwierigkeiten wirken sich meist auch im beruflichen Umfeld des Täters aus – fühlt der Betreffende zunächst oft eine starke kollegiale Solidarität, kann sie rasch in Distanziertheit umschlagen, wenn der wahre Sachverhalt bekannt wird.

Finanzielle Ansprüche der Opfer werden von den meisten Haftpflichtversicherungen angesichts der vorsätzlichen Tatbestände abgelehnt. Fachleute müssen somit auch mit erheblichen finanziellen Folgen rechnen. In aller Regel können die Honorare zurückgefordert werden und darüber hinaus besteht Anspruch auf Schadenersatz sowie Schmerzensgeld. Die tatsächlichen rechtlichen Folgen sind derzeit schwer abzuschätzen, jedenfalls dürfte sich die bisherige lockere Handhabung der gerichtlichen Instanzen nach dem höchstrichterlichen Urteil in der Schweiz [17] entschieden ändern.

Andere Maßstäbe herrschen auch bei anderen Berufsgattungen wie beispielsweise der Seelsorge. Betroffene Fachleute weisen zu Recht darauf hin, dass sie niemand über die rechtlichen Folgen derartiger Grenzverletzungen in ihrer Beruftätigkeit hingewiesen habe. Weder in der Ausbildung noch in der beruflichen Weiterbildung werden solche Themen abgehandelt. Insofern tragen auch die Berufsorganisationen sowie die staatlichen Aufsichtsorgane unbestritten einen Teil dieser Verantwortung.

6.3 Folgen für Arbeitgeber und Berufsorganisationen

Das Bekanntwerden von sexuellen Übergriffen führt bei Arbeitgebern meist zu großer Angst vor drohendem Medienskandal. Eine lähmende Unsicherheit macht sich breit und man weiß nicht, wie vorzugehen ist. Sich kommentarlos vor Interviews zu drücken bringt alles andere als angeschlagenes Vertrauen zurückzugewinnen. Sexuelle Missbräuche lassen sich nie gänzlich verhindern – hat jedoch eine Institution verantwortungsvoll alles unternommen, was in ihrer Macht steht, um Ausbeutungen zu verhindern, kann sie vor die Öffentlichkeit treten und die wirklich Schuldigen benennen.

Oft wird bei Vorliegen von Klagen und Anschuldigungen die Gelegenheit genutzt, einen Maßnahmenkatalog zu erstellen oder zu überarbeiten. Es erweist sich jedoch als unvergleichlich einfacheres Unterfangen, ohne äußeren Druck (Medien, Gerichtsklagen, Behördenauflagen) eine entsprechende Strategie zu entwickeln. Die Firmenkultur stellt immer in erster Linie einen Managementauftrag dar. Solche Führungsprobleme gilt es rechtzeitig zu erkennen und die geeigneten Maßnahmen einzuleiten. Eine Firma oder Institution kann nachhaltige Erschütterungen erleben, wenn sie unvorbereitet mit sexuellen Missbräuchen konfrontiert wird. Oft entwickeln sich deutliche Polarisierungen unter den Mitarbeitern, es kommt zu Spannungen und viele Ressourcen werden absorbiert. Es kostet einen nicht zu unterschätzenden Zeit- und Personalaufwand, derartige Entwicklungen aufzufangen. Bei Beratungen kann den Verantwortlichen das Modell der Inzestfamilie helfen, Strukturen und Vorgänge besser zu verstehen und die notwendigen Maßnahmen zielgerecht einleiten zu können. Dazu gehören (temporäres) Berufsverbot, geeignete Assessmentverfahren sowie ein Rehabilitationsprogramm für den Betroffenen, sofern ihm eine weitere Berufstätigkeit attestiert werden kann.

Oft versuchen Arbeitgeber, die Opfer von Klagen abzuhalten oder gar einzuschüchtern und mit Verleumdungsklagen und ähnlichen zu drohen. Seit die Opferberatung effizienter geworden ist, sind solche Vorgehensweisen nicht mehr erfolgreich bzw. bewirken oft sogar das Gegenteil. Abgesehen davon muss man bedenken, dass mit derartigen Schritten indirekt die Schuld zugegeben wird – warum sonst wird solche Energie darauf verwendet, Opfer in dieser Richtung zu beeinflussen. Erneut sei auf das Modell der Inzestfamilie verwiesen, wo häufig die analogen Mechanismen zu beobachten sind. Institutionen sind besser beraten, die Situation von betroffenen Opfern ernst zu nehmen und ihnen angesichts der durchgemachten Erfahrungen nicht noch zusätzliche Schwierigkeiten entgegen zu setzen.

Literatur

1 Matsakis A: I Can't Get Over It – A Handbook for Trauma Survivors. Oakland, New Harbinger, 1992.
2 Pope KS: Sexual Involvement with Therapists. Washington, American Psychological Association, 1994.
3 Penfold S: Sexual Abuse by Health Professionals. A Personal Search for Meaning and Healing. Toronto, University of Toronto Press, 1998.
4 Chesler P: Frauen – das verrückte Geschlecht? Hamburg, Reinbeck, 1986. Engl. Original: Woman and Madness, Avon Books, 1972.

5 Urbaniok F: Teamorientierte stationäre Behandlung in der Psychiatrie. Stuttgart, Thieme, 2000.

6 Janet P: L'Amnesie et la dissociation des souvenirs par l'emotion. Journal Psychol 1904;4:417–453.

7 Janet P: L'automatisme psychologique: Essay de la psychologie expérimentale sur les formes inférieures de l'activité humaine. Paris, Félix Alcan, 1889.

8 American Psychiatric Association: DSM IV: Diagnostic and Statistical Manual of Mental Disorders, ed 4. Washington, American Psychiatric Association, 1994.

9 Fischer G, Riedesser P: Lehrbuch der Psychotraumatologie. München, Reinhardt, 1999.

10 Becker-Fischer M, Fischer G, Heyne C, Jerouschek G: Sexuelle Übergriffe in Psychotherapie und Psychiatrie. Stuttgart, Kohlhammer, 1995.

11 Luepker ET, Schoener G: Sexual Involvement and the abuse of power in psychotherapeutic relationships; in Schoener G, Milgrom JH, Gonsiorek JC, Luepker ET, Conroe RM: Psychotherapists' Sexual Involvement with Clients – Intervention and Prevention. Minneapolis, Walk-In Counseling Center, 1989.

12 Brodbeck J: Bedingungen und Folgen sexueller Übergriffe in der Psychotherapie. Lizentiatsarbeit Universität Freiburg, 1994.

13 Feldmann-Summer S, Jones G: Psychological impacts of sexual contacts between therapists or other health care practioners and their clients. J Consulti Clin Psychol 1984;52;6:1054–1061.

14 Kohler I: Im Sport berührt man sich halt so ... Bern, Schweizerischer Kinderschutzbund, 2000.

15 Simon RI: Bad Men Do, what Good Men Dream. A Forensic Psychiatrist Illuminates the Darker Side of Human Behavior. Washington, American Psychiatric Press, 1995.

16 Freispruch für Zürcher Psychiater. Der Ausnützung einer Notlage nicht schuldig. Neue Zürcher Zeitung No. 227, 30. 09. 1999.

17 Schweizerisches Bundesgericht (BGE 124 IV 13). Lausanne, 12. 01. 1998.

7 Opferberatung

7.1 Voraussetzungen auf Helferseite

In der Opferberatung sollten Fachpersonen arbeiten, die sich vertiefte Kenntnisse in Psychotraumatologie erworben haben. Da generell mehr weibliche Personen Opfer von Beziehungstraumen werden, sollten in Berufsorganisationen oder Institutionen, die ein Opferberatungsangebot bieten, mehrheitlich Frauen arbeiten [1]. Helferinnen und Helfer müssen ihre eigenen Reaktionsmuster in einem geeigneten Therapieverfahren durchgearbeitet haben. Sie dürfen keinesfalls ihre eigenen, unbewältigten Traumaerfahrungen zu überwinden versuchen, indem sie betroffenen Menschen helfen. Ist dies der Fall, wären sie nicht in der Lage, objektiv auf die Situation der Opfer einzugehen, sondern würden primär ihre eigene Not bekämpfen. Der manchmal zu beobachtende Fanatismus von Helfern hängt unter anderem mit solchen Phänomenen zusammen.

Nur wenige Opfer von Beziehungstraumen wenden sich bereits nach dem ersten Übergriff an eine Beratungsstelle. Die Regel ist, dass das traumatisierende Verhältnis meistens über längere Zeit besteht. Erst wenn Betroffene realisieren, dass sie missbraucht wurden, geraten sie in eine Krise. Lange Zeit wähnen sie sich als glückliche Partner in einer gleichberechtigten Beziehung, entsprechend fühlen sie sich auch nicht beeinträchtigt [2]. Das Gegenteil ist der Fall, sie fühlen sich als der einzige, der auserwählte und begehrte Partner – bis sie eines Tages die Situation durchschauen und die Manipulationen erkennen.

Bei Traumaopfern scheinen sich kognitiv-verhaltenstherapeutisch orientierte Behandlungskonzepte am besten zu bewähren. Verhaltenstherapeuten greifen aufgrund ihrer grundsätzlich anderen Arbeitsweise viel aktiver in das therapeutische Geschehen ein und versuchen, den Heilungs- und Verarbeitungsprozess durch aktives Lernen und Üben zu unterstützen. Psychoanalytisch orientierte Therapeuten verlassen sich weit mehr auf Selbstheilungsprozesse und neigen aufgrund ihrer angelernten Therapie-

131

strategien zu einer passiven Haltung, bei der sie mehr gewähren lassen. Bei traumatisch bedingten Störungsbildern, insbesondere wenn Beziehungstraumen kausal verantwortlich sind, haben die Missbrauchsopfer oft das Gefühl, nur ungenügend unterstützt zu werden und brechen deswegen oft die Behandlung ab. Neben den primären Interventionsstrategien sind auch Kenntnisse in aktiven Entspannungstechniken und hypnotischen Verfahren hilfreich, die Folgen traumatischer Prozesse zu bewältigen.

Die Opferberatung stellt hohe Anforderungen an die innere Distanziertheit und Abstinenz beim Therapeuten – die Opfer suchen ja nicht ein Gegenüber, das vor lauter Betroffenheit auch nur noch ohnmächtig dasitzt oder weinen muss. Traumatische Erfahrungen haben etwas Infektiöses für das Gegenüber. Trotzdem erwartet das Opfer von einer professionellen Hilfe Sachkompetenz und einfühlsames Vorgehen. Innere Distanz ist keinesfalls mit mangelnder Empathie zu verwechseln. Sie bedeutet vielmehr, dass die helfende Person sich nicht mit dem Opfer identifiziert. Empathisches Verhalten ist hingegen die notwendige Voraussetzung, um Betroffenen die nötige menschliche Sicherheit zu vermitteln. Viele Traumaopfer sind vor allem zu Beginn der Beratung nicht in der Lage, die jetzige therapeutische Beziehung innerlich von der zu unterscheiden, die traumatisierend war. Dies gilt besonders dann, wenn der traumatische Vorgang innerhalb einer fachlich und geschlechtlich gleichartigen Beziehung erfolgte. Traumahelfer tun gut daran, solche Schwierigkeiten gleich zu Beginn zu thematisieren und mögliche Auswege aufzuzeigen. Häufig wirkt dies entlastend und beruhigend. Es hilft mit, fatale Behandlungsabbrüche zu vermeiden. Es gilt, ein Arbeitsbündnis zwischen Helfer und Opfer zu errichten, welches der vorausgegangenen Erfahrung weder zu unähnlich noch zu ähnlich ist. Der Helfer darf sich weder als verführbar noch als zu distanziert und ängstlich-defensiv zeigen. Opfer verfügen meist über eine sehr genaue Wahrnehmung solcher Verhaltensweisen aufgrund der durchgemachten Erfahrungen [3].

Helfer müssen ihre eigenen Abwehrstrategien genau kennen. Fischer [4] weist darauf hin, dass Helferinnen und Helfer sich für ihre Arbeit mit Missbrauchsopfern nur begrenzt auf gängige psychologische, soziologische und medizinische Theorien verlassen können. Sie sind nämlich selbst nicht frei von Vorurteilen und psychotraumatologischer Abwehr. Hier ist in erster Linie die Tendenz zu erwähnen, die Opfer zu beschuldigen, am Geschehenen irgendwie verantwortlich zu sein. Aus der Retrospektive kann sehr einfach behauptet werden, dass das Ereignis eigentlich voraussehbar gewesen wäre, hätte das Opfer eben dies und jenes berücksichtigt.

Das ist ein Fehlschluss und führt höchstens dazu, dass sich der Berater dem Opfer überlegen fühlt. Es dient lediglich dazu, das eigene Gefühl der Ohnmacht abzuwehren, das mit den Folgen sowie der Nichtvoraussagbarkeit der traumatischen Ereignisse verbunden ist. Die Opfersituation erschüttert das Sicherheits- und Weltverständnis auch beim Helfer. Die damit ausgelöste innere Spannung und Angst kann mittels der beschriebenen psychotraumatologischen Abwehrstrategie des Helfers abgewehrt werden. So bemühte man sich, den Opfern etwa eine ‹Opferpersönlichkeit› nachzuweisen, die dann erklärt hätte, dass ein Betroffener den Täter anzog wie das Licht die Motte. Solche und analoge Forschungskonstrukte sind ein Beispiel für Verzerrungen von Forschern, die ihre eigenen Abwehrprozesse nicht genügend bearbeitet haben.

Ebenso schädlich ist es, das Opfer zu idealisieren und gleichzeitig den Täter zu verteufeln. In Beziehungstraumen repräsentieren die Täter immer wichtige Figuren, zu denen meist eine innige, liebevolle und vertrauensvolle Beziehung bestand. Die ganze Gefühlsambivalenz erschüttert die Opfer dermaßen, dass sie nicht mehr wissen, wem sie vertrauen sollen. Als Helfer sollte man nicht in diese Falle treten und Betroffene dazu drängen, ihren Peiniger zu verurteilen. Die Täter als Monster zu bezeichnen, führt letztendlich in die Irre und verunsichert die Opfer nur noch zusätzlich – schlussendlich haben sie diese Person ja einmal geliebt. Vielmehr sollte versucht werden, die oft so widersprüchlichen und dennoch durchschnittlichen Seiten der Täter darzustellen. Diese Menschen mögen nach außen völlig integer erscheinen; ihr pathologisches oder straffälliges Verhalten ist ihnen nicht anzusehen. Diese Sichtweise kann Opfer von drückenden Schuldgefühlen entlasten, denen sie aufgrund gesellschaftlicher Vorurteile und eigener Verarbeitungsmechanismen ausgesetzt sind.

Es ist dies übrigens ein charakteristischer Zug, der praktisch immer zu beobachten ist – das Opfer beschuldigt immer zuerst sich selbst. Woher das kommt, lehrt uns die kindliche Entwicklungspsychologie. Das Kind ist von seinen Bezugspersonen (normalerweise Eltern und weitere Familienmitglieder, die für die Erziehung verantwortlich sind) absolut abhängig. Ereignet sich ein Vorfall und das Kind müsste eigentlich mit Wut und Hass auf seine Eltern reagieren, kann sich die Reaktion in das Gegenteil verkehren, indem das Kind sich selbst eines unrichtigen oder schlechten Verhaltens bezichtigt. Der innere Gewinn dieses Abwehrmechanismus besteht darin, dass es seine Eltern weiterhin lieben kann, ihnen weiterhin vertrauen kann und die Abhängigkeit von ihnen aushalten kann. Selbst ein ‹schlechter Mensch› zu sein ist einfacher, als keine liebenden Eltern mehr zu haben. Mit diesem Gefühl kann das Kind letztendlich konfliktfreier leben.

Eine besondere Schwierigkeit stellt die traumatische Gegenübertragung dar. Diese führt bei Traumahelfern regelmäßig zu ähnlichen Symptomen, wie sie auch das Opfer durchmacht. Diese Phänomene sind naturgemäß schwierig auszuhalten. Die Helferperson muss die Gegenübertragungsreaktionen kennen und verstehen, dann kann sie sie auch therapeutisch nutzen. Würde ein Therapeut das Opfer für derartige Phänomene beschuldigen – was gar nicht so selten vorzukommen scheint –, resultierte eine erneute Traumatisierung beim Opfer und eine Fortsetzung der Behandlung wäre unmöglich. Diese Gegenübertragungsphänomene sind unter anderem durch die schattengleiche Präsenz des Täters bedingt, der als dritte Figur immer die dyadische Beziehung zwischen Therapeut und hilfesuchender Person stört. Zusätzlich mögen die Horrorgeschichten der Missbrauchsopfer mit der Zeit die eigenen Überzeugungen und Wertvorstellungen von beratenden Fachleuten unterminieren. Die immer vorhandenen Gefühle von Ohnmacht und Hilflosigkeit beim Opfer führen schlussendlich dazu, dass selbst die Fachperson den Glauben an die Wirksamkeit der psychotherapeutischen Behandlungsmethode verliert. Die Reaktion ist Wut und Ärger. Die gegenteilige Reaktion kann beobachtet werden, wenn Fachleute die Rolle des Retters übernehmen.

Je mehr ein Berater die Haltung einnimmt, dass sich das Opfer seinen Anweisungen fügen muss, desto mehr sorgt er für eine Verfestigung von Gefühlen wie Ohnmacht, Hilflosigkeit und Unselbstständigkeit. Das Opfer verharrt in seiner Machtlosigkeit. Dies stellt genau das Gegenteil dessen dar, was das grundlegende Behandlungsparadigma besagt: Nur durch Wiedererlangen eines Gefühles von Selbstbestimmung und Bewältigungsmöglichkeit des Lebens ist ein Heilungsprozess der psychischen Traumatisierung möglich.

Therapieverfahren, die sich auf das Hier und Jetzt beschränken, sind bei Traumafolgen kontraindiziert. Im Gegenteil, Traumaopfer müssen lernen, dass die traumatischen Beziehungskonstellationen in der Vergangenheit stattgefunden haben, die Folgen aber bis in die heutige Zeit hinein wirken. Ihre Vorstellung, dass doch alles wieder so herauskommen wird, wie sie es aus ihrer Vergangenheit kennen, führt im Sinne einer sich selbst erfüllenden Prognose zu einem fatalen Teufelskreis. Am ehesten kann dem Patienten geholfen werden, indem mittels dialektischer Betrachtung die Erfahrungen der Vergangenheit auf die Gegenwart bezogen werden. Sobald in einer Behandlung keine klaren Grenzen gesetzt, Begriffe verschwommen verwendet oder Realität und Phantasie vermischt werden, erfolgt unweigerlich eine Wiederholung der traumatischen Erfahrung. Insofern gebührt der Beachtung von zeitlichen Grenzen und damit der Trennung von Gegenwart und Vergangenheit eine hohe Priorität [5]. Therapieverfahren mit verbalisierenden Techniken ist deswegen der Vorzug zu geben, weil mittels der sprachlichen Erfassung und Formulierung dieses Element der Klarheit beachtet wird. Besonders bei sexuell gefärbten Beziehungstraumen erfährt man häufig bestens gehütete Familien- oder Beziehungsgeheimnisse, deren Bann nur durch klare Verbalisierung gebrochen werden kann.

Gruppentherapieverfahren sind als alleiniges Therapieverfahren zumindest zu Anfang nicht sinnvoll. Traumaopfer bedürfen in der Regel einer exklusiven Zweierbeziehung, um das nötige Vertrauen in andere Menschen wieder aufbauen zu können. In Ergänzung können im weiteren Behandlungsverlauf Gruppenerfahrungen jedoch durchaus sinnvoll sein und mithelfen, die eigene Situation in einem anderen Lichte zu sehen. Es kann für Opfer von Beziehungstraumen entlastend wirken, wenn sie hören, dass es anderen ähnlich ergangen ist. Es hilft insbesondere mit, sich von quälenden Selbstbeschuldigungen zu distanzieren und kann auch mithelfen, aus einer anhaltenden Opferidentität herauszufinden.

Pharmakologische Behandlungsmittel sind bei Traumafolgen nie als kausale Therapie einzusetzen, vielmehr muss das traumatische Ereignis mit all seinen Folgen innerhalb der jeweiligen Lebensbiographie eingeordnet und therapeutisch bearbeitet werden. Hingegen können Medikamente durchaus sinnvoll sein, um einerseits überhaupt die psychotherapeutische Behandlung zu ermöglichen und andererseits viele psychische Symptome wie depressive Störungsbilder, Angst- und Panikzustände sowie Schlafstörungen zu lindern. Als mögliche Mittel stehen in erster Linie Antidepressiva, insbesondere die SSRI (Serotonin-Wiederaufnahmehemmer) der neuen Generation mit deutlich reduziertem Nebenwirkungspotential gegenüber den konventionellen Trizyklika, zur Verfügung. Benzodiazepine können vorübergehend ebenfalls eine Linderung bewirken, jedoch muss ihr Abhängigkeitspotential beachtet und zudem bedacht werden, dass durch die pharmakologischen Auswirkungen der psychotherapeutische Verarbeitungsprozess unter Umständen unterbrochen wird. In der Praxis ist man als Helfer jedoch immer wieder mit Situationen konfrontiert, wo das Leiden eines Betroffenen solche Dimensionen annimmt, dass man nicht umhin kommt, eine vorübergehende medikamentöse Dämpfung in Kauf zu nehmen. Die Indikationen müssen im Einzelfall gegen mögliche

Nebenwirkungen abgewogen werden und sollen mit dem Patienten besprochen werden. Nicht vergessen werden sollen auch die Neuroleptika, die gegebenenfalls, in niedrigen Dosierungen eingesetzt, eine Alternative zu den Benzodiazepinen darstellen können. Gelegentlich müssen auch Analgetika (Schmerzmittel) eingesetzt werden. Oberster Grundsatz muss immer bleiben, die Symptome in Zusammenhang mit den traumatischen Ereignissen zu sehen und zu verstehen. Das Konzept der psychopathologischen Störungen muss bei den Traumafolgen überdacht werden, da viele Symptome, wie beispielsweise das Misstrauen in nahen Beziehungen nach einem Beziehungstrauma als direkte Auswirkung und Schutzmechanismus nicht nur zu verstehen, sondern möglicherweise weiterhin sinnvoll und angebracht sind. Zumindest bis sich die Beziehungskonstellationen soweit klären lassen, dass erneute Traumatisierungen einigermaßen verlässlich ausgeschlossen sind.

Die theoretische Einordnung der psychotraumatologischen Folgen als neurotische Störungen muss insbesondere durch die psychoanalytisch orientierten Schulen überdacht werden. Von Brainin, Legethi und Teicher [6] wurden verschiedene Begriffe, wie beispielsweise Schuldgefühle, identifiziert, die in Zusammenhang mit Traumafolgen häufig falsch ausgelegt und interpretiert werden. Die Untersuchungen wurden an Holocaust-Opfern erhoben, lassen sich jedoch ebenso auf andere Bereiche von traumatisierenden Ereignissen anwenden. Die Nazilager waren beispielsweise so organisiert, dass das Überleben des Einzelnen auf Kosten des anderen ging. Der eigene Überlebenswunsch wurde so auf bestialische Weise in Zusammenhang mit dem Überlebensrecht der andern gebracht. Schuldgefühle angesichts des Überlebens können laut der Autoren somit nicht bloß als innerpsychische Bewältigungsversuche verstanden werden, sondern wurden in den Lagern geradezu systematisch gezüchtet. Es kann Traumatisierungsopfer sehr von ihren Schuldgefühlen entlasten, wenn Helfer solche Zusammenhänge ausführen und auf die Mechanismen verweisen, für die die Opfer nicht verantwortlich gemacht werden können. Ein strukturell ähnlicher Mechanismus findet statt, wenn Täter ihren Opfern mit Vergeltung drohen, falls sie jemandem über die sexuellen Kontakte berichten sollten. Noch perfider verhalten sich Seelsorger, wenn sie mit göttlichen Bestrafungen dem Opfer drohen. Damit werden Schuldgefühle regelrecht gezüchtet, für die nicht das Opfer verantwortlich gemacht werden darf und die auch nicht Ausdruck einer Psychopathologie sind.

Häufig verwechseln Therapeuten ihre durch ihre Berufsarbeit verlangte abstinente Haltung mit einer Haltung der Neutralität gegenüber Tätern.

Wer sich in der Beratung zu einer Täter-Opfer-Konstellation ‹neutral› verhält, ist natürlich keineswegs neutral, sondern nimmt Partei für den Täter gegen das Opfer. Dadurch fühlen sich Opfer zusätzlich orientierungslos. Technische Neutralität ist nicht dasselbe wie moralische Neutralität! Der Traumahelfer wird zu einem Zeugen und Mitwisser einer kriminellen Handlung oder zumindest eines fachlich schwerwiegenden Fehlverhaltens. Traumahelfer müssen gegenüber betroffenen Opfern eindeutig Position hinsichtlich Wertung und Einschätzung des Übergriffes einnehmen. Traumatherapie ist nur möglich, wenn das therapeutische Bündnis auf der Solidarität mit dem betroffenen Opfer beruht. Judith Herman [7] führt dazu in ihrem Buch aus, dies bedeute keineswegs, dass man dem Opfer so gegenübertreten soll, als mache sie nie etwas falsch. Vielmehr sei ein Verständnis der fundamentalen Ungerechtigkeit des traumatischen Ereignisses notwendig, und damit verbunden die Wiederherstellung eines Gefühles von Gerechtigkeit. Die neutrale Haltung wird vielfach in wissenschaftlichen Publikationen empfohlen, was jedoch nicht dasselbe bedeutet, was die Abstinenzregel vorgibt. Die Abstinenzregel verlangt von psychotherapeutisch tätigen Fachpersonen, dass sie in der Beratung keine eigenen Interessen außer dem Willen, dem Kranken aufs bestmögliche zu helfen, einfließen lassen dürfen. Auch weltanschauliche, politische und religiöse Aspekte sollen die Urteile und Wertungen gegenüber dem Klienten nicht beeinflussen. Die Betroffenen müssen ihren eigenen Weg finden können und sollen nicht ihr Glück im Nacheifern des Therapeuten suchen. Das lateinische ‹abstinere› bedeutet ‹sich enthalten von›. Es kann jedoch nicht bedeuten, dem Patienten nicht zu helfen, wenn eine klare Stellungnahme und Haltung dem therapeutischen Prozess förderlich sind. Vielmehr ist die parteiliche Stellungnahme eine Conditio sine qua non (unabdingbare Voraussetzung) jeder Traumatherapie.

Ein weiterer Punkt betrifft die Neutralitätshaltung innerhalb zweier Konfliktparteien bzw. die damit oft verbundene Schuldumkehr. Nach einer weitverbreiteten Ansicht sind, wenn zwei sich streiten, immer beide schuld. Wenn man diese Ansicht uninterpretiert auf alle Vorfälle anwendet, handelt es sich meiner Ansicht nach um ein manipulatives Verhalten mit perfekter Tarnung – versteckt sich doch dahinter die Parteinahme für den Täter. Es liegt auch hier klar eine Opferbeschuldigung vor, indem das Opfer mit dem Täter auf dieselbe Stufe gestellt wird. Dass jemand durch aggressives Verhalten einen anderen Menschen zwingt, sich zur Wehr zu setzen, wird gerne vergessen. Besonders eindrücklich war dieses Verhaltensmuster beispielsweise bei Elian Gonzales festzustellen, einem Kind, das von den Verwandten mütterlicherseits in Miami dem leiblichen Vater, aus Kuba stammend, vorenthalten wurde. Das Kind war als Schiffbrüchiger gerettet worden, während die Mutter auf der Flucht von Kuba starb. Nach Eingreifen der US-Einwanderungsbehörde mittels rabiater Maßnahmen beschuldigten die Verwandten und ihre Gesinnungsgenossen die Bundesbehörden eines unmenschlichen, ja grausamen und bestialischen Vorgehens. Als schreiender Vorwurf von allen Titelseiten prangte das Bild eines Beamten mit Maschinengewehr, das auf das Gesicht des Kindes gerichtet war. Die simple Grundtatsache, dass in diesem Fall dieses Kind zu seinem Vater gehörte, fand keine Beachtung. Die Vollzugsbehörden sahen in diesem Fall keinen anderen Weg, als mit rabiaten Mitteln vorzugehen – was ihnen prompt zum Vorwurf gemacht wurde. Auch in der Justiz spielen diese Opfer- und Täteridentifikationen eine nicht zu unterschätzende Rolle. Mit besonders intensiven Abwehrprozessen ist immer dann zu rechnen, wenn sich zur familiären Traumatisierung auch noch Tabuthemen wie etwa sexueller Missbrauch gesellen. Rasch ist man versucht, die Eltern zu schonen oder den Vater, der für die Familie zu sorgen hat, milde zu behandeln. Dies ist insbesondere in Ländern, die eher einen autoritären Erziehungsstil pflegen, sehr ausgeprägt. Die Parteinahme gegen Kind und Opfer als das Schwache, Schutzbedürftige und Leidende ist oft schreiend offensichtlich – das Tabu wirkt jedoch stärker. Häufig findet sich eine groteske Rollenumkehr, indem beschuldigte Personen sich selbst als Opfer von Anschuldigungen oder Verleumdungen darstellen. Noch grotesker wird es, wenn Täter gegen ihre Opfer oder diejenigen Instanzen, die es vertreten, Verleumdungsklagen erheben oder anderweitig juristisch vorzugehen versuchen. Ein ähnlich perfider Mechanismus kann beobachtet werden, wenn Mitglieder von Opferberatungsstellen beschuldigt werden, sie würden Missbrauch mit dem Missbrauch betreiben. Auch da findet eine Umkehrung statt, indem diejenigen Personen, die sich für die Opfer einsetzen, als die eigentlichen Täter gebrandmarkt werden.

Die therapeutische Aufarbeitung von traumatischen Beziehungserlebnissen setzt beim Therapeuten profunde Kenntnisse über Traumatisierungsvorgänge und Behandlungstechniken voraus. Die geäußerten Überlegungen dürfen jedoch nicht als absolute Größen betrachtet werden, sondern Traumahelfer müssen vielmehr bereit sein, eigene Standpunkte und Konzepte laufend zu relativieren und neuen Gegebenheiten anzupassen. Es fängt schon beim Begriff des Missbrauches an, der sich im Sinne einer (auch juristisch) eindeutigen Formulierung nicht klar erfassen lässt. Klar und eindeutig ist es meistens nur für die betreffenden Opfer. Dies fordert größtmögliche Flexibilität in der Handhabung therapeutischer Techniken. Selbst fachliche Grenzen müssen flexibel gehandhabt werden und müssen mit dem Opfer im gemeinsamen Prozess immer wieder festgelegt werden.

Der Erfolg und die Wirksamkeit therapeutischer Techniken sind keineswegs garantiert. Als Traumatherapeut muss man auch lernen, eigene Grenzen wahrzunehmen und zu akzeptieren. Otto Kernberg, eine der Ikonen der Psychotherapie, hat in den letzten Jahren verschiedentlich darauf hingewiesen, dass nicht jeder Therapeut jeden Patienten behandeln kann. Seine Untersuchungen über prädiktive Entscheidungs-Kriterien könnten sich auch in der Traumatherapie als wertvolle Hilfe erweisen, wer letztendlich welchen Patienten helfen kann. Omnipotenzphantasien selbstgerechter Helfer erfahren dadurch einen empfindlichen Dämpfer – wir müssen wirklich ehrlich sein, um in diesem sensiblen Gebiet Hilfe zu geben.

Wo Opfer sexueller Übergriffe eine stationäre Behandlung benötigen, sollte unbedingt auf geschlechtliche Trennung geachtet werden. Die gemischtgeschlechtlichen Stationen sind für die meisten Betroffenen eine Katastrophe und stellen eine strukturelle Retraumatisierung dar. Die analogen Folgen finden sich angesichts der an den meisten stationären Einrichtungen praktizierten Zuteilung von Therapeuten und Pflegepersonal. Diese fehlende Wahlmöglichkeit entspricht ebenfalls einer strukturellen Retraumatisierung. Das Gefühl des Ausgeliefertseins und des Nicht-Bestimmen-Könnens verstärkt die bestehenden Ohnmachtsgefühle beim Opfer.

7.2 Realisieren

Das nachfolgende Beispiel soll illustrieren, wie eine betroffene Frau erstmals realisierte, dass sie missbraucht wurde. Der Leser sei daran erinnert, dass die meisten sexuellen Kontakte in fachlichen Beziehungen konsensuell erfolgen und somit in der subjektiven Wertung zumindest zu diesem Zeitpunkt durch Betroffene nicht als Missbrauch bezeichnet werden. Meistens geschieht das Verstehen zu einem späteren Zeitpunkt.

«Ich spazierte gegen Abend nochmals an der Praxis vorbei. Durchs hellerleuchtete Zimmer sah ich ihn eine Frau umarmen und küssen. Dabei hatte er mir immer gesagt, ich sei die einzige, die er liebe. Seit drei Jahren war ich schon bei ihm in Therapie. Ich vergötterte ihn wie einen Vater,

Geliebten und magischen Heiler gleichzeitig. Er hatte mir immer weisge-
macht, es ist schon recht, was wir tun.» Manchmal realisieren Opfer auf
diese Weise, dass sie nicht die ‹einzigen› sind, dass sie womöglich betrogen worden sind. Der nagende Zweifel wird oft rasch zur Gewissheit,
wenn, wie in diesem Beispiel, die Frau ihren Therapeuten mit ihrem Verdacht konfrontiert. Er wies sie schroff ab und titulierte sie als eifersüchtige
Ziege. Sie war geschockt, so hatte er sie noch nie behandelt, in den drei
Jahren nicht. Aus dem Verdacht wurde Gewissheit – die Frau geriet in eine
depressive Krise.

Dieses zufällige Realisieren passiert gar nicht so selten. Häufig bewirkt die Lektüre in einem Magazin oder einer Tageszeitung ein Nachden-
ken über die eigene Situation. Ebenfalls häufig kommt es vor, dass eine
Frau mit einer Freundin zusammensitzt und von ihrem Märchenprinz
schwärmt. Die Freundin macht sie vielleicht darauf aufmerksam, dass sie
vor Jahren selbst so eine Patient-Doktor-Beziehung gehabt habe. Die alten
Erinnerungen kommen hoch, die Verbitterung über das Ende der damaligen Romanze. Aber jetzt hat der Film Risse bekommen, die Zweifel lassen
sich nicht mehr wegwischen. Ebenso häufig erwähnen Missbrauchsopfer
eher nebenbei und wie selbstverständlich in einer psychotherapeutischen
Behandlung eine solche Beziehung. Stunden später erfährt der Therapeut
Näheres, z. B. wie es zu einem intimen Kontakt kam. Erst die inhaltliche
Auseinandersetzung öffnet der betroffenen Person dann möglicherweise
die Augen, dass sie missbraucht wurde.

Nach dem Realisieren sucht das Opfer vielleicht Hilfe und Unterstützung. Es ist alles so verwirrend – der Mensch, den die Person geliebt hat,
soll sie missbraucht haben? Viele Fragen tauchen plötzlich auf. Wenn sich
schlussendlich jemand zu einer professionellen Beratung anmeldet, haben
möglicherweise schon mehrere Personen ihre Kommentare zur Situation
abgegeben («Nicht so schlimm, passiert jedem einmal. Das Leben ist
hart»). So sieht die durchschnittliche Ausgangssituation für den Traumatherapeuten aus. Eine verwirrte Person, aufgewühlt, hin- und hergerissen,
voller Selbstanklagen und Selbstzweifel. Meistens bestehen behandlungs-
bedürftige Symptome, schlimmstenfalls besteht akute Suizidgefahr.

In der ersten Beratung wird dem Opfer zuerst einmal Gelegenheit gegeben, sich auszusprechen, über das Vorgefallene zu berichten. Wenige
Fragen dienen dem besseren Verständnis. Meistens ist rasch klar, was vorgefallen ist. Nun gilt es abzuklären, über welche Ressourcen jemand verfügt bzw. welche Hilfe nötig ist. Insbesondere bei Suizidgedanken und
-impulsen muss die Hilfe für die nächsten 24 Stunden oder die nächsten

paar Tage geklärt werden. Fragen über bereits bestehende Therapien müssen ebenso geklärt werden. Wichtig sind auch die Angehörigen oder Freunde, sei es als mögliche Ressource, sei es als Mitbetroffene. Man sollte sich darüber gleich zu Beginn ein kursorisches Bild machen. Wenn von der Belastbarkeit her möglich, werden Betroffene aufgefordert, das traumatisierende Erlebnis möglichst in den nächsten Tagen niederzuschreiben. Je weniger Zeit zwischen dem traumatischem Erlebnis und der Niederschrift verstreicht, desto mehr bleibt im Gedächtnis haften. Diese Niederschrift ist für die betroffene Person selbst gedacht. Außerdem sollten alle möglichen Beweismittel sichergestellt werden; häufig genug werfen Betroffene im Zorn Dinge weg, die in einem eventuellen Gerichtsverfahren als Beweismittel von unschätzbarem Wert wären. Diese beiden Punkte müssen unabhängig von weiteren Schritten unbedingt zu Beginn erwähnt werden. Betroffene müssen aber insbesondere das Gefühl haben, dass sie über die weiteren Schritte entscheiden. Sonst fühlen sie sich erneut verunsichert und ihrer Autonomie beraubt. Es gilt jetzt vor allem klar zu machen, dass dieser erste Schritt, professionelle Hilfe zu suchen, etwas sehr Wichtiges war. Alles Weitere würde sich nun klären. Je nach Ausgangssituation werden ein bis zwei weitere Termine vereinbart.

Im Folgenden möchte ich meine eigenen Interventionstechniken und Vorgehensweisen in der Beratung vorstellen: Den nächstfolgenden Termin benutze ich zur Aufklärung des Opfers über meine Aufgabe, meine Erfahrung und meine Einschätzung der vorliegenden Situation. Ich informiere über die Beziehungssituation, das Vertrauensverhältnis, über die Traumatisierung, über mögliche Folgen und therapeutische Behandlungsstrategien. Auch die rechtliche Ausgangslage spreche ich an sowie Beschwerde- und Klagemöglichkeiten. Bestätigt sich der Verdacht einer Missbrauchssituation, müssen immer auch Entschädigungsfragen und Honorarrückforderungen geklärt werden. Betroffene Opfer werden an erfahrene Juristen verwiesen. Meistens erweist es sich zu diesem Zeitpunkt schon als hilfreich, Fragen in Zusammenhang mit Selbstanklagen und Selbstvorwürfen direkt anzugehen und als einen allgemein bekannten Mechanismus zu erläutern. Damit verbunden ist letztlich auch die Frage nach der Verantwortung. Die Opfer bedürfen klarer und verständlicher Informationen, um aus ihrer Verwirrung, Ratlosigkeit und Unsicherheit herauszufinden. Wichtig ist es auch, seine eigene Rolle und sein Arbeitsverständnis klar zu machen. Stehe ich beispielsweise als Therapeut zur Verfügung, kann ich nicht gleichzeitig als Gutachter in einem Strafverfahren auftreten. Es fördert ebenfalls Vertrauen und Sicherheit, wenn ein Therapeut solche Bedingungen von

Anfang an klarstellt und begründet und nicht erst plötzlich im Laufe einer längeren Behandlung zu derartigen Feststellungen kommt.

Bei den ersten Beratungsgesprächen handelt es sich häufig um eine Krisenintervention, mit allen therapeutischen und interventionstechnischen Implikationen. Das Besondere ist jedoch die psychotraumatologische Ätiologie, ein Beziehungstrauma nämlich, das durch einen Berufskollegen oder sonstigen Fachmann verursacht wurde. Die Verunsicherung führt zu einer schwierig zu handhabenden Therapiesituation. Das Opfer ist stark verunsichert und erlebt ein starkes Misstrauen gegen Fachleute. Wichtig ist in einer solchen Phase, sehr präzise auf die Ausführungen der betroffenen Person zu achten und durch viele Wortrückmeldungen aufzuzeigen, wie man als Therapeut das Gesagte verstanden hat. Das Opfer erhält dadurch Gelegenheit, zu korrigieren, zu präzisieren oder zu ergänzen. Gleichzeitig vermittelt es dem Gegenüber jedoch auch, wie etwas ankommt und was dies wiederum bei mir als Helfer auslöst. Opfer müssen spüren, dass sie in ihrer verzweifelten Situation verstanden werden, sie müssen spüren, welche Kompetenz ich als Fachmann habe, wie ich einen traumatischen Prozess verstehe und werte und was für Schlussfolgerungen ich für die betreffende Person daraus ziehe. Dies vermittelt Sicherheit beim Opfer. Wichtig ist auch, nichts über den Kopf des Klienten hinweg zu entscheiden bzw. niemanden zu Schritten zu zwingen. Als Therapeut darf man nicht vergessen, dass die erkennbaren Abwehrmechanismen Selbstschutzmechanismen sind, deren das Opfer zu diesem Zeitpunkt wohl noch bedarf, soll es nicht an den Folgen der Traumatisierung zerbrechen.

Opfer suchen wohl immer Zeugen für ihre Situation [8]. Jemanden, der sieht, was sie erlebt haben, wie es ihnen nun geht, wie sie sich fühlen, was sie denken und empfinden. Vieles, was sie am Anfang berichten, wird erst mit der Zeit verständlicher. Als Therapeut muss man sehr darauf achten, wo in einer Erzählung Sprünge vorkommen. Handelt es sich um Dissoziationsphänomene, um Drehbühneneffekte? Oder sind es Erinnerungslücken, die mit der Traumatiserung selbst in Zusammenhang stehen?

7.3 Grundsätze der Beratung

Der Behandlungsvertrag setzt eine beidseitige Verantwortung voraus. Genau wie der Fachmann sich an die fachlichen Grenzen halten muss, sich das notwendige Wissen anzueignen und à jour zu halten hat, hat auch der

Patient gewisse Punkte zu beachten. Einzelne Bereiche, wie beispielsweise das Einhalten von vereinbarten Terminen, gelten für beide im gleichen Maße. Patienten haben darüber hinaus ein Behandlungshonorar zu entrichten und können damit umgekehrt auf die Einhaltung der Qualitätsstandards pochen. Patienten sollten bemüht sein, möglichst frei und offen über ihre Situation zu sprechen. Sie sollen versuchen, wahrhaftig und ehrlich zu sein. Sie sollten bereit sein, ihre ‹Geheimnisse› in der Behandlung offen zu legen.

Nur so lässt sich ein gemeinsames Arbeitsbündnis errichten, welches eine Heilung ermöglichen kann. Meistens ist diese Anforderung für traumatisierte Personen zumindest zu Beginn einer Behandlung nicht zu erbringen. Der Therapeut darf dies jedoch nicht als persönliche Niederlage werten und das Opfer gar eines unkooperativen Verhaltens bezichtigen – er muss sich vielmehr darum bemühen, die Umstände und Hintergründe, welche dieses Verhalten erklären, zu verstehen und aufzudecken. Der Therapeut darf den Patienten in seinen Reaktionen keineswegs kontrollieren wollen, sondern muss unter Beachtung der fachlichen Regeln einen Change-Prozess (Veränderungsprozess) ermöglichen, den letztendlich nur der Patient vollziehen kann. Für die Traumatherapie müssen die psychotherapeutischen Grundsätze, wie sie traditionellerweise durch die einzelnen Psychotherapierichtungen vermittelt werden, modifiziert werden. Fischer weist in seinem Lehrbuch darauf hin, dass die traditionellen Therapiestile bei der Traumatherapie sogar hinderlich sein können [4]. In Anlehnung an die Regeln, wie sie im erwähnten Lehrbuch zur Psychotraumatologie aufgestellt wurden, sollten bei einer Beratung oder Therapie eines Missbrauchsopfers folgende Gesichtspunkte beachtet werden:

1. Das Opfer akzeptieren. Missbrauchsopfer sollten vorbehaltlos in ihrem Erleben akzeptiert werden, obwohl sie dazu tendieren, dass niemand sie verstehen kann, insbesondere auch der Therapeut nicht, weil er ja nicht dieselbe traumatisierende Erfahrung durchgemacht hat. Ihre Erklärungen, ihre Beschuldigungen, ihre Anklagen dürfen zumindest am Anfang nicht in Frage gestellt werden – im Laufe einer Behandlung werden sie vom Opfer oft selbst modifiziert, weil sich eine andere Sichtweise und Bewertung des Vorgefallenen ergibt. Der Helfer darf das Opfer nicht zur Darstellung des Vorgefallenen drängen, sondern muss seine Bereitschaft deutlich machen, sich die Version der betroffenen Person anzuhören. Oft erweist es sich als sinnvoll und hilfreich, wenn der Therapeut bestimmte Sachverhalte darlegt, ohne dass das Opfer befragt wird. Der Therapeut legt damit sein Wissen und sein Verständnis über traumatisierende Ereignisse offen. Insbesondere bei sexuellen Missbräuchen, die regelmäßig mit starken Schuld-gefühlen, Schamgefühlen und Tabuisierung verbunden sind, wirken solche Ausführungen entlastend.

Ebenfalls entlastend kann es wirken, die Situation so zu verdeutlichen und darzustellen, dass möglicherweise nur das Opfer die pathologische Seite des Täters zu sehen und zu spüren bekommen hat und somit mit sei-ner Erfahrung und Sichtweise alleine dasteht. Dies stellt schon an sich eine schwierige Konstellation dar. Womöglich teilt niemand aus dem näheren Umkreis diese Sichtweise – niemand hat jedoch diese Erfahrung durch-machen müssen. Auf diese Art und Weise kann das Opfer verstehen, dass der Therapeut zumindest einige der Schwierigkeiten des Opfers durchaus nachvollziehen kann.

2. *Sofortige Hilfe und Intervention.* Opfer traumatischer Erfahrung müssen vorrangig einen Gesprächstermin erhalten. Es ist für sie unzumut-bar, lange Wartezeiten ertragen zu müssen. Neben dem Angebot des Zuhö-rens und der psychologischen Hilfe müssen Traumahelfer auch in juristi-schen Belangen und Ermittlungsverfahren grundlegende Kenntnisse haben. Ferner müssen sie in der Lage sein, dem Opfer zu helfen, sich soziale und ökonomische Hilfen zu organisieren. Generell zeigt sich: je früher nach einem traumatischen Ereignis eine professionelle Hilfe zur Verfügung steht, desto rascher wird die Wiederherstellung eines Grund-gefühles von Sicherheit möglich. Haben hingegen die Traumafolgen zu ei-ner Chronifizierung der Beschwerden geführt, muss ein unvergleichlich größerer therapeutischer Aufwand betrieben werden.

3. *Gegenübertragungsreaktionen.* Traumatherapeuten müssen sich auf massive eigene Gefühlsreaktionen und schwierig zu handhabende thera-peutische Konstellationen einstellen. Ärger, Wut auf der einen Seite, Angst und Unsicherheit auf der anderen Seite können Therapeuten immer ver-wirren. Traumahelfer bedürfen aus diesem Grund einer kontinuierlichen Supervision bei erfahrenen Traumatherapeuten, damit sie diese Reaktio-nen als Teil des Heilungsprozesses verstehen können und das Opfer wei-terhin verständnisvoll begleiten können. Traumapatienten reagieren auf Abwehrhaltungen von Helfern sehr sensibel, da sie im Umgang mit Mit-menschen an derartige Reaktionen wie Ablehnung, Beschuldigung etc. ge-wöhnt sind. Reagieren Traumatherapeuten in ähnlicher Weise, fühlen sich die Opfer dann weit stärker unverstanden und alleine gelassen – wenn nicht einmal Fachpersonen, die dank ihrer Ausbildung und ihres Berufs-wissens Kenntnisse über derartige Prozesse haben, die Situation hand-haben können! Unter solchen Umständen kann sich kein Arbeitsbündnis

etablieren, und die Behandlung wird über kurz oder lang frustriert abgebrochen. Es muss deshalb unerfahrenen Kolleginnen und Kollegen von der Übernahme derartiger Behandlungen abgeraten werden, solange sie sich nicht die notwendigen Kenntnisse erworben haben. Es gilt hier im besonderen, die eigenen Grenzen seiner therapeutischen Fähigkeiten zu kennen und betroffene Opfer an erfahrene Kolleginnen oder Kollegen zu überweisen.

4. Bereitschaft, sich testen zu lassen. Traumaopfer haben oft jegliches Vertrauen in andere Menschen und insbesondere in Fachleute verloren. Dies gilt in hohem Masse, wenn der Missbrauch durch einen Berufskollegen oder eine -kollegin erfolgte. Oder wenn vorausgegangene Behandlungen aufgrund oben aufgeführter Gründe scheiterten. Opfer von Beziehungstraumen testen deshalb jede neue Bezugsperson, ohne vorerst wirklich Vertrauen entwickeln zu können. Dieses Verhalten muss als Selbstschutzmechanismus positiv bewertet werden. Reagiert ein Therapeut mit Verstimmungen auf derartige fachliche und persönliche Infragestellungen, sei ihm geraten, seine eigene Situation zu klären. Der Helfer muss in seinen Gefühlen echt und adäquat sein, er darf nichts überspielen und keinesfalls manipulativ vorgehen. Es kann auch sehr sinnvoll sein, eigene Gedanken und Empfindungen mitzuteilen, um dem Opfer zu verstehen zu geben, wie die Aussagen beim Helfer ankommen und was sie bewirken. Dabei dürfen aber nie die Grenzen der Abstinenz überschritten werden. Besonders fatal wirkt es sich aus, wenn an dieser Stelle ein Helfer ein Opfer zu irgendwelchen Schritten drängt. Es kann dann leicht zu Enttäuschung und Abbruch der Therapie kommen, womit einer weiteren (iatrogen bedingten, also durch den Helfer verursachten) Chronifizierung erst recht Vorschub geleistet wird.

5. Wiederaufnahme einer Beziehung (re-bonding). Nach Beziehungstraumen ist regelmäßig das Vertrauen in Mitmenschen gestört und erschüttert. Allzu häufig wird eine zusätzliche, durch Fachpersonen mitbedingte Verstärkung des Traumas festgestellt. Bonding bedeutet «in Kontakt kommen bzw. sein bzw. bleiben». Die Bonding-Körperpsychotherapie nach Daniel Casriel hat hierzu viele wertvolle Hinweise und Anregungen vermittelt. Casriel hatte festgestellt, dass es Menschen gut tut, wenn sie einerseits ihre Gefühle verbal ausdrücken können und wenn sie gleichzeitig, aber auch danach, die unterstützende körperliche Nähe von anderen Menschen fühlen können. Wenn jemand, der in einer tiefen Trauer ist, in die Arme genommen wird, dann handelt es sich um ‹Bonding›. Wer starke Gefühle erlebt, gibt ein Stück von seinem Alltagsfunktionieren auf, sinkt in sich zusammen oder gerät ‹außer sich›. Körperlicher Kontakt vermittelt in einer solchen Situation Sicherheit und Unterstützung. Wir wissen alle aus eigener Erfahrung, dass körperliche Nähe und körperlicher Kontakt in einem Moment der emotionalen Öffnung eine unterstützende Wirkung haben und gut tun. Man kann dies auch sehr deutlich bei Mutter-Kind-Beziehungen erkennen: Ein spielendes Kind stürzt, es tut sich am Knie weh oder erschrickt, beginnt zu weinen. Die Mutter eilt herbei, nimmt das Kind auf den Arm. Dabei passiert etwas, was wir meist nicht wahrnehmen: Hier wird über Körperkontakt kommuniziert, dass die Welt wieder in Ordnung ist. Das Kind fühlt sich getragen und beruhigt sich wieder. Es schaut bald von Mutters Schulter auf, lächelt vielleicht, schaut in die Welt hinaus und möchte weiterspielen. Das ist ‹Bonding› – körperliche Nähe und Vertrautheit, die hilft, mit den starken Schmerzen fertig zu werden.

Viele Missbrauchsopfer glauben, dass sie für andere Menschen eine Zumutung sind, wenn sie ihre wahren Gefühle zeigen. Casriel hat in diesem Zusammenhang immer wieder betont, dass der Einzelne nicht verantwortlich für seine Gefühle ist dafür, bzw. dass er sie hat. Wir sind nur verantwortlich für unsere Handlungen, d. h. wie wir uns mit diesen Gefühlen verhalten. Wenn ein betroffenes Opfer es zulassen kann und sich auf diese Nähe und Intimität einlassen kann, dann kommt etwas Weiteres zur Wirkung. Casriel hat das Ergebnis seiner Arbeit in seiner Hauptthese so formuliert: Der Mensch hat ein normales, biologisch verankertes Bedürfnis nach Nähe und Vertrautheit. Es ist das Bedürfnis nach Bonding, nach Im-Kontakt-Sein. Etwas, das wir alle täglich brauchen. Fehlt ein entscheidendes Maß an Nähe in unserem Leben, trocknen wir psychisch aus und fühlen uns schlecht oder werden krank. «Nähe ist so kostbar wie Wasser, sie ist unser Lebensquell, den wir täglich brauchen.» Wer nicht täglich zu seinem Brunnen findet, lebt bald einmal in einer emotionalen Wüste. Das Bedürfnis nach Nähe, nach Abgrenzung, nach Akzeptanz des eigenen Daseins, nach stimmigem Kontakt, nach Selbstbestimmung, nach Bestätigung – nicht nur für unsere Leistungen, sondern einfach nur für uns selbst –, nach genügend Raum für unsere Eigenheiten etc. kommt in dem ‹Bonding›-Begriff zum Ausdruck. (Ich danke an dieser Stelle Jürg Dennler für die Überlassung seines Vortrages über Casriel-Therapien.)

6. Arbeitshypothese. Was zunächst nur vermutet werden kann, ist die Arbeitshypothese, dass die aktuellen Beschwerden in einem direkten Zusammenhang mit der traumatischen Situation stehen. Wiederum dienen solche Aussagen durch den Helfer dazu, dass sich ein Opfer angenommen und verstanden fühlt. Erst nach einer längeren therapeutischen Durcharbeitung der Zusammenhänge können sich dann diese hypothetischen Annahmen bestätigen. Es wird dann auch verständlicher, inwieweit vorbestehende (traumatische) Ereignisse in der Lebensgeschichte mit der neuen Traumasituation interferieren und möglicherweise zu einer verstärkten und/oder anhaltenden traumatischen Reaktion beigetragen haben. Eine diesbezügliche Klärung ist insbesondere dann wichtig, wenn Versicherungsgesellschaften, aber auch Gerichte versuchen, Haftpflichtansprüche abzuweisen, weil der Schaden gewissermaßen vorbestehend war. Diese Argumentation ist jedoch genau so absurd, wie wenn etwa im Falle eines Verkehrsunfalls argumentiert würde, weil diese Person früher eine Fraktur (infolge Skiunfall) erlitten hatte, muss jetzt für den neuen Schaden (wieder eine Fraktur an derselben Stelle) keine Haftpflichtleistung übernommen werden. Oft genug verstricken sich Gutachter leider in widersprüchliche Aussagen, die dann geschickt von Versicherungsanwälten ausgenutzt werden, um berechtigte Ansprüche von traumatisierten Personen abzuweisen.

7. *Folgen traumatischer Ereignisse.* Die psychopathologischen Auswirkungen müssen dem Opfer gegenüber als Folgeerscheinung einer Situation gewürdigt werden, die keinerlei andere Bewältigung zulässt. Aus der individuellen Reaktionsmöglichkeit heraus müssen die einzelnen Folgen untersucht und eingeordnet werden. So irrational und unverständlich die Reaktionen manchmal auf den ersten Blick hin aussehen, dürfen sie trotzdem nicht pathologisiert werden, wie dies häufig durch traditionelle Therapeuten geschieht. Die Reaktionen sind normale Folgeerscheinungen von anomalen Situationen, und wohl nicht in erster Linie Ausdruck von Persönlichkeitsstörungen. Diese Muster entsprechen den durch die psychotraumatologische Forschung belegten Folgen traumatischer Erlebnisse. Dass eine breite individuelle Palette von konkreten Folgeerscheinungen möglich ist, ändert nichts an der obigen Feststellung. Die Gründe für diese Unterschiede werden durch die Psychotraumatologie hinreichend belegt (siehe Kapitel 2).

Traumaopfer neigen dazu, aufgrund kognitiver Verzerrungen und allgemeiner gesellschaftlicher Vorurteile ihre Situation ‹falsch› zu interpretieren. Da diese Wertungen oft im Sinne sich selbst erfüllender Prophezeiungen wirken, müssen sie therapeutisch angegangen werden. Dabei erweist es sich als hilfreich, wenn Traumahelfer Informationen sowohl in allgemeiner Form als auch in Bezug auf die jeweilige individuelle Situation erteilen, so nehmen Selbstbeschuldigungen ab und das Opfer bekommt mehr Sicherheit. Der Therapeut soll sich dabei aber nicht als ‹Guru› aufspielen, der alles weiß und versteht – es wirkt ebenso entlastend, wenn ein

Helfer darlegen kann, dass er diesen oder jenen Aspekt der Traumareaktion noch nicht verstehen kann. Soll eine Behandlung positiv wirken, muss sie der Wahrhaftigkeit verpflichtet sein. Andernfalls bestätigt sich die Hypothese des Beziehungsopfers, es sei besser, niemandem zu vertrauen, aufs neue, und der Teufelskreis bleibt bestehen.

8. *Traumatische Ereignisse können die Persönlichkeitsentwicklung beeinflussen.* Hier spielt in erster Linie die soziale Reaktion auf die Traumatisierung eine Rolle. Fühlen sich die Opfer im Stich gelassen, unverstanden, allein mit ihrer Situation, wird ihr persönliches Elend immer größer und kann zu charakterlichen Veränderungen führen. In der Literatur sind dazu insbesondere beschrieben: kaum beherrschbare Wutgefühle und gesteigerte Verletzlichkeit wegen Kleinigkeiten, geringe Selbstachtung, Entfremdungsgefühle, paranoide Vorstellungen, Rache- und Vergeltungsphantasien sowie hohe Empfindsamkeit gegen unempathisches und ungerechtes Verhalten. Beispielsweise sind derartige Entwicklungen bei kriegstraumatisierten Vietnamsoldaten untersucht worden, die sich durch ihre soziale Umgebung ungenügend verstanden fühlten. Auch nach Naturkatastrophen lassen sich analoge Entwicklungen beobachten, als Beispiel sei an die Katastrophe des Sturmtiefs «Lothar» genannt, das im Dezember 1999 über Mitteleuropa zog. Viele ‹gestandene und harte› Männer berichteten unter Tränen vom Ausmaß der Zerstörung – die Arbeit von Generationen wurde innerhalb kürzester Zeit vernichtet. Dank großzügiger finanzieller Hilfen und vor allem dank der landesweiten Solidarität mit den Betroffenen sind kaum psychische Langzeitfolgen in größerem Umfang zu erwarten. Es kam übrigens auch niemandem in den Sinn, den Betroffenen an den Kopf zu werfen, dass sie selbst schuld seien, ausgerechnet dort ihren Wald zu hegen, wo der Sturm wütete. Genau dies wird jedoch häufig gegenüber Opfern von Beziehungstraumen vorgebracht, wenn ihnen vorgeworfen wird, sie seien selber schuld. Als hätten sie wissen können, was sie erwartet ...

9. *Abwehrmechanismen des Opfers.* Traumatherapeuten werden häufig mit Dissoziationsphänomenen konfrontiert, die in der konventionellen Psychotherapie eher rudimentär behandelt werden. Sie müssen diese Abwehrmechanismen sehr genau kennen und dürfen eine therapeutische Klärung nicht zu forciert anstreben. Das Selbstschutzkonzept versteht diese Mechanismen als Versuch, die eigene Person vor weiteren Traumatisierungen zu bewahren. Gibt ein Opfer solche Mechanismen auf, steht es gewissermaßen schutzlos da und kann leicht an den Folgen der Traumatisierung zerbrechen. Nur das Opfer kann zu angemessener Zeit auf diese Mechanismen verzichten, z. B. wenn andere Copingstrategien zur Verfügung stehen.

10. Tranquilizer, Alkohol, Drogen. Es ist völlig verständlich, dass jemand mit Beruhigungsmitteln versucht, seine Beschwerden zu lindern. Sie werden auch von vielen Ärzten in derartigen Situationen verschrieben. Der übermäßige Gebrauch solcher Substanzen muss jedoch therapeutisch angegangen werden, weil diese Mittel eine adäquate Verarbeitung der Traumafolgen verhindern. Auch da gilt der Grundsatz, dass das Opfer nicht verurteilt wird oder gar eines selbstschädigenden Verhaltens bezichtigt wird – sondern dass der Substanzgebrauch im Rahmen der Traumatisierung gesehen wird und insofern verständlich ist.

11. Transformation der traumatischen Erfahrung. Oft finden Traumaopfer nach Bewältigung des Missbrauchs zu einer substantiell besseren Lebensqualität. Charakterzüge wie Redlichkeit, Integrität, Sensibilität für andere und Bemühungen um Gleichheit, Gerechtigkeit, Wahrhaftigkeit und Interesse für geistige und religiöse Werte verstärken sich oft. Als Traumahelfer kann man bei Klienten durchaus auf diese Erfahrungen hinweisen, um vorhandene Hoffnungen auf Besserung zu nähren und zu bestätigen. Der Therapeut soll das Opfer jedoch nicht zur Sinnfindung als Lösung seiner Probleme drängen – vielmehr stellt sich die Sinnfindung dann ein, wenn sich die Probleme zu lösen beginnen. Im Abschnitt über die Heilung erfahren diese Überlegungen eine Vertiefung.

12. Über die durchgemachten Erfahrungen sprechen. Der Erholungsprozess wird beschleunigt, wenn es Opfern gelingt, in einer vertrauensvollen Beziehung über ihre durchgemachten Erfahrungen zu sprechen. Insbesondere Penneberger [9] hat auf diesen wichtigen Umstand aufmerksam gemacht, der genauso für traditionelle Psychotherapien gilt. Im Gespräch ‹teilt› man etwas mit, und man fühlt sich erleichtert, wenn man sich etwas von der Seele geredet hat. In der katholischen Beichte spielt derselbe Mechanismus eine Rolle. Gleichzeitig schafft man mit dem Zuhören auch einen sozialen Bezug, es ist ein ‹Du› da, ein anderer Mensch, der einen annimmt, der einem zuhört, der hier ist. Deswegen ist es nicht dasselbe, gegen eine Wand zu sprechen oder ein Tagebuch zu führen – obwohl beides oft nicht zu vermeiden ist. Solange es temporäre Ersatzhandlungen sind, ist sicher kein Schaden zu befürchten, aber das Gespräch mit einem verständnisvollen Menschen bringt letztendlich mehr.

Der therapeutische Prozess geht jedoch weit über die bloße Mitteilung hinaus, so wichtig diese sein mag. Der Prozess der Verarbeitungbedingt eine Bereitschaft, sich mit schmerzhaften Erinnerungen auseinander zu setzen. Das nochmalige Durchleben der traumatischen Erfahrungen, nun nicht mehr alleine, hilft dem Einzelnen letztendlich, mit der Traumatisierung zu leben, ohne dass sich die Auswirkungen dauernd wieder bemerkbar machen. Darüber zu sprechen heißt auch, dieses Schweigen zu brechen, das den Missbrauch meist erst ermöglicht. Im Kapitel zur Prävention wird auf die Notwendigkeit hingewiesen, dass die Berufsorganisationen dafür sorgen, einen kontinuierlichen Dialog über solche Belange zu führen, weil nur so sichergestellt werden kann, dass sich die Fachleute das nötige Wissen aneignen und auch damit umzugehen verstehen.

Selbsthilfegruppen können für Betroffene ebenfalls eine wichtige Möglichkeit sein, mit anderen Menschen über ihre durchgemachten Erfahrungen zu sprechen. Selbsthilfegruppen können auch eine entscheidende Hilfe sein, die soziale Isolierung zu überwinden, unter der viele Traumaopfer zu leiden haben.

13. Lebenslange Nachwirkungen. Die traumatische Erfahrung kann als solche nie vergessen werden. Die Erschütterung bleibt lebenslänglich bestehen. Lebensereignisse, die in einem inneren Zusammenhang mit dem durchgemachten Trauma stehen, können zu einem Wiederauftauchen alter Befürchtungen und Symptome führen. Die therapeutische Bewältigung verhilft im Idealfall zu einem Zustand, in dem ein Opfer ohne unerträgliche Angst und innere Anspannung über das Vorgefallene berichten kann.

14. Allgemeine Lebenshilfe. Traumatherapeuten können Missbrauchsopfern Tipps zur allgemeinen Lebensgestaltung geben. Dazu gehören sportliche Betätigung, Ernährung und soziale Kontakte. Therapeuten sollten ihre Klienten zu regelmäßiger körperlicher Betätigung anregen. Die physische Aktivität ist ein hervorragendes Mittel, um Spannungen abzubauen, und hilft vielen, ein inneres Gleichgewicht zu finden. Es ist dabei weniger entscheidend, was unternommen wird, als eine gewisse Regelmäßigkeit, die durchaus rituelle Züge annehmen kann. In erster Line sollte die betreffende Person Spaß an der gewählten Tätigkeit haben. Ob Gartenarbeit, Spaziergänge, Schwimmen, ob allein oder in einem Sportverein oder einem Fitnessstudio – manchmal braucht es mehrere Versuche bis jemand entdeckt, was ihm gefällt und wie gut ihm die Unterbrechung des Tagesablaufes tut.

Ernährungsfragen verdienen auch besondere Beachtung. Stichwörter wie ‹Frustessen›, sonstige Essstörungen oder Übergewicht weisen auf die Häufigkeit dieser Probleme schon in der Durchschnittsbevölkerung hin. Eine ausgewogene Ernährung hilft neben der körperlichen Betätigung zu einem besseren Wohlbefinden. Übermäßiger Nikotinkonsum ist der Gesundheit und dem Wohlbefinden ebenfalls abträglich. Gesundheitsschädigende Mechanismen können bei traumatisierten Menschen oft als Ausdruck einer eigenen Vernachlässigung verstanden werden, wo es letztendlich der betreffenden Person egal ist, was aus ihr wird, weil das primäre Lebensgefühl so stark beeinträchtigt ist.

Die soziale Integration stellt ebenfalls häufig ein schwerwiegendes Problem dar. Traumaopfer neigen zu sozialem Rückzug. Sie entwickeln die Vorstellung, dass kein Mensch sich ihr Schicksal anhören mag, anderes hätten sie nicht zu berichten, folglich bestehe keine Chance zu einem mitmenschlichen Austausch. Mittels kognitiver Verhaltenstherapie können solche Teufelskreise gezielt angegangen werden. Neben dem individualtherapeutischen Prozess kann es durchaus sinnvoll sein, Angehörige ins therapeutische Setting einzubeziehen. Dies umso mehr, als häufig die Bezugspersonen von Traumaopfern selbst vom traumatischen Prozess gekennzeichnet sind. Die Familie und weitere Angehörige sind allerdings nur dann eine unterstützende Hilfe, wenn gegenüber dem Opfer keine Schuldzuschreibung erfolgt. Zur Sinnfindung kann auch eine kreative Betätigung im weiteren Sinne beitragen. So engagierte sich ein Traumaopfer innerhalb einer religiösen Gemeinschaft, übernahm wichtige Aufgaben und erreichte so wieder seine soziale Anerkennung, ganz abgesehen von der persönlichen Befriedigung. Von einem anderen Traumaopfer weiß ich, dass es zu schreiben anfing, Romane verfasste, Verleger fand, sich an Lesungen beteiligte und so sich innerlich eine neue Lebensqualität schaffen konnte.

In der Behandlung von Missbrauchsopfern verdient ein technischer Grundsatz besondere Beachtung: Der Berater sollte immer wieder versuchen, das Gesagte zusammenzufassen und als Feedback zurückzugeben. Betroffene erfahren dadurch, was vom Gesagten beim Gegenüber verstanden wurde und wie es vom Berater gewertet wird. Betroffene merken sehr rasch, ob ein Berater in der Lage ist, auf ihre Situation adäquat einzugehen. Gelingt es, diese Arbeitstechnik anzuwenden, schafft man für das Opfer eine Korrekturmöglichkeit der Aussagen und Wertungen, es bekommt ein Gefühl der Kontrollmöglichkeit und somit der Sicherheit. Das nachfolgende Beispiel soll illustrieren, wie solch ein Feedback klingen könnte: «Habe ich das richtig verstanden? Sie haben die Behandlung bei Dr. A. wegen Rückenschmerzen aufgenommen. Nach drei Konsultationen rief sie Dr. A. zu Hause an und erkundigte sich, wie es Ihnen geht. Sie schilderten ihm am Telefon ihre missliche Situation, worauf er vorschlug, bei Ihnen vorbei zu schauen. Nun fühlen Sie sich mitverantwortlich für alles weitere, was folgte. Hätten Sie nicht in aller Offenheit über Ihr Befinden

gesprochen, hätten Sie ihm keinen Vorwand gegeben, bei Ihnen vorbei-
zukommen. Jetzt machen Sie sich deswegen Vorwürfe und haben das Gefühl, zumindest mitschuldig oder mitverantwortlich zu sein.»

Die Grundsätze der kognitiven Verhaltenstherapie eignen sich besonders für die Behandlung von Traumaopfern. Sie können eine große Hilfe
für die Handhabung des therapeutischen Prozesses bedeuten. Durch
Reduktion der Anliegen betroffener Opfer auf die wesentlichen und vor-
dringlichen Aspekte strukturiert der Berater die Situation von Hilf- und Ratlosigkeit [10]. Die eigenen Kenntnisse des Beraters über Psychotraumatologie und Folgen fließen unmittelbar in den therapeutischen Prozess ein.
Betroffene fühlen sich ‹gehalten und geführt›, im Sinne eines containment
(Gehalten-Seins), es vermittelt ihnen Sicherheit und Aufgehobensein. Dies
muss insbesondere vor dem Hintergrund des zurückliegenden Beziehungstraumas mit Verlust der Fähigkeit, anderen Menschen zu vertrauen, verstanden werden. Traumahelfer müssen diesen Grundsatz beachten, wollen sie
Überlebenden das Gefühl von Sicherheit und Vertrauen vermitteln. Darüber
hinaus müssen die Entscheidungen der Opfer respektiert werden, nur so
können sie wieder gesund und heil werden. Berater stellen allenfalls die notwendigen Bedingungen und Voraussetzungen zur Verfügung.

Eine Frau wurde in einer ärztlichen Behandlung sexuell missbraucht. Sie wandte
sich in ihrer Not und Verzweiflung an die staatliche Aufsichtsbehörde im Gesundheitswesen, in diesem Fall an den zuständigen Arzt. Dieser hörte sich die Geschichte an, bedauerte das Vorgefallene und beschied dann der Frau zu ihrer großen Ent-
täuschung, dass er nicht zuständig sei und in diesem Fall leider nichts unternehmen
könne. Sie solle sich an die betreffende Ärztevereinigung wenden. Bereits am darauffolgenden Tag zitierte der Arzt im Gesundheitsdienst nach Rücksprache mit anderen Stellen den beschuldigten Arzt und konfrontierte ihn mit den Vorwürfen. Das
Opfer erfuhr durch einen erbosten Telefonanruf des beschuldigten Arztes von den
Ermittlungen.

Damit sich Missbrauchsopfer sicher fühlen können, dürfen keine
Schritte hinter ihrem Rücken unternommen werden. Schon gar nicht in
der oben beschriebenen Art und Weise. Betroffene sind auf verlässliche
und präzise Angaben der Berater angewiesen, um das Vorgefallene bewältigen zu können. Dazu gehören auch realitätsgerechte Angaben über die
Verfahren vor Berufs- und öffentlichen Gerichten. Betroffene müssen wissen, welche Schwierigkeiten sie erwarten, sonst fühlen sie sich erneut betrogen. Aufgrund verlässlicher Informationen können sie entscheiden, wel-

che Schritte sie wann unternehmen wollen. Der Weg einer Beschwerde oder einer gerichtlichen Klage ist einer unter vielen. Von Jeanette Milgrom stammt die Begrifflichkeit ‹Rad der Möglichkeiten›, wo sie 12 mögliche Vorgehensweisen, welche von nichts tun bis zur Einreichung von strafrechtlichen Klagen reichen, unterscheidet [11].

7.4   Was Missbrauchsopfer unternehmen können

Das weitere Vorgehen bedarf in jedem Fall einer eingehenden individuellen Klärung. Betroffene Opfer müssen sich darauf besinnen, was sie erreichen möchten und ob dies realistischerweise möglich ist. Lohnt es sich, die Strapazen und emotionalen Belastungen einer gerichtlichen Klage auf sich zu nehmen? Oder wünscht ein Opfer, bloß endlich alles vergessen zu können und nichts mehr mit der ganzen Sache zu tun zu haben? Die nachfolgende Aufzählung zeigt die mögliche Spannbreite beim Umgang mit Missbrauchssituationen.

1. Nichts tun. Dass ein Opfer nichts unternehmen möchte, muss man akzeptieren. Meist äußert sich diese Haltung phasenweise und führt doch über kurz oder lang zu anderen Bewältigungsstrategien. Wo eine betroffene Person sichtlich unter ihrer Situation leidet, können es manchmal Angehörige sein, die den ersten Schritt zu einer Beratungsstelle oder anderen helfenden Fachpersonen unternehmen.

2. Gespräch mit Angehörigen. Stehen hilfsbereite Freunde und Verwandte zur Verfügung, die dem Opfer unvoreingenommen zuhören, ist dies eine der wichtigsten Ressourcen. Tragfähige Alltagsbeziehungen sind angesichts der Hölle, die manche Missbrauchsopfer durchmachen müssen, ein Segen. Aber auch diese Bezugspersonen können an ihre Belastungsgrenze kommen. Sie sollten sich nicht scheuen, entsprechende Beratungsstellen zu kontaktieren, wenn sie für sich selbst Hilfe benötigen. Möchten sie inhaltlich die Erfahrungen des betreffenden Opfers weitergeben, sollten sie vorher die Zustimmung dafür einholen. Nichts unterminiert eine vertrauensvolle und tragfähige Beziehung mehr, als wenn Betroffene das Gefühl haben müssen, es geschehe etwas hinter ihrem Rücken.

3. Beratungsstellen. Beratungsstellen sind eine wichtige Anlaufstelle, nach geeigneten Wegen zu einer Veränderung zu suchen, und gleichzeitig die erste Möglichkeit, das Geschehene öffentlich zu machen. Die Mitarbeiter der Beratungsstellen sind immer wieder mit einander gleichenden Aussagen konfrontiert. Sie haben sich ein Know-how erarbeitet, wie man in entsprechenden Situationen am besten vorgehen muss. In der Regel verfügen sie über einen Stamm weiterer Fachleute wie beispielsweise Juristinnen und Juristen, die sie vermitteln können. Die Beratungsstellen sind auch häufig aktiv in Präventions- und Aufklärungsarbeit involviert und können dank ihrer vielfältigen Erfahrungen einen Überblick über die Probleme vermitteln. Sie kennen den Handlungsbedarf und sehen die Notwendigkeit weiterer Veränderungen.

4. Medien. Opfer wenden sich gelegentlich direkt an die Medien und versuchen auf diese Weise, sich Gehör zu verschaffen. Gelegentlich spielt die Hoffnung mit, Angeschuldigte oder Institutionen unter Druck setzen zu können. Ich rate von derartigen Schritten grundsätzlich ab. Die Berichterstattung in den Medien hat gerade bei sexuellen Grenzverletzungen häufig etwas sehr Voyeuristisches. Die Gefahr besteht, dass betroffene Opfer durch Journalisten unbeabsichtigt erneut traumatisiert werden. Immerhin gibt es inzwischen auch schon Beratungsstellen für Medienopfer. Die Medienvertreter sind aufgrund ihres beruflichen Auftrages primär daran interessiert, ihre Zuschauerzahlen oder Auflagen zu halten oder gar zu verbessern. Angesichts dieses Interessenskonfliktes können Journalisten im allgemeinen nicht mit der gebührenden Vorsicht und Rücksichtnahme auf betroffene Opfer eingehen.

Es gibt Ausnahmen und einzelne gute Erfahrungen. So kann es für Überlebende in der Heilungsphase durchaus sinnvoll werden, eine breite Öffentlichkeit über ihre durchgemachten Erfahrungen zu informieren, und so nicht selten sogar für andere zu einer wertvollen Hilfe zu werden. In dieser Phase sind auch konstruktive Kritik am Justizapparat oder einer Berufsorganisation denkbar. Sinnvollerweise scheint dies erst möglich, wenn die Überlebenden ihre eigene Situation so weit stabilisiert haben, dass sie nicht mehr an öffentlichen Gegenreaktionen zerbrechen müssen.

5. Psychologische Behandlung. Professionelle Hilfe sollte dann in Anspruch genommen werden, wenn die Situation zu schwerwiegenden Beschwerden führt oder Angehörige den Belastungen nicht mehr gewachsen sind. Missbrauchsopfer sollten sich ihre Traumahelfer gut und sorgfältig aussuchen! Beratungsstellen verfügen im allgemeinen über die entsprechenden Adressen. Noch mehr sollten Betroffene versuchen, sich auf ihre eigenen Wahrnehmungen und Empfindungen zu verlassen, um den ‹Richtigen› zu finden. Man soll ohne Hemmungen zwei, drei Fachleute ausprobieren, um sich dann festzulegen.

6. Beschwerde an den Berufsverband oder an die Institution. Entschließt man sich zu einer Beschwerde, sind zunächst folgende Punkte zu beachten. Beschwerden sollten nie alleine erwogen werden, da die damit verbundenen Belastungen im allgemeinen zu groß sind. Es empfiehlt sich, entweder eine Beratungsstelle oder eine erfahrene und kompetente Fachperson zu kontaktieren. Das kann durchaus eine Juristin oder ein Jurist sein. Je nach Ausgangslage ist zu entscheiden, welcher Weg zu beschreiten ist bzw. welche Verfahren am ehesten den gewünschten Erfolg bringen.

Eine Beschwerde kann auf schriftlichem Weg der zuständigen Instanz geschickt werden. In aller Regel ist es sinnvoll, vorher telefonisch die zuständigen Ansprechpartner herauszufinden. Manchmal existiert eine Stelle, die über die Berechtigung oder Zulassung einer Klage urteilt, manchmal können Opfer direkt an eine Beschwerdeinstanz gelangen. Diese im Einzelfall unterschiedlichen Regelungen, je nach Organisation oder Institution, sind zu berücksichtigen. Im allgemeinen werden Opfer sexueller Übergriffe von solchen Instanzen nicht sehr einladend begrüßt, gelegentlich werden alle möglichen juristischen und weitere Hindernisse angeführt, um Klageerhebungen von vorneherein zu erschweren oder zu verhindern. Es erweist sich bei derartigen Beschwerden als hilfreich, wenn man von einer erfahrenen Person begleitet wird.

7. Klagen an staatliche Aufsichtsorgane. Seien es Schulbehörden, die Gesundheitsdienste, seien es andere Behörden, an die man sich als Betroffener mit seinen Klagen wenden kann: Man muss im Einzelfall die Zuständigkeiten abklären und sich die richtigen Stellen angeben lassen. Von einladenden bis abweisenden Instanzen treffen Opfer das ganze mögliche Spektrum an Reaktionen an. Es ist daher im Einzelfall zu prüfen, inwieweit eine zusätzliche fachliche Unterstützung notwendig ist.

8. Zivilrechtliche Klagen. Werden finanzielle Forderungen erhoben, muss der zivilrechtliche Weg beschritten werden. Allerdings lassen sich gerade bei sexuellen Missbräuchen durch Fachleute finanzielle Forderungen besser durchsetzen, wenn vorgängig ein strafrechtliches Verfahren die unprofessionelle Vorgehensweise bestätigt hat. Man lasse sich in jedem Fall beraten, wie die Erfolgsaussichten sind bzw. welche Schritte man unternehmen sollte, so zum Beispiel im Hinblick auf Honorarrückforderungen oder Haftpflichtansprüchen wegen Folgeschäden.

9. Strafrechtliche Klagen. Bei Fällen von sexuellem Missbrauch zögern Juristen, den strafrechtlichen Weg zu gehen. Die Erfolgsaussichten werden als gering eingestuft, der Prozess ist für betroffene Opfer mit unvorstellbaren emotionalen Belastungen verbunden, während Täter-Fachleute eher milde und zuvorkommend behandelt werden. Gelegentlich sind Juristen nicht einmal gewillt, ein Mandat zu übernehmen, ja sie bestreiten den vom betreffenden Opfer geschilderten Sachverhalt, insbesondere wenn es sich um prominente Beschuldigte handelt. Auch in der Literatur werden solche Sachverhalte ausgeführt [12].

7.5 Folgetherapien

Wir sprechen von Folgetherapien, wenn Opfer vorausgegangener Beziehungstraumen in psychotherapeutischen oder ärztlichen Behandlungen sich erneut in Behandlung begeben. Dass sie dies tun, ist gar nicht so selbstverständlich, wie es auf den ersten Blick scheinen mag. Das große Misstrauen gegenüber Fachleuten nach dem Erlebten verhindert oft, dass sich Betroffene erneut in eine Behandlung wagen. Marco Nicola weist auf 5 Punkte hin, die es in einer Folgetherapie zu beachten gilt.

1. Neben der Zunahme der Symptome, welche ursprünglich zur Aufnahme einer Behandlung führten, kommen weitere Beschwerden hinzu.
2. Betroffene zeigen erhebliche Ambivalenz und Misstrauen gegenüber dem neuen Therapeuten.
3. Der Therapeut trifft massive Schuld- und Schamgefühle beim Missbrauchsopfer an, weil sich die betreffende Person für die Verführung verantwortlich fühlt.
4. Das Opfer befindet sich meistens in einer Krise mit vermindertem Selbstwertgefühl bis zur Selbstentwertung, mit Ausbildung einer Depression und möglicherweise Suizidimpulsen.
5. Die Folgetherapie ist gefährdet, abgebrochen zu werden.

Folgetherapeuten müssen über diese Besonderheiten Bescheid wissen und sie in ihre Behandlungsstrategien integrieren. Der letzte Punkt stellt dabei wohl den am schwierigsten zu handhabende Teil dar, als Therapeut muss man jederzeit den Behandlungsabbruch akzeptieren. Es ist für Traumatisierte oft wichtig, dass sie die Situation kontrollieren können, weil sie gerade da, wo sich eine neue Abhängigkeit abzeichnet, große Ängste entwickeln. Schon einmal in ihrem Leben haben sie sich vertrauensvoll an eine Fachperson gewandt und sind bitter enttäuscht worden. Wieso soll es jetzt anders sein?

Für den Folgetherapeuten ergeben sich häufig Schwierigkeiten aufgrund des kollegialen Verhältnisses. Reagiert die Fachperson auf den ersten Therapeuten verärgert und wütend, führt dies beim Missbrauchsopfer rasch zu einer Hemmung, seine oft noch aktuellen intensiven Gefühle zu äußern und damit letztlich auch zu überwinden. Wenn man den Kollegen ausschließlich bedauert, kann sich als Reaktion das Opfer mit dem Täter stärker identifizieren als es dem Heilungsprozess zugute kommt. Beide Haltungen verhindern eine effektive Therapie. Der zweite Mechanismus ist besonders dann zu beachten, wenn es sich bei den missbrauchenden Kollegen um fachliche Autoritäten handelt. Der Roman von I. D. Yalom beschreibt eine solche Situation sehr anschaulich [13].

Weiter können Folgetherapeuten darunter leiden, dass sie aus Angst vor eigenen Ohnmachtsgefühlen ihren Patienten dazu drängen, endlich etwas gegen diesen Kollegen zu unternehmen. Diese Maßnahmen führen meist einzig zu einer gefühlsmäßigen Entlastung beim Folgetherapeuten und helfen den Betroffenen wenig, zumal wenn sie zum falschen Zeitpunkt erfolgen.

Oft klingen die Geschichten über das Fehlverhalten von Fachleuten so bizarr und übertrieben, dass auch erfahrene Folgetherapeuten an den Schilderungen der Betroffenen zweifeln. Man sollte sich angewöhnen, Betroffenen gegenüber solche Bedenken offen auszusprechen und gemeinsam nach Wegen zu suchen, wie sich das Geschilderte verifizieren lässt. Betroffene haben in aller Regel ein sehr feines Gespür dafür entwickelt, ob ihnen geglaubt wird oder nicht. Es kann entlastend wirken, wenn ein Folgetherapeut ehrlich zu seinen Gefühlen stehen kann. Als Folgetherapeut muss man allerdings immer wieder bereit sein, das ‹Unglaubliche› zu denken und die Schilderungen Betroffener als reale Erlebnisse und Begebenheiten zunächst einmal hinzunehmen [14]. Bei missbrauchenden Fachleuten, seien es Ärzte, Lehrer, Krankenpfleger oder Seelsorger, handelt es sich um Personen mit Defiziten, sonst würden sie kaum solche Taten begehen. Sie weisen Persönlichkeitsstörungen auf, die nach außen nicht notwendigerweise in Erscheinung treten. In der Abhängigkeitssituation bzw. Machtsituation kommt jedoch dieses Defizit zutage, sie haben sich nicht mehr unter Kontrolle und missbrauchen die Personen, die sich ihnen anvertraut haben.

7.6 Heilung

Nach Sandra Butler können im Heilungsverlauf nach PSM drei Phasen unterschieden werden [zit. in 8]: die Opferphase, die Überlebendenphase und die Kämpferphase. In der ersten Phase spielt die primäre Traumatisierung mit allen ihren Folgen die wichtigste Rolle. Möglicherweise sehen sich Betroffene in diesem Stadium selbst nicht als Opfer, sondern schwärmen von einer romantischen Beziehung und tiefen Gefühlen von Verliebtheit und fühlen sich aufgehoben – bis zu dem Zeitpunkt, wo sie den Missbrauch realisieren. Insofern könnte man die erste Phase auch mit Bewusstwerden der Ausbeutung bzw. des Missbrauches beschreiben.

In der zweiten Phase findet die Verarbeitung des Missbrauches mit allen Folgen statt. Opfer erleben sich als Überlebende einer menschlichen Katastrophe. Sie brechen häufig in verzweifelte Tränen aus und sind der Meinung, die vergangene Zeit sei verloren, sei zerstört durch das Verhältnis [15]. Im therapeutischen Prozess werden die Betroffenen möglichst behutsam in Kontakt mit ihren eigenen Gefühlen gebracht. Dies stellt für Betroffene einen überaus schmerzhaften Schritt dar. Die ganze Verzweiflung, Hoffnungslosigkeit, Wut und Scham schreit aus ihrem Innern. Die therapeutisch geförderte und für den Heilungsprozess notwendige Ent-Täuschung löst verständlicherweise nebst viel Schmerzhaftem auch berechtigte Wut und Ärger über den Täter aus, häufig auch auf dessen Berufsorganisation oder die Institution, die den Täter womöglich deckte. Regelmäßig wird ein Teil dieser Wut auch für den Therapeuten selbst spürbar. Bedenkt man die traumatisierende Situation erneut, wo das Opfer keine Chance hatte, seine Autonomie zu behaupten, so wird wohl verständlich, welche Heilungspotenz in einer derartigen Entwicklung liegt. Therapeuten lernen in ihrer Ausbildung, wie Gefühle, die ihnen im Rahmen von Behandlungen entgegengebracht werden, immer zuerst als Ausdruck der individuellen Situation des Patienten verstanden werden müssen. Die hier geäußerte Wut gilt folglich selten dem Therapeuten in persona, sondern der Therapeut steht stellvertretend als Empfänger dieser Botschaft da, die letztendlich zu einer besseren Selbstbehauptung führt.

Das Ende dieser Phase ist von einer erheblich gesteigerten Vulnerabilität gekennzeichnet. Betroffene beginnen zu spüren, wie sehr sie Kraft und Selbstvertrauen gewinnen und wie verletzbar und verwundbar sie gleichzeitig immer noch sind. Sie betreten Neuland, wenn sie wagen, gegenüber einer als Autorität erlebten Person Widerstand und gar Wut, letztendlich Eigenständigkeit, zu zeigen. Es kann sich an dieser Stelle als nützlich erweisen, wenn ein Therapeut lange bevor diese Entwicklung spürbar wird, auf die grundlegende Bedeutung aggressiven Verhaltens hingewiesen hat. Aggression bedeutet im ursprünglichen Sinn, etwas anpacken, in Angriff nehmen, und ist also ein wichtiger Grundmechanismus für die Selbstbehauptung! Ohne Aggression und Selbstbehauptung könnten wird gar nicht leben. Wenn wir sagen, einer nimmt sich seinen Platz, hat dies letztendlich mit Selbstbehauptung zu tun. Schon der Säugling schreit gnadenlos, wenn er Hunger hat – auch dies ist Selbstbehauptung. Sonst würde er wohl nicht gestillt werden. Die Schwierigkeit besteht darin, dass unser aggressives Verhalten in Bahnen gelenkt werden muss, damit es sozial verträglich wird. Dabei erfährt Aggression regelmäßig auch eine negative Konnotation im Sinne eines unerwünschten oder gar untolerierbaren Verhaltens.

Dann gelingt in der Schlussphase die Überwindung des Traumas und der damit verbundenen Schmerzen. Betroffene können nun distanzierter und gelassener über das Vorgefallene sprechen, ohne jedes Mal wieder von unkontrollierbaren Gefühlen überflutet zu werden. Die dritte Phase (Kämpferphase) endet vielfach damit, dass sich Betroffene nun ihrerseits dafür einsetzen, anderen zu helfen. Sie rufen Selbsthilfegruppen ins Leben und beteiligen sich an präventiv wirksamen Projekten. Durch ihre spezifischen Erfahrungen können sie einen wichtigen Beitrag zur Bewusstwerdung der Probleme beitragen und Verantwortliche von der Notwendigkeit von Maßnahmen überzeugen. Bei den betreffenden Personen stellt sich ein Gefühl der Stärke ein, wenn sie sehen, dass sie etwas erreichen können, wenn es ihnen wieder besser geht, wenn sie ihre Ohnmachtserfahrungen, ihre Ratlosigkeit und Verzweiflung hinter sich lassen können und die wirklich Schuldigen beim Namen nennen können. Aus der inneren Perspektive der Opfererfahrung wird eine Haltung des Überlebenden, der etwas überwunden hat. Das Selbstwertgefühl festigt sich, neue Freundschaften und tragfähige Beziehungen werden geschlossen, es ergeben sich wieder Ziele und Werte, für die einzustehen es sich lohnt.

Besonderheiten beim Heilungsprozess von PSM-Traumaopfern

Versäumt es eine Sozietät, missbräuchliches Sexualverhalten eindeutig als Fehlverhalten zu verurteilen und entsprechende Sanktionen vorzusehen, kommen Betroffene in eine doppelte Not. Ihr Sich-zur-Wehr-Setzen, ihre Anklage wird als ungebührlich taxiert und letztendlich verurteilt. Die Arbeit von Gruppierungen wie AGAVA (Arbeitsgemeinschaft gegen die Ausnützung von Abhängigkeitsverhältnissen) besteht darin, die Öffentlichkeit von der Notwendigkeit eindeutiger Regelungen zu überzeugen, damit Opfer und Betroffene nicht jedes Mal wieder in einem mühevollen

Weg das Unrecht beweisen müssen. Unabhängig davon haben alle psychotraumatisierten Menschen einen erschütternden und klippenreichen Weg vor sich, wenn sie Heilung von ihren Verletzungen suchen.

Wie wir an verschiedenen Stellen schon gesehen haben, können Missbrauchsopfer auf drei Ebenen traumatisiert werden:

1. Der Missbauch selbst traumatisiert.
2. Nach dem Muster ‹Blaming the victim› und der Schuldzuweisung an die Opfer erfolgt in den nachfolgenden Verfahren häufig eine sekundäre Victimisierung.
3. Eine lebenslange Identität als Opfer nach dem Muster «Ich habe eh keine Chance» zementiert die Traumatisierung. Aufgrund dieser kognitiven Verzerrung erfüllt sich meist die Prophezeiung, und das Ergebnis bestätigt die Ausgangshypothese.

Aus der Opferrolle herauskommen

Opfer sexueller Übergriffe müssen wieder lernen, Liebe und Sexualität klar zu unterscheiden und voneinander zu trennen. Die Täter machten dem Opfer weis, dass sie aus Liebe und Zuneigung handeln, was einer völligen Verdrehung der Tatsachen entspricht – sie handeln aus eigennützigen Motiven und suchen ihre persönliche Befriedigung. Es erweist sich als große Hilfe für die Opfer, wenn man ihnen das zirkuläre Tätermodell erklärt. Die Erklärung, der Täter habe aus Liebe gehandelt, ist einerseits als kognitive Verzerrung von Seiten des Täters zu verstehen, andererseits als Schutzmechanismus auf Seiten des Opfers. Es ist sehr schmerzhaft und desillusionierend für das Opfer, wenn es diesen Zusammenhang versteht. Solche therapeutischen Schritte müssen sorgfältig geplant werden und dürfen nicht zu einer völligen Überforderung des Opfers führen. Es ist Aufgabe des Therapeuten, den richtigen Zeitpunkt für solche Interventionen zu bestimmen, je nach Aufnahme- und Belastungsfähigkeit des Patienten.

Eine technisch wertvolle Hilfe dafür ist die von Fischer [16] beschriebene Fähigkeit zur Objektspaltung im therapeutischen Prozess. Dass Täter zwei Seiten haben und dass die ‹schlechte› Seite vielleicht nur das Opfer sah, kann sehr verwirrend sein. Die Einheitlichkeitsillusion unseres Denkens muss überwunden werden. Im Grunde ist es erstaunlich, dass sich die aristotelische Logik im Bereiche der Humanwissenschaften so lange gehalten hat – wenn etwas A ist, kann es nicht zugleich B sein. Dass tatsächlich auch eine Kombination von Missetäter und versiertem Fachmann möglich ist, erschüttert tief im Innern unser alltägliches Sicherheitsgefühl. Wir wissen plötzlich nicht mehr, auf was wir uns verlassen sollen, wissen nicht mehr, mit wem wir es zu tun haben und reagieren verwirrt. Genau so geht es natürlich dem Opfer auch.

Es darf auch nicht vergessen werden, dass sich letztendlich alle Berufsgruppen in Art und Weise der Zusammensetzung der Gesellschaft entsprechen. Wenn folglich innerhalb einer bestimmten Population eine bestimmte Zahl von Kriminellen auszumachen ist, besteht eine bestimmte Wahrscheinlichkeit, dass auch in der jeweiligen Berufskategorie solche Leute zu finden sind. Die Fähigkeit zur Objektspaltung ermöglicht dem Opfer, die unterschiedlichen Seiten des Täters zu erkennen und somit die innere Konfusion zu überwinden. Dies ist insbesondere in denjenigen Beziehungstraumen entscheidend, in denen das Opfer mit dem Täter eine liebevolle und emotional nahe und vertrauensvolle Beziehung hatte. Gerade hier wirkt ein solcher Schritt regelmäßig befreiend. Mit Hilfe der Objektspaltung muss das Missbrauchsopfer seine eigenen Gefühle, die es gegenüber der missbrauchenden Person hatte, nicht verraten. Neben diesen Gefühlen darf es nun auch seine Erschütterung und Wut zulassen.

Nichts hält Opfer mehr an ihre Peiniger gebunden als der innere Glaube, dass er bzw. sie doch ein guter Mensch ist und folglich sie selbst die schlechten sind, die nun über ihn herfahren und ihn schlecht machen. Dieser Mechanismus, als Identifikation mit dem Aggressor bekannt, hat eine starke Abwehr- und Schutzfunktion. Solange das Opfer sich selbst als schlecht betrachtet, empfindet es keine Wut und keine Enttäuschung gegenüber dem Täter. Wo zur inneren Sündenbockrolle noch äußere Zuschreibung durch Angehörige und beratende oder beurteilende Fachleute kommt, gibt es für Opfer kein Entrinnen aus der Falle. Auch die lapidare Feststellung: «Ich bin mir keiner Schuld bewusst» ändert nichts an dieser Situation. Solange das Opfer solche Rechtfertigungen übernimmt und im schlimmsten Fall auch von außen in diese Rolle gedrängt wird, bleibt es in der Falle gefangen.

Für Opfer bedeuten alle unternommenen Schritte ein Fortschreiten des Heilungsprozesses. Seelische Heilung geschieht nicht über Nacht, sondern findet innerhalb eines längeren Zeitraums statt, wo sich immer wieder Phasen von Verunsicherung und Zweifeln zeigen können. Jeder Schritt in die richtige Richtung verstärkt den Heilungsprozess: der Gang zu einer Beratungsstelle, das Sich-Anvertrauen gegenüber einer Helferperson, ggf. die Deponierung einer Klage, ein Gerichtsverfahren, das Eintreffen einer

Zahlung für eine Honorarrückforderung. Jeder Schritt ist wichtig. Wenn Missbrauchsopfer über die Vorfälle mit anderen zu sprechen beginnen, wundern sie sich häufig, wie wenige Personen es bisher wagten, aktiv gegen missbrauchende Fachleute vorzugehen. Viele solcher Personen sind in ihrer Hilflosigkeit und Ohnmacht jahrelang gefangen und bereuen es zutiefst, dass sie nichts unternommen haben. Letztendlich verstehen sie, dass eine solche ‹Konspiration des Schweigens› nur dazu beiträgt, die Täter zu schützen. Wie sehr sich die Machtverhältnisse ändern können, wenn Betroffene sich zu einem aktiven Vorgehen entschließen können, beschreibt Ellen Luepker [17]. Es führt zu grundlegenden Änderungen im Selbsterleben wie auch im Verhalten gegenüber den beschuldigten Fachleuten.

Literatur

1 Tschan W: Missbräuche in der ärztlichen Praxis. Schweiz Ärztez 2000;3:145–148.
2 Brodbeck J: Bedingungen und Folgen sexueller Übergriffe in der Psychotherapie. Lizentiatsarbeit an der Universität Freiburg, Schweiz, 1984.
3 Courtois C: Recollections of Sexual Abuse – Treatment Principles and Guidelines. New York, Norton, 1999.
4 Fischer G, Riedesser P: Lehrbuch der Psychotraumatologie. München, Reinhardt, 1999.
5 Peterson MR: At Personal Risk. Boundary Violations in Professional-Client Relationship. New York, Norton, 1992.
6 Brainin E, Legethi V, Teicher S: Antisemitismus in Psychoanalysen. Zur Identität österreichischer Psychoanalytiker heute. Psyche 1989;43;1:1–19.
7 Herman Judith: Trauma and Recovery. The Aftermath of Violence – from Domestic Abuse to Politcal Terror. New York, Basic Books, 1992.
8 Penfold SP: Sexual Abuse by Health Professionals. Toronto, University of Toronto Press, 1998.
9 Penneberger JW: Emotion, Disclosure and Health. Washington DC, American Psychological Association, 1995.
10 Fennell MJV: Depression; in Hawton K, Salkovskis PM, Kirk J, Clark DM: Cognitive Behavior Therapy for Psychiatric Problems. Oxford, Oxford Medical Publications, 1989.
11 Milgrom JH: Advocacy:assisting sexually exploited clients through the complaint process; in Schoener GR, Milgrom JH, Gonsiorek JC, Luepker ET, Conroe RM: Psychotherapists' Sexual Involvement with Clients: Intervention and Prevention. Minneapolis, Walk-In Counseling Center, 1989, pp 305–312.
12 Simon RI: The ultimate betrayal, sexual misconduct in the helping professions; in

Simon RI: Bad Men Do, what Good Men Dream. Washington, American Psychiatric Press, 1995.

13 Yalom ID: Die rote Couch. München, Goldmann, 1998.

14 Becker-Fischer M, Fischer G: Sexueller Missbrauch in der Psychotherapie – was tun? Orientierungshilfen für Therapeuten und interessierte Patienten. Heidelberg, Asanger, 1996.

15 Broken Boundaries: Sexual Exploitation in the Professional-Client Relationship. Maryland Department of Health and Mental Hygiene, Video, 1999.

16 Fischer G: Die Fähigkeit zur Objektspaltung. Ein therapeutischer Veränderungsschritt bei Patienten mit Realtraumatisierung. Forum Psychoanal 1990;6:199–212.

17 Luepker ET, Schoener G: Sexual Involvement and the abuse of power in psychotherapeutic relationships; in Schoener Gary R, Milgrom Jeanette H, Gionsiorek John C, Luepker Ellen T, Conroe Ray M: Psychotherapists' Sexual Involvement with Clients: Intervention and Prevention. Minneapolis, Walk-In Counseling Center, 1989.

8 Täterberatung

Aus meinen Erfahrungen kann ich nicht genug betonen, welche wertvollen Hinweise die Arbeit mit Tätern für die Beratung von Opfern und ihren Angehörigen bringen kann. Das Ineinandergreifen von Tätermechanismen und der Situation von Opfern lässt Vieles verständlicher werden. Es muss aber darauf geachtet werden, dass die Beratung von Täter und Opfer derselben Beziehung immer strikt getrennt wird – bitte nie gleichzeitig beraten! Die Opfer als die Schwächeren und Traumatisierten brauchen einen besonderen Schutz, und schon mit gesundem Menschenverstand erkennt man, dass es für das Opfer unzumutbar ist, mit dem Täter zusammentreffen zu können. Als Traumahelfer macht man sich bei Nichtbeachtung dieses Grundsatzes für die Retraumatisierung des Opfers mitverantwortlich.

Die Frage der Therapiewahl für den missbrauchenden Fachmann richtet sich in erster Linie nach seiner Persönlichkeitsstruktur sowie der Art seines Vergehens. Pädophile Neigungen führen zu anderen Interventionen und Behandlungsstrategien als Missbräuche gegenüber Erwachsenen. Fachleute mit gravierenden Persönlichkeitsdefiziten bedürfen wiederum anderer Behandlungskonzepte.

Im Rahmen eines Rehabilitationskonzeptes, das hoffentlich in Zukunft auch in Europa zur Anwendung kommt, wäre es sinnvoll, alle missbrauchenden Fachleute vor Behandlungsaufnahme durch eine unabhängige Instanz im Hinblick auf ihre Rehabilitierbarkeit zu beurteilen [1]. Ein solches Evaluationsverfahren wird als Assessment bezeichnet. Die entsprechenden Schritte und Zielsetzungen sind in Kapitel 11 (Assessment und Rehabilitation) ausführlich dargestellt. Solche Maßnahmen werden leider nicht zuletzt wegen fehlender Einsicht in die Notwendigkeit eines derartigen Vorgehens in Europa bislang nicht durchgeführt, genauso wenig wie Rehabilitationsmaßnahmen generell als Möglichkeit für beschuldigte Fachleute in Betracht gezogen werden. Therapiewillige missbrauchende Fachleute haben es entsprechend schwer, geeignete Therapeuten zu finden, welche über die nötige Erfahrung verfügen. Der Vorteil eines strukturierten Assessments und Rehabilitationsprogramms zeigt sich insbesondere bei der Frage, ob eine beschuldigte Fachperson ihre bisherige Tätigkeit wieder ausüben kann und darf. Solche Evaluationsberichte sollten im Übrigen in Absprache mit dem Auftragsgeber gegenüber dem Täter transparent gehalten werden.

Nach unserer Erfahrung sind es seltene Ausnahmen, wenn einem missbrauchenden Fachmann zu einer psychotherapeutischen Aufarbeitung geraten wird oder ihm angedroht wird, nur unter dieser Voraussetzung eine weitere Berufstätigkeit ausüben zu können. Berufsverbände oder Institutionen machen keine wirksamen Auflagen. Man bedenke, dass die Möglichkeit von Supervision als Auflage durch die Schweizer Ärztevereinigung erst im Juni 2000 eingeführt wurde, von weitergehenden Maßnahmen wie etwa Boundary Trainingsprogrammen gänzlich zu schweigen. Eher hebt man den Zeigefinger und lässt es bei Ermahnungen bewenden, dass er sich nicht noch einmal erwischen lassen sollte. Da aufgrund der verfügbaren epidemiologischen Daten davon ausgegangen werden muss, dass die Mehrheit der Täter zu Wiederholungen von Missbräuchen neigt, sind solche Ermahnungen natürlich als Hohn zu betrachten.

Die Behandlung und Beratung von Tätern kann mit Schwierigkeiten verbunden sein, die auch die Gesundheit des Beraters tangieren können. Eine derartige Beratungsaufgabe darf nur bei guter Supervision durch erfahrene Kollegen oder Kolleginnen übernommen werden [2]. Die durch die Beratung ausgelösten Gefühle reichen von tiefer Abscheu, Ablehnung und Verurteilung bis – im Sinne der Täteridentifikation – zur Parteinahme und zu heimlichem oder offenem Bedauern, Mitleid oder gar Opferbeschuldigungen. Die Gefahr eigener Korrumpierbarkeit muss sehr sorgfältig beachtet werden – wird man zum Mitwisser, so können sich quälende Fragen von Mitverantwortung zu stellen beginnen, man kann befürchten selbst in juristische Schwierigkeiten hineingezogen zu werden, Alpträume können auftauchen, etc. Eine fachlich kompetente Supervision hilft in solchen Fällen mit, sich wieder auf seine Kernaufgabe zu besinnen und sich damit aus emotionalen Verstrickungen zu lösen. Übernimmt auf der anderen Seite der Therapeut zu viel Verantwortung, verhindert er beim Gegenüber den notwendigen Wachstumsprozess.

Meistens ist es so, dass missbrauchende Fachleute durch Beratungsstellen und Berufskollegen zur Behandlung überwiesen werden. Einzelne melden sich auf eigene Initiative, beispielsweise nach Erscheinen von Artikeln oder im Anschluss an Workshops und Weiterbildungsveranstaltungen zur Thematik von sexuellen Übergriffen. Es ist davon auszugehen, dass sich nur ein kleiner Bruchteil von missbrauchenden Fachleuten freiwillig für eine Beratung meldet. Die Motivation für einen derartigen Schritt reicht von echter Einsicht über das eigene Fehlverhalten oder Angst vor möglichen administrativen und rechtlichen Folgen bis zum Druck von außen im privaten Bereich (Ehepartner, Angehörige).

Zu Beginn der Behandlung drängen Täter oft auf eine Gegenüberstellung mit dem Opfer und versuchen den Traumahelfern weiszumachen, dass damit alle Konflikte aus der Welt geschafft werden könnten. Insgeheim erhoffen sie sich aber damit, das Opfer von weiteren Schritten und Aussagen abhalten zu können und somit letztendlich ungeschoren davonzukommen. Man hüte sich vor derartigen Dreiparteiengesprächen, die regelmäßig zur Retraumatisierung des Opfers führen. Es muss allein dem Opfer überlassen werden, wann und ob es zu einer Aussprache mit einem Täter bereit ist. Der Berater kann deshalb gefährdet sein, auf einen solchen Vorschlag einzugehen, weil er sich als derjenige erlebt, der ein schwerwiegendes Problem aus der Welt geschafft hat. Dass sie dabei allzu oft gegenüber den Opfern einen regelrechten ‹Versöhnungssadismus› betreiben, scheinen viele Berater nicht zu bemerken. Sie geben sich mit der scheinbaren Lösung zufrieden und realisieren kaum, dass das Schweigen der Opfer nach derartigen Konfrontationen Ausdruck einer apathischen Erschöpfung und ein Rückzug ist – eine Folge der erneuten Traumatisierung. Zufrieden über derartige Ergebnisse können nur die Täter sowie alle diejenigen Personen sein, die sich mit der Täterseite identifizieren. Die Opfer leiden weiterhin, und meistens noch mehr als zuvor.

Gegenüber Täter-Kollegen muss eine sehr eindeutige therapeutische Haltung an den Tag gelegt werden. Die Täterberatung sollte nicht im moralischen Sinne verurteilend sein, hingegen mit klarer Haltung, was die Verantwortung der betreffenden Fachperson betrifft. Dasselbe gilt natürlich auch Ratsuchenden aus anderen Disziplinen gegenüber, seien es Seelsorger oder Lehrer etc. Gleich zu Beginn jeder Beratung muss das Auftragsverhältnis klargestellt werden. Folgende Fragen müssen beantwortet werden: Was erwartet der Täter von einer Beratung, welches sind seine Zielsetzungen? Will er möglichst ungeschoren davonkommen oder bereut er seine Handlungen und sieht den Schaden ein, den er angerichtet hat? Kommt er durch Druck von Drittparteien (Arbeitgeber, Gerichte, Behörden, Berufsverband, Kirchgemeinde, Angehörige etc.)?

Die Täterberatung selbst sollte auf die Aufarbeitung der Problematik in Zusammenhang mit dem Missbrauchsverhalten fokussieren. Bestehen gravierende psychopathologische Symptome wie Depressionen oder gar Selbstmordgefahr, muss zunächst eine geeignete Psychotherapie etabliert werden. Die Beratungsarbeit bei Tätern selbst beruht auf konfrontierenden, kognitiv-verhaltenstherapeutisch und pädagogisch orientierten Konzepten, die ein hohes Maß an kooperativem Verhalten voraussetzen. Ist der Täter dazu nicht oder noch nicht in der Lage, müssen zuerst die Voraussetzungen innerhalb des therapeutischen Prozesses geschaffen werden. Auch im weiteren Verlauf muss die persönliche Situation des Täters laufend beobachtet und eine therapeutische Hilfe ins Auge gefasst werden, wenn notwendig. Das Ziel der Beratung besteht darin, beim Täter die notwendigen Verhaltensänderungen zu ermöglichen, die einen emotionalen Lernprozess bewirken. Das führt letzten Endes dazu, dass die Täter sich in die Situation des Opfers versetzen, damit das Unrecht ihrer Handlungen auch wirklich einsehen können und schlussendlich ihre Impulse besser kontrollieren können. Dass auf Seiten des Täters die Motivation zu einer therapeutischen Bearbeitung bestehen muss, liegt auf der Hand. Ist der Täter durch Drittparteien zu einer Behandlung verpflichtet worden, wird das Auftragsverhältnis deutlich stärker durch deren Interessen mitbestimmt. Es gilt, zu Beginn der Beratung die Auftragssituation mit der zugewiesenen Fachperson zu klären und insbesondere die Aspekte der Schweigepflicht genau zu klären. Der Druck durch Drittparteien stellt keine Behinderung für eine erfolgreiche Behandlung dar.

In der Täterberatung sind genaue Kenntnisse über Abwehrstrategien und manipulatives Verhalten erforderlich. Es ist oft hilfreich, gleich zu Beginn dem Täter zu erklären, wie vertraut und wie verständlich auch solche Abwehrmuster sind. Niemand gibt gerne seine Deckung auf, schon gar nicht, wenn er dazu gezwungen wird. Eine Kooperation ist aus diesem Grund oft nur beschränkt vorhanden, obwohl Täter gelegentlich betonen, was sie nun alles gelernt hätten und dass sie bereit seien, alles zu tun, damit sich solches nicht wiederhole. Nicht dass man solche Aussagen bezweifeln soll, es muss jedoch klargemacht werden, wie sehr es der menschlichen Natur entspricht, den Weg des geringsten Widerstandes zu gehen. Es muss dem Täter auch klargemacht werden, dass die jetzige Beratung keine juristische Untersuchung seines Falles darstellt. Die Aufgabe besteht vielmehr darin, mit dem Täter zusammen sein eigenes Verhalten zu untersuchen und dort, wo es notwendig ist, seine Reaktionsmuster zu verändern und Copingstrategien zu erlernen. Hier zeigt sich übrigens einer der wesentlichen Vorteile, wenn vorher ein Assessment durchgeführt wird – als Berater verfügt man dann über eine detaillierte Beschreibung des Sachverhaltes sowie eine psychodynamische und testpsychologische Tätereinschätzung, auf die man immer wieder zurückgreifen kann.

Für die konkrete Arbeit haben sich mehrheitlich kognitiv-verhaltens-therapeutisch orientierte Therapiekonzepte etabliert [3]. Wegweisend waren insbesondere die Arbeiten mit Sexualstraftätern, wie sie etwa von Rey Wyre [4] entwickelt und angewendet wurden. Durch viele Untersuchungen wurden diese Therapiekonzepte auf ihre Validität sowie Langzeitwirkungen und Rückfallhäufigkeit hin überprüft. Vereinzelt wurden auch analytische Verfahren angewandt, jedoch zahlenmäßig weit weniger als kognitiv-verhaltenstherapeutische Modelle. Häufig werden ergänzend weitere Interventionsstrategien eingesetzt, je nach Kenntnissen und Fähigkeiten der betreffenden Therapeuten.

Es gibt verschiedene Untersuchungen und Überlegungen zu Täterprofilen. Folgende Einteilung erweist sich für eine vorläufige Orientierung als sinnvoll:

1. Naive, uninformierte Fachleute. Mangelhafte Ausbildung bis Ahnungslosigkeit hinsichtlich ihrer Verantwortung als Fachmann.

2. ‹Liebeskranke› Hierzu gehören Fachleute, die sich wirklich in Klienten verlieben und dabei allerdings ‹vergessen›, dass sie ihre fachlichen Grenzen wahren müssen.

3. Soziopathen. Solche Personen sind unfähig, sich empathisch in andere einzufühlen. Als Fachleute in heilenden Berufen müssen sie ihre Berufswahl überdenken und allenfalls eine andere Tätigkeit aufnehmen.

4. Psychisch Kranke. Dies kommt unter Fachleuten häufiger vor, als man gemeinhin annimmt. Es sei auf das Beispiel von psychiatrischen Gerichtsgutachtern im Kanton Zürich verwiesen, wo vier Fachleute wegen Verletzungen von Standesregeln selbst in Gerichtsverfahren verwickelt wurden. Zwei davon (immerhin seit Jahren anerkannte Gerichtsgutachter!) mussten aufgrund einer psychiatrischen Diagnose als unzurechnungsfähig bezeichnet werden [5]. Dies führte inzwischen zu einer völligen Neukonzeption der Ausbildung und einem neuen Qualitätskontrollmanagement für gutachterlich tätige Fachleute.

5. Narzisstisch gestörte Therapeuten. Ihre Opfer haben regelmäßig das Gefühl, als Auserwählte eine besondere Stellung gegenüber dem Therapeuten zu haben. Die ‹Earth Mother› (Mutter Erde) stellt das weibliche Pendant zum narzisstisch gestörten Therapeuten dar.

Diese Einteilung kann jedoch nur als grobe Orientierung dienen. Jedoch: Der typische Täter existiert nicht. Man hüte sich vor Stereotypien und mache es sich zur Pflicht, den Ausführungen betroffener Opfer genau zu folgen. Es gibt fundierte Untersuchungen darüber, inwieweit sich missbrauchende Fachleute von Sexualstraftätern im allgemeinen unterscheiden [6]: Missbrauchende Fachleute haben im Durchschnitt ein höheres Alter, eine bessere Bildung sowie einen höheren Intelligenz-Quotienten als Sexualstraftäter im allgemeinen. Gewaltanwendungen gegenüber Opfern finden sich in dem untersuchten Kollektiv bei 16% der Fachleute gegenüber 12% der allgemeinen Sexualstraftäter. Das nachfolgende Schema von Reuben Lang stellt die Überlappung von verschiedenen Personenkreisen dar, wie sich Missbräuche zeigen.

In der Arbeit von Lang wurden Seelsorger, Ärzte, Chiropraktiker, Psychologen und Lehrer auf ihr Deliktverhalten hin untersucht [7]. Die Resultate zeigen, dass Fachleute mit sexuellen Übergriffen Probleme in der Aufrechterhaltung allgemeiner fachlicher Grenzen zeigen, geringes Selbstwertgefühl haben, trotz ihrer besseren Bildung über schlechte soziale Urteilsfähigkeit verfügen sowie eine Tendenz zu narzisstischen Persönlichkeitsstörungen aufweisen. Weiter zeigten sich vermehrt Störungen des Sexualverhaltens im Sinne abnormer Triebwünsche und Masturbationsphantasien. Phallometrische Testresultate ließen bei vielen Teilnehmern der Untersuchung auf erhebliche kognitive Verzerrungen, Verleugnungen und Bagatellisierungen schließen. Interessant sind die Gründe für das Fehlverhalten, die Fachleute anführten: allgemeiner Berufsstress, Überarbeitung, Unglücklichsein oder persönliche Schwierigkeiten. Andere bestätigten, dass für sie der sexuelle Kontakt eine Gratifikation für jahrelange Arbeit bedeutete.

8.1 Der erste Kontakt zur Beratungsstelle

Im Rahmen der telefonischen Kontaktaufnahme werden therapiewillige Täter ersucht, einen kurzen, 1- bis 2-seitigen Bericht über ihre Situation und den Übergriff zu erstellen. Dieser Bericht soll vor der ersten Konsultation zugesendet werden, damit sich der beratende Therapeut auf die Begegnung vorbereiten kann. Während der ersten Konsultation wird der Täter aufgefordert, seine Situation zu schildern. Kurze Fragen zum Verständnis können den mündlichen Bericht unterbrechen. Der Sinn der doppelten Ausführung für den Berater ist, wirklich hineinhören zu können, wie der Täter die Situation aus seiner Sicht und Wahrnehmung schildert. Der erfahrene Therapeut kann bereits jetzt die wesentlichen Defensivstrategien des Täters erkennen – sie werden allerdings erst später genauer analysiert.

Dem Täter wird anschließend eine erste Einschätzung seiner Situation mitgeteilt und ein Behandlungsplan entwickelt. Der Therapeut definiert die Bedingungen der Zusammenarbeit und lässt sich diese bestätigen (s. u.). Fragen von Terminen, Erreichbarkeit und Kosten müssen geklärt werden. Es hat sich in der Praxis gezeigt, dass regelmäßige Termine alle 2 Wochen bis einmal monatlich sinnvoll sind – Dauer jeweils zwischen 90 Minuten und 2 Stunden. Eine Behandlungsdauer von mindestens 25 bis 30 Doppelsitzungen sollte veranschlagt werden. Am Ende der ersten Konsultation wird inhaltlich die konkrete Vorgehensweise für die folgenden Sitzungen mit den einzelnen Schritten entsprechend den nachfolgenden Ausführungen erläutert. Die Behandlungskonzepte beruhen mehr auf pädagogisch orientierten Ansätzen als auf Psychotherapieverfahren im traditionellen Sinn. Täter mit Persönlichkeitsstörungen oder pädosexuellen Neigungen benötigen einen wesentlich längeren Behandlungszeitraum von mehreren Jahren, und dies meist nur im stationären Rahmen. Dabei gelangen die etablierten forensisch-psychotherapeutischen Behandlungstechniken zur Anwendung.

Die Behandlungsvereinbarung sieht folgendermaßen aus (gesetzliche Bestimmungen beziehen sich auf die Schweiz und müssen für andere Länder entsprechend angepasst werden):

1. Herr / Frau . . . .

hat sich zur Teilnahme an einem Boundary Trainingsprogramm auf individueller Basis entschlossen. Die Vereinbarung soll die Bedingungen der Zusammenarbeit zwischen Therapeut und Teilnehmer regeln. Das Trainingsprogramm umfasst 25 bis 30 Doppelstunden. Terminabsagen sind bis 24 Stunden im Voraus ohne Kostenfolge möglich. Unter 24 Stunden wird das ganze Honorar geschuldet. Honorare, Zahlungsmodalitäten und Terminabsprachen werden anlässlich der ersten Sitzung vereinbart.

2. Boundary Training ist keine Heilbehandlung, sondern ein Trainingsprogramm, welches den Teilnehmer zu selbstverantwortlichem Handeln anhält. Das Trainingsprogramm soll mithelfen, erneute Missbräuche zu verhindern. Der Therapeut übernimmt keinerlei Verantwortung für Folgen von Handlungen eines Teilnehmers. Jeder Teilnehmer muss als Fachperson selbst Verantwortung für sein Handeln übernehmen können, da ansonsten die weitere Berufsausübung generell in Frage steht.

3. Der Teilnehmer informiert den Therapeuten über laufende oder angefangene psychiatrisch-psychotherapeutische Behandlungen.

4. Der Teilnehmer informiert den Therapeuten über laufende Verfahren sowie allfällige Entscheide von Standes- oder Berufs- oder öffentlichen Gerichten.

5. Auskünfte gegenüber Behörden, Berufsorganisationen und Institutionen erfolgen außer in den unter Punkt 6 erwähnten Umständen nur nach schriftlicher Entbindung vom Arztgeheimnis. Übergeordnete gesetzliche Bestimmungen bleiben vorbehalten.

Der Therapeut ist gesetzlich nicht verpflichtet, selbst strafrechtliche relevante Tatbestände an Drittstellen oder Behörden weiter zu leiten, es sei denn, dass sich eine Gefährdung der öffentlichen Sicherheit abzeichnet. In diesen Fällen muss der Therapeut sich von seiner vorgesetzten Amtsstelle von der ärztlichen Schweigepflicht entbinden lassen.

6. Bei strafrechtlich relevanten Delikten wird dem Teilnehmer zu einer Selbstanzeige geraten. Unter Umständen kann es sich als sinnvoll erweisen, derartige Entwicklungen und Rückfälle in das Trainingsprogramm einzubeziehen.

7. Wird das Boundary Training im Auftrag bzw. auf Verlangen einer Drittpartei durchgeführt, entbindet der Teilnehmer den Therapeuten von der Schweigepflicht gegenüber der Drittpartei. Alle Informationen werden durch den Therapeuten vertraulich behandelt. Berichte an Drittparteien erfolgen in Abstimmung mit dem Teilnehmer. Es werden keine inhaltlichen Mitteilungen an Drittparteien weitergeleitet, nur allgemeine Informationen über Dauer des Trainingsprogramms, Anwesenheit, Sitzungsfrequenz, Fortschritte in der Selbstreflexion und im Erkennen der eigenen Schwierigkeiten sowie eine Prognose in Bezug auf die weitere Berufstätigkeit, allenfalls unter Auflagen.

Hält sich ein Teilnehmer nicht an die vereinbarten Termine bzw. zeigt sich erneut missbräuchliches Verhalten, ist der Therapeut befugt, die Drittpartei oder die Berufsorganisation oder Institution über den Sachverhalt zu verständigen. Der Teilnehmer wird über einen derartigen Schritt informiert. Der Teilnehmer entbindet den Therapeuten für diesen Fall im voraus von der Schweigepflicht.

8. Die Ziele des Boundary Trainingsprogrammes umfassen:
- Eigenverantwortung für das Handeln übernehmen,
- Selbstreflexion und Selbstwahrnehmung verbessern,
- Grenzen von Patienten oder Klienten klarer erkennen und respektieren,
- Strategien zur eigenen Psychohygiene besser anwenden,
- die notwendigen Fakten und Kenntnisse über PSM erarbeiten und präventiv in der eigenen Arbeit einsetzen.

Das Trainingsprogramm wird in gegenseitigem Einverständnis bei Erreichen dieser Zielsetzungen abgeschlossen.

9. Das Trainingsprogramm kann durch den Therapeuten abgebrochen werden, wenn der Teilnehmer
- das Trainingsprogramm als Alibiübung bzw. als Ablenkungsmanöver zur Begehung weiterer Missbräuche oder Straftaten missbraucht,
- gegen die Regeln des Behandlungsvertrages verstößt,
- keine Motivation zur Zusammenarbeit und Fortsetzung zeigt.

Vor einem Behandlungsabbruch durch den Therapeuten findet eine Aussprache über die getätigten Feststellungen und Überlegungen statt. Der Teilnehmer erhält ausreichend Gelegenheit zur Stellungnahme.

10. Die Aufzeichnungen des Therapeuten müssen aufgrund der gesetzlichen Bestimmungen während 10 Jahren aufbewahrt werden. Der Teilnehmer hat jederzeit das Recht zur Einsichtnahme. Er kann auf seine Kosten Kopien der Abschrift verlangen.

11. Der Therapeut kann die Inhalte und Ergebnisse des Boundary Trainingsprogrammes in anonymisierter Form für wissenschaftliche Arbeiten und Publikationen verwenden.

12. Die öffentliche Verwendung von Videoaufnahmen bedarf in jedem Fall einer gesonderten Vereinbarung und ist nicht Bestandteil der vorliegenden Vereinbarung.

Ort, Datum und Unterschrift

Zu Beginn der zweiten Konsultation werden die Aussagen des Täters auf einer 15- bis 20-minütigen Videoaufzeichnung festgehalten. Dabei gelangt ein standardisiertes Vorgehen zur Anwendung, welches die nachfolgenden fünf Fragen umfasst. Die Bezeichnungen Patient, Klient, Gläubige, Mitarbeiter, etc. in der männlichen oder weiblichen Form (z. B. Patient/Patientin) sind selbstverständlich der jeweiligen Ausgangslage anzupassen:

1. Wie begann Ihre Beziehung mit dem Patienten?
2. Wie hat sich der Patient Ihnen genähert? Wie kam er auf Sie zu?
3. Beschreiben Sie die sexuelle Begegnung.
4. Haben Sie Vorschläge, Ideen, was Ihnen hätte helfen können, dass es nicht so weit gekommen wäre?
5. Möchten Sie noch etwas hinzufügen oder ergänzen?

Die Videoaufnahme wird nicht weiter kommentiert. Der Täter weiß, dass er seine eigene Aussage im Verlauf der therapeutischen Arbeit wieder zu sehen bekommen wird. Es ist wichtig, die Ausgangslage festzuhalten, weil die nachfolgenden therapeutischen Maßnahmen die Sichtweisen völlig ändern können. Im nächsten Schritt wird der Täter ersucht, auf einem Flip-Chart in 6 bis 8 Schritten sein persönliches Missbrauchs-Script (Tatverlauf) darzustellen. Welches waren nach seiner Einschätzung die wesentlichen Punkte dieses Prozesses gewesen? Die Hilfe durch den Therapeuten besteht in präzisierenden Fragen, die individuelle Wertung sollte weitgehend dem Täter überlassen bleiben. Diese Flip-Chart-Darstellung wird aufgehoben und später weiter verwendet.

Ein Teil des Boundary Trainings besteht in der Erarbeitung des Missbrauchskreises als Modell des Tatablaufes. Die damit zusammenhängenden psychischen Vorgänge müssen erkannt werden, um sich der eigenen Grenzen bewusst zu werden und sie auch wahren zu können. Der Therapeut stellt den Missbrauchskreis als mögliche Täterstrategie vor. Jeglicher Missbrauch, egal in welcher Form, findet zuerst im Kopf statt und basiert auf einer erlernten Strategie. Damit wird einerseits dem Täter ganz klar die Verantwortung für sein Handeln gegeben, andererseits wird auch aufgezeigt, dass das erlernte Verhaltensmuster wieder verlernt werden kann.

8.2 Der Missbrauchskreis

Der sexuelle Missbrauch kann als kreisförmiger Prozess dargestellt werden. Das Kreismodell erlaubt einen Einstieg an beliebiger Stelle, auch trägt die gewählte Darstellung der Tatsache Rechnung, dass der gleiche Täter häufig mehrmals für einen Missbrauch verantwortlich ist. Wegbereitend für die Entwicklung dieses Konzepts waren die Arbeiten von Steven Wolff und Joe Sullivan [8], die diese Techniken ursprünglich auf pädophile Sexualstraftäter anwandten und weiterentwickelten. Forensisch-therapeutische Institutionen suchten nach Wegen, wie diesen Tätern zu begegnen ist, die unter Umständen im Laufe ihrer ‹Karriere› Hunderte von Opfern missbrauchen. Aufgrund der universellen Gültigkeit kann dieses Täter-Kreis-Modell ohne größere Adaptationen für die Arbeit mit missbrauchenden Fachleuten oder Berufsleuten übernommen werden. In der Schweiz war Peter Gehrig einer der ersten, welche in Tätertherapien dieses Modell verwendeten [9, 10].

Der Missbrauch findet im Kopf statt

Es sind die sexuellen Fantasien, die einen Missbrauch einleiten. Seien diese pädophiler Art wie bei sexuellen Übergriffen gegenüber Kindern, seien es Fantasien gegenüber abhängigen Personen in Behandlungen, Beratungen, Ausbildungssituationen, etc. Wenn jemand verteidigend sagt: «Sie kam immer so aufreizend zum Musikunterricht . . .», gibt er eigentlich zu, dass er sich offenbar seine Gedanken gemacht hat – abgesehen von der Schuldzuweisung an die junge Frau, die sich aufreizend kleidete (und damit seine Fantasien stimulierte). Der Täter erkennt nicht, dass er sich seinen Fantasien hingab! Solche Legitimitätsverzerrungen gilt es zu erkennen und zu benennen.

Fantasien müssen noch keineswegs auf ein konkretes Opfer gerichtet sein, jedoch sind sie auf bestimmte Personengruppen bezogen, die als Sexualpartner eigentlich nicht zur Verfügung stehen dürfen. Dies führt regelmäßig zu weiteren Schritten, die ‹erlaubte› Sexualpartner dagegen nicht auslösen. Die ausgesuchte Personengruppen (z. B. Patienten, Schüler etc.) entsprechen einem heimlich gesuchten und begehrten Sexualobjekt, das vorläufig noch nicht zwingend im konkreten Sinn, sondern im Sinne bestimmter Präferenzen, Orientierungen oder Bedürfnisse steht.

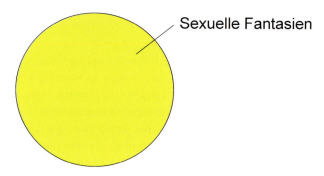

Sexuelle Fantasien

Schuld- und Schamgefühle

Die sexuellen Fantasien lösen sowohl Ängste wie auch Schuld- und Schamgefühle aus. Die Fantasien gelten einem Personenkreis, zu dem sexuelle Kontakte nicht gestattet sind oder sogar verboten sind. Es würden Verfolgungen durch Ermittlungsbehörden, Verurteilungen und Strafen, auch berufliche Konsequenzen drohen. Schuldgefühle gegenüber wehr- und hilflosen Personen sowie Schamgefühle angesichts der perversen oder unstatthaften Neigungen machen sich bemerkbar. Eine denkbar unangenehme Situation – auf der einen Seite die sexuellen Bedürfnisse, auf der anderen Seite die gegenläufigen emotionalen Reaktionen.

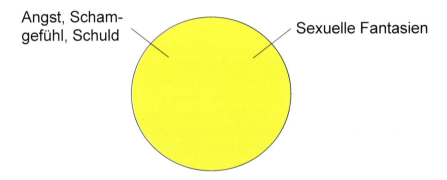

Errichtung einer ‹inneren Wand›

Die unerträglichen Schuld- und Schamgefühle und die Angst werden abgespalten. Es handelt sich um einen psychischen Abwehrvorgang, der dazu dient, unerträgliche emotionale Zustände auszublenden. Symbolisch gesprochen wird eine innere Wand errichtet. Praktisch entspricht eine solche Wand allen möglichen Erklärungen, die einen Missbrauch ‹erklären› sollen. Die missbrauchende Fachperson entwickelt eine persönliche Legitimitätsvorstellung für ihr Tun: «Ich habe es aus Liebe gemacht. Es hat ihr gut getan, sie wollte es». Derartige kognitive Verzerrungen («Wenn man etwas aus Liebe tut, ist man unschuldig») helfen, diese innere Wand zu errichten.

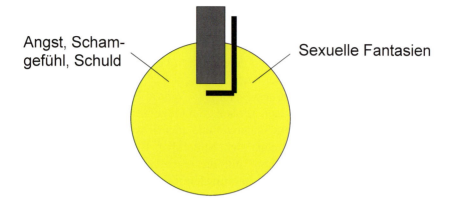

Angst, Scham-
gefühl, Schuld

Sexuelle Fantasien

Kognitive Verzerrungen

Diese Gefühlsabspaltung bzw. die Errichtung einer inneren Wand sind nur möglich aufgrund von kognitiven Verzerrungen. Jetzt folgen all die Rationalisierungen, Beschönigungen und Opferbeschuldigungen, von denen in diesem Werk schon viel die Rede war: «Andere machen das auch ...», «Hat noch niemandem geschadet ...», «Ich habe es verdient ...», «Sie verhielt sich aufreizend ...», «Sie wollte es ...». Diese Aufzählung ließe sich beliebig fortsetzen. Es sind Stereotypien, die man in Zusammenhang mit sexueller Gewalt immer wieder zu hören bekommt. Vielleicht wird dem Leser nun auch klarer, wieso: Sie dienen der individuellen Abwehr unerlaubter Begierden und Wünsche. Dass derartige Verhaltensmuster bei allen Menschen in irgendeiner Weise zu finden sind, ahnen wir im Grunde jetzt auch. Derartige Fragen führen uns an die Fundamente menschlicher Ethik [11].

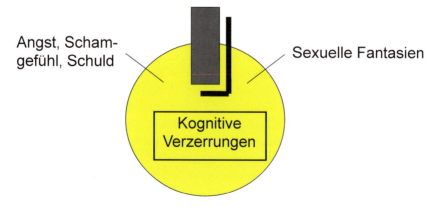

Angst, Scham-
gefühl, Schuld

Sexuelle Fantasien

Kognitive
Verzerrungen

Sexuelle Aktivität steigert das Bedürfnis

Diese Feststellung mag auf den ersten Blick befremdend klingen und widerspricht scheinbar unserer Alltagserfahrung. Die Befriedigung persönlicher Bedürfnisse führt doch normalerweise zu einer bestimmten Sättigung und Erfüllung. Der Haken liegt darin, dass das eigentliche Bedürfnis noch gar nicht gestillt ist! Ob die sexuelle Betätigung in Form von Masturbation, verbunden mit derartigen Fantasien, oder in Form partnerschaftlicher Sexualität, auch mit derartigen Fantasien verbunden, abläuft, macht keinen Unterschied. Die unerfüllten Wünsche und Begierden werden durch die Fantasien nur weiter stimuliert, man spricht von einer Arousal-Situation (gesteigerte Bedürfnisspannung). Tierexperimentell wird dies durch die Pawlow'schen Hundeexperimente indirekt bestätigt: Je besser die Konditionierung, desto größer die Reizantwort – je mehr sexuelle Fantasien, desto größer das Verlangen, bestimmte Personen als Sexualpartner zu gewinnen. Dieses gesteigerte Bedürfnis führt schlussendlich zur konkreten Planung und Auswahl eines Opfers.

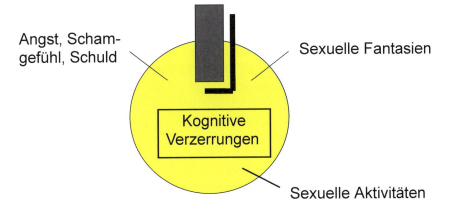

Grooming – auf drei Ebenen

Für diesen Ausdruck aus dem Englischen haben wir keine passende deutsche Übersetzung. Der Begriff bedeutet im Englischen, ein Pferd zu striegeln und zu pflegen. Was darunter in unserem Kontext zu verstehen ist, wird klarer, wenn man den Absichten von ‹Grooming› nachgeht. Täter manipulieren alle Beteiligten. Sie verstehen es meisterhaft, keinen Verdacht gegenüber ihren wahren Absichten aufkommen zu lassen. Die ganze

Zielgerichtetheit der einzelnen Handlungen kann aber rückwirkend klar erkannt werden. Der ‹Grooming›-Prozess beruht auf manipulativem Verhalten und muss als Täterstrategie erkannt werden. Hier bestätigt sich auch indirekt die Grundannahme, dass jeder Missbrauch zuerst im Kopf stattfindet und folglich einer geplanten Handlung entspricht.

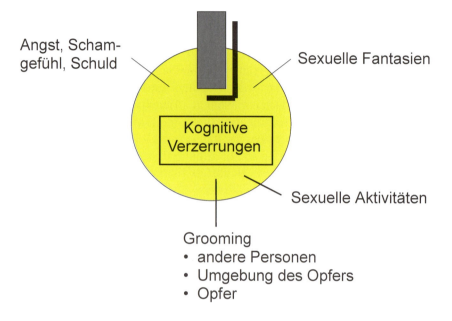

Der Grooming-Prozess verläuft auf drei Ebenen:

● Grooming anderer, unbeteiligter Personen

Der Täter versucht beispielsweise in seinem beruflichen Umfeld ja keinen Verdacht aufkommen zu lassen und redet meist das Gegenteil. Bemerkungen wie «Diesen Typ Frau kann ich überhaupt nicht ausstehen» sollen anderen ein bestimmtes Bild von ihm bzw. der Beziehungskonstellation vermitteln. Täter verstehen es meisterhaft, ihre wahren Absichten zu verschleiern und andere hinters Licht zu führen. Die Erkenntnisse über das Täterverhalten stammen primär aus der Forschung mit Pädophilen, analoge Mechanismen findet man auch bei professionellen Übergriffen. Da berufliche Karriere und Reputation auf dem Spiele stehen, wird ein großer Aufwand betrieben, von den wahren Absichten abzulenken – sogar während Untersuchungsverfahren und nach Verurteilung kann ein solches Verhalten beobachtet werden. Mitglieder berufsethischer Kommissionen wie auch Richter und Untersuchungsbehörden im öffentlichen Recht sind immer wieder solchen Manipulationsversuchen ausgesetzt. Verstehen es Beschuldigte, dank geschicktem Taktieren zu überzeugen, werden die Mitglieder der berufsethischen Komitees abgesetzt oder abgewählt. Dass solche Vorgänge tatsächlich möglich sind, hängt auch damit zusammen, dass angeklagte Fachleute häufig eine gute bis ausgezeichnete fachliche Reputation aufweisen und gar nicht so selten sogar wichtige Ämter innerhalb der Berufsorganisationen innehaben (siehe auch [12]).

Das Ziel ist, von jeglichem Verdacht abzulenken. Als Gedankenexperiment soll der Leser sich selbst überlegen, wie er andere ablenken würde, wenn er etwas Unerlaubtes erreichen möchte – das Ergebnis wird sich im Wesentlichen mit diesen Ausführungen decken. Insofern stellen solche Vorgehensweisen nicht etwas Täterspezifisches dar, sondern können sehr wohl auch im Alltag beobachtet werden.

- Grooming der Umgebung des Opfers

Angehörige und Freunde des Opfers etc. sollen natürlich auch keinen Verdacht schöpfen. Im Gegenteil: Führt man sich als hilfsbereiten, freundlichen und redlichen Zeitgenossen ein, hat man schon halb gewonnen; gelingt es darüber hinaus, sich als Vertrauensperson einzuschmeicheln, ist man seinem Ziel einen großen Schritt näher gekommen. Wiederum sind es die Pädophilen, die uns mit ihrer Vorgehensweise diese Strategie aufzeigen. Leser mögen vielleicht einwenden, dass es kaum statthaft ist, Ergebnisse, die an Sexualdelinquenten erhoben worden sind, auf ehrenhafte Fachleute wie etwa Lehrer, Ärzte oder Seelsorger zu übertragen. Dazu möchte ich eigentlich nur auf die aufgeführten Untersuchungsberichte verweisen und festhalten, dass in einigen Staaten der sexuelle Missbrauch innerhalb von fachlichen Beziehungen inzwischen als kriminelle Tat gewertet wird.

- Grooming des Opfers

Bedenken der Opfer, ob ein intimer Kontakt im Rahmen des fachlichen Verhältnisses in Ordnung sei, werden von Tätern regelmäßig in den Wind geschlagen. Nötigenfalls wird eine Behandlung oder Beratung als solche beendet, damit ab dem nächstem Tag kein Zögern mehr ihren Zielen entgegensteht. Manchmal erreicht der Täter sein Ziel auch durch Drohungen, wodurch das Opfer regelrecht gefügig gemacht wird.

Der Missbrauch

Schlussendlich kommt es zum sexuellen Missbrauch. Manchmal im Sprechzimmer des Arztes, manchmal beim Hausbesuch des Seelsorgers oder im Schulzimmer des Lehrers. Manchmal außerhalb der gewohnten Umgebung, in einem Hotelzimmer. Einmal, wenige Male, manchmal über einen längeren Zeitraum hinweg. Die ‹Grooming›-Mechanismen können weiterhin beobachtet werden, jeglicher Verdacht soll zerstreut werden. Fliegt etwas auf, wird häufig ziemlich massiv versucht, alles abzustreiten und zu bagatellisieren – sogar bei schwerwiegenden und offensichtlichen Verfehlungen.

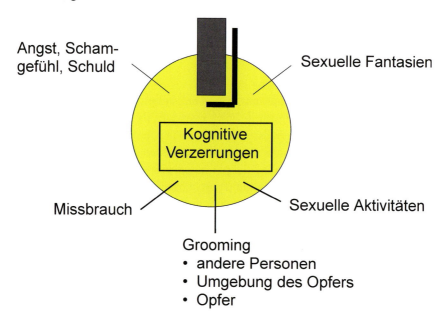

Wiederum wird der Sachverhalt verzerrt und das Opfer beschuldigt. Nach der Tat bleiben beim Täter häufig Schuldgefühle und vor allem Angst zurück. Angst davor, dass er angezeigt wird oder in ein Verfahren verwickelt wird. Immer wieder berichten Opfer, welchen Drohungen sie ausgesetzt waren, wenn sie es wagten, gegen eine Fachperson vorzugehen. Häufig fordern Täter, die Opfer mögen alle möglichen Beweise vernichten, für den Fall, dass etwas herauskäme. Mit der Zeit aber macht sich Gewohnheit beim Täter breit, die Befürchtungen klingen ab, die Angst verflüchtigt sich. Es macht ja doch niemand eine Anzeige, das Geheimnis erfährt ja niemand. Es wächst Gras über die Sache. Im Sinne eines Kreisprozesses kann das missbräuchliche Verhalten von neuem beginnen.

Seitensprung

Inwieweit das vorgestellte Tätermodell den Tatsachen entspricht, kann der Leser anhand von außerehelichen Seitensprüngen überprüfen. Zuerst stehen wieder die Fantasien und Wünsche, die nicht sein dürfen und Angst, Unbehagen und Schuldgefühle auslösen. Diese werden mittels kognitiver Verzerrungen abgespalten («Alle kennen das ... Das kommt in jeder Ehe vor ... Ich kann nichts dafür, es hat mich überwältigt»). TV-Sendungen drehen sich um dieses Thema, Magazine und Zeitschriften bringen wohlgemeinte Ratschläge für die ‹Betrugswilligen› und die Betrogenen, etc. Das Thema ist alltäglich.

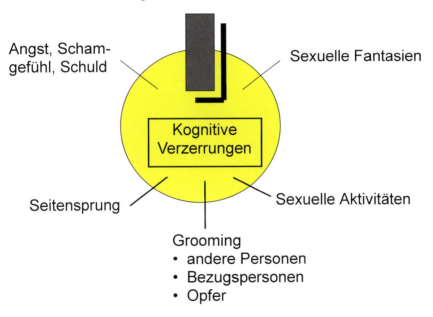

Wiederum steigern die sexuellen Aktivitäten das Verlangen. Der Wunsch, endlich mit dieser bestimmten Person ungestört Sex zu haben, wird immer stärker. Die ‹Vorbereitungszeit›, das ‹Grooming› beginnt – beispielsweise am Arbeitsort, wo es zufällig der neue Betriebsleiter ist, der ihr zuzwinkert und immer so charmant ist. Sie spricht mit Kolleginnen über den Mann, «der sie überhaupt nicht anmacht, langweilig ist, immer die gleichen doofen Klamotten trägt!». Zu Hause fühlt sie sich müde, schlaff, mag nichts mehr tun, klagt über ihre Unförmigkeit, kein Mensch mag sie. Bis der Partner vielleicht findet, sie solle doch ein Fitnessstudio aufsuchen, ihm habe dies seinerzeit auch gut getan. Dies ist nun höhere Form des ‹Groomings› der Bezugsperson, die einem genau das Gewünschte anbietet. Nun hat sie regelmäßig ein paar Stunden Zeit, kann planen … Auch das Opfer wird ‹gegroomt›, indem z. B. der Betriebsleiter zu gemeinsamen Aktivitäten aufgefordert wird. Beim Seitensprung ist der Sexualpartner meistens nicht ein Opfer im beschriebenen Sinne und natürlich nicht mit dem zu vergleichen, was im Rahmen von professionellen Verhältnissen passiert.

Schlussendlich findet die sexuelle Außenbeziehung statt. Zurück bleiben Angst, entlarvt zu werden, vielleicht auch Schuldgefühle gegenüber dem Partner. Nach einer Weile verliert sich dieses Unbehagen, die Erfahrung, dass niemand etwas merkt, wird zur Gewissheit, und der Kreis schließt sich. Überzeugt? Nicht ganz – es fehlt noch etwas sehr Wesentliches.

Drei Aspekte verdienen eine genauere Betrachtung. Zum ersten interessiert die Frage, was die eine Person bewegt, ihren Neigungen nachzugeben, während eine andere es nicht tut. Wie sucht sich ein Täter seine Opfer aus? Wie plant er seine Vorgehensweise?

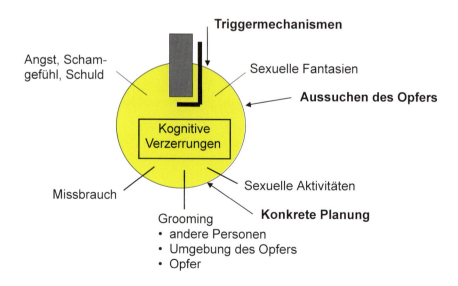

Triggermechanismen

Unter Triggermechanismen versteht man Mechanismen, die ein Verhalten auslösen. Die Sonnenscheindauer im Frühjahr ist ein derartiger Triggermechanismus, der Tulpen zum blühen bringt. Überschreitet die Dauer der Sonneneinstrahlung einen bestimmten Wert, öffnen sich die Blütenkelche. Gibt es bei sexuellen Missbräuchen ähnliche Mechanismen, die ein bestimmtes Verhalten initiieren?

Die folgende Anregung verdanke ich einem Ethiker, mit dem ich mich während einer Zugfahrt auf der Rückreise von einer Ethiktagung über diese Frage unterhielt. Die ursprüngliche Frage lautet: Wer ist schuld? Hierzu ein Beispiel, das den Sachverhalt verdeutlicht: Drei Männer sitzen in einem Zugabteil, eine attraktive Frau in einem Minirock kommt ins Abteil und nimmt ihren reservierten Platz ein. Der erste dieser drei Männer schaut kurz auf, begrüßt die Dame und vertieft sich wieder in seine Arbeit. Der zweite verweilt in Gedanken etwas länger bei ihr: er sieht sich in seinen Träumen an einem Karibikstrand, neben sich die attraktive Dame. Schließlich gibt er sich einen Ruck und liest den Sportteil seiner Zeitung. Der dritte wird geradezu begierig und überlegt sich, wie er die Frau anmachen könnte. Sie zu einem Espresso im Zugbistro einladen? Oder über den neuen Film quatschen, den er gestern im Kino gesehen hat, oder über ihr Reiseziel. Wir fragen uns: Wieso reagiert der eine so, der andere so? Ist die Frau daran schuld? Oder bestimmt etwas anderes das Verhalten? Gibt es Triggermechanismen?

Ist es der Mini? Das attraktive Aussehen, die langen Beine? Bei diesem Beispiel wird deutlich, dass es wohl mehr mit der inneren Bereitschaft zusammenhängt, so und nicht anders zu reagieren. Bewirkt das Opfer, dass sich der Täter an ihm vergeht? Oder vergeht sich der Täter an jemandem, der damit sein Opfer wird? Der Triggermechanismus bedarf offenbar weiterer Untersuchungen.

Aussuchen des Opfers

Nach unseren Erfahrungen geschieht das Aussuchen eines Opfers zufällig. Zumindest lassen sich durch epidemiologisch erhobene Daten keine Risikogruppen identifizieren, die häufiger als andere von Fachleuten missbraucht werden. Auch Personen, die früher bereits sexuelle Gewalterfahrungen durchgemacht haben, sind nicht stärker gefährdet als

Vergleichsgruppen ohne Gewalterfahrungen in ihrer Vergangenheit. Man muss davon auszugehen, dass ein Abhängigkeitsverhältnis den intimen Kontakt erst ermöglicht. Aus der Arbeit mit Sexualstraftätern ist bekannt, wie gezielt sie ihre Opfer ‹prüfen›, welche zufällig ihren Weg gekreuzt haben. Sexualstraftäter wollen zum einen ihr Ziel möglichst bald erreichen, zum andern wollen sie keine Schwierigkeiten bekommen, wollen kein polizeiliches Verhör riskieren oder sich gar in flagranti erwischen lassen. Opfer werden nach diesen zwei Kriterien ausgewählt.

Täter in professionellen Verhältnissen ‹prüfen› ihre Opfer ebenfalls gezielt. Kenntnisse über die individuelle Situation haben sie meistens, insbesondere in Psychotherapien, aufgrund der Behandlungssituation erworben. Was folgt, ist ein Abklären individueller Reaktionsmuster. Wie reagiert die Person auf Annäherungsversuche? Toleriert das Opfer sie oder nicht? Das Opfer mag sich vielleicht durch die Komplimente geschmeichelt fühlen oder sich durch die Aufmerksamkeit besonders beachtet fühlen. Oder es werden der Respektsperson per se keine eigennützigen Absichten unterstellt. Eine Rose für das hübsche Aussehen, für die nette Erscheinung. Ein paar Nüsschen zum Naschen, beim Zugreifen berühren sich die Finger – wie reagiert das Opfer? So testet der Täter sein Gegenüber. Der Leser sei einmal mehr aufgefordert, sich zu überlegen, wie er jemand am besten für sich gewinnen würde. Es klingt fast banal: durch Komplimente, Aufmerksamkeit schenken, auf jemanden eingehen, zuhören, Geschenke machen, eine Blume überreichen etc. Auch hier gilt: Vieles mag therapeutisch oder pädagogisch sogar erwünscht sein. Die Vertrauensbasis in einer Behandlung oder einem Lehrer-Schüler-Verhältnis stellt geradezu die Bedingung für den späteren Erfolg dar. Das gleiche Vertrauen kann aber auch ausgenutzt werden. Jede Handlung kann ein Schritt auf dem ‹Slippery slope› sein, welcher schließlich im Missbrauch mündet.

Dort, wo Schwierigkeiten zu erwarten sind, findet in aller Regel kein Missbrauch in fachlichen Beziehungen statt. Wichtig ist deshalb die Bereitschaft auf Seiten von Patienten oder Klienten, auf ihr Inneres zu hören und abwehrend zu reagieren, auch wenn es ihnen manchmal seltsam vorkommen mag. Seinen Gefühlen und seiner eigenen Wahrnehmung zu trauen hilft einem wohl am besten, nicht Opfer derartiger Missbräuche zu werden. Umgekehrt sind wohl diejenigen, die gerade damit ihre Mühe haben und vielleicht deswegen eine Therapie aufsuchen, vermehrt gefährdet. Hier muss deshalb der Gesetzgeber für den nötigen Schutz sorgen.

Konkrete Planung

Wie oft in Beziehungen lässt sich nicht alles vorausplanen. Es ist vielmehr davon auszugehen, dass der Täter die Voraussetzungen schafft, dass ein Missbrauch möglich wird. Häufig spielt dann letztendlich auch der Zufall mit, wie der Missbrauch konkret abläuft. Die Stimmung, die Umgebung, ein entscheidendes Wort können als Triggermechanismen funktionieren. Das Wesentliche, das man verstehen muss, ist die Tatsache, dass die Vorbereitungen im Kopf des Täters schon lange vorher stattgefunden haben, zum Zeitpunkt der Tat ist es nur ein Versuch, das Geplante zu realisieren. Schutzbehauptungen von Tätern, dass sie von Gefühlen übermannt wurden, können nach diesen Ausführungen entlarvt werden, und es kann ihnen kein Glauben mehr geschenkt werden. Die Realität ist eine andere.

Die persönliche Motivation

Was weiter oben über die Triggermechanismen ausgeführt wurde, war unvollständig. Die persönliche Motivation oder auch persönliche Vorliebe hat noch eine wichtige Bedeutung. Für unsere Gefühle sind wir nicht verantwortlich, die lassen sich bekanntlich nicht steuern. Hingegen müssen wir für unsere Handlungen Verantwortung übernehmen und können dies nicht auf die Gene abschieben, wie nicht selten von Männern versucht. Aggressives Verhalten liege in der Natur des Menschen, dass der Mann eine Frau einfach nimmt, ebenso. Solche sozialdarwinistischen Simplifizierungen übergehen die eigene Verantwortlichkeit.

Die persönliche Motivation bzw. die persönliche Präferenz für bestimmte Sexualpartner ist letztendlich der entscheidende Punkt. Abhängige Patienten oder Patientinnen zu ‹besitzen› mag etwas mit Omnipotenzgefühlen zu tun haben, es hat sicher etwas mit Ausnutzung einer Machtposition zu tun. Damit geht es nicht mehr um sexuelle Erfüllung, sondern um Macht- und Gewaltanwendung, analog wie bei einer Vergewaltigung. Der Täter ist eindeutig in der stärkeren und mächtigeren Position. Als Seelsorger bestimmt er, was erlaubt ist und was nicht, was Sünde ist und was Liebe ist. Oder der Therapeut, der seinem Opfer sexuelle Hemmungen attestiert, die es zu überwinden gilt, um zu genesen. Hier möchte ich anmerken, dass den Aussagen weiblicher Prostituierten zufolge viele Arten männlichen Sexualverhaltens als Macht- und Dominanzprobleme verstanden werden müssen [13]. Wo eine Abhängigkeitsbeziehung zur

Motivation

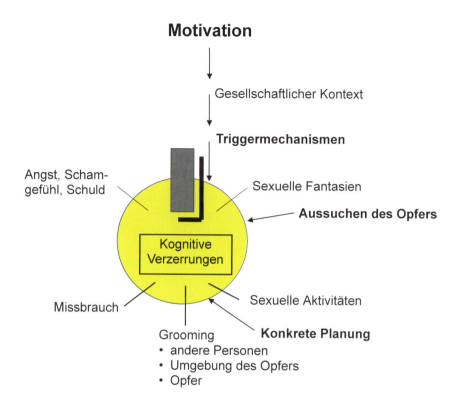

Gesellschaftlicher Kontext

Triggermechanismen

Angst, Scham-
gefühl, Schuld

Sexuelle Fantasien

Aussuchen des Opfers

Kognitive
Verzerrungen

Sexuelle Aktivitäten

Missbrauch

Grooming
* andere Personen
* Umgebung des Opfers
* Opfer

Konkrete Planung

Befriedigung eigener sexueller Bedürfnisse ausgenützt wird, spielt Macht-
ausübung eine zentrale Rolle und weist umgekehrt darauf hin, dass der
Täter ernsthafte Probleme hat.

8.3 Aufdeckung der Täterstrategien

Verhaltensstrategien der Täter

Anhand von acht standardisierten Verhaltensmustern untersuchen Täter und Berater die individuellen Reaktionen bei einem Missbrauch. Die
unterschiedlichen Strategien können am wirkungsvollsten mittels Maskenbildern, die typische Verhaltensmuster symbolisieren, dargestellt und definiert werden. Täter werden zur aktiven Teilnahme an der Ausformulierung

der manipulativen Strategien aufgefordert. Diese Vorgehensweise trägt lernbiologischen Erkenntnissen Rechnung, dass neuer Stoff umso besser erarbeitet wird, je größer die Eigenbeteiligung ist. Auf eine ausführlichere Darstellung muss hier verzichtet werden, da sich eine solche Technik nur in einem Workshop vermitteln lässt. Hier sei das Verfahren nur kurz erklärt: Der Therapeut legt dem Täter die acht Masken zur Auswahl vor und überlässt ihm die Reihenfolge. Wesentlich ist, dass nun diesen symbolischen Bildern eindeutig bestimmte Verhaltensmuster und -strategien zugeordnet werden. Der Therapeut beschränkt sich wenn möglich auf unterstützende Bemerkungen. Nur wenn nötig, soll er mithelfen, die Bilder zu definieren. Sind die Masken klar zugeordnet, kann der Therapeut in Zukunft unter Verweis auf eine der Masken komplexe Verhaltensstrategien rasch und zutreffend bezeichnen. Das selbstmitleidige «Poor me, oder dt. Ich Armer» steht dann beispielsweise für eine Täterstrategie, sich selbst als Opfer darzustellen, um sich aus der Verantwortung zu schleichen. Oft lassen sich die Masken realen Verhaltensmustern nicht eindeutig zuordnen, sondern es finden sich Kombinationen von verschiedenen Mustern und Strategien. Da macht es dann Sinn, gleichzeitig auf zwei bis drei Bilder mit einer Überlagerung zu verweisen. Oder die Verhaltensmuster laufen in einer zeitlichen Sequenz ab, was sich wiederum durch eine Nacheinanderpräsentation der Maskenbilder elegant darstellen lässt. Der tiefere Sinn dieser Arbeit sollte dem Täter aufzeigen, dass seine manipulativen Strategien bekannt sind, aber nicht etwas Täterspezifisches darstellen. Wir alle versuchen im sozialen Kontext mit mehr oder weniger Erfolg, bestimmte Rollenstereotypen einzusetzen.

Übungen: Was ist ok? Was nicht?

Der Täter wird nun aufgefordert, die Unterschiede zwischen privaten und professionellen Beziehungen zu benennen. Die Resultate werden auf Flip-Chart festgehalten. In einem nächsten Schritt werden Verhaltensregeln für die professionelle Arbeit, die als angebracht oder verwerflich gelten, untersucht. Anschließend sollen die genannten Beispiele auf ihre universelle Gültigkeit hin untersucht werden. In einem weiteren Schritt erarbeitet der Täter gemeinsam mit dem Berater, was man als Fachperson tun muss, um einen Klienten zu verführen, und schließlich, welche Züge eines Klienten für sich selbst verführerisch sind. Diese Arbeit soll aufzeigen, dass in einer fachlichen Begegnung einerseits keine sturen und festen

Grenzen existieren und andererseits die fachliche Arbeit oft mit emotionalen Erfahrungen auf Seiten des Opfers verbunden ist, welche den Missbrauch erst ermöglichen.

Anschließend werden nun mit dem Täter zusammen Strategien durchgespielt, was er in Zukunft in solchen Situationen unternehmen kann, damit der Missbrauchskreis unterbrochen wird. Dazu eignen sich Rollenspiele hervorragend. Durch beliebige Variationen der Parameter kann ein fehlbarer Fachmann lernen, mit verführerischen oder schwierigen Situationen besser umzugehen.

Der eigene Missbrauchskreis – Analyse durch Therapeut

Der Täter wird nun aufgefordert, sein eigenes Schuhprofil auf Papier zu kopieren und je 10 linke und 10 rechte Kopien auszuschneiden. Seinen eigenen Schritten gleich soll er nun den eigenen Missbrauchskreis auslegen. Nach seiner eigenen Einschätzung soll er die wichtigsten 20 Elemente des Missbrauchsszenariums auf diese Schuhprofile aufzeichnen und sie dann entsprechend der zeitlichen Abfolge im Raum auslegen. Der Raum wird entsprechend der Einteilung des Täterkreises markiert, und der Täter ordnet seine 20 Schritte entsprechend zu.

Gemeinsam wird der Missbrauchskreis abgeschritten, und die Zuordnungen des Täters werden durch den Therapeuten kommentiert. Dabei zeigt sich regelmäßig, dass der Täter gewisse Etappen des Missbrauchskreises ausgelassen hat. Genau diese müssen nun mit dem Täter bearbeitet werden.

8.4 Individuelle Trainingsaufgaben

Ein Vorteil des Kreismodells kann auch hier genannt werden: Man kann überall einsteigen. So sollen auch die Hausaufgaben vom Therapeuten je nach individueller Situation eingesetzt werden. Dabei müssen einerseits der Kenntnisstand des Täters und andererseits seine Kooperation berücksichtigt werden.

Der Täter wird aufgefordert, einschlägige Fachliteratur zum Thema der sexuellen Übergriffe zu lesen. Ist ein Täter in der Lage, englischsprachige Literatur zu lesen, kann auf ein schier unerschöpfliches Material zurückgegriffen werden. Als Texte eignen sich insbesondere auch Literaturauszüge aus dem Lehrbuch der Psychotraumatologie von G. Fischer und P. Riedesser. Je nach Fachrichtung lassen sich Werke und Artikel aus den in diesem Werk aufgeführten Literaturhinweisen zu den einzelnen Bereichen zusammenstellen.

Anhand von Fallvignetten und Videoanalysen sowie Filmen können Missbrauchsszenarien und Verhaltensstrategien gemeinsam mit dem Täter analysiert werden. Im Kapitel Boundary Training sind geeignete Titel aufgeführt.

Der Täter wird aufgefordert, Beispiele aus seiner eigenen Erfahrung vorzustellen und zu analysieren. Mittels Rollenspielen oder Aufstellungen lassen sich die Beispiele beliebig modifizieren und mit Hinblick auf mögliche Lösungs- und Auswegstrategien testen. Der Täter soll dabei insbesondere zu einem selbstverantwortlichen Handeln angehalten werden.

Betroffene Fachleute werden im Weiteren dazu angehalten, ihre Berufsreglemente zu studieren und mit dem Therapeuten zusammen zu erörtern. Ebenfalls diskutiert wird, welche gesetzlichen Bestimmungen anwendbar sind und welche Folgen bei deren Nichteinhaltung resultieren können. Es ist erstaunlich, wie viele Reglemente und Kodizes bei Fachleuten unbekannt sind.

8.5   Evaluations- und Abschlussphase

Der Täter wird aufgefordert, seine am Anfang erstellte Darstellung über das Missbrauchsszenarium auf dem Flip-Chart aufgrund seiner nun erarbeiteten Kenntnisse zu analysieren. Dabei sollen insbesondere auch die von ihm bisher verwendeten Abwehrstrategien unter die Lupe genommen werden. Es ist auch sinnvoll, im Hinblick auf die weitere Berufstätigkeit eine Notfallstrategie zu entwickeln, wenn sich erneute Schwierigkeiten abzeichnen sollten. Im Grundsatz geht es dabei um die Förderung eines selbstverantwortlichen Handelns. Betroffene Fachleute müssen realisieren, wie sehr sie ihre eigene berufliche Position gefährden, wenn sie sich zu missbrauchendem Verhalten hinreißen lassen.

Wie beurteilt der Täter nun rückblickend seine eigene damalige Darstellung des Missbrauches auf dem Videoband? Was hat sich inzwischen geändert? Was würde er heute in einer analogen Situation tun? Wie beurteilt er seine weitere Berufszulassung selbst? Anhand solcher Fragen wird nun abschließend seine persönliche Situation nochmals aufgerollt und gewürdigt. Fragen von Schuld, Sühne, Versöhnung und ‹Wiedergutmachung› werden an dieser Stelle nochmals besprochen.

Schließlich sollte der Therapeut einen beurteilenden Bericht über seine weitere Berufstätigkeit erstellen. Dabei muss sowohl gegenüber dem Täter wie auch gegenüber eventuellen Auftraggebern klar gemacht werden, dass diese Aussagen keine absolute Garantie für zukünftiges Verhalten bedeuten, sondern vielmehr eigene Erkenntnisse am Ende eines individuellen Trainingsprogramms darstellen. Die letzte Entscheidung über die weitere Berufstätigkeit liegt heute meistens bei jedem selbst. Werden Assessmentverfahren zum Standard, liegt diese Entscheidung bei Institutionen oder Behörden, was angesichts der Problematik meiner Ansicht nach eindeutig angemessener wäre.

Im Falle von Übergriffen auf geistig Behinderte und Kinder müssen die strengsten Kriterien zur Anwendung gelangen. Fachleute in solchen Bereichen, die sich derartige Übergriffe erlauben, dürfen ihre Tätigkeit nicht weiter ausüben, wenn sich nicht grundlegende Persönlichkeitsveränderungen im Laufe der Behandlung zeigen. Selbst nach besten therapeutischen Ergebnissen kann nicht von einer Heilung ausgegangen werden, sondern höchstens von einer Kontrolle des Fehlverhaltens. Solche Fachleute sollten nicht erneut in Bereichen eingesetzt werden, wo sie gegenüber in ihren kognitiven Möglichkeiten eingeschränkten Personen erneut zu Missbräuchen neigen könnten. Immer wieder kommen einzelne Fachleute aufgrund eigener Überzeugungen zum Schluss, dass sie ihre berufliche Tätigkeit ihren inneren Voraussetzungen anpassen und entsprechend ein neues Betätigungsfeld suchen müssen, wo sie einerseits ihr Wissen einbringen können, andererseits nicht mehr gefährdet sind. Je kompetenter und aufmerksamer die Mitarbeiter solcher gefährdeter Fachleute sind, desto eher ist eine Weiterbeschäftigung möglich, zum Beispiel unter bestimmten Auflagen, wie etwa engmaschige Supervision.

Den Abschluss bildet eine gemeinsame Evaluation über das Trainingsprogramm. Die Evaluation ist so konzipiert, dass sie für wissenschaftliche Auswertungen verwendet werden kann. Zentrale Fragen betreffen dabei die subjektiven und objektiven Verhaltensänderungen der Fachperson, die während des Trainingsprogramms erworben wurden.

Literatur

1 Schoener GR: Assessment of professionals who have engaged in boundary violations. Psychiatr Ann 1995;25:95–99.

2 Herman J: Trauma and Recovery. New York, Basis Books, 1992.

3 Marshall WL, Anderson D, Fernandez Y: Cognitive Behavioural Treatment of Sexual Offenders. Chichester, Wiley, 1999.

4 Eldridge H, Wyre R: The Luzy Faithfull Foundation Residential Program for Sexual Offenders; in Marshall WL, Fernandez YM, Hudson SM, Ward T: Sourcebook of Treatment Programs for Sexual Offenders. New York, Plenum Press, 1998.

5 Brunner A, Staatsanwalt des Kantons Zürich: Arbeit der Fachkommission für psychiatrische Begutachtung des Kantons Zürich. Kolloquium über Psychiatrische Begutachtung im Strafverfahren. Zürich, 04. 02. 2000.

6 Langevin R, Curnoe S: A study of clergies who commit sexual offenses: Are they different from other sex offenders? Child Abuse Negl, 1998;24:535–545.

7 Lang RA: Sexual misconduct amongst clergies, teachers and health care professionals. Forensic and ethical perspectives. Preliminary work presented at 25th Anniversary Congress on Law and Mental Health, Siena, 13. 7. 2000.

8 Sullivan J: Therapeutische Techniken in der Arbeit mit Sexualstraftätern und Gewalttätern. Seminar Walzenhausen, 02.–04. 03. 2000.

9 Gehrig P: Offenlegungsgespräche im Bereich sexueller Ausbeutung. Weiterbildung Schweizerische Arbeitsgruppe «Sexuelle Übergriffe in Abhängigkeitsbeziehungen». Zürich, 24. 04. 1999.

10 Bartschat M, Beratungsstelle im Packhaus Kiel: Möglichkeiten und Grenzen der Gewaltarbeit im Rahmen der alltäglichen psychotherapeutischen Praxis. Fachtagung ‹Der Schlag gegen die Ohnmacht›. Zürich, 11.–12. Nov. 1999.

11 Midgley M: The origin of ethics; in Singer P: A Companion to Ethics. Oxford, Blackwell, 1991.

12 Penfold SP: Sexual Abuse by Health Professionals. A Personal Search for Meaning and Healing. Toronto, University of Toronto Press, 1998.

13 Balmer J, Dolder R: Susanne D: Ein Leben als Prostituierte. Bern, Zytglogge, 1997.

9 Beratung von Arbeitgebern und Berufsverbänden

Zu Beginn meines beruflichen Werdeganges war ich, wohl wie viele andere Fachleute ebenfalls, der Ansicht, dass sexuelle Begegnungen zwischen zwei Erwachsenen eine rein persönliche Angelegenheit sind und niemanden außer den Beteiligten etwas angehen – schon gar nicht Arbeitgeber oder Berufsorganisationen. Erst mit der Zeit realisierte ich, dass immer wenn Fachleute bei ihrer Tätigkeit ihre Klienten sexuell missbrauchen, dies nicht mehr als eine Privatangelegenheit betrachtet werden kann. Wo das Vertrauen in Fachleute, dass sie einem nach bestem Wissen und Gewissen helfen, erschüttert wird, müssen andere Maßstäbe gelten. Die Berufsgruppe oder die Institution trägt ebenfalls einen Teil der Verantwortung für unprofessionelles Verhalten ihrer Mitglieder. Dies gilt aufgrund der gesetzlichen Regelung inzwischen auch für jeden Arbeitgeber, sei es eine Kirchgemeinde, eine Hochschule oder ein öffentliches Spital. Man kann sich allerdings kaum vorstellen, mit welchen Schwierigkeiten eine Organisation mitunter konfrontiert wird, wenn zwei Personen, die in einem Abhängigkeitsverhältnis stehen, unerlaubterweise sexuellen Kontakt haben.

Sexuelle Übergriffe werden sich nie gänzlich verhindern lassen. Arbeitgeber wie Berufsverbände können jedoch Voraussetzungen und ein Klima schaffen, dass solche Begebenheiten im Vorfeld verhindert oder in dem mit ihnen im Nachhinein verantwortungsvoll umgegangen wird. Firmen und Verbände sollten ihre Anstrengungen primär darauf richten, sinnvolle prophylaktische Maßnahmen einzurichten. Die Behandlung der Missbrauchsthematik bedarf einer kontinuierlichen Auseinandersetzung und kann nicht durch einmalige Veranstaltungen erledigt werden. Beratungsstellen innerhalb der Organisation stellen beispielsweise ein kontinuierliches Angebot dar. Es kann mitunter Jahre dauern, bis derartige Einrichtungen überhaupt zur Kenntnis genommen werden. Im Falle eins Vergehens eines Arbeitnehmers müssen geeignete Richtlinien dafür sorgen, dass entsprechend zielgerichtet und vorbildlich vorgegangen werden kann. Hierzu gehört z. B. die Klärung der Verantwortlichkeit in einem Assessment genauso wie die Teilnahme an einem Boundary Training.

9.1 Die Situation der europäischen Fachleute heute

Wenn fundamentale Prinzipien der Berufsarbeit verletzt werden, wie dies bei sexuellen Übergriffen der Fall ist, sollte die Antwort zunächst einmal in einem – ggf. temporären – Berufsverbot bestehen. In Assessmentverfahren und Rehabilitationsprogrammen muss entschieden werden, ob die entsprechenden Fachleute weiterhin ihren Beruf ausüben können. Gegebenenfalls müssten geeignete Auflagen und Kontrollen sicherstellen, dass die gleiche Person nach Beratung oder Training keine weiteren Missbräuche mehr verübt. Leider wurden all diese Vorgehensweisen bisher sehr schlampig gehandhabt – das ist meiner Ansicht nach nicht länger haltbar! Opfer von sexuellen Übergriffen beklagen sich zu Recht darüber, dass weder staatliche Aufsichtsorgane noch Berufsverbände wirkungsvoll gegen Missetäter vorgehen.

Leider gibt es nur wenige Veröffentlichungen zu der Frage, wie man sich als Institution bei PSM verhalten soll. Aus dieser Unkenntnis heraus reagieren die Verantwortlichen meistens unüberlegt, hilflos und konzeptlos. William White ist einer der wenigen Autoren, die inzwischen mehrere ausgezeichnete Werke zu dieser Thematik geschrieben und griffige Konzepte sowie praktikable Strategien entwickelt haben [1]. Hier wird Firmen geraten, rechtzeitig, d.h. im Vorfeld eines Vorkommnisses, Vorgehensweisen zu entwickeln. Die Wahrscheinlichkeit, mit Problemen in Zusammenhang mit PSM konfrontiert zu werden, muss einerseits aufgrund der epidemiologischen Zahlen und andererseits aufgrund der Schilderungen betroffener Opfer als hoch eingestuft werden. Man tut gut daran, darauf vorbereitet zu sein.

Berufsorganisationen und Institutionen, ob sie dies akzeptieren wollen oder nicht, werden immer von der Öffentlichkeit für die Handlungen einzelner Mitglieder und Exponenten mitverantwortlich gemacht. Insbesondere dann, wenn sie als Berufsverband den Anspruch erheben, Berufsrichtlinien und eine Berufsethik zu bieten, die den professionellen Standard ihrer Mitglieder garantieren soll. Noch berechtigter sind solche Verantwortungszuschreibungen da, wo eigene Ethische Kommissionen oder Standesgerichte vorgeben, über Fehlverhalten eigener Mitglieder zu wachen; besonders gilt dies für die Ärzteschaft und die Kirche.

Was im Bericht der Task Force der Ärzteorganisation in British Columbia 1992 festgehalten wurde, sollten sich alle Berufsorganisationen und Institutionen zum Vorbild machen. Es ist besonders wichtig, dass die

Personen, die eine Klage vorbringen, auf offene Türen stoßen, statt dass ihnen wie meist üblich, Steine in den Weg gelegt werden. Missbrauchsopfer müssen spüren, dass sie mit ihren Anliegen ernst genommen werden. Man darf nicht vergessen, dass sie einen wichtigen Beitrag zur Verbesserung der qualitativen Versorgung liefern, und Berufsorganisationen wie auch Behörden sind auf die Aussagen von Betroffenen angewiesen, wenn sie ihre Berufspolitik durchsetzen wollen. Nur so lassen sich missbrauchende Fachleute, welche die Regeln ihres Berufsstandes nicht befolgen, erkennen [2]. Wie Juristinnen aus den meisten Industriestaaten zugeben, raten sie der überwiegenden Zahl von Opfern heutzutage immer noch davon ab, den juristischen bzw. strafrechtlichen Weg zu gehen [3]. Die Ungewissheit des Ausgangs des Verfahrens, die emotionalen Belastungen, die Demütigungen und Kränkungen durch die gerichtlichen Verfahren stellen für viele eine zu große Belastung dar. Es darf nicht vergessen werden, dass Betroffene bereits viktimisiert sind und meist unter erheblichen psychischen Folgen leiden.

Was ist zur Beziehung Opfer-Täter im beruflichen Kontext zu sagen? Opfer bekommen eine Seite des Täters zu sehen, die vielleicht niemand sonst erlebt, sozusagen eine dunkle Seite. Das Phänomen wurde unter anderem von Lifton [4] beschrieben und als ‹Doubling› bezeichnet. Allgemein kann bei Täter-Opfer-Situationen eine solche Persönlichkeitsspaltung beobachtet werden. Beispielsweise konnte bei KZ-Ärzten, wie etwa Dr. Josef Mengele, das Phänomen beobachtet werden, dass die eine Persönlichkeitsfacette einen humanistisch gebildeten, sensiblen, musikalisch interessierten und fürsorglichen Familienvater zeigt, die andere Facette einen gnadenlosen Menschenvernichter und Human-Experimentator. Diese Persönlichkeitsspaltung dient letztlich einem reibungslosen Funktionieren innerhalb der gegebenen sozialen Strukturen und wurde als Mechanismus bereits von Stanley Milgram in seinen wegbereitenden Experimenten zur menschlichen Gehorsamsbereitschaft beschrieben [5]. ‹Doubling› stellt insofern eine menschliche Anpassungsfähigkeit an destruktive und mörderische soziale Gegebenheiten dar. Solche als dissoziative Phänomene benannten Aspekte, die eine Verweigerung, sich in das Opfer einzufühlen, beinhalten, kennzeichnen Täterpersönlichkeiten, die sowohl beim Opfer wie auch bei Außenstehenden zu kognitiven Verwirrungen führen können. Solche dissoziativen Persönlichkeitszüge reichen weit ins Alltagsleben hinein, wie unschwer im beruflichen Kontext zu belegen ist bzw. die dort sogar eine erwünschte Begleiterscheinung sind. Mit dem Eintritt in einen bestimmten Dienst oder ein Anstellungsverhältnis sind nicht mehr die persönlichen Beweggründe für das Handeln des Einzelnen gefragt, sondern die Berufsarbeit wird durch die ausübende Amtsperson oder den Funktionsträger verrichtet. Dissoziative Fähigkeiten stellen somit nicht ausschließlich etwas Pathologisches dar. Wenn man zudem bedenkt, dass im Berufsleben durch Gruppendruck die gleichen Mechanismen eine Rolle spielen, kann man die anthropologischen Dimensionen solcher Phänomene erahnen. Den Einzelnen entlasten solche Feststellungen allerdings nicht von seiner Verantwortung. Die Beschreibung solcher Mechanismen soll hier vielmehr mithelfen, das Funktionieren komplexer Systeme und Zusammenhänge zu verstehen.

Heutzutage versuchen Firmen und Berufsorganisationen eher immer noch, unangenehme Vorkommnisse zu verschweigen oder zu verschleiern. Die Tabuisierung der Thematik fördert aber die Täter zusätzlich. Solange sie keinerlei ernsthafte Konsequenzen zu befürchten haben, werden die Täter kaum von ihrem Tun ablassen. Zu den geforderten Maßnahmen der Verantwortlichen würden klare Stellungnahmen gegen die Missbräuche und die Erarbeitung einer eindeutigen Vorgehensweise bei einem Fall von Missbrauch gehören [6]. Eine weitere wichtige Frage betrifft die Informationspflicht der Berufsorganisationen. Gemäß der heute praktizierten Regelung vollziehen sich standes- und berufsethische Verfahren weitgehend anonym. So erfahren beispielsweise nicht einmal die Mitglieder der medizinischen Berufsgesellschaften, wie viele Verfahren stattfinden, geschweige denn, wer wegen welchen Vergehens von einer Standeskommission verurteilt wurde. Dass diese Handhabung das Vertrauen der Opfer in die Verfahren nicht gerade fördert, geschweige denn dazu geeignet ist, die Probleme wirkungsvoll anzugehen, liegt auf der Hand. Die Berufsorganisationen versuchen verständlicherweise immer zuerst, die eigenen Anliegen zu verfolgen und sich vor öffentlichen Anschuldigungen zu schützen. Die Berufsorganisationen müssen sich jedoch darüber klar werden, welchen Gütern sie längerfristig mehr Gewicht einräumen wollen bzw. welches ihr eigentlicher Auftrag als Berufsorganisation ist.

9.2 Reaktionen der Institutionen auf Vorkommnisse sexuellen Missbrauchs

Die grundlegende Abwehrhaltung jeder Berufsgruppe oder Institution auf Klagen und Vorwürfe wegen sexueller Übergriffe ist ein bekanntes

Phänomen und kann mit der inzestuösen Abwehr verglichen werden [1]. Die Abwehrhaltung ist primär dadurch gekennzeichnet, dass man die Begebenheit nicht wahrhaben will. Häufig kennen sich Verantwortliche und Beschuldigte aufgrund beruflicher Kontakte. Versuche, die Klage abzustreiten, zu bagatellisieren, als ungerechtfertigten Vorwurf hinzustellen, sind an der Tagesordnung, denn «bei uns gibt es solche Probleme nicht. Wir sind eine seriöse Institution und unsere Fachleute sind bestens ausgebildet und genießen einen ausgezeichnetem Ruf. Ich lege die Hand ins Feuer für die Integrität dieses Kollegen!» Viele Parallelen können zum Verhalten der Mitglieder einer Inzestfamilie gezogen werden, nicht zuletzt die Konspiration des Schweigens. Obwohl innerhalb einer Berufsorganisation viele um solche Vorfälle wissen, wird nach außen nichts preisgegeben.

Wenn wegen sexuellen Missbrauchs geklagt wird, kommt es häufig zu starken Polarisierungen innerhalb der Berufsgruppe mit einer Fraktion, die ggf. leise die Stimme erhebt, und mit einer Fraktion, die voll hinter dem Täter steht. Beschuldigte Mitabeiter verfügen oft über ausgezeichnete Curricula, es handelt sich um integrierte und angesehene Mitglieder der Organisation und sie bekleiden häufig wichtige Funktionen. Ihre Anklage stellt für die übrigen Mitarbeiter ein ernsthaftes Problem dar. Wie sollen sie in Zukunft ihr kollegiales Verhältnis zu dieser Person gestalten? Stimmen die Vorwürfe überhaupt? Es ist ja nichts bewiesen. Auf der anderen Seite führen die Polarisierungen gelegentlich zu Infragestellungen der Berufsrichtlinien. Oder die Mitglieder von berufsethischen Gremien werden der Unfähigkeit bezichtigt und zum Rücktritt gezwungen oder abgewählt. Erwähnenswert sind auch Begebenheiten, wo Fachleute selbst in ethischen Komitees Einsitz hatten und unter Umständen jahrelang alle gegen sie gerichteten Beschwerden und Klagen verschwinden ließen.

Weitere Parallelen zur Inzestfamilie können wir beim Verhalten gegenüber der Außenwelt feststellen. Sie wird als bedrohlich und feindlich erlebt. Die Mitglieder einer Organisation müssen sich streng an die internen Abmachungen halten und dürfen nichts nach außen preisgeben. Wer es dennoch tut, gilt als Verräter und wird entsprechend geächtet und ausgegrenzt. Die Organisation dagegen bemüht sich verzweifelt und krampfhaft um eine gute Reputation in der Öffentlichkeit. Die für die Inzestfamilie so typische und charakteristische Diskrepanz zwischen proklamierten und praktizierten Werten wird evident. Die Kontrolle über die einzelnen Mitglieder bekommt zunehmend defensiven Charakter und ist durch Panikreaktionen gekennzeichnet. Unter allen Umständen will man einen Skandal vermeiden. Der Druck nimmt zu, und die einzelnen

Handlungen sind von zunehmender Hektik und Verunsicherung geprägt. Vielleicht bekommen im Verlauf einer solchen Begebenheit immer mehr Mitglieder mehr und mehr Schwierigkeiten, die Verbands- oder Institutionsphilosophie mitzutragen. Es kommt zu Zerreißproben innerhalb der Organisationen.

Dem Opfer bzw. den Mitgliedern, die sich für eine Veränderung einsetzen, wird mit zunehmender aggressiver und feindseliger Stimmung begegnet. Letztendlich wird nach dem Muster von ‹Blaming the victim› versucht, sie als die wahren Übeltäter hinzustellen. Womöglich erklären sich Mitglieder mit dem betreffenden Fachkollegen solidarisch und versuchen, weitere Aufdeckungen zu verhindern. Für den außenstehenden Berater sieht die Sache zwar meist evident und klar aus. Die Organisation ist aufgrund vielfältiger Verflechtungen und Interessenskonflikte allerdings meist nicht in der Lage, das Problem aus eigener Kraft zu lösen. Den Verantwortlichen fehlt das nötige Wissen und weit mehr noch die nötige Erfahrung. Entsprechend hilflos muten die Versuche zur Schadensbegrenzung meist an.

Eine Institution hätte es möglicherweise einfacher, wenn klare gesetzliche Regelungen bestehen würden. Auf entsprechende Rechtsgrundsätze gestützt ließen sich notwendige Schritte einleiten. Bestimmt der Gesetzgeber den Rahmen, werden klare Verantwortungszuschreibungen möglich [7]. Bezeichnet die Legislative bestimmte Handlungen als Verbrechen, wissen alle Beteiligten eindeutig über die Konsequenzen Bescheid. Im Falle professioneller Missbrauchssituationen ist es jedoch leider noch so, dass jedes Opfer zuerst seinen persönlichen Schaden belegen muss, bevor geeignete Maßnahmen eingeleitet werden. Nur mittels eines geeigneten Rehabilitationsprogramms kann im Falle eines Missbrauchs versucht werden, den Täter zu integrieren, dass er fachliche Arbeit wieder im vollen Umfang erledigen kann. Die Phase der Bewältigung und Verarbeitung aller aufgeworfenen Fragen und Probleme ist erst nach einem längeren Prozess möglich. Auch damit muss eine Firma oder ein Verband umzugehen lernen. In den Augen der Öffentlichkeit ist die Fachperson Teil der betreffenden Institution, und all die vielfältigen Fragen des Vertrauensbruches bedürfen einer sorgfältigen Handhabung. Wird zusätzlich ruchbar, dass Verantwortliche innerhalb einer Organisation oder staatlicher Aufsichtsorgane Kenntnisse von den Verfehlungen hatten, ohne adäquat reagiert zu haben, können sie eines erneuten Medienberichtes sicher sein. Zudem drohen massive finanzielle Verantwortlichkeitsklagen.

Welche Interventionen sind hilfreich? William White weist auf mögliche Probleme hin, die auf eine Institution zukommen können, wenn sie ungenügend gegen Missbräuche vorgeht [1]. Das folgende Analogiebeispiel soll dies verdeutlichen: Jemand nimmt bei jeder noch so harmlosen Infektion Antibiotika. Sobald er sich wieder besser fühlt, beendet er die Behandlung. Im Laufe der Zeit wird man drei Dinge feststellen können: Die Häufigkeit von Infekten wird zunehmen, die Symptome werden schwerwiegender, und die Antibiotika scheinen immer weniger wirksam zu sein. Ungenügende oder unpassende Interventionen innerhalb einer Organisation haben denselben Effekt. Sie schaffen zwar kurzfristig die Probleme aus der Welt. Meist folgen jedoch zusätzliche Schwierigkeiten, welche dann umso schwieriger zu handhaben sind. Dann kann es auch für einen guten externen Berater unmöglich werden, den Prozess innerhalb der Firma aufzuhalten oder zumindest günstig zu beeinflussen. Wo grundlegende Änderungen angezeigt wären, wird oft allzu lang oberflächliche Kosmetik betrieben. Ungenügende Maßnahmen sind ist eines der grundlegenden Probleme jeder Organisationsentwicklung.

Das Gegenteil sind Überreaktionen. Jede banale Infektion mit Antibiotika zu behandeln, wäre falsch. Im Zusammenhang mit sexuellem Missbrauch heißt das, dass nicht jeder Verdacht sofort zu einer Assessmentprüfung führen muss. Vielmehr müssen Gremien geschaffen werden, welche sich die notwendige Erfahrung erarbeiten und zielgerichtete Untersuchungen und Maßnahmen veranlassen können. Solche Gremien sollten ihr Wissen durch kontinuierliche interne Weiterbildungen den übrigen Mitgliedern vermitteln. Letztendlich weiß dann jeder Mitarbeiter, auf welches Risiko er sich einlässt, wenn er seine fachlichen Grenzen überschreitet.

Die berufliche Tätigkeit impliziert immer auch eine berufsethisch korrekte Vorgehensweise. Oft wird sie, weil korrigierende und sanktionierende Elemente fehlen, nicht eingehalten. Es ist wohl eine besonders brisante Frage, wem eigentlich die heutige Tabuisierung und Geheimhaltung von Missbrauchsvorkommnissen nützen soll. Profitiert der Patient davon, oder eher der Fachkollege? Oder kann sich die Berufsorganisation in der Sicherheit wiegen, dass sie nicht öffentlich in Misskredit gerät, wenn möglichst niemand etwas von derartigen Missbräuchen erfährt? Vielfach entsprechen die heute zu beobachtenden Reaktionen der Berufsorganisationen und verantwortlichen Behörden denjenigen Reaktionen, die bei Inzestfamilien festzustellen sind. Das ganze System braucht dringend Hilfe und wehrt sich gleichzeitig gegen alle äußeren Einflüsse. Wie man in solchen Situationen sinnvollerweise vorgehen kann, wird im Folgenden ausgeführt.

Die Berufsgruppe oder verantwortliche Institution steht gemäss dem untenstehenden Schema in einem Spannungsfeld zwischen der Fachperson und dem Opfer. Umgekehrt ist die Fachperson nicht nur dem Klienten gegenüber verantwortlich, sondern ebenso seiner Berufsorganisation. Die Berufsrichtlinien werden durch die Berufsorganisation aufgestellt und überwacht. Oft klaffen zwischen den Absichtserklärungen und der tatsächlich praktizierten Vorgehensweise Welten. Dieses Beziehungsgeflecht ist eingebettet in einen öffentlich-rechtlichen Ordnungsrahmen. Die Firma oder der Berufsverband garantiert gegenüber der Öffentlichkeit die Einhaltung berufsethischer Richtlinien, die sich ihrerseits an gesetzlichen Bestimmungen orientieren.

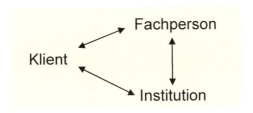

Dialog und Überzeugungsarbeit

Bei der Auseinandersetzung mit dem Thema des sexuellen Missbrauchs müssen in einem ersten Schritt die Verantwortlichen der Institution davon überzeugt werden, dass die bisherigen Reaktionen auf sexuelle Missbräuche und Ausbeutung ungenügend sind. Diese Überzeugungsarbeit ist meist gegen großen Widerstand innerhalb der Organisation zu leisten, denn sehr persönliche Wertungen und die Haltung zum Thema Sexualität müssen reflektiert und ggf. revidiert werden. Die Erarbeitung neuer Sichtweisen setzt einen Umdenkprozess voraus, der erst initiiert werden muss [8]. Häufig sehen die Verantwortlichen die Notwendigkeit von Verhaltensregeln und Vorgehensweisen allerdings erst ein, wenn Skandale oder Klagen ihre Institution belasten.

Die Mitglieder einer Institution, die die Notwendigkeit von Neuerungen erkennen, müssen sich als Gruppe konstituieren und eine gemeinsame Strategie entwickeln. Das Vordringlichste ist die Schaffung eines Problembewusstseins in der Firma, indem ein Dialog initiiert wird. Dabei müssen die grundlegenden Mechanismen der Gesprächsführung angesichts der großen Widerstände, die bei diesem Thema sicherlich herrschen, beachtet werden [9]. Man vermeide ein Positionsgerangel und versuche vielmehr auf sachliche und unpolemische Art den Sachverhalt den anderen Mitgliedern nahe zu bringen. Die meist ablehnende Haltung und das regelmäßig vorhandene Misstrauen sollte man einfach zur Kenntnis nehmen, Diffamierungen, Ausgrenzungen und Verunglimpfungen muss man vorerst aushalten – sie gehören zum Standard-Repertoire der Gegner in solchen Veränderungsprozessen. Die Überzeugungsarbeit erfordert Einsatz und Zeit [10], und die einzelnen Fachleute benötigen deshalb den Rückhalt einer Gruppe. Interdisziplinär zusammengesetzte Arbeitsgruppen haben den Vorteil, unterschiedliche Erfahrungen und Sichtweisen einzubringen und austauschen zu können. Sie erweisen sich bei der ‹Erschließung von Neuland› eindeutig überlegen. Wo immer möglich sollte deshalb eine derartige interdisziplinäre Vorgehensweise angestrebt werden.

Zur Initiierung eines Dialoges sollte die Faktenlage möglichst umfassend bekannt sein. Vordringliches Ziel ist, die Verantwortlichen zu überzeugen. Für das Wohl aller ist es unbedingt notwendig, geeignete Richtlinien und einen Maßnahmenkatalog in der Organisation einzuführen.

Soll sich in einer Firma etwas ändern, müssen sich die Verantwort-

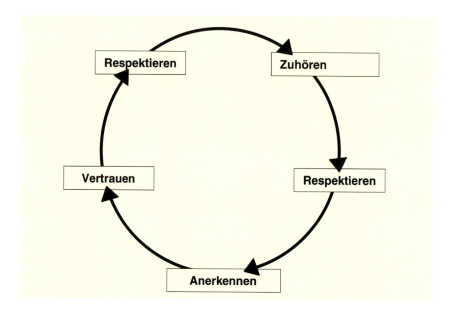

lichen entschieden hinter den Veränderungsprozess stellen können. Nur sie sind in der Lage, eine tatsächliche Kulturentwicklung in einer Firma zu lenken und die nötigen Ressourcen bereitzustellen. Die Verantwortlichen müssen davon überzeugt werden, neue Standpunkte einzunehmen und eine Wertschätzung gegenüber denen zu entwickeln, die mit vorerst unbequemen, vielleicht sogar zunächst unverständlichen Anliegen kommen. Unverständlich zunächst aus der Sicht der Institution und der Verantwortlichen, nicht aus der Sicht von Betroffenen. Oft wird dieses Umdenken nur zögerlich, vielleicht überhaupt nicht in Gang kommen. Meist braucht es zusätzlichen Druck durch Klagen und Skandale. Wichtig ist in einem solchen Fall, die Vorarbeit geleistet zu haben [11].

Der Dialog muss nun von den Verantwortlichen mit anderen Mitgliedern der Berufsorganisation oder der Institution geführt werden. Gleichzeitig sollte ein Konzept oder eine Vision entwickelt werden, welche das Ziel und die geplanten Maßnahmen umfasst, die im Falle eines Vorkommnisses ergriffen werden. Bei den medizinischen Berufen könnte eine Vision beispielsweise lauten, das vorgegebene Ethos des hippokratischen Eides innerhalb der Disziplin tatsächlich als Richtlinie umzusetzen.

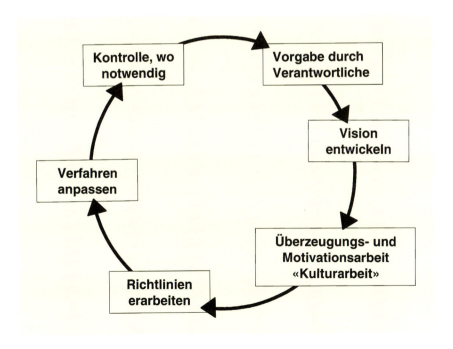

‹Kulturarbeit› im Betrieb

Die Erarbeitung einer Vision setzt die Richtungsvorgabe um und initiiert den Veränderungsprozess. Je klarer dieses Konzept, desto einfacher werden die nachfolgenden Detailentscheide zu fällen seien. Die Erarbeitung der Vision sollte im besten Fall unter Einbezug möglichst aller Involvierten geschehen, um die notwendige Akzeptanz zu erreichen. So können auch verbandspolitische Schwierigkeiten von vornherein minimiert werden, was die Umsetzungschancen wiederum verbessert. Der Arbeitgeber oder die Berufsorganisation befindet sich in jedem Fall in einem Entwicklungsprozess, der viele Kräfte beansprucht.

Grundsätzlich ist es immer sinnvoll, mit dem Veränderungsprozess jederzeit zu beginnen, auch wenn eine Firma noch keiner Klage ausgesetzt ist [12]. Im Fall von bereits öffentlich gemachter Vorkommnisse von professionellen Grenzverletzungen kann eine Firma oder ein Berufsverband böse von den Ereignissen überrollt werden. Das haben in den vergangenen Jahrzehnten besonders international Großkonzerne zu spüren bekommen, als sie mit ethisch relevanten Problemen konfrontiert wurden. Werden auch kritische Gruppierungen in den Dialog mit einbezogen, sichert sich eine Berufsgruppe sogar eine ‹Think-tank›-Option – auch das wurde erfolgreich in verschiedenen Behörden und Großkonzernen erprobt [13]. Konkret könnte dies beispielsweise für die Theologie bedeuten, dass sie feministisch orientierte Theologinnen in ihre Entscheidungsprozesse einbezieht, oder dass die Medizin diejenigen Gruppierungen begrüßt, die für Verbesserung von Patientenanliegen einstehen.

Unter dem Begriff ‹Kulturarbeit› sind in erster Linie Änderungen von Einstellungen, Überzeugungen und Haltungen zu verstehen. Die Kultur einer Institution im Umgang mit Themen aus dem sexuellen Bereich zeigt sich also in der Sprache. In einem Veränderungsprozess sollte zum Beispiel reflektiert werden, welche Formulierungen für sexuelle Gewalt verwendet werden, ob es nach wie vor ein strenges Tabu gibt und ob solche Themen durch Nichtbenennen gemieden werden [14]. Gipfelt gar die offizielle Haltung in der Feststellung «Wir haben diesbezüglich keine Probleme»? Existiert ein Verhaltenscodex für die Mitarbeiter, oder werden solche Dinge schlicht verneint? In den letzten Beispielen wäre es höchste Zeit für eine Kulturarbeit.

Die Berufsorganisationen oder Institutionen sollten sich angewöhnen, Beschwerden konstruktiv zu nutzen und die Anliegen Betroffener ernst zu nehmen. Optimal wäre es, wenn der Zugang für Opfer von sexuellen Übergriffen möglichst einfach gestaltet würde und einer Politik der offenen Türe entspräche. Dazu gehört die Schaffung entsprechender Beratungsangebote. Weltweit haben sich in neuerer Zeit Online-Angebote als hervorragende Möglichkeit erwiesen, erste Kontakte herzustellen. Man muss sich klarmachen, dass die Berufsverbände auf die Klagen von betroffenen Personen angewiesen sind, um ihre Richtlinien durchzusetzen.

Die Berufsorganisation muss mittels einer Task Force die bestehenden Probleme in Zusammenhang mit sexuellen Missbräuchen sichten und in einem zweiten Schritt geeignete Maßnahmen zu deren Verhinderung diskutieren und diese in die Berufsstruktur implementieren. Der wesentlichste Schritt stellt dabei die Erarbeitung von Richtlinien dar. Das nachfolgende Schema dient als Orientierungshilfe. Die Bezeichnung Berufsrichtlinie ist einer Formulierung wie ethischer Kodex und ähnlichem vorzuziehen. Mit der Bezeichnung Richtlinie wird etwas wesentlich Verbindlicheres ausgedrückt, als etwa der Ausdruck ‹ethischer Kodex› impliziert.

Berufsrichtlinien

1. Die Berufsrichtlinien müssen aus den spezifischen Bedingungen der jeweiligen Berufsdisziplin entwickelt werden. Die Ausarbeitung soll unter Einbezug möglichst aller beteiligten Gruppierungen erfolgen. Betroffene Opfer sollen durch die Stimme von Traumahelfern oder Beratungsstellen ihre Anliegen einbringen können.

2. Durch Einbezug aller Involvierten wird ein Arbeitsinstrumentarium geschaffen, welches die Berücksichtigung aller relevanten Aspekte garantiert. Die geplanten Lösungen müssen praktikabel und umsetzbar sein. Möglichst alle Mitglieder sollten zu diesen Richtlinien stehen können und deren Absicht teilen.

3. Vorgesetzte oder fachliche Autoritäten haben eine Vorbildfunktion. Das Ethos des fachlich korrekten Handelns kann nicht bloß als Wissen angeeignet werden, sondern wird durch das praktische Handeln vorgelebt. Die Formulierungen sollen sich an der Realität des Alltags orientieren und nicht unerreichbare Wünsche beinhalten.

4. Die Berufsrichtlinien sollen entwicklungsfähig konzipiert werden und offen sein, neue Erkenntnisse zu integrieren. Das nötige Prozedere zur Anpassung sollte implizit formuliert werden und Bestandteil der Richtlinie sein.

5. Der Text soll in möglichst einfacher und klar verständlicher Sprache abgefasst sein, inhaltlich widerspruchsfrei und kohärent.

6. Die schriftliche Form bedingt eine verbindliche Ausformulierung und Festlegung für alle Mitglieder. Durch unterschriftliche Bestätigung der einzelnen Fachleute sichert sich der Berufsverband die individuelle Zustimmung.

Die Umsetzung der Berufsrichtlinien muss gewährleistet und beachtet werden, sonst wird das Papier Makulatur. Ein geeignetes Controlling sollte dafür sorgen, dass durch die Berufsorganisation angeordnete Richtlinien einerseits, andererseits auch die Maßnahmen im Fall eines Vorkommnisses tatsächlich umgesetzt und befolgt werden. Häufig genug haben sich in der Vergangenheit beispielsweise Mitglieder von Ärztevereinigungen durch Austritt aus der Berufsorganisation einem drohenden Disziplinarverfahren entziehen können. Neben der bedrückenden Perspektive für Betroffene haben sich daraus häufig auch für Berufsorganisationen unliebsame Folgen ergeben. Die Kodifizierung der Richtlinien bedeutet häufig einen wichtigen Schritt, weil damit eine öffentlich einsehbare Haltung geschaffen wird und die Maßnahmen der Berufsorganisation überprüfbar werden. Man mache sich andererseits keine Illusionen über den Wert von Richtlinien, wenn der Wille zur Umsetzung nicht da ist. Wenn zum Beispiel einem Arzt durch ein Standesgericht die Auflage gemacht wurde, in Zukunft weibliche Patienten nur noch bei geöffneter Sprechzimmertüre zu behandeln, muss geprüft werden, ob dieser Arzt diese Auflage auch bekannt gemacht hat, z. B. an seiner Praxistüre für alle einsehbar angebracht hat. Wird nicht für die notwendige Transparenz solcher Anordnungen gesorgt, besteht die Gefahr, dass die Öffentlichkeit das Vertrauen in die Berufsverbände noch weiter verliert und die Richtlinien zur Farce werden.

Oft können unglaubliche Differenzen zwischen den Werten, die eine Organisation in ihren Stellungnahmen und Richtlinien vertritt, und der tatsächlich praktizierten Politik beobachtet werden. Dieselben Muster finden sich auch bei Inzestfamilien, die nach außen eine gute und intakte Familienkultur vorgeben, die der gelebten Realität in keiner Art und Weise entspricht. Der mündige und informierte Klient fordert heute zu Recht von den Berufsorganisationen, dass fehlbare Fachleute zur Rechenschaft gezogen und haftbar gemacht werden.

Weiterbildung und Supervision

Eine mögliche Hilfe neben regelmäßigen Fortbildungsveranstaltungen zur Thematik der sexuellen Übergriffe stellt die Supervision dar. Es können entweder Teamsupervision oder Einzelsupervision sinnvoll sein – je nach Institution und Anforderungen an die einzelne Fachperson. Die konkreten Schwierigkeiten, die sich für ein Team oder für Einzelne ergeben, werden dort thematisiert. Nach dem Paradigma der Selbstorganisation lernen die Teilnehmer rechtzeitig, Schwierigkeiten zu erkennen und lösungsorientierte Strategien zu entwickeln. Der Supervisions-Leiter muss darauf bedacht sein, eine Atmosphäre zu schaffen, in der die realen Schwierigkeiten auch tatsächlich zur Sprache kommen. Die Teilnehmer dürfen wegen ihrer Aussagen nicht an den Pranger gestellt werden, sollten auch nicht mit anschließenden Sanktionen rechnen müssen, wenn sie ihre Schwierigkeiten offen legen – außer sie handeln unprofessionell und verletzen die beruflichen Grenzen in eklatanter Art und Weise. Der Supervisor hat nicht für alles und jedes ein Patentrezept zur Verfügung. Oft müssen praktikable Lösungen in einem gemeinsamen Gespräch erarbeitet werden, wobei der Supervisor aufgrund seines Wissens und seiner Erfahrungen behilflich ist, akzeptable Strategien zu finden.

Supervision kann sexuelle Missbräuche nicht verhindern. Das kann nur jeder selbst. Supervision kann jedoch eine entscheidende Hilfe sein, wenn sich Probleme mit Grenzüberschreitungen anbahnen. Supervision stellt andererseits kein taugliches Kontrollinstrument gegenüber beschuldigten Fachleuten dar. Die einzige Kontrollmöglichkeit, ob jemand Grenzen überschreitet oder gar sexuell missbraucht, sind letztendlich die Klienten oder Patienten selbst. Der erfolgreiche Abschluss eines Rehabilitationsprogramms setzt denn auch voraus, dass der Fachperson selbstverantwortliches Handeln für die weitere Zukunft attestiert werden kann. Alles andere erweist sich als illusorisch und unverantwortlich. Das Misstrauen Betroffener bleibt häufig über lange Zeit hinweg bestehen und wird sich erst nach genügender Bestätigung der eingeleiteten Maßnahmen legen. Opfer und ihre Angehörigen lassen sich nicht durch Schönfärbereien abspeisen. Sie brauchen tatsächliche und aufrichtig gemeinte Hilfe und Unterstützung, um ihre traumatische Erfahrung zu überwinden.

9.4 Falsche Aussagen

Institutionen, Arbeitgeber und Behörden sind immer wieder mit der Frage konfrontiert, ob nicht falsche Anschuldigungen erhoben wurden. Wo solche Bedenken und Zweifel geäußert werden, sind die Verantwortlichen nach Möglichkeit aufgefordert, das Opfer selbst zu befragen. Manchmal kann auch ein Traumahelfer stellvertretend die nötigen Auskünfte erteilen, selbstverständlich nur in Absprache mit dem betroffenen Opfer. Damit können häufig Zweifel ausgeräumt werden. Meist reagieren viele Verantwortliche weit mehr erschüttert, wenn sie persönlich sich die Zeit zu einem Gespräch genommen haben. Dennoch darf man nicht vergessen, dass die Opfer tatsächlich meist Unglaubliches berichten, sodass man rasch geneigt ist, mit vermeintlich gesundem Menschenverstand zu reagieren und simpel festzustellen, dass so etwas doch nicht möglich sei.

Um die unglaublichen Geschichten zu verdeutlichen, pflegt Gary Schoener in seinen Workshops einen Film zu zeigen, den Ermittlungsbehörden aufgenommen haben. Mehrere Frauen hatten im Laufe der Zeit Anzeige gegen einen Zahnarzt wegen sexueller Übergriffe erhoben. Alle Untersuchungen verliefen im Sande, ihm konnte nichts nachgewiesen werden. Der Zahnarzt hatte einen guten Ruf, eine gutgehende Praxis, war verheiratet und hatte Kinder. Es klang alles ziemlich abstrus, was diese Frauen da vorbrachten. Es gab sogar Stimmen, die von einem Komplott gegen diesen Zahnarzt sprachen. Das zwölfte Opfer, eine junge Frau, willigte schließlich ein, sich zu einer erneuten Konsultation anzumelden, während die Ermittlungsbehörden mittels einer versteckten Kamera alles live mitverfolgten. Nun sieht der Zuschauer, wie der Zahnarzt die Frau unter eine Lachgasnarkose setzt, die beiden Zahnarzthelferinnen eine nach der andern hinausschickt. Dann beginnt er, das wehrlose Opfer anzufassen, berührt ihre Brüste – keine Anstalten einer zahnärztlichen Behandlung! In dem Moment, als er seine Hose aufknöpft, stürmt die Polizei die Praxis.

In Beratungsstellen hören wir oft von unglaublichen Vorkommnissen. In Betrieben und Organisationen kommt häufig eine Gerüchteküche in Gang. Die Macht der Gerüchte ist nicht zu unterschätzen! Es ist wichtig, dass sich die Verantwortlichen durch verleumdende Aussagen nicht von ihren Pflichten abhalten lassen, sich selbst einzumischen und dem Opfer vertrauensvoll entgegenzutreten. Gerüchte werden häufig durch Gruppierungen in die Welt gesetzt, die einer eindeutigen Regelung sexueller Missbräuche ablehnend gegenüberstehen. In die gleiche Richtung zielen Bemerkungen über den «Missbrauch mit dem Missbrauch» und die Feststellung, dass Einzelne die Missbrauchsthematik zur Durchsetzung irgendwelcher Absichten instrumentalisieren. Die Stoßrichtung solcher Einwände wird rasch offensichtlich, wenn diejenigen diffamiert werden sollen, welche sich gegen ausbeuterisches Verhalten stellen. Häufig werden solche Indiskretionen und Halbwahrheiten gezielt eingesetzt, um bestimmte Interessen durchzusetzen – in solchen Fällen, dass die Untersuchungen im Sande verlaufen.

Quellen falscher Aussagen sind häufig die Berater, die die Schilderungen des Missbrauchs missverstanden oder falsch interpretiert haben. Die nachfolgende Zusammenstellung beruht auf einer Auflistung von Gary Schoener (persönliches Handout, nicht publiziert) und wurde inhaltlich von mir ergänzt. Es kann an dieser Stelle nicht genügend betont werden, wie wichtig eine genaue und detaillierte Befragung des Opfers ist. Als Berater gewöhne man sich an, alle Aussagen und Wertungen von Betroffenen zu hinterfragen und sich auch scheinbar klare Begriffe vom Opfer erklären zu lassen. Dies dient der inhaltlichen Präzisierung und bewahrt helfende Personen vor Falschaussagen.

1. Falsche Interpretationen durch Helfer. Das Opfer schildert, dass es mit dem Täter zusammen ‹Sex gehabt› habe, und der Helfer geht davon aus, dass es sich um Geschlechtsverkehr im eigentlichen Sinne, also um Penetration handelte. ‹Sex haben› kann jedoch Vieles bedeuten, Helfer müssen deshalb die Missbrauchsopfer befragen, was genau vorgefallen ist, natürlich ohne dass es voyeuristisch anmutet. Als Beispiel solch verwirrender Aussagen können wir den Fall des US-Präsidenten Bill Clinton und der Praktikantin Monica Lewinsky anführen, die Teil der Abwehrstrategie des Präsidenten waren.

2. Anklage der falschen Person. Dies kann passieren, wenn das Opfer oder seine Angehörigen den Namen des Täters verschweigen. Für den Berater scheinen die Schilderungen genügend Hinweise zu liefern, um auf die mögliche Täterperson zu schließen. Traumahelfer kennen aus ihrer Erfahrung einige Namen von Missetätern und stellen ihre Vermutungen an. Da werden rasch aus Andeutungen Tatsachen, die sich nachträglich als falsch erweisen können. Sind Opfer nicht bereit, den Namen eines Täters preiszugeben, muss man das als Helfer akzeptieren. Therapeutisch kann versucht werden, zu verstehen, welche Motive dahinter stehen. Man kann einem Opfer durchaus deutlich machen, wie wichtig es zum Schutze anderer sein könnte, wenn der Täter bekannt würde. Aber man soll das Opfer nicht zu einer Aussage drängen, wenn die betreffende Person dazu noch nicht bereit oder in der Lage ist. Beziehungstraumen sind oft von großer Ambivalenz auf Seiten des Opfers geprägt. Es ist hin- und hergerissen zwischen Loyalität, Schützenwollen, Wut und Hilflosigkeit. In diesem seelischen Durcheinander muss es zunächst einmal zu einem inneren Gleichgewicht finden, bis Entscheidungen darüber möglich sind, welche weiteren

Schritte nun sinnvoll sind. Es kann durchaus auch sein, dass ein Opfer reale Befürchtungen vor Racheakten der beschuldigten Fachperson hat. Solche Bedenken müssen ernst genommen werden, weil das Opfer ja den Täter kennt und wahrscheinlich auch richtig einschätzen kann. Es sind zumindest aus der Literatur verschiedene Beispiele solcher Racheakte bekannt geworden.

3. Falsche Interpretationen. Dies betrifft Aussagen und körperliche Handlungen, die nicht im eigentlichen Sinne als sexuell gelten, jedoch von einer empfindsamen Person so verstanden werden können. Das Brisante an dieser Situation ist die Tatsache, dass Täter nicht selten dieses Argument zu ihrem eigenen Schutze vorbringen. Auch hier gilt, dass Helfer gut beraten sind, sehr genau hinzuhören und präzise nachzufragen, was vorgefallen ist.

4. Übertreibungen und Verzerrungen. Verwendet ein Opfer Beschreibungen wie «Er vergewaltigte mich» für bloße Annäherungsversuche, so muss man als Helfer versuchen, die verwendeten Begriffe mit Inhalten zu füllen, um differenzieren zu können. Was ist genau geschehen? Wie ging der Täter vor, wendete er Gewalt an? In welcher Form? Wie hat das Opfer reagiert? Führte dies zu Reaktionen auf Seiten des Täters? Die Beschuldigung eines missbräuchlichen Verhaltens muss deswegen noch lange nicht unzutreffend sein, aber die Beschreibung sollte den tatsächlichen Gegebenheiten entsprechen. Es ist weiter auch darauf zu achten, dass die verwendeten Ausdrücke klare Sachverhalte bezeichnen. Es ist ratsam, nicht einfach die Version einer betroffenen Person zu übernehmen, sondern nötigenfalls das Opfer über einen ggf. unrichtigen Gebrauch von Fachbegriffen aufzuklären. Opfer können auch aus Rachegefühlen zu Übertreibungen und falschen Beschuldigungen neigen. Auch da gilt nicht von vornherein, dass eine Klage unangebracht wäre. Übertreibungen kommen etwa dadurch zustande, dass ein Opfer vor der eigentlichen Beratung mit anderen Personen über den Täter gesprochen hat und nun in einer aufbauschenden Art über den angeblichen oder tatsächlichen Missetäter herzieht. Auch in solchen Situationen ist es ratsam, genau nachzufragen und vom Opfer Selbsterlebtes von Gehörtem und Interpretiertem zu unterscheiden.

5. Klage wegen professionellen Verhaltens. Opfer fühlen sich gelegentlich durch das (professionelle) Verhalten von Fachleuten vor den Kopf gestoßen und beklagen sich beispielsweise über ungenügende Erreichbarkeit des Therapeuten. Oder sie stellen die therapeutische Vorgehensweise in Frage, welche sie nicht verstehen können. Oder sie stoßen sich an Formulierungen und Ausdrucksweisen, welche für sie beleidigend oder entwürdigend waren. Dabei werden häufig Analogien zu Alltagsbeziehungen vorgenommen, die jedoch für professionelle Situationen nicht unbedingt zutreffen müssen. Traumahelfer sollten versuchen, die nötigen Begriffsklärungen vorzunehmen und therapeutische Strategien und Haltungen begreiflich zu machen. Auch da gilt, dass dennoch ein missbräuchliches Verhalten vorliegen kann, welches jedoch genau zu bezeichnen wäre.

6. *Erfundene Anklagen* sind extrem selten, können jedoch vorkommen. Auch in der Literatur sind solche falschen Anklagen beschrieben worden. Dahinter können psychotische Störungsbilder stecken, auch Rachemotive wurden schon als Gründe für solche Falschaussagen aufgeführt. Meistens sind solche Lügengebilde rasch entlarvt und führen praktisch nie zu tatsächlichen Verfahren. Selten können auch Verleumdungen gegenüber Fachleuten vorkommen.

7. *Falsche Erinnerungsbilder.* Opfer äußern Gedanken, dass sie vor längerer Zeit Opfer eines sexuellen Missbrauches geworden seien. Alles hört sich sehr vage und unbestimmt an. Häufig werden bestimmte Ängste oder Symptome als Erklärung verwendet, um ein sexuelles Trauma in der Vergangenheit zu belegen. Trotz aller zur Verfügung stehenden Techniken (insbesondere hypnotische Verfahren, imagery recovering techniques) lassen sich keine eindeutigen Klärungen erzielen. Erinnerungen sind nicht nur im Gedächtnis memoriert. Erinnerungsspuren können auch in körperlichen Reaktionsmustern wie Gesten, Haltungen, muskulären Reaktionen, Art der Sprache etc. abgespeichert sein und sich ausdrücken. Körpertherapeuten arbeiten mit diesen Informationen. In Fällen, wo sich eindeutig ein sexuelles Missbrauchstrauma eruieren lässt, sind Zweifel rasch beseitigt [15]. Es scheint jedenfalls nicht in allen Fällen möglich zu sein, zu einer eindeutigen Diagnose zu gelangen.

Gegner solcher Zusammenhänge haben sich zu einer Bewegung formiert, die der ‹False Memory›-Theorie anhängen. Sie behaupten, dass die Opferaussagen auf Suggestionen und Interpretationen durch Therapeuten beruhen. Sie nehmen Bezug auf Forschungsarbeiten zu Lüge und falschen Aussagen [16]. Steller weist in seinen Kommentaren darauf hin, dass in gutachterlichen Beurteilungen der Aussagenentwicklung der Opfer große Beachtung geschenkt werden muss [17] und dass man suggestive und wertende Einflüsse von Traumahelfern ausschließen muss. Um derartigen Bedenken zu begegnen, empfiehlt es sich, Erst- und Folgeinterviews mit betroffenen Opfern auf Tonband oder Video festzuhalten. Dies etabliert sich in der Befragung von Kindern und Jugendlichen mehr und mehr als Standard. Es empfiehlt sich zunehmend auch für erwachsene Missbrauchs-opfer, weil sie den analogen Infragestellungen ausgesetzt sind.

Fischer und Riedesser weisen im Lehrbuch der Psychotraumatologie [18] auf den Umstand hin, dass die Debatte des ‹False Memory Syndrome› ausgerechnet beim Thema des innerfamiliären Missbrauches entspringt, während Erinnerungsstörungen und Amnesien bei anderen traumatischen Ereignissen unstrittig sind und sich nie so etwas wie eine ‹False Memory›-Bewegung herausgebildet hat. Unbestritten ist jedenfalls, dass insbesondere in rechtlichen Auseinandersetzungen die Kriterien, wie sie von Steller und anderen Autoren für die Glaubhaftigkeitsprüfung gefordert werden, sorgfältig zu beachten sind. Die Feststellung aber, dass Erinnerungen von Opfern generell unzuverlässig seien, widerspricht dem gegenwärtigen Wissensstand jedenfalls vollkommen!

Literatur

1 White WL: The Incestuous Workplace. Stress and Distress in the Organizational Family. Center City, Hazelden, 1997.
2 Committee on Physician Sexual Misconduct: Crossing the Boundaries. Vancouver, College of Physicians and Surgeons of British Columbia, 1992.
3 Randall M: Pathologizing the plaintiff: A critical examination of the use and abuse of psychiatric evidence in a civil action for sexual assault. Siena, 25th Anniversary Congress on Law and Mental Health, 13. 07. 2000.
4 Lifton RJ: From Hiroshima to the Nazi doctors: The evaluation of psychoformative approaches to understanding traumatic stress syndromes; in Wilson JP, Raphael B (eds): International Handbook of Traumatic Stress Syndromes. New York, Plenum Press, 1993, 11–24.
5 Milgram S: Das Milgram-Experiment – Zur Gehorsamsbereitschaft gegenüber Autoritäten. Reinbek, Rowohlt, 1974.
6 Appelbaum P, Uyehara L, Elin M: Trauma and Memory: Clinical and Legal Controversies. New York, Oxford University Press, 1997.
7 Gonsiorek J: Breach of Trust: Sexual Exploitation by Health Care Professionals and Clergy. Thousand Oaks, Sage, 1995.
8 Gairing F: Organisationsentwicklung als Lernprozess von Menschen und Systemen. Weinheim, Deutscher Studien Verlag, 1996.
9 Fisher R, Ury W, Patton B: Das Harvard-Konzept. Sachgerecht verhandeln – erfolgreich verhandeln. Frankfurt, Campus, 1993. (Engl. Original: Getting to Yes. Boston, Houghton Mifflin, 1981).
10 Knapp SJ, VandeCreek L: Treating Patients with Memories of Abuse: Legal Risk Management. Washington, American Psychological Association Press, 1997.

11 Steiger R: Beziehungsstörungen im Berufsalltag. Ursachen, Erscheinungsformen und Überwindungsmöglichkeiten. Frauenfeld, Huber, 1999.

12 Glasl F: Konfliktmanagement. Bern, Haupt, 1997.

13 Murphy PE: Eighty Exemplary Ethics Statements. Notre Dame, Indiana. University of Notre Dame Press, 1998.

14 Courtois C: Recollections of Sexual Abuse: Treatment, Principles and Guidelines. New York, Norton, 1999.

15 Gartner R (ed): Memories of Sexual Betrayal: Truth, Fantasy, Repression and Dissociation. Northvale, Aronson, 1997.

16 Stern W: Die Aussage als polizeiliche Ermittlung. Beitr Psychol 1904;3:1–147.

17 Steller M: Psychology and law: International perspectives; in Losel F, Bender D, Bleisner T (eds): Child Witness in Sexual Abuse Cases: Psychological Implications of Legal Procedures. Berlin, de Gruyter, 1992.

18 Fischer G, Riedesser P: Lehrbuch der Psychotraumatologie. München, Reinhardt, 1999.

10 Boundary Training

Boundary Training (boundary = Grenze) ist eine neue Methode, bei der Fachleute das notwendige Know-how über die Handhabung von Grenzen lernen, um sich in ihrem Beruf verantwortungsbewusst und korrekt verhalten zu können. Boundary Training eignet sich als Ausbildungsinstrument für Fachleute. Boundary Training sollte in der Ausbildung von Medizinern, Psychologen, Seelsorgern etc. ein fester Bestandteil sein. Diese Trainingsprogramme sind grundsätzlich für alle Berufsdisziplinen zu empfehlen, die durch ein strukturelles Abhängigkeitsverhältnis zwischen Klienten und Fachleuten charakterisiert sind.

Am effektivsten wird Boundary Training in interaktiven Workshops in kleinen Gruppen vermittelt. Sind Berufsorganisationen oder Institutionen die Auftraggeber solcher Veranstaltungen, empfiehlt sich jeweils eine Rückfrage, aus welchem aktuellem Anlass der Anstoß zu einer derartigen Aus- und Weiterbildung kommt. Interessanterweise stellt sich meist heraus, dass konkrete Vorfälle und Begebenheiten den Anlass für die Durchführung derartiger Weiterbildungen gaben. Das vermittelte Grundwissen im Boundary Training umfasst Definitionsfragen in Zusammenhang mit Grenzverletzungen sowie Entstehungsweise, Voraussetzungen und Folgen von sexuellen Übergriffen. Auch die daraus entstehenden persönlichen und rechtlichen Konsequenzen werden thematisiert. Einen weiteren Schwerpunkt stellen Grundlagen und Ergebnisse der psychotraumatologischen Forschung dar. Im Boundary Training wird der Kontext, also das Eingebettet-sein in ein Beziehungstrauma, erläutert, damit das Problem der Missbräuche durch Fachleute verständlich wird. Häufig stehen zu Beginn kleine, für sich genommen unbedeutende Grenzüberschreitungen, die erst in ihrer Summe und logischen Abfolge als missbräuchliches Verhalten gewertet werden können. Viele Wissensinhalte werden im Vortragsstil vermittelt. Zusätzliche Videopräsentationen ermöglichen einen anschaulichen Unterricht, wie Opfer oder Täter ihre Situation erleben und beschreiben. Spezielle Filme sind geeignet, gezielt Probleme in Zusammenhang mit fachlichen Grenzen zu illustrieren. In interaktiven, werkstattartigen Auseinandersetzungen können eigene Erfahrungen eingebracht werden, und in Rollenspielen können die Teilnehmer schrittweise ihre Strategien und Vorgehensweisen entwickeln.

Boundary Training ist ebenfalls geeignet, eine kontinuierliche Fortbildung von Fachleuten zu garantieren. Erst die kontinuierliche Auseinandersetzung mit den eigentlichen Kernthemen der therapeutischen und pflegerischen Arbeit gerade im Gesundheitswesen bietet Gewähr für eine qualitativ annehmbaren Standard. Inhaltlich sollen neben der reinen Wissensvermittlung eigene Schwierigkeiten und Probleme in Zusammenhang mit fachlichen Grenzen zur Sprache kommen. Jede fachliche Tätigkeit kann sich in einem Kontinuum von Überengagement bis zu kaltem, uneinfühlsamem Verhalten abspielen. Es gibt keine sturen Regeln und Grenzen korrekten Verhaltens, aus diesem Grund sollten Fachleute in intensivem Kontakt mit Klienten periodisch ihre Haltungen reflektieren. Es ist generell darauf zu achten, dass sowohl in der Ausbildung als auch innerhalb der einzelnen Institutionen ein Klima geschaffen wird, in dem eigene Fehler und Schwierigkeiten nicht fingerzeigend behandelt werden, sondern als lehrreiche Erfahrungen verwertet werden können.

Alle im Folgenden beschriebenen Arbeitsinstrumente des Boundary Trainings sollten besonders bei der Beratung und Rehabilitation von Fachleuten eingesetzt werden, welche entweder im Begriffe stehen, die Grenzen ihres Berufes zu überschreiten und Hilfe suchen, oder sich eindeutiger Grenzverletzungen bereits schuldig gemacht haben. Hier benötigt man ein individuell abgestimmtes Trainingsprogramm, wie es im Kapitel 8 (Täterberatung) beschrieben ist.

Wir überblicken inzwischen einen Erfahrungszeitraum von rund 10 Jahren, seit die Boundary-Trainings-Programme angewendet werden – allerdings bisher hauptsächlich in Nordamerika. Die erste Veröffentlichung zur Thematik wurde 1986 publiziert [1]. Über die Einführung und die zu erwartenden Auswirkungen von Boundary Training findet vorwiegend in der nordamerikanischen Fachliteratur eine rege Diskussion statt [2–26]. In Europa wird die Notwendigkeit einer grundlegenden Reform der Ausbildung von Fachleuten erst langsam und zögernd anerkannt. Immerhin waren die vergangenen Jahrzehnte durch zahlreiche Reformbemühungen gekennzeichnet. Was bisher jedoch fehlte, waren mutige und zukunftsgerichtete Entscheidungen. So hat es beispielsweise die Schweiz verpasst, in den während der letzten zwei, drei Jahre ins Auge gefassten Reformen des Medizinstudiums ein Boundary Training als Schwerpunkt auch nur im Ansatz aufzugreifen. Es ist angesichts der Häufigkeit von sexueller Gewalt und der klar erkennbaren Auswirkungen unverständlich, dass diese Themen in der Ausbildung vernachlässigt werden. Wenn man sich zudem vor Augen führt, mit welchem Aufwand bizarre und seltene Krankheitsbilder in der Medizin vermittelt werden, wird diese Haltung vollends unverständlich. Beispielsweise greift die kürzlich erfolgte Revision des Aus- und Weiterbildungsreglements für Psychiater und Psychotherapeuten in der Schweiz derartige Ausbildungs-Schwerpunkte überhaupt nicht auf [27]. Im übrigen Europa sowie in anderen Fachdisziplinen ist die Situation analog.

Die Notwendigkeit derartiger Trainingsprogramme wird erst zögerlich erkannt. Die heutigen Auszubildenden scheinen die Notwendigkeit schon eher erkannt zu haben. Die angehenden Fachleute betonen ihren Anspruch auf fundierte Ausbildung gerade in ethisch heiklen Bereichen, da dies in der späteren Berufsarbeit eine eminente Bedeutung hat. Neben der eigentlichen Ausbildung darf der prophylaktische Wert derartiger Kenntnisvermittlung nicht unterschätzt werden. Erst wenn Fachleute wirklich realisieren, mit welchen fachlichen und menschlichen Schwierigkeiten sie konfrontiert sein können, wenn sie ihre Grenzen nicht beachten, wird sich missbrauchendes Verhalten reduzieren.

10.1 Boundary Training in den USA

Im nordamerikanischen Raum sieht die Situation etwas anders aus. Am Jefferson Medical College in Philadelphia wird seit bald einem Jahrzehnt [28] Boundary Training unterrichtet. Das Trainingsprogramm für Medizinstudenten wird in 12 Doppellektionen vermittelt. Bei der Einführung der neuen Methode wurden noch reale Opfer und Täter präsentiert, die persönlich von ihren Erfahrungen berichteten. Davon ist man in der Zwischenzeit abgekommen. Die Studenten waren verständlicherweise sehr beeindruckt, ein Opfer oder einen Täter live zu erleben und zu befragen. Es zeigte sich die Gefahr, dass die Medizinstudenten die präsentierte Situation als einzig mögliches Engramm speichern, wie solche Übergriffe ablaufen, was natürlich nicht der Realität entspricht. Mittlerweile ist man dazu übergegangen, vermehrt Videopräsentationen einzusetzen, um auf diese Weise eine Vielzahl möglicher Abläufe und Missbrauchsmuster zu präsentieren.

Opfer oder Täter direkt gegenüberzustehen hat allerdings auch pädagogische Vorteile: Opfer lösen bei nicht geschulten Menschen regelmäßig die Abwehrmechanismen aus, die auch in diesem Buch beschrieben sind. Dies am eigenen Leib zu erfahren, ist meistens eine Lektion fürs Leben, da derartige Vorgänge nicht nur kognitive Aspekte haben. Noch eindrücklicher wurde es erlebt, wenn Täter über ihre Tat und ihre Erfahrungen sprachen. Auch erfahrene Fachleute haben oft zugegeben, dass sie missbräuchliches Verhalten eigentlich nur vom Hörensagen kennen und sich nie hätten vorstellen können, wie sich dies in Wirklichkeit auswirkt und zeigt.

Im US-Bundesstaat Maryland hat der staatliche Gesundheitsdienst unter der Leitung von Tom Godwin [29–31] eine ausgezeichnete Videopräsentation ‹Broken Boundaries› von verschiedenen Fallbeispielen über Missbräuche im Gesundheitswesen und in der Seelsorge produziert. Die Seelsorge wurde miteinbezogen, weil häufig Beratungen durch Geistliche ebenfalls in einem therapeutischen Rahmen stattfinden. Dieses Video wurde in Trainingsprogrammen inzwischen über 1000 Fachleuten im Gesundheitswesen gezeigt [32] und mit Erfolg angewandt. Ebenfalls wegweisend sind die Anstrengungen in Kanada, wo heute in allen Bereichen des Gesundheitswesens Boundary-Training-Methoden entwickelt und angewendet werden. Sowohl die Pflegewissenschaften (beispielsweise College of Nurses of Ontario) als auch andere Bereiche (z.B. College of Chiropractors of Alberta: Zero Tolerance) verwenden solche Arbeitsinstrumente in der Ausbildung.

Die Trainingsprogramme müssen von den Gesundheitsbehörden bzw. den Verantwortlichen zum obligatorischen Bestandteil der Ausbildung erklärt werden. Nur so ist gewährleistet, dass Boundary Training auch tatsächlich als Botschaft gehört und verstanden wird. Boundary Training muss weiter durch Gerichtsinstanzen und Arbeitgeber als Teil einer fachlichen Rehabilitation, in Fällen wo sich unprofessionelles und schädigendes Verhalten gegenüber Patienten bestätigte, zwingend verlangt werden. Man darf es nicht länger bei gutgemeinten Ermahnungen und dergleichen bewenden lassen, wenn die erkennbaren Folgen ein derartiges Ausmaß erreichen, wie es inzwischen in vielen Bereichen dokumentiert ist.

Die Kirchen in den USA unternahmen ebenfalls Anstrengungen, die Missbrauchsthematik in die Ausbildung zu integrieren, und stellten verschiedene Arbeitsinstrumente bereit. Erwähnenswert sind insbesondere die zahlreichen Videoproduktionen. ‹Choosing the Light› von der Milwaukee Synode der evangelisch-lutherischen Kirche Amerikas ist eines der vielen Videomaterialien, die inzwischen erhältlich sind. ‹Sexual Ethics in Ministry›, ‹Prevention of Clergy Misconduct: Sexual Abuse in the Ministerial Relationship› oder ‹Understanding the Sexual Boundaries of the Pastoral Relationship› sind weitere Beispiele von Unterrichtsmitteln, die in der Kirche eingesetzt werden.

Auch die Krankenversicherungsbranche setzt sich mit der Thematik auseinander. Die Mental Health Risk Retention Group beauftragte den US-Anwalt Ron Zimmet mit der Produktion entsprechender Unterlagen. Inzwischen sind 2 Videotapes erhältlich: Zimmet R. (1989): ‹Sexual Misconduct› und Zimmet R. (1990): ‹Criminal and Civil Liability for Sexual Misconduct of Therapists and other Staff of Mental Health Care Organizations›.

Verschiedene TV-Sendungen in den vergangenen Jahren brachten ausgezeichnete Beiträge über die Thematik. Diese Produktionen sind allerdings kaum als Videokopien erhältlich. Hingegen eignen sich einige Spielfilme ausgezeichnet für Ausbildungszwecke: ‹Lovesick›, ‹Prince of Tides› und ‹Good Will Hunting› stellen solche Beispiele dar. Die amerikanische Vereinigung der Psychiater hat ebenfalls zwei Videofilme für entsprechende Ausbildungszwecke erstellt: ‹Ethical Concerns about Sexual Involvement Between Psychiatrists and Patients› und ‹Reporting Ethical Concern About Sexual Involvement with Patients›. Weitere Videotapes wurden von Fachleuten, welche in diesem Bereich tätig sind, auf eigener Basis erstellt: Lisa Steres: ‹Sexual Attraction in Psychotherapy: A Professional Training Intervention› und Michael Myers (1992): ‹Crossing the Boundary: Sexual Issues in the Doctor-Patient Relationship›.

10.2 Arbeitsinstrumente im Boundary Training

Im Boundary Training kommen verschiedene Arbeitsinstrumente zur Anwendung, um die Notwendigkeit und die Probleme bei der Wahrung von Grenzen deutlich zu machen. Inzwischen haben sich erfreulicherweise auch hierzulande medizinische Fakultäten und Lehrerfortbildungsinstitute für das Angebot zu interessieren begonnen. In meinen Workshops und Kursen in der Schweiz bzw. bei der Beratung betroffener Fachleute auf individueller Basis arbeite ich mit folgenden Inhalten.

Fragebogen

Ausgehend von der Konzeption des Exploitation Index, wie er von Epstein und Simon [33, 34] entwickelt worden ist, wurde ein Fragebogen entwickelt, der eine statistische Auswertung der Ausbildungseffekte durch Boundary Training erlaubt. Ursprünglich für psychiatrisch-psychotherapeutische Fachleute konzipiert, ermöglichen die Fragen eine persönliche Auseinandersetzung mit den verschiedenen Aspekten von Grenzverletzungen im beruflichen Alltag. Die Fragen sollen die Teilnehmer gleichzeitig mit den ethischen Dilemmas vertraut machen, welche zur Thematik gehören. Dazu gehören beispielsweise Fragen, welche Maßnahmen bei PSM adäquat sind. Ähnliche Fragebögen für andere Berufsgruppen werden zur Zeit entwickelt.

Fallvignetten

Videopräsentationen von unterschiedlichen Opfersituationen sollen den Teilnehmern einen Eindruck vermitteln, was Betroffene erlebt haben und unter welchen Auswirkungen sie leiden, sowohl sie persönlich als auch welche Auswirkungen ein Missbrauch auf andere Beziehungen hatte. Weiter wird dargestellt, wie sich Betroffene durch den Arbeitgeber oder die Berufsorganisation behandelt fühlten und welche Resultate und Konsequenzen eine rechtliche Klage hatte. Als Beispiel einer ausgezeichneten Arbeit möchte ich das Video ‹Broken Boundaries› des staatlichen Gesundheitsdienstes von Maryland, USA, erwähnen, welches rund 10 Fallvignetten enthält.

Eine ebenfalls hervorragende Möglichkeiten bietet eine Videopräsentation eines psychotherapeutisch tätigen Arztes, welcher sich einem Boundary Training unterzieht. Das Video wurde durch M. Myers, University of British Columbia, erstellt. Derartige Videobänder sind meines Wissens bisher nur auf Englisch erhältlich. Die Teilnehmer des Boundary Trainings werden anhand gezielter Fragestellungen auf die wesentlichen Aspekte hingewiesen und zur aktiven Auseinandersetzung mit den dargestellten Abläufen aufgefordert.

Ebenfalls gute und eindrückliche Hilfsmittel stellen Filme über die psychotherapeutische Aufarbeitung von Einzelschicksalen dar. Die Vorstellung über psychotherapeutisches Handeln, die in diesen Filmen vermittelt wird, prägt wegen der Breitenwirkung solcher Medien die Ansichten vieler Menschen. Es ist sinnvoll, wenn Fachleute, die sich therapeutisch mit Traumaopfern beschäftigen, diese Filme kennen und auf die damit möglicherweise ausgelösten Erwartungen und Rollenvorstellungen vorbereitet sind. Die Thematik wird beispielsweise in folgenden Filmen angeschnitten oder behandelt: ‹Lovesick›, ‹Prince of Tides›, ‹Good Will Hunting›, ‹The Great

Santini›. Eher neueren Datums sind Theaterstücke über Missbrauchserfahrungen. So wurde am Zürcher Schauspielhaus 1992 ‹Oleanna› aufgeführt und im Frühjahr 2000 am Basler Stadttheater ‹Täter› von Thomas Jonigk, das fachlich nicht vorgebildeten Personen in einer ausgezeichneten Inszenierung sehr anschaulich zeigt, welche Mechanismen und Rollenvorstellungen in der Missbrauchsthematik eine Rolle spielen.

Übungen zu Grenzproblemen

Die von Gary Schoener entwickelten Übungen sind interaktiv konzipiert und können ohne besondere Vorkenntnisse im Rahmen eines Workshops durchgeführt werden. Sie verlangen von allen Anwesenden eine aktive Beteiligung.

Die ersten drei Übungen sollen den Teilnehmern deutlich machen, dass genaue Grenzziehungen zwischen erlaubten und unerlaubten Handlungen in den wenigsten Situationen im Leben bestehen und dass vielmehr der Kontext und die Atmosphäre entscheiden, ob die Handlung angemessen oder richtig ist. In den meisten Fällen bewegen wir uns innerhalb eines erlaubten Spektrums, dessen Grenzen nicht scharf gezogen werden können. Die beiden letzten Übungen dienen mehr der Selbsterfahrung. Sie werden deshalb auch in Workshops oder Kursen angewandt, wenn sich unter den Teilnehmenden ein gewisses Vertrauen eingestellt hat und eine größere Offenheit möglich wird.

Private und professionelle Beziehungen. Die Teilnehmer werden aufgefordert, die Unterschiede zwischen persönlichen und fachlichen Beziehungen zu nennen und herauszuarbeiten. Dabei erweisen sich immer wieder einige Bereiche als klar, während andere zu Diskussionen und Präzisierungen führen. Beispielsweise werden in professionellen Beziehungen Termine vereinbart, es wird ein Honorar geschuldet, es gelten gewisse Berufsstandards, während private Beziehungen frei von solchen Reglementierungen sind.

Was ist ok, was nicht? Anhand dieser Übung werden die Teilnehmer aufgefordert, Verhalten oder Grundsätze zu nennen, die in fachlichen Beziehungen immer richtig erscheinen, oder immer falsch. Beispielsweise scheint es richtig, für eine fachliche Tätigkeit ein Honorar zu verlangen. Oder die fachlichen Voraussetzungen müssen gegeben sein, damit jemand den Beruf ausüben kann. Die Teilnehmer sollen eine Anzahl von Verhaltensweisen für jede Sparte nennen, insbesondere darf Sex als nicht erlaubter Teil einer fachlichen Behandlung nicht fehlen. Die allermeisten Antworten finden sich jedoch im mittleren Bereich, wo man sie nicht eindeutig zuordnen kann – selbst scheinbar harmlose Gesten wie etwa ein Händedruck sind unter Umständen unangebracht oder gar falsch, beispielsweise bei hochgradig erregten und verängstigten Personen.

Ist dies immer so? Anhand dieser Frage wird die vorherige Übung erneut im Hinblick auf ihre Geltung überprüft und Punkt für Punkt wird auf die Relativität der Aussagen untersucht. Beispielsweise können zärtliche Berührungen je nach Situation durchaus adäquat sein. Sie können jedoch auch einen möglichen Schritt auf dem ‹Slippery slope› sein, welcher schließlich zur Grenzverletzung und zum Missbrauch führt.

Wie ist ein Klient zu verführen bzw. wie sicher nicht? Die Teilnehmer sollen sich Beispiele überlegen, wo eine emotionale oder sexuelle Verführung eines Patienten möglich sein könnte (bzw. das Gegenteil). Anschließend wird Punkt für Punkt durchgegangen, welches Verhalten unprofessionell oder unethisch ist. Diese Übung soll insbesondere illustrieren, wie einfach es ist, eine Beziehungssituation zu manipulieren, und auch aufzeigen, dass eine Behandlung oder Beratung selbst eine Verführung und Grenzüberschreitung darstellen kann.

Wie bin ich selbst verführbar? Diese Übung sollte nur in Workshops ausgeführt werden, wo die aufgeworfenen Fragen auch tatsächlich angegangen werden können. Welche Patienten törnen einen an? Wo und wann ist man selbst verletzbar und läuft Gefahr, die Kontrolle über die Situation zu verlieren? Welche Patiententypen lösen welche eigenen Verhaltensmuster aus? Wo kommen unsere beruflichen Grenzen ins Wanken? Diese Fragestellungen bedeuten aber nicht, dass der Patient für bestimmte Reaktionen verantwortbar gemacht werden soll, sondern die Übung soll mithelfen, diejenigen Situationen zu identifizieren, die zu einer Gefährdung der professionellen Tätigkeit führen können! Beispielsweise kann die Frage gestellt werden, bei welchen Patienten machen wir Ausnahmen? Welchen kommen wir entgegen? Bei welchen verlangen wir kein Honorar? Im Workshop werden einerseits die möglichen Auswirkungen solcher Handlungen diskutiert, andererseits auch mögliche Auswege und Antworten. Rollenspiele eignen sich hervorragend als Arbeitsinstrument im Rahmen von Weiterbildungsveranstaltungen. Meistens kennen die Teilnehmer selbst passende Lösungsansätze. Der gegenseitige Austausch lässt zudem erkennen, dass alle Fachleute mit solchen Fragen konfrontiert sind. Immer wieder führt diese Übung zu einer deutlich erhöhten Sensibilisierung gegenüber solchen Fragestellungen.

Psychotraumatologie

Die Teilnehmer sollen über die wichtigsten Grundlagen und Theorien dieser erst in den letzten Jahren vermehrt beachteten Wissenschaft informiert werden. In geraffter Form werden die wesentlichen Ergebnisse und Folgerungen für die Beratung und Behandlung von Betroffenen vermittelt. Im Zentrum der Betrachtung stehen das Beziehungstrauma und die Folgen für Opfer solcher Missbräuche. Viele Teilnehmer haben bereits Kenntnisse über viele Fakten, die für die psychotraumatologische Forschung relevant sind – neu sind die Betrachtungsweise aus der Perspektive von Betroffenen und das Verständnis, das sich damit für die Situation der Opfer gewinnen lässt. Viele Folgen können unter dem Begriff der posttraumatischen Belastungsstörung (PTSD) zusammengefasst werden, bei Weitem jedoch nicht alle. Das Konzept der PTSD sowie weitere wesentliche Grundkenntnisse sind im Kapitel 2 über Psychotraumatologie zusammengestellt.

Epidemiologische Daten, Untersuchungen zu Häufigkeit und Ablauf von PSM

Die wesentlichen Fakten und Untersuchungsresultate werden vorgestellt und diskutiert. Es ist erstaunlich, wie wenig selbst erfahrene Fachleute über PSM wissen. Die Wissensvermittlung führt regelmäßig zu einer vollständig veränderten Sichtweise des Sachverhaltes. Die wesentlichen Literaturangaben zu derartigen Studienresultaten sind in den vorangegangen Kapiteln dieses Werkes aufgeführt.

Manipulative Verhaltensmuster

Täter zeigen Beratern mit ihrem Verhalten, welche Manipulationstechniken sie benutzen, um ihre Opfer zu gewinnen oder von ihrer Verantwortung abzulenken. So versuchen sie beispielsweise, den Berater in eine therapeutische Rolle zu zwingen, in der er dem Täter womöglich Verständnis für seine Lage und Situation entgegenbringt. Dazu kommt, dass wir es häufig mit Fachkolleginnen oder -kollegen zu tun haben, die wir nicht gerne beurteilen und schon gar nicht ‹verurteilen›. Es hat sich als hilfreich erwiesen, gleich zu Beginn einer Beratung die Täter darauf hinzuweisen, wie solche manipulativen Muster ablaufen und zu welchem Zweck sie eingesetzt werden. Man lasse sich diese Verhaltensmuster durch die Täter gleich selbst beschreiben. Hier hat Joe Sullivan von der Wolvercote Clinic einen sehr einfach zu praktizierenden Zugang entwickelt, der auf einer

Reihe von Maskenbildern mit typischen Gesichtsausdrücken oder Körperhaltungen beruht, die verschiedene Verhaltensmuster darstellen.

Das leidende Gesicht steht zum Beispiel für den ‹Poor me›, ‹Ich Armer›. Der Täter stellt sich als Opfer dar, macht sich schwach, klein, hilflos, damit ihm niemand böse ist. Solche Verhaltensmuster sind übrigens keineswegs täterspezifisch, vielmehr entsprechen sie weitgehend unseren eigenen alltäglichen Verhaltensmustern. Täter setzen diese Strategien jedoch gezielt ein, um ihren manipulativen Anteil zum eigenen Vorteil auszunutzen und ihre Untaten beispielsweise verharmlosen zu können. Weitere solche Beispiele sind der, der ‹aus purer Liebe handelt›, der ‹Schlaumeier› oder der ‹Schall und Rauch produzierende›.

Die Kursteilnehmer werden aufgefordert, aus einer Serie von symbolischen Menschenfiguren (wie sie beispielsweise auch im Microsoft Clip Art Grafikprogramm vorhanden sind) die charakteristischen Merkmale und Züge herauszuarbeiten. Das Ziel besteht darin, das manipulative Verhalten, welches hinter der Symbolik steckt, zu beschreiben und womöglich in Rollenspielen mit eigenen Beispielen darzustellen. Aus Gründen der Praktikabilität werden acht verschiedene Charaktere zur Auswahl vorgelegt. Die Erarbeitung einer gemeinsamen Sprache basierend auf diesen Symbolen hat den Vorteil, in der Beratung auf einfache und klar verständliche Weise komplexe Verhaltensmuster benennen zu können (siehe Kapitel Täterberatung).

Gerade das Bild des ‹Ich Armer› mag belegen, wie solchem manipulierendem Verhalten unter Umständen strafmildernde Bedeutung zukommt. Gelingt es nämlich dem Täter, sich als Opfer darzustellen und womöglich das Opfer noch als den eigentlichen Täter zu beschuldigen, kann auch ein Gericht unter Umständen diesen Manipulationen erliegen. Der arme Täter, der von seinem Opfer verführt und gepeinigt wurde, lässt sich jedenfalls unschwer als Charakter in vielen Gerichtsverfahren erkennen.

Im therapeutischen Prozess muss der Berater keine Detektivarbeit vollbringen, hat nicht die Aufgabe, einen Sachverhalt herauszufinden. Der therapeutische Rahmen des Boundary Trainings hat einen völlig anderen Inhalt. Dies muss Betroffenen zu Beginn klar gemacht werden. Es geht primär um eine Verhaltensänderung, die erst stattfinden kann, wenn der Täter sein Problem und seine Schwierigkeiten erkannt hat, die sich hinter der eigenen Maske verbergen. Es sei nochmals betont, dass die Täter durch ihr Verhalten in der Beratung zeigen, wie sie ihr Opfer und dessen Umgebung beeinflusst haben. Dieses Muster muss verstanden werden, um dem Täter seine Schwierigkeiten aufzuzeigen. Die Teilnehmer in Boundary-Training-Kursen lernen diese Muster zu erkennen und umzusetzen.

Der Täterkreis

Das zirkuläre Modell nach Joe Sullivan wurde im Kapitel 8 (Täterbe-ratung) ausführlich vorgestellt und kommentiert. Die Teilnehmer lernen dieses Modell und seine Anwendung im Workshop kennen. Mittels dieses Modells lässt sich eine Tat rekonstruieren und die entsprechende kognitive Verarbeitung auf Täterseite analysieren. Weiter werden die ‹Groom-ing›-Prozesse, welche den Tathergang begleiten bzw. erst ermöglichen, in die Beurteilung einbezogen. Die Teilnehmer lernen, wie sich manipulie-rendes Vorgehen und Verhalten auswirken kann. Das Ziel besteht in der Erarbeitung eines Konzeptes oder eines fachlichen Verständnisses, wie Fachleute, die PSM begehen, vorgehen. So lernen die Teilnehmer mög-liche passende Umgangsformen und eine ‹Good working practice› ange-sichts der eigenen fachlichen Machtposition gegenüber Patienten oder Klienten.

Videopräsentation eines Täters

Die Vorstellung eines Täters zeigt den Teilnehmern ein reales Beispiel von einem Missbrauch. Die Teilnehmer erkennen nun die vielfältigen Ma-nipulationsversuche. Hier erweist sich die Vorarbeit mit den Maskenbil-dern als wertvolle Hilfe, komplexe Reaktionsmuster auf einfache Weise zu benennen und zu veranschaulichen. Anhand vorgegebener Fragen wer-den die Teilnehmer auf wichtige Zusammenhänge und Besonderheiten hingewiesen.

Persönliche und rechtliche Konsequenzen

Die meisten Täter bagatellisieren anfänglich die möglichen Kon-sequenzen für ihre persönliche und berufliche Identität. Meistens kennen sie andere Berufskollegen, vielleicht sogar Lehrer- und Vorbildfiguren, die angeblich sexuelle Kontakte mit ihren Patienten oder Klienten gepflegt haben oder noch pflegen. Werden diese Täter jedoch mit Klagen oder Be-schwerden konfrontiert, verlieren sie meist ihre Sicherheit. Aus der Macht-position des Fachmannes wird eine Machtposition der anklagenden Per-son. Dies hat Folgen, die man kennen muss.

Die Teilnehmer können nun aufgrund eigener Erfahrungen solche

Szenarien entwickeln. Mittels Rollenspielen können die einzelnen Muster und Folgen veranschaulicht bzw. verdeutlicht werden. Rollenspiele eignen sich hervorragend für die Ausbildung von Fachleuten. Gewissermaßen unter ‹Laborbedingungen› lassen sich die aus Sicht der jeweiligen Fachrichtung besonders wichtigen oder heiklen Fragestellungen durchspielen. Die Fallbeispiele stellen typische Dilemmasituationen dar, die nun durch die Teilnehmer bearbeitet werden können. Sie können dabei exemplarisch lernen, wie sie sich angesichts konkreter Situationen möglicherweise verhalten könnten. Die wenigsten Fachleute wissen beispielsweise, wie sie mit angeschuldigten Berufskollegen umgehen sollen. Die Teilnehmer sollen ihre eigenen Erfahrungen und Vorstellungen einbringen können und je nach Art des Rollenspiels auch jederzeit aktiv in die Gestaltung eingreifen können. Mittels Variationen der Machtgefälle zwischen den Beteiligten lassen sich sehr anschaulich die einzelnen Situationen unter Gleichberechtigten oder in Abhängigkeitsverhältnissen aufzeigen.

Konsequenzen für die Berufsorganisation oder Institution

Es ist wirklich erstaunlich, was die sexuelle Vereinigung zweier Menschen für eine Firma bewirken kann. Ein Vergleich mit der Inzestfamilie hilft, die Abwehrmuster, die man beobachten kann, zu erkennen. In Vorträgen berichten wir über Beratungsgrundsätze, die wir aus der Organisationsberatung gewonnen haben. An dieser Stelle werden auch die Fragen in Zusammenhang mit Falschaussagen behandelt.

Gegen Schluss der Veranstaltung wird der am Beginn verteilte Fragebogen kommentiert bzw. die möglichen Antworten werden diskutiert. Aufgrund der Auseinandersetzungen mit dem Thema Grenzverletzungen können nun die meisten Teilnehmer weitaus genauer und sicherer die Fragen beantworten. Auch sind sie sich über die Konsequenzen von Grenzüberschreitungen klarer geworden. Der Workshop über Boundary Training wird jeweils mit einer Evaluation beendet. Es ist geplant, die Daten statistisch auszuwerten.

Unter den in der Literaturliste aufgeführten Büchern möchte ich folgende als sehr brauchbare Einführungen in die Thematik empfehlen: Edelwich & Brodsky (1992): Sexual Dilemmas for the Helping Professional [35]. Pope, Sonne, & Holroyd (1993): Sexual Feelings in Therapy – Explorations for Therapists in Training [36]. Jehu (1994): Patients as Victims – Sexual Abuse in Psychotherapy and Counseling [37]. Gonsiorek (1995): Breach of Trust – Sexual Exploitation by Health Care Professionals and Clergy [38].

Zur weiteren Vertiefung sind folgende Werke geeignet: White W. (1986): Incest in the Organizational Family [39]. Peterson (1992): At Personal Risk: Boundary Violations in Professional-Client Relationships [40]. Epstein (1994): Keeping Boundaries: Maintaining Safety and Integrity in the Psychotherapeutic Process [41]. Gabbard & Lester (1995): Boundaries and Boundary Violations in Psychoanalysis [42]. In diesem Buch findet sich auch eine ausgezeichnete Zusammenstellung möglicher Hilfs- und Arbeitsmittel zu Boundary Training: Milgrom Jeanette (1992): Boundaries in Professional Relationships – A Training Manual [43].

Literatur

1 Braude M: Workshop on patient-therapist sexual relationship; in Burgess A, Hartman C (eds): Sexual Exploitation of Patients by Health Professionals. New York, Praeger, 1986, pp 93–96.
2 Abraham L: Dr. Smith goes to sexual-rehab school. New York Times Magazine, 5.11.1995.
3 Benson G, Grunebaum J, Steisel S, et al.: Curriculum subcommittee report. Working paper Dec. 1990; in Grunebaum J, Steisel S (eds): Training for Treatment – How Can It Help? Preventing Sexual Misconduct the Abuse of Power by Health Professionals Through Education. Conference Proceedings. Boston, University of Massachusetts, 1992.
4 Blackshaw S, Patterson P: The prevention of sexual exploitation of patients – educational issues. Can J Psychiatry 1992;37:350–353.
5 Bridges N: Meaning and management of attraction – neglected areas of psychotherapy training and practice. Psychotherapy 1994;31:424–433.
6 Carr M, Robinson G, Stewart D, Kussin D: A survey of psychiatric residents regarding resident-educator sexual contact. Am J Psychiatry 1991;148:216–220.
7 Frick D: Nonsexual boundary violations in psychiatric treatment; in Oldham J, Riba M (eds): Review of Psychiatry. Washington, American Psychiatric Press, 1994, pp 415–432.
8 Gorton G, Samuel S: A national survey of training directors about education for prevention of psychiatrist-patient sexual exploitation. Academ Psychiatry 1996;20:92–98.
9 Nugent C, Gill J, Plaut M: Sexual Exploitation – Strategies for Prevention and Inter-

vention. Report of the Maryland Task Force to Study Health Professional-Client Sexual Exploitation. Baltimore, Maryland Dept. of Health and Mental Hygiene, 1996.

10 Penfold PS: Sexual Abuse by Health Professionals – A Personal Search for Meaning and Healing. Toronto, University of Toronto Press, 1998.

11 Roman B, Kay J: Residency education on the prevention of physician-patient sexual misconduct. Academ Psychiatry 1997;21:26–34.

12 Simon R: Psychological injury caused by boundary violation precursors to therapist-patient sex. Psychiatr Ann 1991;21:614–619.

13 Simon R: The natural history of therapist sexual misconduct – identification and prevention. Psychiatr Ann 1995;25:90–94.

14 Vasquez M: Counselor-client sexual contact – Implications for ethics training. J Couns Devel 1988;67:214–216.

15 White W: Critical Incidents – Ethical Issues in Substance Abuse. Prevention and Treatment. Bloomington, Lighthouse Training Institute, 1993.

16 White W: The Incestuous Workplace – Stress and Distress in the Organizational Family. Center City, Hazelden Foundation, 1997.

17 Epstein RS, Simon RI, Kay G: Assessing Boundary Violations in Psychotherapy – Survey Results With Exploitation Index. Bull Menninger Clin 1992;56:150–166.

18 Gutheil TG, Robert I: Between the Chair and the Door – Boundary Issues in the Therapeutic Transition Zone. Harv Rev Psychiatry 1995;6:336–340.

19 Gutheil TG: Borderline personality disorder, boundary violations, and patient-therapist sex – medicolegal pitfalls. Am J Psychiatry 1989;5:597–602.

20 Schoener GR: Boundaries in Professional Relationships. Presentation to the Norwegian Psychological Association, edited by AdvocateWeb, 1997.

21 Boundaries in Psychotherapy – A Safe Place to Heal. Harvard Mental Health Lett 1997;12:4–5.

22 Hundert EM, Appelbaum PS: Boundaries in psychotherapy – model guidelines. Harvard Medical School. Psychiatry 1995;4:345–356.

23 Kagle JD, Giebelhausen PN: Dual relationships and professional boundaries. Social Work 1994;2:213–220.

24 Alvin Pam: Limit Setting – Theory, Techniques and Risks. Am J Psychother 994;3:432–440.

25 Simon RI: Treatment of boundary violations – clinical, ethical and legal considerations. Bull Am Acad Psychiatr Law 1992;3:269–288.

26 Schoener G: Preventive and remedial boundaries training for helping professionals and clergy – successful approaches and useful tools. J Sex Ed Ther 1999;4:209–217.

27 Facharzt FMH für Psychiatrie und Psychotherapie. Schweiz Ärztez 1998;79 (suppl 1):51–59.

28 Gorton G, Samuel S, Zebrowski: A pilot course for residents on sexual feelings and boundary maintenance in treatment. Acad Psychiatry 1996;20:1–13.

29 Nugent CD: Final report of the committee to implement the recommendations of the Maryland Task Force to study health professional-client sexual exploitation. Baltimore, Department of Health and Mental Hygiene, 1996.

30 Nugent CD, Gill JP, Plaut SM: Sexual exploitation – strategies for prevention and intervention. Report of the Maryland Task Force to study health professional-client sexual exploitation. Department of Health and Mental Hygiene. Baltimore, 1996.

31 Plaut MS, Nugent CD: The Maryland Task Force to study health professional-client sexual exploitation – Building understanding and facilitating change through collaboration. J Sex Educ Therapy 1999;24:236–243.

32 Godwin T: Staff Development and Training. Maryland Mental Hygiene Administration. Trainingsmanual, 1999.

33 Epstein RS, Simon RI: The exploitation index – an early warning indicator of boundary violations in psychotherapy. Bull Menninger Clinic 1990;54:450–465.

34 Epstein RS, Simon RI, Kay GG: Assessing boundary violations in psychotherapy – survey results with the exploitation index. Bull Menninger Clinic 1992;56:150–166.

35 Edelwich J, Brodsky A: Sexual Dilemmas for the Helping Professional. New York, Brunner/Mazel, 1992.

36 Pope K, Sonne J, Holroyd J: Sexual Feelings in Therapy – Explorations for Therapists in Training. Washington, American Psychological Association, 1993.

37 Jehu D: Patients as Victims – Sexual Abuse in Psychotherapy and Counseling. Chichester, Wiley, 1994.

38 Gonsiorek J (ed): Breach of Trust – Sexual Exploitation by Health Care Professionals and Clergy. Thousand Oaks, Sage, 1995.

39 White W: Incest in the Organizational Family: The Ecology of Burnout in Closed Systems. Bloomington, Lighthouse Training Institute, 1986.

40 Peterson MR: At Personal Risk – Boundary Violations in Professional-Client Relationships. New York, Norton, 1992.

41 Epstein RS: Keeping Boundaries – Maintaining Safety and Integrity in the Psychotherapeutic Process. Washington, American Psychiatric Press, 1994.

42 Gabbard G, Lester E: Boundaries and Boundary Violations in Psychoanalysis. New York, Basic Books, 1995.

43 Milgrom Jeanette: Boundaries in Professional Relationships – A Training Manual. Minneapolis, Walk-In Counseling Center, 1992.

11 Assessment und Rehabilitation

Der Begriff Assessment kommt aus dem Englischen und bedeutet allgemein Beurteilung. In unserem Zusammenhang verstehen wir darunter ein Verfahren, mit dem geprüft wird, ob ein missbrauchender Täter therapierbar ist und nach Beendigung eines Rehabilitationsprogrammes seinen Beruf weiter ausüben kann, ohne in Zukunft weitere Opfer zu missbrauchen. Bei uns in Europa gelten solche Verfahren noch als Novum. Neu ist allerdings nur der Anwendungsbereich, die Beurteilungsverfahren selbst beruhen auf etablierten Kriterien. Sei es eine gerichtliche Expertise zur Frage der Zurechnungsfähigkeit und Schulderstehungsfähigkeit, seien es Glaubwürdigkeitsgutachten oder Beurteilungen im Rahmen der Sozialversicherungen – psychische Krankheitsbilder mussten immer wieder im Hinblick auf ihre Auswirkungen beurteilt werden.

Bisher wurden zumindest in Europa Fachleute nach sexuellen Missbrauchsdelikten nicht auf ihre berufliche Rehabilitierbarkeit hin geprüft. Im besten Fall verfügte eine sanktionierende Stelle Maßnahmen wie Supervision oder dass in Zukunft die fachliche Tätigkeit nur bei Anwesenheit einer Aufsichtsperson erlaubt war. Temporäres Berufsverbot wurde auch in klaren Fällen kaum je in Betracht gezogen. Auflagen, wie beispielsweise eine psychotherapeutische Behandlung, wurden nicht verlangt. In aller Regel ließ man es bei Ermahnungen bewenden, auch wenn der gleiche Täter wiederholt wegen derselben Delikte vor einer Ethischen Kommission oder einem Gericht zu erscheinen hatte. Es wurden allenfalls milde Bußen erteilt.

Kam es im Anschluss an Klagen wegen sexueller Missbräuche zu Versetzungen, etwa von Lehrern oder Seelsorgern, wurde die neue Institution in den allerseltensten Fällen über das Vorgefallene informiert. Die betreffenden Fachleute mussten weder ein berufliches Trainingsprogramm absolvieren noch sich in Behandlung begeben, nur aus eigener Initiative suchten wenige Fachleute eine psychotherapeutische Beratung auf. Die staatlichen Aufsichtsorgane delegierten ihre Verantwortung an die jeweiligen Institutionen, welche aufgrund der lockeren Haltung auch nichts unternahmen, was ihnen nicht vorgeschrieben wurde. Angesichts der Verfehlungen und der resultierenden Auswirkungen sind die fehlenden disziplinarischen Maßnahmen und die Blauäugigkeit, welche missbrauchenden Fachleuten gegenüber an den Tag gelegt wird, unverständlich und unverantwortlich. Die Folgen sind bekannt.

Disziplinarische Maßnahmen und Strafen stellen keine Rehabilitation dar, obwohl sie im Einzelfall berechtigt und sinnvoll sein mögen. Traditionellerweise wurden solche Schritte mit folgenden Zielsetzungen angewandt (nach Gary Schoener):

1. Zur Durchsetzung von Berufsrichtlinien bzw. zur Dokumentation, dass sexuelle Missbräuche nicht geduldet werden.
2. Zur Abschreckung für andere Fachleute.
3. Zur Verhinderung von Wiederholungstaten.
4. Um für betroffene Opfer Gerechtigkeit walten zu lassen.
5. Um die fachliche Integrität der Berufsgruppe oder der Institution nach außen zu dokumentieren.

Dass diese Absichten ihren Zweck verfehlt haben, haben wir gesehen. Der Hauptgrund ist darin zu sehen, dass diese Maßnahmen ohne innere Überzeugung erfolgen und mehr einer Augenwischerei entsprechen. Die Diskrepanz zwischen den deklarierten Absichten und den realen Auswirkungen ist evident.

Rehabilitationsprogramme sind keine Bestrafung, auch wenn sie von manchen so empfunden werden mögen. Sie stellen für betroffene Fachleute eine Chance dar, wieder vollständig in den Arbeitsprozess integriert zu werden. Das Rehabilitationskonzept beruht auf folgenden Prämissen:

1. Weitere Fälle von sexuellem Missbrauch sollen verhindert werden.
2. Persönliche berufliche Rehabilitation.
3. Rechtliche Absicherung für die Institution oder Berufsorganisation.

Inhalt und Konzept der Behandlungsprogramme beruhen auf Ergebnissen forensisch-psychotherapeutischer Behandlungen von Sexualstraftätern. In erster Linie haben sich kognitiv-verhaltenstherapeutische Interventionsstrategien etabliert [1]. Psychodynamische Behandlungskonzepte wurden insbesondere durch die Menninger Klinik entwickelt [2]. Außerdem wurden aus der Suchtbehandlung gewonnene Erfahrungen in Täterbehandlungsstrategien integriert [3, 4]. Durch emotionales Lernen und Entwicklung der Empathie für das Opfer sowie Techniken für die Impulskontrolle und Modifikationsstrategien bei sexuellen Phantasien sollen weitere Missbräuche verhindert werden. Betroffene Täter geraten regelmäßig in eine Identitätskrise und brauchen Hilfe bei einer persönlichen und fachlichen Rehabilitation. Schlussendlich kann eine Institution in rechtlichen Auseinandersetzungen belegen, die notwendigen Maßnahmen zur Verhinderung weiterer sexueller Missbräuche getroffen zu haben, wenn sie von betroffenen Tätern ein berufliches Rehabilitationsprogramm verlangt.

Das Assessment

Ein gründliches Assessment dauert einen bis drei Tage. Mittels einer psychiatrischen Anamnese unter besonderer Berücksichtigung der sexuellen Entwicklung werden die notwendigen Angaben des Exploranden erhoben. In welchem Lebensalter erfolgten die ersten Masturbationen, wie oft kommt es dazu, welche sexuellen Phantasien tauchen dabei auf, werden Stimuli verwendet wie Pornohefte, Videos, Internet, oder weitere Mittel? Nach welchen ‹Grooming-Strategien› geht der Täter vor, wie gestaltet er Annäherungsversuche? Versucht er sich beispielsweise an jemandem zu reiben? Leidet die Person an sexuellen Funktionsstörungen wie Erektionsstörungen? Kommt es dadurch zur Beeinträchtigung des Selbstwertgefühls, oder entwickeln sich Ängste in Bezug auf den eigenen Körper? Weiter ist zu achten auf Geschlechtsidentität und deren entwicklungsmäßige Ausbildung. Zur psychiatrischen Exploration gehören auch die Angaben zu Alkohol- und/oder Drogenkonsum sowie Selbstmedikation. Insbesondere Alkohol wirkt sexuell enthemmend.

Einen großen Teil der Befragung nehmen das Delikt und der Deliktablauf ein. Nach welchem Muster geht der Täter vor? Wieso nutzt der Täter seine Position aus, wieso wendet er gegebenenfalls Gewalt an? Dem Täter wird bei Beginn der Befragung klar gemacht, dass nur eine bedingungslose Offenheit zu einer positiven Beurteilung führen wird. Durch zusätzliche Befragung des betroffenen Opfers und evtl. dessen Angehöriger kann sich der Fachmann ein Bild von der Kooperationsfähigkeit machen. Tauchen ernsthafte Zweifel diesbezüglich auf, ist ein Rehabilitationsprogramm ausgeschlossen. Testpsychologische Verfahren gehören ebenfalls zum psychiatrischen Teil der Untersuchung. Zur Anwendung gelangen im wesentlichen IQ-Tests und MMPI als Persönlichkeitstest. Für besondere Fragestellungen können Fragebogen zu Geschlechtsidentität, zur sexuellen Entwicklung sowie zum Sexualdelikt verwendet werden. Ebenfalls zur Anwendung gelangen Testverfahren zur sexuellen Präferenz, unter Umständen durch phallometrische Tests ergänzt [5–7].

Eine allgemeinmedizinische Untersuchung mit Bestimmungen endo-
krinologischer Parameter sowie ein Schädel-Computertomogramm runden
die Untersuchungen ab. Sie dienen der Feststellung eventueller körperlicher Befunde oder Erkrankungen, die gegebenenfalls entsprechend behandelt werden müssen. Im Falle von Gehirnanomalien, insbesondere Beeinträchtigung der frontalen Hirnregionen, muss durch eine
neuropsychologische Abklärung die Auswirkung des Befundes untersucht
werden. Diese Hirnregionen haben für die Steuerung und Modulation des
Verhaltens eine zentrale Bedeutung.

Die Rehabilitation

Das Assessmentverfahren dient der Evaluation, welche Personen
grundsätzlich und gegebenenfalls wie rehabilitierbar sind. Der Bericht wird
mit der Fachperson besprochen und die Empfehlungen können diskutiert
werden. Kommt die Evaluation zu einem positiven Ergebnis, bestehen die
nächsten Schritte nun darin, eine geeignete Fachperson zu finden, welche
das Trainingsprogramm übernehmen kann, sowie den Auftragsgeber über
das Ergebnis und die vorgeschlagenen Maßnahmen zu informieren. Die
Daten und die Beurteilung werden an die entsprechenden Rehabilitations-
Fachleute weitergeleitet. Aufgrund der erhobenen Befunde wird ein Programm, bezogen auf die individuelle Täterpersönlichkeit, erstellt. Man darf
allerdings nicht vergessen, dass dieses Programm weder für einzelne Täter
noch für eine Institution eine Garantie für eine erfolgreiche berufliche Wiedereingliederung darstellt. Am Ende der Rehabilitation erfolgt eine nochmalige Beurteilung durch den Rehabilitationsspezialisten für den Auftraggeber oder die überwachende Instanz, welche aufgrund der Ergebnisse
endgültig über die weitere Berufsausübung entscheiden muss.

Das nachfolgende Schema, das von Gary Schoener und seinen Mitarbeitern vom Walk-In Counseling Center, Minneapolis, entwickelt wurde,
zeigt einen möglichen Rehabilitationsverlauf.

Die berufliche Rehabilitation stellt hohe Anforderungen an die kognitiven und emotionalen Ressourcen der betreffenden Fachleute. Sie ist zudem mit erheblichen finanziellen Aufwendungen verbunden. Trotz Abschluss des Trainingsprogramms gibt es immer wieder Fachleute, welche
ihr Verhalten nicht ändern können oder wollen. Für sie kann keine positive
Schlussbeurteilung im Hinblick auf eine weitere Berufstätigkeit im bisherigen Rahmen abgegeben werden. In Ausnahmefällen und abhängig

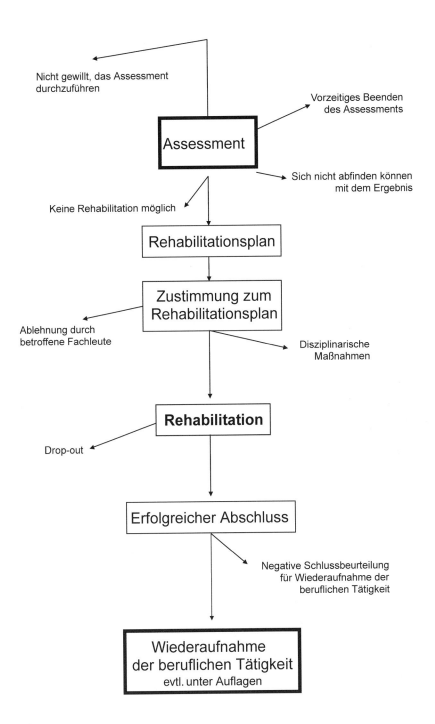

Nicht gewillt, das Assessment durchzuführen

Vorzeitiges Beenden des Assessments

Assessment

Sich nicht abfinden können mit dem Ergebnis

Keine Rehabilitation möglich

Rehabilitationsplan

Zustimmung zum Rehabilitationsplan

Ablehnung durch betroffene Fachleute

Disziplinarische Maßnahmen

Rehabilitation

Drop-out

Erfolgreicher Abschluss

Negative Schlussbeurteilung für Wiederaufnahme der beruflichen Tätigkeit

Wiederaufnahme der beruflichen Tätigkeit
evtl. unter Auflagen

Assessment und Rehabilitation

vom Beruf kann eine Tätigkeit unter engmaschiger Supervision bejaht werden. Allgemein lässt sich aber feststellen, dass nur mittels solcher Rehabilitationsprogramme erneute Missbräuche einigermaßen verhindert werden können.

Die minimale Behandlungsdauer entspricht dem Boundary-Trainings-Programm auf individueller Basis und kann in 25 bis 30 Doppellektionen absolviert werden. Bezüglich der auftretenden Schwierigkeiten für Fachleute, wenn sie Berufskollegen behandeln, empfiehlt es sich insbesondere, die Arbeiten von Michael F. Myers von der University of Vancouver [8, 9] zu studieren. Bestehen Persönlichkeitsstörungen und/oder pädosexuelle Neigungen, muss man von einer Behandlungsdauer von mehreren Jahren ausgehen. Je nach Persönlichkeitsstörung stellt das Trainingsprogramm eine Hilfe im Sinne einer Persönlichkeits-Behandlung dar, eine Rückkehr in eine selbstständige Arbeit kann trotzdem nicht bejaht werden. Dies gilt beispielsweise für Pädosexuelle. Umgekehrt gibt es Persönlichkeitsstörungen, bei denen schon im Assessment klar feststeht, dass ein Boundary-Trainingsprogramm keine Hilfe darstellen kann.

Die zu erwartenden Kosten solcher Rehabilitationsbemühungen können mit den volkswirtschaftlich hochgerechneten Kostenfolgen für Opfer und ihre Angehörigen verglichen werden. Für Deutschland wurde in einer Schätzung von Fischer et al. [10] allein für die Missbräuche in psychiatrisch-psychotherapeutischen Behandlungen ohne Berücksichtigung der Langzeitfolgen eine jährliche Kostenbelastung von 20 Millionen DM veranschlagt. Verwendet man die Daten der Bevölkerungsbefragung von Ontario von 1999, wo 1% der Befragten sexuelle Missbräuche durch Fachleute im Gesundheitswesen innerhalb der letzten fünf Jahre angaben, und rechnet dies auf ein Land wie die Schweiz mit einer Bevölkerung von 7,2 Mio. Einwohnern hoch, kommt man zu folgenden Zahlen: Allein durch sexuelle Missbräuche im Gesundheitswesen wären jährlich 14 000 Personen betroffen. Wenn sich 65% davon einer psychiatrisch-psychotherapeutischen Behandlung mit 40 Wochenstunden während zwei Jahren unterziehen (sehr konservative Schätzung), so würden Gesundheitskosten in der Größenordnung von jährlich 150 Mio. Schweizer Franken resultieren. Nicht berücksichtigt sind weitere Folgekosten durch Erwerbsunfähigkeit und soziale Unterstützungskosten. Angesichts dieser Größenordnungen ist meines Erachtens auch die Allgemeinheit an einer besseren Lösung des Problems der sexuellen Übergriffe durch Fachleute interessiert.

Literatur

1 Abel G, Osborn C, Warberg B: Cognitive-behavioral treatment for professional sexual misconduct. Psychiatr Ann 1995;25:106–112.
2 Gabbard G: Transference and countertransference in the psychotherapy of therapists charged with sexual misconduct. Psychiatr Ann 1995;25:100–105.
3 Carnes P: Don't Call It Love. New York, Bantam Books, 1991.
4 Irons R: An inpatient assessment model for offenders; in Gonsiorek J (ed): Breach of Trust: Sexual Exploitation by Health Care Professionals and Clergy. Thousand Oaks, Sage, 1995, pp 163–175.
5 Perry GP, Orchard J: Assessment and Treatment of Adolescent Sex Offenders. Sarasota, Professional Ressource Press, 1992.
6 Hoffmann J, Musolff C: Fallanalyse und Täterprofil. Bundeskriminalamt Wiesbaden, 2000.
7 Marshall WL, Fernandez YM, Hudson SM, Ward T: Sourcebook of Treatment Programs for Sexual Offenders. New York, Plenum Press, 1998.
8 Myers MF: Treating physicians with psychotherapy. Dir Psychiatry 1992,12;1–8.
9 Myers MF: Cracks in the mirror: When a psychiatrist treats physicians and their families; in Sussman MB (ed): A Perilous Calling: The Hazards of Psychotherapy Practice. New York, Wiley & Sons, 1995.
10 Fischer-Becker M, Fischer G, Heyne C, Jerouschek G: Sexuelle Übergriffe in Psychotherapie und Psychiatrie. Schriftenreihe des Bundesministeriums für Familie, Senioren, Frauen und Jugend. Stuttgart, Kohlhammer, 1995.

12 Prävention

Für die Prävention gilt an erster Stelle: Die Existenz des Problems muss erkannt und anerkannt werden. Das Thema muss in Ausbildung und Weiterbildung Eingang finden. Die Rechtsauslegung muss klar und eindeutig sein und die Situation der Opfer berücksichtigen. Um nicht falsch verstanden zu werden, das Ziel besteht nicht darin, bessere Fachleute heranzubilden oder die Strafbestimmungen zu verschärfen, sondern diejenigen in die Verantwortung zu nehmen, die gravierende berufliche Fehler gegenüber ihren Patienten oder Klienten begehen. Aus der Traumaforschung ist bekannt, wie wichtig es für Opfer ist, dass das, was ihnen angetan wurde, von der Gesellschaft anerkannt wird [1]. Insofern sind die Fachleute und Behörden auch aufgefordert, ihre bisherige, das Problem negierende Haltung im Hinblick auf die Auswirkungen zu reflektieren.

Der ärztliche Direktor der Psychiatrischen Universitätsklinik Zürich, Daniel Hell, schrieb in einem Editorial in der Schweizerischen Ärztezeitung, dass sich das Problem der sexuellen Missbräuche nicht alleine mittels administrativer und judikativer Maßnahmen lösen lasse [2]. «Ethos entfaltet sich in der Nähe des Vorbildes und in der konkreten Handlungssituation – Fachwissen und Know-how kann man im Hörsaal lernen.» [3] Dies ist ein konkreter Aufruf an unsere Lehrer, im Bewusstsein dieser Tatsache ihre Haltung zu reflektieren. Es ist unbestritten, dass die Universität in der Frage der Ausbildung eine öffentliche Verantwortung trägt. Dasselbe gilt für andere Institutionen und Berufsorganisationen wie etwa die Ärzteschaft, die Kirche, die Schulbehörden etc. Diese Verantwortung gilt in erster Linie gegenüber denjenigen Personen, welche die Dienste der einzelnen Fachdisziplinen in Anspruch nehmen, wie auch gegenüber ihren Angehörigen.

Weltweit fanden bisher sechs große Konferenzen zur Thematik von sexuellen Übergriffen durch Fachleute statt, vier davon in Nordamerika (Minneapolis 1986 und 1992, Toronto 1994, Boston 1998 mit dem Titel ‹International Conference on Sexual Misconduct by Psychotherapists, Other Health Care Providers, and Clergy›). Zwei weitere Konferenzen wurden in Sydney 1996 und Melbourne 1998 abgehalten. Eine Konferenz mit internationaler Beteiligung fand in Bern 2000 statt. Erstmals wurde dabei das Thema in der Breite abgehandelt, wie es in diesem Buch ebenfalls versucht wird. Die Übergriffsszenarien an sich, die Folgen für Betroffene und die Reaktionen der Institutionen und Behörden gleichen sich dermaßen in den unterschiedlichsten Fachbereichen, dass sich eine interdisziplinäre Vorgehensweise in der Missbrauchsthematik geradezu aufdrängt. Die Konferenz in Bern versuchte, das Thema aus vier unterschiedlichen Perspektiven anzugehen: aus der der professionellen Arbeit und ihren Beziehungen, aus Sicht der Justiz, ferner aus der Perspektive der Arbeitsplatz-Situation und schlussendlich aus der gesellschaftlichen Optik.

Solche Konferenzen dienen dazu, Fachleute, Behörden und Verantwortliche von Institutionen mit der Thematik vertraut zu machen. Derartige Veranstaltungen haben jedoch auch eine Wirkung auf die öffentliche Wahrnehmung. Die zukünftige Aufarbeitung muss innerhalb der Behörden abteilungsübergreifend angegangen werden. In der Thematik der sexuellen Missbräuche sind die einzelnen Bereiche (Gesetze, Tabuisierung sexueller Aspekte etc.) durch vielseitige Interdependenzen miteinander verwoben. Sexuelle Missbräuche werden sich nie gänzlich verhindern lassen, genauso wenig wie sich sonstige Verbrechen, auch bei Androhung noch so drastischer Strafen, nie absolut verhindern lassen werden. Trotzdem oder gerade deswegen sind Maßnahmen zu ergreifen, die zur Verminderung missbräuchlichen Verhaltens beitragen können.

Je mehr Erfahrungen über das Thema der sexuellen Übergriffe ausgetauscht werden, je mehr wir darüber lernen, desto mehr Fragen tauchen auf. In Analogie wurde dies auch bei der Erforschung des PTSD (Posttraumatisches Stress-Syndrom) beobachtet. Seit der Einführung dieses Fachbegriffes vor rund 20 Jahren hat sich das Wissen um traumatische Erfahrungen und Folgen lawinenartig vervielfacht [4]. Im Bereich von PSM resultiert aus dieser Auseinandersetzung die Erkenntnis, dass nur eine ‹Null-Toleranz-Politik› gegen sexuelle Kontakte in fachlichen Beziehungen die angemessene Lösung sein kann. Je mehr Beachtung das Thema PSM erfährt, desto offensichtlicher wird das Ausmaß. Viele Empfehlungen und Erfahrungen stammen aus dem englischsprachigen Raum, wo der gesamten Missbrauchs-Thematik seit längerer Zeit Beachtung geschenkt wurde. Insbesondere die USA, Kanada, Australien und Neuseeland waren die ersten Nationen, die sich fundiert mit diesen Fragen auseinandergesetzt und nach Lösungswegen gesucht haben. Die bekannten epidemiologischen Daten zum Vorkommen sexueller Übergriffe lassen den Schluss zu, dass die Häufigkeit in Europa durchaus der Situation im nordamerikanischen Raum entspricht. Dass das Thema in Europa vorerst nur zögerlich aufgegriffen wurde, darf nicht zur falschen Annahme verleiten, wir wären von solchen Problemen verschont. Die Niederlande übernahmen eine Pionierrolle und implementierten als erste europäische Nation eine richtungsweisende Gesetzgebung für den Gesundheitsbereich [5]. Inzwischen wurde zusätzlich ein Monitoring zur Überwachung von Fachleuten entwickelt. Ferner wurde ein nationales Register unter der Aufsicht des Gesundheitsministeriums geschaffen, in dem sanktionierte Fachleute aufgeführt werden. Die Verhandlungen gegen beschuldigte Fachpersonen sind öffentlich, Urteile werden mit Name und Grund der Sanktion veröffentlicht. Eine ausgezeichnete Übersicht zur Frage der Prävention und Intervention findet sich im Schlussbericht der Maryland Task Force [6].

Gemäss den Empfehlungen der WHO lassen sich präventive Maßnahmen auf drei Niveaus unterscheiden.

1. Die primäre Prävention gilt der Verhinderung traumatischer Ereignisse an sich.
2. Die sekundäre Prävention zielt auf eine Milderung der Folgen und Auswirkungen nach der eingetretenen Traumatisierung. Dazu gehören beispielsweise die medizinische und psychotherapeutische Notfallversorgung im Sinne der Krisenbewältigung.
3. Tertiäre Prävention zielt auf eine längerfristige Erhaltung der eigenen Möglichkeiten und Stärkung der eigenen Ressourcen ab. Die längerfristige psychotherapeutische Aufarbeitung der Folgen ist hier einzuordnen. Ebenso gehören dazu auch Maßnahmen der Rehabilitation, sei es in beruflicher Hinsicht oder in sozialer Hinsicht.

Die einzelnen präventiven Maßnahmen können in ihren Auswirkungen allerdings nicht immer klar abgegrenzt werden. So wirkt eine psychotherapeutische Behandlung im Sinne einer tertiären Prophylaxe bei ihrem Gelingen immer auch im primären Sinne, dass in Zukunft bessere Strategien zur Vermeidung von Beziehungstraumen zur Verfügung stehen.

Die Prävention kann beim Individuum, bei der Berufsgruppe, bei der Institution oder im gesellschaftspolitischen Bereich ansetzen. Meistens kann der Zirkel der Gewalt nur nachhaltig beeinflusst werden, wenn die Prävention auf mehreren Ebenen gleichzeitig stattfindet und insbesondere die Entwicklungen und Prägungen der Kindheit und Jugendzeit berücksichtigt. Die Wechselwirkungen werden in diesem Werk insbesondere am Paradigmenwechsel der Justiz erörtert, sie sind jedoch in vielen anderen

Bereichen ebenfalls zu erkennen. Wichtig ist ebenfalls die Konflikt- und Friedensforschung, die sich beispielsweise mit den Folgen der Demobilmachungen bzw. den Nachwirkungen von Bürgerkriegen und kriegerischen Ereignissen in engerem Sinne auseinandersetzt. Die psychotraumatologischen Gesichtspunkte erfahren dabei zunehmend mehr Beachtung. Dabei steht die Frage im Zentrum, wie die Demobilmachung und ‹Abrüstung der Seelen› [7] gefördert werden kann und dadurch der Zirkel der Gewalt, der manchmal über mehrere Generationen hinweg nachwirkt, unterbrochen werden kann. Die Konversionsforschung untersucht die Probleme, die sich durch die Umstellung der Industrie und Wirtschaft eines Landes vom Kriegszustand auf eine friedliche Volkswirtschaft ergeben. Hier werden Fragen untersucht, wie sich die Spirale von Gewalt, mit Auswirkungen auf ganze Nationen, beeinflussen lässt resp. durch welche Mechanismen letztendlich die Gewalt eskalieren kann.

Es ist zweifelsohne notwendig, in der Gewaltprävention bereits bei den Kindern und Jugendlichen anzusetzen, um die Entstehung einer derartigen Gewaltspirale bereits im Keim zu verhindern. Geschlechtsspezifisch müssen mit den Jugendlichen andere Wege gefunden werden, wie sie ihre Situation lösen und bewältigen können. Dass dabei vielleicht völlig neue Wege beschritten werden müssen, zeigen beispielsweise solche Projekte zur Gewaltprävention wie «Neighborhood House» in Großstädten wie Los Angeles [8]. Wenn Frau Cottman Becnel bei Besuchen in der Schweiz hier auf Trends und Entwicklungen hinweist, die sie aus der amerikanischen Jugendkultur von vor 15 Jahren kennt, kann unschwer die Tendenz der weiteren Entwicklung vorausgesagt werden. Die bereits vorgestellte Schweizer Rekrutenprüfung 1997 zeigt, mit welch erschreckender Häufigkeit alleine eine Alterskohorte von jungen Männern über sexuelle Gewalterfahrung verfügt. Diese Ausführungen haben zwar direkt nichts mit den sexuellen Missbräuchen durch Fachleute zu tun, verdeutlichen aber, wie gesellschaftliche Prozesse und Tendenzen in Einzelschicksale hineinspielen. Negiert eine Gesellschaft solche Verhaltensmuster, wird sie kaum etwas gegen Gewalt im individuellen Raum unternehmen.

12.1 Beratungsstellen

Die Berufsverbände und Institutionen müssen durch Schaffung geeigneter Beratungsstellen für Betroffene und ihre Angehörigen eine Hilfestellung anbieten. Die arbeitsgesetzlichen Regelungen können dabei als Modell dienen. Derartige Beratungsstellen vermitteln geeignete Fachleute für psychotherapeutische und juristische Beratung, sie helfen den Sachverhalt für Betroffene weiter zu klären und liefern die nötigen Informationen. Da es sich bei den Opfern überwiegend um Frauen handelt, sollten solche Beratungsstellen vorwiegend mit weiblichen Mitarbeitern besetzt werden [1]. Solche spezifischen Beratungsangebote sind von der Kirche, von Ausbildungsinstitutionen, Gesundheitsdiensten, auch von Sportverbänden und Freizeitorganisationen anzubieten. Die Mitarbeiter bedürfen einer besonderen Schulung über Beziehungstraumen und PSM. Die Stellen sollten sinnvollerweise auch Weiter- und Fortbildungsaufgaben übernehmen. Durch ihre praktischen Erfahrungen im Umgang mit einem schwierigen Bereich sind sie für solche Aufgaben geradezu prädestiniert.

Beratungsstellen müssen möglichst niederschwellig operieren. Die einfache und anonymisierte Zugangsweise von Online-Angeboten erleichtert gerade für Opfer sexueller Missbräuche die Kontaktaufnahme. Beantwortet werden solche Anfragen von Mitgliedern der Beratungsstelle über das Netz. Man muss darauf achten, dass solche Rückmeldungen möglichst rasch erfolgen. Beratungsstellen sollten eine Politik der offenen Türe befolgen, wo Betroffene sich willkommen fühlen und ihre Anliegen ernst genommen werden. Das Beratungsangebot steht auch Angehörigen Betroffener zur Verfügung.

Eines der weltweit besten Beratungsangebote sowohl für Betroffene wie auch für interessierte Fachleute kann unter der Website http://www.advocateweb.org eingesehen werden. Advocateweb wurde durch den Webmaster Kevin Gourley entwickelt. Die Website ist seit Januar 1998 in Betrieb und erfuhr seither eine dauernde Ausweitung. Das Ziel des Angebotes besteht darin, Wissen und Hintergrundinformationen zu vermitteln, wie sich sexuelle Missbräuche durch Fachleute auf deren Klienten auswirken. Sowohl für Betroffene und deren Angehörige wie auch für Fachleute bietet das Angebot eine hilfreiche Quelle an Informationen. Über die englischsprachige Homepage können über eine einfache Menüliste die einzelnen Bereiche (Beratungsstellen, Diskussionsforum für Betroffene, Literatur über PSM, rechtliche Regelungen und Bestimmungen, Fragen an Fachleute, Veranstaltungshinweise, Links zu anderen Informationsangeboten, etc.) rasch erreicht werden. Unzählige Links ermöglichen dem Besucher rasche Zugänge zu weiteren Gebieten. Dank sparsamer Verwendung von Grafiken erfolgt der Download von Artikeln und Berichten rasch. Advocateweb bietet außerdem Chat-rooms und weitere Quellen von Hilfemöglichkeiten an. Eher für Fachleute gedacht sind dagegen die unzähligen Artikel und Sammlungen von Gesetzestexten sowie Auflistungen aktueller Forschungsprojekte. Eine Seite «What's New?» gibt einen Überblick über die neuesten Veränderungen. Neue Bücher zum Thema werden ebenso vorgestellt wie neueste Literaturangaben. Ein Gästebuch lädt den Besucher ein, persönliche Kommentare abzugeben. Advocateweb.org hat sich zu einer weltweit genutzten Informationsplattform für Themen in Zusammenhang mit PSM entwickelt.

Für gefährdete Fachleute oder solche, die Übergriffe begangen haben, sollte durch die Berufsorganisation ebenfalls ein Beratungsangebot geschaffen werden. Erneut bieten sich Online-Angebote zur Kontaktaufnahme an. Derartige Beratungsstellen sollten mit Personen dotiert sein, welche Erfahrung und vertiefte Kenntnisse in Tätertherapien haben. Die Beratung besteht in der Einleitung der nötigen Schritte sowie Vermittlung geeigneter Behandlungsmöglichkeiten.

12.2 Aus- und Weiterbildung

Das Thema des sexuellen Missbrauchs sollte Eingang finden in die Curricula der involvierten Berufsgruppen, inhaltlich etwa wie das Boundary-Trainingsprogramm (s. Kapitel 10). Mitarbeiter im Gesundheitswesen brauchen eine fundierte Schulung, weil sie oft als erste mit betroffenen Opfern in Kontakt kommen und wichtige Weichenstellungen vornehmen. Das heißt, dass auf der Ebene der Ausbildung von Studierenden im Gesundheitswesen die nötigen Grundkenntnisse vermittelt werden müssen. Gregg Gorton zeigte in den vergangenen Jahren durch entsprechende Maßnahmen in Philadelphia [10] gangbare Wege, welche als Modell für derartige Boundary-Trainingsprogramme in der Berufsausbildung gelten können.

Personalverantwortliche, Leitungspersonen im Bildungs- und Freizeitbereich sowie Behördenmitglieder in sensiblen Bereichen sollten zu kontinuierlicher Ausbildung in solchen Fragen angehalten werden. Einmalige Veranstaltungen sind kaum dazu angetan, eine prophylaktische Wirkung zu entfalten. Der Besuch entsprechender Veranstaltungen sollte für alle Mitglieder obligatorisch sein. Gute Modelle für die Implementierungen solcher Schwerpunkte liefern beispielsweise das Maryland Department of Health and Mental Hygiene [9]. In der Schweiz bietet AGAVA als Kompetenzzentrum ebenfalls entsprechende Beratung und Weiterbildung an. Die Verantwortlichen in Berufsorganisationen und Institutionen sowie die zuständigen Behörden müssen sich mit Nachdruck für eine neue Kultur innerhalb ihrer Zuständigkeitsbereiche einsetzen und die notwendigen Ressourcen bereitstellen. Nur so ist eine Umsetzung dieser Postulate denkbar.

12.3 Paradigmawechsel in der Justiz

In erster Linie sollten geeignete Strafrechtsbestimmungen geschaffen werden, damit die Missbräuche in Beratungen, Behandlungen und Ausbildung juristisch eindeutig angegangen werden können. Dabei ist zu beachten, dass mit einer allgemein und umfassend gehaltenen Formulierung möglichst alle beratenden und helfenden Fachleute, insbesondere auch die Seelsorge und Lebensberatungen aller Art, erfasst werden.

Die Selbstregulation von missbräuchlichem Verhalten durch Berufsverbände ist eine Illusion. Am deutlichsten beweist dies die Medizin, wo durch den Hippokratischen Eid schon seit über 2 Jahrtausenden der sexuelle Missbrauch ethisch verurteilt wird, die Berufsorganisation tatsächlich aber nichts zu dessen Verhinderung getan hat. Zur Regulation sind gesetzliche Auflagen notwendig. Dasselbe gilt für die Missbrauchssituationen in Abhängigkeitsbeziehungen. Weder die Hochschulen noch das Gesundheitswesen oder die Seelsorge sind in der Lage, das Problem aus eigener Kraft zu lösen. Ein Modell, wie man mit Übergriffen umgehen kann, zeigt die Vorgehensweise bei sexuellen Belästigungen am Arbeitsplatz. Betrachtet man die US-amerikanischen Gerichtsurteile mit ihren massiven finanziellen Folgen für die Firmen, welche wissentlich nicht genug für den Schutz ihrer Mitarbeiter getan haben, so wird für jedermann der damit verbundene Druck auf die Unternehmen ersichtlich, die angeordneten Bestimmungen auch tatsächlich zu befolgen und diskriminierendes Verhalten zu stoppen. Dass zudem prophylaktische Maßnahmen wie ausreichende interne Weiterbildung aufgrund gesetzlicher Bestimmungen möglich sind, beweist die Situation im Arbeitsbereich ebenfalls weltweit. Die Betriebe müssen auf der Grundlage der Gesetze unabhängige Beratungsstellen einrichten, die sie in eigener Verantwortung ausgestalten.

Für sexuelle Übergriffe in professionellen Abhängigkeitsverhältnissen würde das anaolog bedeuten, dass der Gesetzgeber einen strafrechtlichen

Rahmen vorgibt und den Berufsorganisationen und Institutionen die Handhabung überlässt. Wie das Recht und die Justiz die moralischen Empfindungen und Haltungen mitprägten, ist hinlänglich bekannt [11]. Es war Wibren van der Burg, der das Zusammenwirken von Recht und moralischen Werten bei der Urteilsbildung und Entscheidungsfindung wesentlich analysierte [12]. Das alte Paradigma bestand darin, dass es erstens eindeutige moralische Normen gibt, über die ein hinreichender gesellschaftlicher Konsens besteht, und zweitens, dass sich moralische Normen mittels der Sanktionsdrohung des Rechtes effektiv durchsetzen lassen. Beide Auffassungen haben sich laut van der Burg in Anbetracht der Entwicklungen als nicht haltbar erwiesen. Der Wertepluralismus heutiger Gesellschaften und die laufenden Veränderungen moralischer Reflexionen müssen sich zwangsläufig auf den Gesetzgebungsprozess auswirken. Auch die zweite Annahme hat insbesondere in moralisch sensiblen Bereichen, wie sie die sexuellen Missbräuche darstellen, eine lückenlose gesetzliche Kontrolle illusorisch gemacht. Die Geltung des Rechtes lässt sich daher nicht allein mit dem Mittel der Androhung von Sanktionen durchsetzen. Das Recht ist vielmehr darauf angewiesen, dass diejenigen, an die es sich wendet, es aufgrund ihrer eigenen moralischen Überzeugungen für richtig halten und befolgen. Van der Burg plädiert daher für ein neues interaktives Paradigma, welches sich einerseits auf den Prozess der Gesetzgebung und andererseits auf die Implementierung des Rechtes bezieht [12]:

1. Der Prozess der Gesetzgebung zu ethischen Fragen sollte strukturiert werden als ein Prozess der Interaktion zwischen Gesetzgeber und Gesellschaft, so dass die Entwicklung neuer moralischer Normen und die Entwicklung neuer gesetzlicher Normen sich wechselseitig stützen und stärken.
2. Die Gesetzgebung sollte derart gestaltet werden, dass sie eine fortlaufende moralische Debatte und eine fortlaufende ethische Reflexion ermöglicht. Im Sinne der Implementierung stellt dies den besten Weg dar, um sicherzustellen, dass die Praxis an denjenigen Idealen und Werten orientiert bleibt, die das Gesetz zu realisieren versucht.

Die deutsche Gesetzgebung hat den Paragraphen 174 c StGB zur Regelung sexueller Missbräuche in Psychotherapien nach diesem Modell unter Einbezug der Berufsverbände entwickelt. Der Vorteil einer derartigen Vorgehensweise besteht nach van der Burg darin, dass durch Mitwirkung der Adressaten des Gesetzes bereits vor der Verabschiedung ein Umdenkprozess bei den Adressaten einsetzt. Ein weiterer Vorteil besteht darin,

dass nicht ein moralischer Konsens den Ausgangspunkt der Gesetzes-
debatte bildet, vielmehr ist die Konsensfindung das Ziel des Prozesses,
bei dem die Entwicklung moralischer Kriterien und rechtlicher Bestimmungen Hand in Hand gehen. Bei der Implementierung sind die Beteiligten nicht gehorsame Untertanen, sondern durch ihre praktischen Kenntnisse an der Ausarbeitung der Rechtsnormen beteiligt. Häufig wissen sie
besser als der Gesetzgeber, welche Bereiche eines gesetzlichen Rahmens
bedürfen. Die Implementierung wird auf diese Weise zu einem kooperati-
ven Bemühen von Legislative und den beteiligten Instanzen und Personen.
So betrachtet führt der Implementierungsprozess zu einer Konvergenz zwischen neuen Rechtsnormen und der Praxis, welche sich an diesen Normen
orientiert und entsprechend verändert.

Der Gesetzgebungsprozess muss offen sein für neue Erkenntnisse und
Entwicklungen, welche sich aufgrund des eingeleiteten Implementierungs-
prozesses ergeben. Der Gesetzgeber sollte sich auf die Formulierung der
Rahmenbedingungen beschränken und die Konkretisierung weitmöglichst
den Beteiligten überlassen. Die Diskrepanz zwischen dem Recht, wie es
sein soll, und dem Recht, wie es ist, würde sich deutlich verringern. Die
Situation betroffener Opfer von sexuellen Missbräuchen und Ausbeutung
durch Fachleute fordert unzweifelhaft einen verlässlicheren Schutz, wie
er durch das Recht gewährt werden könnte. Die entsprechenden Rahmenbedingungen muss die Legislative setzen.

Ein anderer wichtiger Punkt besteht in dem Prinzip der Unschuldsver-
mutung. Es stellt im westlichen Strafrecht eine große Errungenschaft dar.
Bei sexuellen Missbräuchen ist dieses Prinzip allerdings zu überdenken.
Hier gilt es wohl, wie im Falle der häuslichen Gewalt, ein neues Paradigma
zu schaffen. Besonders die vorhandenen Zahlen lassen Zweifel über die
Handhabung aufkommen: Wenn 72% aller befragten Frauen angeben, dass
sie im Laufe ihrer beruflichen Tätigkeit sexuelle Belästigungen erfahren haben, zeigt dies das Ausmaß des Problems von sexueller Gewalt. Die Rekrutenbefragung in der Schweiz 1997 gibt als Dunkelzahlabschätzung einen
weiteren gewichtigen Hinweis auf das Ausmaß sexueller Gewalt. Ob es dann
nicht sinnvoll wäre, im Zweifel wohl eher dem Opfer Glauben zu schenken?
In Ansätzen kann diese Tendenz übrigens auch schon beobachtet werden.

Für die Rechtsprechung ergibt sich außerdem das Dilemma, den Opfern die Definitionsmacht über sexuelle Belästigungen zu überlassen. Welche Verhaltensweisen gelten als demütigend und diskriminierend, welche
Situationen und Begebenheiten gelten als sexuelle Übergriffe? Diese subjektiven und von den Umständen abhängigen Wahrnehmungen lassen sich

nicht objektivieren. Oft sind keine weiteren Zeugen vorhanden. Verlässt sich die Justiz auf die Aussagen der Opfer, verliert sie gewissermaßen die Definitionsmacht – wahrscheinlich nicht ohne Widerstand. Zudem werden Täter auch in Zukunft alles versuchen, um sich dem Griff der Justiz zu entziehen. Anstelle einer gutachterlichen Beurteilung der Opfer sollte aufgrund der Forschungsergebnisse viel eher eine Untersuchung der Täter erfolgen. Ein geeignetes Assessment ermöglicht darüber hinaus eine fundierte Beurteilung der weiteren Berufstätigkeit. Neben temporärer Berufsaufgabe sollte man Auflagen wie Boundary-Trainingsprogramme oder psychotherapeutische Behandlungsprogramme fordern.

Sexuelle Übergriffe dürfen in ihrer rechtlichen Würdigung nicht mit Unfallereignissen, wie sie etwa Autounfälle darstellen, gleichgesetzt werden. Es darf nicht davon ausgegangen werden, dass in der Vergangenheit ein abgeschlossenes Ereignis stattgefunden hat, das für Betroffene genau umschreibbare Konsequenzen hatte. Häufig werden die Opfer durch die Verfahren erneut erheblich traumatisiert. Weiter darf die Frage zivilrechtlicher Entschädigungen in ihrer Kausalität nicht alleine aufgrund der jetzt vorliegenden Symptome vorgenommen werden. Aufgrund der festgestellten jahre-, wenn nicht lebenslang nachwirkenden traumatischen Folgen von Übergriffen durch Fachleute müssen die Gutachter und die Gerichte vermehrt auf die grundlegende Ausgangslage des Beziehungstraumas achten. Die regelmäßig zu beobachtenden Folgen mit Vertrauensverlust in nahen Beziehungen, psychischen Problemen bis zur Selbstmordgefahr und massiven Somatisierungsneigungen sind nicht zwangsläufig mit den aktuell bestehenden Symptomen korreliert, sondern können sich sehr wohl erst im Laufe des weiteren Lebens bemerkbar machen. Missbraucht eine Fachperson das in sie gesetzte Vertrauen durch einen sexuellen Übergriff, müssen ähnlich wie in anderen Bereichen der Justiz die potentiellen Risikoerwartungen vermehrt berücksichtigt werden.

Die Justiz muss zudem in Anbetracht der vielfältigen Traumatisierungen durch die Verfahren ihre Vorgehensweise bedenken. Dass Opfer sexueller Missbräuche durch Gegenanwälte ins Kreuzverhör genommen und erneut traumatisiert werden, sollte definitiv der Vergangenheit angehören. Die Verfahren müssen zwingend dieser Kategorie von Opfern angepasst werden. Analoge Überlegungen führten im Kinder- und Jugendstrafrecht zu Änderungen der Ermittlungsverfahren. Berücksichtigt die Justiz die besondere Vulnerabilität von Missbrauchsopfern nicht oder nur ungenügend, macht sie sich unter dem Vorwand der Wahrheitsfindung einer Retraumatisierung betroffener Opfer mitschuldig, was wohl kaum im Sinne des Gesetzgebers sein kann. Die Justiz muss weiter dazu angehalten werden, die Verfahren erheblich zu beschleunigen und abzukürzen. Die langen Wartezeiten bedeuten für die Opfer häufig eine unglaubliche Zumutung und verzögern den Heilungsverlauf entscheidend. Wenn zusätzlich offene finanzielle Forderungen im Rahmen der gerichtlichen Auseinandersetzung zu klären sind, können sich aufgrund der langen Behandlungsfristen für Betroffene finanzielle Engpässe ergeben. Die Opferhilfegesetze bringen in dieser Hinsicht eine gewisse Erleichterung. Würde die Justiz bei Klagen wegen sexueller Missbräuche die Hinterlegung einer Kaution zur Begleichung mutmaßlicher finanzieller Schäden verlangen, könnte Opfern rasch geholfen werden. Dass diese beiden Desiderate, kürzere Verfahren und Kaution, in der Praxis funktionieren, zeigt sich in Österreich, wo sich diesbezüglich, zumindest im zivilrechtlichen Bereich, eine vorbildliche Praxis entwickelt.

Das bestehende Gleichstellungsgesetz in der Schweiz erweist sich in einem Punkt als völlig unzureichend, nämlich dort wo gleichgeschlechtliche Übergriffe im beruflichen Kontext zu beurteilen sind. Es rächt sich heute, dass die damaligen Formulierungen allzu sehr aus Genderoptik erarbeitet wurden, die der Realität im Berufsalltag nur teilweise entspricht. Das selbe gilt für Projekte wie beispielsweise Therapien männlicher Täter bei häuslicher Gewalt. Obwohl der prophylaktische Wert sowie der potentielle Opferschutz solcher Strategien heute allgemein anerkannt wird, lassen die geltenden Opferhilfegesetze meistens keine Finanzierung zu. Im Sinne einer umfassenderen Sichtweise müssen diese Gesetze angepasst werden.

Probleme von Opfern sexueller Missbräuche und die damit zusammenhängenden Schwierigkeiten bei Befragungen und der Würdigung von Aussagen sollten auf dem Hintergrund der Forschungsresultate zur Psychotraumatologie in das Aus- und Weiterbildungsangebot für Richterinnen und Richter aufgenommen werden. Es brauchte beispielsweise jahrelange Überzeugungsarbeit, bis die Gerichte in Vergewaltigungsfällen das Schweigen eines Opfers nicht mehr als Zustimmung zum sexuellen Verkehr werteten, sondern als Ausdruck von Resignation angesichts einer völlig aussichtslosen Situation. Das Schweigen verdeutlicht erst recht die problematische Seite des Opfers, welches völlig wehrlos ist und apathisch reagiert. Die alte Auslegung des Schweigens als Zustimmung mutet geradezu zynisch an. Ein ähnliches Umdenken ist gegenüber Opfern von professionellen sexuellen Übergriffen nötig. Die Gerichte könnten Wesentliches zur besseren Bewältigung beitragen.

Formal richtige Verfahren bedeuten noch lange nicht, dass sie gerecht sind. Aufgrund der vorausgegangenen Ausführungen muss sich die Rechtsprechung zumindest mit der Frage beschäftigen, ob der Grundsatz eines fairen Gerichtsverfahrens bei Opfern professioneller Übergriffe überhaupt erfüllt wird. Solange die meisten Täter professioneller Missbräuche freigesprochen werden, bedeutet dies für die Opfer jedes Mal einen Schlag ins Gesicht. Es entspricht nicht der Absicht des Autors, mit diesen Ausführungen die Arbeit der Justiz oder der Gerichtsinstanzen anzuzweifeln oder gar als ungenügend hinzustellen. Die aufgeführten Überlegungen resultieren aus unserer jahrelangen Beratungsarbeit von Opfern sexueller Übergriffe durch Fachleute. Es ist oft erschütternd, die Schilderungen und Erzählungen von Opfern zu hören. Einmal mehr sehen wir hier die große Diskrepanz zwischen Absichtserklärungen und tatsächlicher Realität, wie sie durch betroffene Opfer erlebt wird. Will die Justiz für sich in Anspruch nehmen, derart traumatisierten Menschen zu ihrem Recht zu verhelfen, muss sie vermehrt auf die Betroffenen hören, deren Not wahrnehmen und in ihren Reflexionen berücksichtigen. Die Richter hätten viele Möglichkeiten, den Opfern sexueller Übergriffe durch Fachleute zu mehr innerem Frieden und Gerechtigkeit zu verhelfen.

Literatur

1 Tschan W: Missbräuche in der ärztlichen Praxis. Schweiz Ärztez 2000;81:145–148.
2 Hell D: Missbräuche in der ärztlichen Praxis (Editorial). Schweiz Ärztez 2000; 81:115.
3 Sass H-M: Medizinethik; in Pieper A, Thurnherr U (Hrsg): Angewandte Ethik. München, Beck, 1998, pp 80–109.
4 Van der Kolk BA, McFarlane A, Weisaeth L: Traumatischer Stress. Grundlagen und Behandlungsansätze. Paderborn, Junfermann, 2000.
5 VEX Newsletter: Going Dutch – make it so. *http://website.lineone.net/vex, 2000.*
6 Nugent C, Gill J, Plaut M: Sexual Exploitation – Strategies for Prevention and Intervention. Report of the Maryland Task Force to Study Health Professional-Client Sexual Exploitation. Baltimore, Maryland Department of Health and Mental Hygiene, 1996.
7 Fischer G, Riedesser P: Lehrbuch der Psychotraumatologie. München, Reinhardt, 1999.
8 Cottman Becnel B, Neighborhood House of North Richmond: The Youth Gang Culture – Violence Prevention Strategies for Educators. Workshop Aus- und Weiterbildung der evangelischen Landeskirche, Zürich, 23. Mai 2000.

 9 Plaut MS, Nugent CD: The Maryland task force to study health professional-client sexual exploitation – buildung understanding and facilitating chance trough collaboration. J Sex Educ Ther 1999;24:236–243.
10 Gorton GE, Samuel SE, Zebrowski S: A pilot course for residents on sexual feelings and boundary maintenance in treatment. Acad Psychiatry 1996;20:43–55.
11 von der Pfordten D: Rechtethik; in Nida-Rümelin J (Hrsg): Angewandte Ethik. Die Bereichsethiken und ihre theoretische Fundierung. Ein Handbuch. Stuttgart, Kröner, 1996, pp 200–289.
12 Van der Burg W: Legislation on Ethical Issues – Towards an Interactive Paradigma; in Societas ethica (ed): Jahrestagung. 1998, pp 158–173.

Die nachfolgende Auflistung nennt nur die wichtigsten Beratungsstellen und hat keinen Anspruch auf Vollständigkeit. Die aufgeführten Stellen bemühen sich um eine fachlich und qualitativ hochstehende Beratung von Opfern und ihren Angehörigen sowie von Fachleuten. Es kann daraus jedoch keine Garantie abgeleitet werden, dass sich in allen individuellen Situationen ein optimales persönliches Verhältnis entwickeln kann. Versuchen Sie Ihre Bedenken oder negativen Erfahrungen gegenüber der Fachperson zu formulieren, die Sie berät. Scheuen Sie sich nicht, sich an eine andere Beratungsstelle zu wenden, wenn Sie sich an einem Ort unzureichend aufgehoben fühlen.

Wenn Ihnen Gewalt angetan wurde, sollten Sie sich an das nächste größere Spital zur Untersuchung wenden und ein ärztliches Zeugnis einholen. Die Notfallstationen dieser Spitäler sind rund um die Uhr besetzt und verfügen über geeignete Fachleute. Für eine frauenärztliche Untersuchung dürfen Sie nach einer Ärztin verlangen. Sie können jederzeit auf jedem Polizeiposten eine Strafanzeige erstatten. Für Notfälle und Hilfe vor Ort wenden Sie sich an den Polizeinotruf. Sind Kinder mitbetroffen, wenden Sie sich an das Sozialamt resp. die Vormundschaftsbehörde Ihrer Wohngemeinde.

Nicht vergessen werden soll, dass immer die Möglichkeit offen steht, mit den Verantwortlichen von Behörden, Institutionen oder Berufsverbänden direkt in Kontakt zu treten und mit ihnen das Vorgefallene zu besprechen und nach Lösungen zu suchen. Das Resultat solcher Bemühungen kann sehr unterschiedlich ausfallen und hängt natürlich davon ab, welche Haltung bei den jeweiligen Personen besteht. Wenden Sie sich im Zweifelsfall an eine unabhängige Beratungsstelle. Viele Betriebe, Institutionen und Berufsorganisationen haben bereits eigene Beratungsstellen für sexuelle Missbräuche und andere Formen von Übergriffen eingerichtet (oder sind im Begriff es zu tun). Erkundigen Sie sich bei den jeweiligen Stellen, ob ein derartiges Beratungsangebot besteht.

www.advocateweb.org: Allgemeine internationale Informationsplattform für alle Aspekte von Missbräuchen durch Fachleute.

Schweiz

AGAVA
Arbeitsgemeinschaft gegen die Ausnützung von
Abhängigkeitsverhältnissen
Blaufahnenstrasse 10
CH-8001 Zürich
Tel. 01-2 58-92 54, Fax -92 55
www.agava.ch

Diese Stelle ist als Kompetenzzentrum im Aufbau begriffen und soll in Zukunft Institutionen, Behörden und kommerzielle Institutionen bei der Implementierung und Umsetzung berufsethischer Richtlinien und Konzepte beraten. Eine direkte Opferberatung ist nicht vorgesehen.

Die Schweizer Zentralstelle für Familienfragen hat ein Adressverzeichnis erstellt, in dem etwa 750 Adressen von Hilfs- und Beratungsstellen bei Sexueller Gewalt aufgeführt sind. Zu beziehen bei der Eidgenössischen Drucksachen- und Materialzentrale, Bern, unter der Nummer 318.809dt (http://www.admin.ch).

Im lokalen Telefonverzeichnis unter den Stichworten *Beratungsstelle*, *Männerbüro*, *Nottelefon*, *Opferhilfe*, *LAVI Centre de consultation pour les victims d'infractions*, *Unità di intervento UIR* finden Sie die entsprechenden Adressen. Unter den analogen Begriffen finden Sie im Internet Zugang zu den entsprechenden Beratungsstellen.

Institut für Opferschutz und Täterbehandlung IOT
Postfach 8558
CH-8050 Zürich

Dargebotene Hand, Zürich
Tel. 143 (innerhalb der Schweiz keine Vorwahl nötig)

Telefonhilfe für Kinder und Jugendliche, Zürich
Tel. 147 (innerhalb der Schweiz keine Vorwahl nötig)

FrauenMusikForum Schweiz
FMF Geschäftsstelle
Konsumstrasse 6
CH-3007 Bern
Tel. 0 31-3 72-72 15, Fax -72 58

Adressen von Beratungsstellen   248

Schweizerischer Kinderschutzbund
Brunnmattstrasse 38
Postfach 344
CH-3000 Bern 14
Tel. 0 31-3 82-02 33, Fax -45 21

Reformierte Kirche Bern – Jura
(Sexuelle Belästigung und sexuelle Ausbeutung am Arbeitsplatz Kirche)
Schwarztorstrasse 20
Postfach 6051
CH-3001 Bern
Tel. 0 31-3 85 17-17, Fax -20

MIRA
Fachstelle zur Prävention Sexueller Ausbeutung im Freizeitbereich
Idastrasse 3
CH-8003 Zürich
Tel. 01-4 50-45 42, Fax -45 44

Deutschland

Adressen von Opferberatungsstellen und Männerbüros finden Sie im lokalen Telefonverzeichnis unter den Stichworten *Frauen helfen Frauen*, *Frauenberatungsstelle*, *Frauengesundheits-* oder *-therapiezentrum*, *Gesundheitsladen*, *Kinderschutzbund*, *Männerberatung*, *Pro Familia*, *Wildwasser*, *Zartbitter*. Unter den analogen Begriffen finden Sie im Internet Zugang zu den entsprechenden Beratungsstellen.

Bundesarbeitsgemeinschaft Prävention und Prophylaxe
Griembergweg 35
D-12305 Berlin
Tel. 0 30-76 50-31 04, Fax -31 05

Psychotherapie-Informationsdienst
Heilsbachstr. 22–24
D-53123 Bonn
Tel. 02 28-74 66 99
Fax -64 10 23

Forensische Psychotherapie
Prof. Dr. Friedemann Pfäfflin
Universitätsklinikum Ulm
Am Hochsträss 8
D-89081 Ulm
Tel. 07 31-50 02-56 71, Fax -56 59

Anlauf- und Beratungsstellen im Hochschulbereich finden Sie unter ‹Frauen- bzw. Gleichstellungsbeauftragte› der jeweiligen Universität. Ferner bieten die Psycho-Sozialen Beratungsstellen der Studentenwerke Hilfe und Unterstützung.

Österreich

Adressen von Opferberatungsstellen und Männerbüros finden Sie im lokalen Telefonverzeichnis unter den Stichworten *Frauenberatungsstelle, Frauengesundheits-* oder *-therapiezentrum, Kinderschutzbund, Männerberatung.* Unter den analogen Begriffen finden Sie im Internet Zugang zu den entsprechenden Beratungsstellen.

Bundesministerium für soziale Sicherheit und Generationen
Ballhausplatz 1
A-1014 Wien
Tel. 01-5 31 15-21 50, Fax -21 55

Männerberatung und Informationsstelle für Männer
Erlachgassse 95/5
A-1100 Wien
Tel. 01-6 03-28 28
Fax 01-6 03-28 28 11

Informationsstelle der Frauenhäuser (AOF)
Bacherplatz 10/4
A-1050 Wien
Tel. 01-5 44 08-20, Fax -20 24
E-mail aoef@xpoint.at

14 Glossar

Abstinenz Therapeutische Haltung in der Psychotherapie, bei der der Therapeut seine persönlichen Bedürfnisse und Interessen in den Hintergrund stellt. Insbesondere ist damit auch Abstinenz von persönlichen Beziehungen und sexuellen Kontakten mit Klienten gemeint. Die Abstinenz ermöglicht erst den therapeutischen Prozess und stellt eine der wesentlichsten Bedingungen für das Gelingen einer Therapie dar.

Abwehrmechanismen Individuelle Selbstschutz- und Stabilisierungsmechanismen. In einer psychoanalytischen Behandlung führen die Deutungen der Abwehr der betreffenden Person vor Augen, wie, was, wozu und warum abgewehrt wird. Letztendlich dienen die Abwehrmechanismen dazu, dass eine Person nicht übermäßigen Spannungen und Ängsten ausgesetzt ist. Die wichtigsten Abwehrmechanismen sind Verdrängung, Verleugnung, Projektion und Rationalisierung. In Zusammenhang mit psychischen Traumata sind insbesondere zu erwähnen: panikartige Bewegungsstürme und Veränderungen der Selbst- und Realitätswahrnehmung wie Dissoziation, Depersonalisation, Derealisierung und emotionale Anästhesie. Solche Selbstschutzmechanismen sollen dem Individuum das Überleben in bedrohlichen und als hilflos erlebten Situationen ermöglichen.

Adaptation In der Sinnesphysiologie Anpassung an bestimmte Reizmuster. Die Adaptation entspricht dem umgangssprachlichen Begriff der Gewöhnung recht genau.

Affekt Kurz andauernde, umschriebene, emotionale Reaktionen auf bestimmte Ereignisse.

Affektlabilität Stimmungsschwankungen, häufig ohne ersichtlichen Grund. Beispielsweise plötzliches Weinen oder Schreien während einer Kinovorführung. Häufig während psychotherapeutischer Behandlungen von Traumaopfern zu beobachten und Ausdruck eines vermehrten Sich-Öffnens gegenüber eigenen Gefühlen, die bisher nicht wahrgenommen wurden.

Aggravation Absichtliche Übertreibung tatsächlich vorhandener Symptome. Simulation bedeutet dagegen Vortäuschen nicht vorhandener Symptome.

251

Ambivalenz Gleichzeitiges Nebeneinander sich widersprechender Gefühle und Stimmungen. Opfer sexueller Missbräuche zeigen den Tätern gegenüber häufig ambivalente Gefühle. Sie sind hin- und hergerissen zwischen Wut, Ärger und Rachegefühlen auf der einen Seite und tiefer Ohnmacht und Hilflosigkeit auf der anderen Seite.

Amnesie Vollständiger oder teilweiser Gedächtnisverlust und Erinnerungslosigkeit. Amnesien finden sich aus psychogenen Gründen bei unfassbaren Traumatisierungen. Bei dissoziativen Störungen sind Erinnerungsbruchstücke wie abgespalten vorhanden, welche sich nicht in einen kontinuierlichen Ablauf einbetten lassen. Weiter finden sich Amnesien bei Gehirnerkrankungen und wohl wesentlich häufiger bei Gebrauch psychoaktiver Substanzen (Alkohol, Medikamente, Drogen).

Amygdala (Corpus amygdaloideum) Gehirnstruktur und Teil des limbischen Systems, das als Alarmzentrale im Gehirn funktioniert. Der Hippocampus bildet den Erinnerungsspeicher für gefährliche Ereignisse (cognitive map) und moduliert die Stressreaktionen des Corpus amygdaloideum.

Analgesie Unempfindlichkeit für Schmerzen. Findet sich häufig als psychischer Selbstschutzmechanismus bei Traumaopfern. Der ganze Körper oder Teile davon sind scheinbar wie tot oder abgestorben. ‹Numbing› (engl.) bezeichnet die emotionale Unempfindlichkeit. Anästhesie bezeichnet die generelle Unempfindlichkeit, insbesondere auch Berührungsunempfindlichkeit.

Analgetica Schmerzmittel.

Anhedonie Unfähigkeit, Freude zu empfinden und Glück zu genießen.

Anxiolytica Beruhigungsmittel und angstdämpfende Arzneimittel. Häufig handelt es sich um Benzodiazepine (sogenannte Tranquilizer). Aufgrund ihres Abhängigkeitspotentials sollen sie nur nach eingehender Abwägung der Vor- und Nachteile verschrieben werden.

Apathie Teilnahmslosigkeit.

Arbeitsbündnis Die therapeutische Beziehung zwischen Klient und Therapeut ist durch ein gemeinsames Vorgehen gekennzeichnet, dessen Basis das Arbeitsbündnis darstellt. Das Vertrauen in den Therapeuten stellt dabei eine conditio sine qua non (unabdingbare Voraussetzung) dar, ohne die ein Sich-Anvertrauen und Sich-Öffnen nicht denkbar wäre – was umgekehrt nicht als persönliche Schwäche verstanden werden darf. Einem Opfer einer Missbrauchssituation in einem professionellen Setting daraus eine Schuldzuweisung zuzuschreiben, stellt eine ungeheuerliche Unterstellung dar.

Ätiologie Lehre von den Entstehungsbedingungen von Krankheiten.

Autoaggressives Verhalten Verhalten, mit dem man sich selbst Schaden zufügt, das kann mittels schneiden, kratzen, sich brennen etc. sein. Häufig sehr versteckt und schambesetzt, legen solche Verhaltensweisen immer den Verdacht auf sexuelle Ausbeutungserlebnisse nahe.

Barbiturate In den Anfangszeiten der Psychopharmaka verwendete Stoffklasse von Schlaf- und Beruhigungsmitteln. Aufgrund eines hohen Abhängigkeitspotentials und gefährlicher Entzugssymptome praktisch nicht mehr verwendet.

Bewusstsein Der normale Wachzustand. Das Bewusstsein fehlt im Schlaf oder kann bei bestimmten Situationen eingeschränkt oder verändert sein. Unter dem Erlebnis eines Traumas kann das Bewusstsein im Sinne eines Selbstschutzmechanismus eingeschränkt sein – häufig wird auch das Gegenteil berichtet, indem bestimmte Dinge, die in direktem Zusammenhang mit dem traumatischen Erlebnis stehen, übergenau memorisiert worden sind, wobei dann meist gleichzeitig das traumatische Ereignis als solches ‹vergessen› wird.

Beziehungstrauma Beziehungstraumen sind durch enge Bindungsverhältnisse charakterisiert. Eigentlich bieten Beziehungen Schutz, Sicherheit und Hilfe; Opfer von Abhängigkeitsverhältnissen geraten in eine paradoxe Lage, weil sie in eine Beziehung geraten sind, die das nicht bietet. Opfer fühlen sich gleichzeitig von der Person bedroht oder missbraucht. Solche traumatischen Beziehungen bestehen meist über längere Zeit und werden häufig durch die Umgebung ‹toleriert›. Derartige Beziehungssituationen können grundsätzlich in allen Abhängigkeitsverhältnissen wie Eltern-Kind, Hilfesuchende-Fachperson, Schüler-Lehrer, Gläubige-Seelsorger, ferner auch am Arbeitsort auftreten. Bedingt durch die Abhängigkeit besteht ein strukturelles Machtgefälle, das durch die überlegene Person ausgenutzt werden kann.

Bias Englisch für Verstrickung. Der Ausdruck wird häufig verwendet, um Abhängigkeiten zu dokumentieren. Müssen berufsethische Gremien Fachkollegen im Hinblick auf sexuelle Missbräuche beurteilen, können sie dies aufgrund gegenseitiger Verflechtungen selten unabhängig tun.

Blaming the Victim Mechanismus der Opferbeschuldigung. Häufig durch Täter selbst inszeniert; sie beschuldigen das Opfer, ihre Existenz ruinieren zu wollen etc. (Opfer-Täter-Umkehrung). Die Gesellschaft neigt mit vielen Vorurteilen ebenfalls dazu, das Opfer zu beschuldigen. Mitarbeiter von Opferberatungsstellen sind oft dem gleichen Phänomen ausgesetzt, indem sie einer Aufbauschung der ganzen Angelegenheit bezichtigt werden.

Der Mechanismus führt bei Opfern zu einer sekundären Viktimisierung bzw. Retraumatisierung, gegen die sich Opfer oft nur schlecht zur Wehr setzen können. Versuchen sie es trotzdem, wirft man ihnen aggressives Verhalten vor, was ja sowieso nur ihre pathologische Art zu reagieren bestätige. Aus dieser Falle finden viele kein Entrinnen.

Borderline-Störung Gemäss DSM-IV (s. dort) eine psychische Erkrankung im Grenzbereich zwischen neurotischen Persönlichkeitsstörungen und schizophrenen Erkrankungen. Häufig finden sich hinter dieser Diagnose sexuelle Missbrauchssituationen.

Boundary Training Ausbildungsprogramm über Grenzverletzungen und Umgang mit eigenen Schwächen und Neigungen in Zusammenhang mit Nähe, Intimität und Machtgefälle in professionellen Beziehungen. Insbesondere Fachleute in Medizin, Psychologie, Ausbildung, Strafvollzug sowie Personalangestellte sollten periodisch derartige Weiterbildungsprogramme besuchen.

Bruxismus Zähneknirschen, vor allem während des Schlafes. Wird in der Regel vom Lebenspartner festgestellt, oder noch häufiger durch Zahnärzte. Häufig Ausdruck seelischer Spannungen. Aufgrund der gravierenden Langzeitfolgen wird empfohlen, rechtzeitig Fachleute zu konsultieren.

Bulimie Essstörung, meistens bei Frauen, selten bei Männern, wobei sich Anfälle von Fressattacken mit willkürlich induziertem Erbrechen ablösen. Die Krankheit wird meist verheimlicht. Im Gegensatz zur Anorexie (Magersucht) besteht kein Untergewicht.

Burnout-Syndrom Was umgangssprachlich mit ‹ausgebrannt› umschrieben wird, trifft den Sachverhalt völlig. Fachleute verlieren ihren Antrieb, ihre Motivation, ihre Lebensfreude. Es wird ihnen alles egal. Ihre Fähigkeit zur Aufrechterhaltung professioneller Grenzen leidet und stellt insofern bei Berufsleuten einen Risikofaktor für PSM dar.

Business-Ethik In den letzten Jahren fanden vermehrt ethische Fragestellungen in der Wirtschaft, in Hochschulen und Management-Weiterbildungen Eingang. Unter anderem spielen Fragen der Geschlechterdiskriminierung sowie Probleme in Zusammenhang mit sexuellen Belästigungen eine wesentliche Rolle für diese Entwicklung. Die Wirtschaft steht einer zunehmend kritischen Bevölkerung gegenüber. Beachtet die Wirtschaft die ethischen Folgen ihres Tun ungenügend, kann das verheerende Folgen haben. Diese Entwicklungen haben sich umgekehrt auch bei staatlichen Instanzen bemerkbar gemacht.

Catecholamine siehe Katecholamine.

Change-Prozess Veränderungsprozess innerhalb einer Institution oder einer Berufsorganisation, welcher oft tiefsitzende Überzeugungen und eigene Haltungen in Frage stellt. Solche Änderungen einer ‹Kultur› können nur erfolgreich umgesetzt werden, wenn die Verantwortlichen dahinter stehen. Die notwendige Überzeugungsarbeit muss geleistet werden. Dadurch vollzieht sich die Umsetzung in einem Kreisprozess mit wechselseitigen Interdependenzen. Zu Beginn eines derartigen Prozesses steht immer die Wahrnehmung eines Sachverhaltes an sich, welcher einen entsprechenden Handlungsbedarf aufzeigt.

Chronic-Fatigue-Syndrom Diagnostisch unklares Störungsbild mit chronischer Müdigkeit und zunehmender Erschöpfung ohne feststellbare organische Ursachen. Meistens finden sich ausgedehnte seelische Belastungen, die jedoch meist nicht als solche wahrgenommen werden.

Compliance Ausdruck der Kooperationsfähigkeit von Patienten sowie der Befolgung therapeutischer oder ärztlicher Maßnahmen und Anordnungen.

Coping Individuelle Bewältigungsstrategie gegenüber den Anforderungen des Lebens. Dysfunktionale Copingmechanismen bestehen beispielsweise in Vermeidungsverhalten, defensivem Rückzug und ähnlichen Mechanismen, die dazu führen, dass die Situation immer weniger zu bewältigen ist, je länger dieser Mechanismus aufrecht erhalten bleibt. Betroffene Opfer neigen aufgrund negativer Beziehungserfahrungen regelmäßig zu derartigem Verhalten. In der Behandlung müssen vorhandene Ressourcen mobilisiert werden, die letztendlich zu einer besseren Lebensbewältigung führen.

CT Computertomogramm. Mittels Röntgentechnik und Computerverarbeitung werden Schichtaufnahmen von Organen oder Körperpartien erstellt.

Denkhemmung Verlangsamung des Denkablaufes und Einfallsarmut bis zur Gedankenleere.

Denkstörungen Es wird unterschieden zwischen formalen Denkstörungen (gehemmtes, verlangsamtes, beschleunigtes, umständliches, zerfahrenes und inkohärentes Denken) und inhaltlichen Denkstörungen (Wahn). Denkstörungen finden sich bei vielen psychischen Erkrankungen.

Depersonalisation Störung der Selbstwahrnehmung nach dem Muster: «Ich bin nicht mehr ich.» Als fremd können der ganze Körper oder Teile davon wahrgenommen werden. Depersonalisation sowie Derealisationsgefühle (die umgebende Welt wird als irreal wahrgenommen) finden sich häufig bei Missbrauchsopfern.

Deprivation Unzureichende frühkindliche Beziehungserfahrung, entweder durch frühen Elternverlust, Trennung von den Eltern oder innerlich abwesende Eltern. Man spricht von Deprivation bei plötzlichem Verlust einer vorher intakten Beziehung, beispielsweise durch Tod. Deprivation ist mit einem hohen Risiko von Entwicklungsstörungen und späterer Erkrankung verbunden. Im engeren Sinn meint Deprivation den Entzug von Sinnesreizen, was beim Menschen innerhalb weniger Tage zu schwersten psychischen Störungen führt.

Derealisierung Beschreibt ein Gefühl, dass die Realität nicht so ist, wie sie erscheint, oder dass das Erlebte nicht wahr ist. Siehe auch unter Depersonalisation. Beide Phänomene finden sich regelmäßig bei Missbrauchsopfern und können als Selbstschutzmechanismus aufgefasst werden.

Dialektik Integration gegensätzlicher Begriffe, als philosophische Methode von Platon und Sokrates begründet und von Hegel für die heutige Zeit formuliert. Jede Setzung (Thesis) führt zu ihrem Gegenteil (Antithesis). Die Gegensätze heben sich beide in einer höheren Einheit (Synthesis) in einem dreifachen Sinne auf: Sie werden zugleich überwunden, bewahrt und auf eine höhere Ebene gehoben.

Differentialdiagnose Im Prozess der Diagnosestellung werden die möglichen nosologischen (die Systematik der Krankheiten betreffenden) Krankheitsbilder gegeneinander abgewogen. Viele psychische Störungsbilder können sich gegenseitig überlappen oder gar wechselseitig bedingen. Gelegentlich können auch somatische Erkrankungen zu psychischen Folgen führen. Diese Abgrenzung und Festlegung der zugrundeliegenden Ursache wird als Differentialdiagnose bezeichnet.

Diskriminierung Unterschiedliche Behandlung von Personen aufgrund willkürlicher Wertungen, besonders in Zusammenhang mit Geschlecht, Religion, Hautfarbe und Nationalität. Der Begriff wird häufig verwendet, um die vielfach schlechtere Position von Frauen zu benennen.

Dissoziation Aufspaltung und Verdopplung von Erfahrungsbildern bis zur Selbstverdopplung einer Persönlichkeitsstruktur. Dissoziation muss aufgrund der Traumaforschung als Schutzmechanismus eines Individuums angesehen werden, sich vor nicht zu bewältigenden traumatischen Erfahrungen zu bewahren. Das dissoziierte Denken äußert sich in einzelnen, scheinbar zufällig zusammengewürfelten Gedankenbruchstücken.

Double-Bind ‹Unmögliches› Beziehungsmuster, welches dadurch charakterisiert ist, dass zwei völlig entgegengesetzte Dinge vom Gegenüber erwartet werden. Solche paradoxen Beziehungskonstellationen führen zu Verwirrung und Konfusion. Sie sind ätiologisch für Persönlichkeitsstörungen mitverantwortlich.

Drehbühnenmodell Traumatisierte Personen schildern ihre Lebenssituation oft so, dass man sich wie in einer Theateraufführung wähnt, wo durch eine Drehbühne völlig neue Situationen (scheinbar unzusammenhängend) geschaffen werden. Meistens findet der Wechsel der Bühne im Dunkeln statt bzw. die Wechsel von einer Lebenssequenz zur nächsten kommen ohne äußerlich erkennbare Übergänge. Der psychische Vorgang entspricht einem Selbstschutz und Kontrollmechanismus, indem erreicht wird, dass die traumatischen und verletzenden Erinnerungen und Bilder das Individuum nicht überschwemmen. Im therapeutischen Prozess werden diese Manipulationen als ein sinnvoller Mechanismus anerkannt, den es zugleich zu überwinden gilt, will die betroffene Person mit ihrer Situation fertig werden.

DSM IV (Diagnostic and statistic manual of mental disorders) Diagnostisches und statistisches Manual psychischer Störungen, herausgegeben von der American Psychiatric Association, 4. Auflage (1994). Aktuell ist DSM IV TR (text revised, 2000) maßgebend. Eine ältere Auflage ist DSM III-R (revised = überarbeitet). Die DSM-Klassifikation wird in Europa vorwiegend in der Forschung verwendet, während sich für den praktischen Bezug die ICD (International Classification of Diseases) der Weltgesundheitsorganisation mehr bewährt.

Eklektizismus Nach freiem Ermessen werden verschiedene Theorien und Methoden durch einen Psychotherapeuten im Sinne eines Methodenpluralismus während einer Behandlung eingesetzt. Eine derartige Vorgehensweise ist nicht auf die Theorie oder Erkenntnis einer einzigen Therapieschule begrenzt, sondern versucht vielmehr, die in der jeweiligen Situation und gegenüber dem konkreten Patienten die erfolgsversprechendste Methode einzusetzen.

EMDR (Eye Movement Desensitization and Reprocessing) Eine Form der therapeutischen Techniken bei PTSD (posttraumatischer Belastungsstörung), welche im wesentlichen in einer Desensibilisierung besteht. Es handelt sich um eine neue Methode, deren Ergebnisse noch nicht als gesichert gelten können. Laut den bisherigen Daten schneiden Patienten nach EMDR in Therapievergleichsstudien nicht schlechter ab als kognitiv verhaltenstherapeutisch behandelte Personen.

Empathie Die Fähigkeit, sich in andere einzufühlen, sich in ihre Lage zu versetzen und ihre Sichtweise zu verstehen.

Entspannungstechniken Psychotherapeutische Verfahren zur körperlichen und psychischen Entspannung. Beispiel: progressive Muskelrelaxation nach Jacobson.

Epidemiologie Lehre von den Verbreitungen von Krankheiten und Störungen. Wichtige Kenngrößen sind Inzidenz = Anzahl von Krankheitsfällen innerhalb eines Jahres und Prävalenz = Häufigkeit einer Erkrankung in der Bevölkerung. Mit Punktprävalenz ist die Häufigkeit an einem bestimmten Stichtag, mit Lebenszeitprävalenz während der gesamten Lebensspanne gemeint.

Erotophonie (englisch: telephone scatlogy) Sexuelle Deviation (abweichendes Verhalten) mit starken, wiederkehrenden Impulsen zu telefonischer obszöner Belästigung.

Exhibitionismus Sexuelle Erregung und Befriedigung durch Zurschaustellen des eigenen Genitals vor anderen Menschen.

Exorzismus Austreibung böser Geister durch rituelle Beschwörung.

Fetischismus Verwendung von Gegenständen wie Wäsche, Schuhe und ähnlichen Ersatzobjekten zur sexuellen Erregung oder Befriedigung

Fixierung in der Opferrolle Traumaopfer entwickeln aufgrund wiederkehrender Erfahrungen das kognitive Schema, dass sie für den Rest ihres Lebens nicht mehr aus ihrer Opfersituation herausfinden werden. Alles wird sinnlos, es gibt keine Chance zu entrinnen und ein befriedigenderes Leben zu führen. Im Sinne einer sich selbst erfüllenden Prophezeiung bestätigt sich diese Annahme immer wieder und bewahrheitet sich so auch gleichzeitig.

Frotteurismus Sexuelle Erregung und Befriedigung durch Reiben, sich Drücken oder Stoßen an anderen Menschen.

Geisteskrankheit Umgangssprachlicher Begriff für schwere psychische Erkrankungen. Entspricht in der Regel schizophrenen Störungen und schweren Depressionen.

Geschlechtsidentität Das Gefühl eines Individuums, ein Mann oder eine Frau zu sein.

Genderfragen (gender = engl. für Geschlecht) Fragen die Geschlechtszugehörigkeit betreffend.

Grooming Manipulationsstrategie von Sexualtätern, ihren Opfern sowie der Umgebung ihre wahren Absichten zu verschleiern. Der englische Ausdruck ‹to groom› bedeutet ursprünglich, ein Pferd zu striegeln oder einen Hund zu pflegen. Gemäss Merriam-Webster's Collegiate Dictionary (1998) wird das Wort im Englischen auch dann verwendet, wenn eine Person für einen bestimmten Job oder Posten ‹aufgebaut› werden soll.

Gruppentherapie Psychotherapeutische Methode zur Behandlung von Störungen in einer Gruppe von Patienten. Durch gegenseitigen Austausch können Probleme in einer neuen Sichtweise betrachtet werden.

Für Opfer sexueller Missbräuche sind Gruppentherapien erst im späteren Heilungsverlauf sinnvoll und können dann wesentlich zur Überwindung des Traumas beitragen.

Hermeneutik Die Kunst der Auslegung bzw. die Lehre vom Verstehen, Deuten und Zuordnen.

Heterosexuell Sexuelle Neigung zum anderen Geschlecht.

Heuristik Suchverfahren oder Strategie zum Finden von Lösungen. Allgemein die Lehre vom Verfahren, Probleme zu lösen.

Hilfe zur Selbsthilfe Grundprinzip der Verhaltenstherapie, deren Interventionen den Patienten befähigen sollen, seine Schwierigkeiten in Zukunft selber zu bewältigen.

Hilflosigkeit Hier gemeint ist eine auf Metaprozessen beruhende und demgemäss erlernte Hilflosigkeit. M.E.D. Seligman entwickelte ein experimentelles Paradigma, wo einem Versuchstier vollkommen unabhängig von seinem Verhalten unkontrollierbare elektrische Schläge zugefügt werden. Das Erlebnis der völligen Unkontrollierbarkeit führt zu kognitiven, emotionalen, motivationalen und physiologischen Beeinträchtigungen des Versuchstiers.

Homophobie Angst vor Homosexualität.

Iatrogen Abgeleitet von ‹iatron› (griechisch für Arzt). Wird häufig verwendet, um die Folgen und Auswirkungen ärztlichen Handels zu charakterisieren, wenn Schaden zugefügt wurde. Vor allem im Zusammenhang mit Retraumatisierungen werden auch die schädigenden iatrogenen Auswirkungen sichtbar, wenn Fachleute betroffenen Opfern sexueller Missbräuche keinen Glauben schenken. Diese Auswirkungen müssen wiederum vor dem Hintergrund vorausgegangener Beziehungstraumen verstanden werden.

ICD International Classification of Diseases, herausgegeben von der WHO (Weltgesundheitsorganisation als Teil-Organisation der UNO). Wichtig im Zusammenhang mit diesem Werk ist das Manual zu den psychiatrischen Krankheitsbildern, auf deutsch: Internationale Klassifikation Psychischer Störungen. Inzwischen ist die 10. Revision publiziert worden.

Informed consent Einwilligung eines Patienten in eine Behandlung nach vorangegangener Aufklärung. Der Begriff wird oft in Gerichtsverfahren bei sexuellen Missbräuchen durch Fachleute strapaziert, welche argumentieren, dass die betreffende Person eingewilligt oder sich zumindest nicht gewehrt habe.

Intelligenzstörung Intelligenzminderung aufgrund angeborener oder erworbener Beeinträchtigung der Hirnfunktion. Aufgrund der verminderten kognitiven Fähigkeiten können deutliche soziale Defizite die Folge sein. Die Einteilung erfolgt mittels Intelligenzquotient, welcher als Durchschnittswert durch Stichproben ermittelt wird. Gemäß ICD-10 gelten als leichte Störung: IQ 50–69, als mittelgradige (Imbezilität): IQ 35–49, als schwere (ausgeprägte Imbezilität): IQ 20–34 und als schwerste Störung (Idiotie): IQ unter 20.

Interaktion Wechselseitige Beeinflussung und Austausch in sozialen Begegnungen.

Internalisiert Verinnerlichte, in sich aufgenommene Abbilder der Realität. Wir erleben die Welt nicht an sich, sondern so, wie wir sie wahrnehmen.

Intervention In der Psychotherapie Maßnahmen und Mittel, die auf Haltungsänderungen oder Entwicklung neuer Sichtweisen der betreffenden Person ausgerichtet sind.

Intervision Austausch von fachlichen Erfahrungen innerhalb einer ‹peer group› (Gruppe von Fachleuten mit analogem Erfahrungshintergrund). Im Gegensatz zur Supervision hat niemand der Beteiligten eine Leitungsfunktion inne. Intervision gilt innerhalb der Psychotherapie als eine der anerkannten Maßnahmen zur Qualitätssicherung.

Intrusion Besonders eindringliche oder aufdringliche Gedanken oder Vorstellungsinhalte. Das Traumaerlebnis wirkt als Intrusion und führt zu charakteristischen Folgen, wie etwa Alpträume oder immer wiederkehrende Erinnerungsbruchstücke.

Intuition Erfassen einer szenischen Handlung, sowohl in objektiver als auch subjektiver Hinsicht. Intuitives Erfassen geht weit über die traditionellen Begriffe der Erkenntniswissenschaften hinaus und entspricht den realen lebensweltlichen Bedingungen menschlichen Handels und Orientierens. Das einzelne Subjekt befindet sich selbst innerhalb der szenischen Wahrnehmung und ist unmittelbar davon betroffen, sei es als Gegenüber oder selbst unmittelbar beteiligt. Will man das Verhalten und Erleben eines Subjektes verstehen, muss man es situiert verstehen, d. h. sowohl aus der persönlichen Situation wie auch aus dem Kontext der jeweiligen Situation heraus.

Inzest Sexuelle Beziehungen zwischen unmittelbar verwandten Personen. Inzest wird strafrechtlich geahndet.

Katecholamine Gruppe von Transmittersubstanzen (= Botenstoffe) im zentralen Nervensystem (Adrenalin, Noradrenalin, Dopamin).

Kognition Oberbegriff für alle Vorgänge, die mit Wahrnehmen und Erkennen zusammenhängen. Man spricht von dysfunktionalen Kognitionen, wenn die eigenen Wertungen zu einer Beeinträchtigung des Wohlbefindens führen, wie beispielsweise (unrealistische) negative Selbsteinschätzungen.

Kognitive Verhaltenstherapie (englisch: cognitive behavioral treatment) Ursprünglich für die Behandlung von Depressionen entwickeltes Verfahren aufgrund experimentalpsychologischer Erkenntnisse. Später wurde die kognitive Verhaltenstherapie erfolgreich für Behandlung von Angststörungen und PTSD (posttraumatischer Belastungsstörung) adaptiert. Viele lerntheoretische Prinzipien wurden in die Behandlungsmethode integriert. Die kognitive Verhaltenstherapie hat sich in Europa gegen 1970 einen festen und anerkannten Platz neben anderen Psychotherapieverfahren geschaffen. In der Behandlung sollen mittels neuer, veränderter Bewertungen andere Realitätsbezüge hergestellt werden.

Komorbidität Gemeinsames Auftreten verschiedener psychischer Krankheitsbilder, die untereinander möglicherweise wechselseitig bedingt sind. Bei Opfern sexueller Missbräuche durch Fachleute finden sich häufig PTSD, Depressionen, Suizidalität und Abhängigkeitserkrankungen (Alkohol, Medikamente).

Korrelation In statistischen Aussagen verwendetes Maß, das ausdrückt, wie eng der Zusammenhang zwischen zwei oder mehreren Variablen ist.

Lifetime-Prävalenz Häufigkeit aller Fälle, auf die im Laufe eines Lebens einmal oder mehrmals ein bestimmtes Ereignis zutrifft. Beispiel solcher Zahlen sind: Wie viele Menschen erkranken im Laufe ihres Lebens an einer Depression? Oder wie viele Fachleute missbrauchen im Laufe ihrer Berufstätigkeit ihre Klienten?

Limbisches System Strukturen im Gehirn, welche das Emotions- und Triebverhalten regeln. Über vielfältige Nervenverbindungen finden Verknüpfungen mit vegetativen Funktionen statt. Das limbische System steht nur beschränkt unter der Kontrollfunktion der Großhirnrinde und damit des Bewusstseins. Es ist geradezu charakteristisch, dass Emotionen nicht einfach an- und abgestellt werden können.

Masochismus Erlangung sexueller Erregung durch Erduldung von körperlichen Misshandlungen oder Erniedrigungen.

Masturbation (Onanie) Sexuelle Selbstbefriedigung.

Mediation Vermittlungsverfahren. Findet als Möglichkeit für Täter-Opfer-Ausgleiche zunehmend Beachtung. Es ist von den verantwortlichen Mediatoren unbedingt der Schutz der Opfer vor erneuten Traumatisierungen zu beachten. In aller Regel sind solche Mediationsverfahren erst nach einer längeren Vorbereitungsphase möglich. Sie stellen jedoch einen wichtigen Beitrag dar, der Opfern zur Überwindung ihrer traumatischen Erfahrungen helfen kann.

Metaanalyse Statistische Methode zur quantitativen Zusammenfassung von Ergebnissen aus mehreren Studien.

Milieutherapie Stationäres Behandlungsverfahren in der Psychotherapie, wobei das Personal mit den Patienten einer psychiatrischen Einrichtung als Gesamtheit im Sinne einer therapeutischen Gemeinschaft operiert.

MMPI (Minnesota Multiphasic Personality Inventory) Ein Persönlichkeitsfragebogen bestehend aus 566 Fragen, die eine Erfassung von krankhaften Persönlichkeitsmerkmalen erlauben. Solche Tests finden beispielsweise Verwendung bei Assessmentverfahren zur fachlichen Rehabilitierbarkeit.

Mobbing Niederträchtiges Verunglimpfen und Schlechtmachen eines Mitarbeiters durch mehrere seiner Kollegen, meist mit dem Ziel verbunden, die betreffende Person zum Kündigen und Verlassen seines Arbeitsplatzes zu bewegen.

Morbidität Anteil der Erkrankten oder Betroffenen in einer definierten Population während eines bestimmten Zeitraumes.

Mortalitätsrate Sterberate bzw. Anteil der Sterbefälle innerhalb einer bestimmten Population während eines bestimmten Zeitraumes.

Nekrophilie Gebrauch eines toten Körpers als Sexualobjekt.

Neurotransmitter Chemische Botenstoffe im Nervensystem, welche die Übertragung von Nervenimpulsen bewerkstelligen.

Neutralität In der fachlichen Beratung eine der wesentlichen zu beachtenden Qualitäten. Professionelle Helferpersonen sollen sich im Hinblick auf religiöse, moralische und soziale Werte neutral verhalten und nicht das Gespräch aufgrund von irgendwelchen Idealvorstellungen zu lenken versuchen. Neutralität führt jedoch da zu einer Zurückweisung von betroffenen Opfern, wo durch beratende Fachleute keine eindeutige Position zur Missbrauchssituation eingenommen wird. Das unbeteiligte Schweigen und Zuschauen begünstigt ausschließlich die Täter.

Objektspaltung Eine Person spaltet die Bezugspersonen in gute und schlechte Anteile auf. Derselbe Mechanismus wird als therapeutische Technik bei Beziehungstraumen eingesetzt, um dem unerträglichen Gefühl zu begegnen, dass einem eine Person, die man liebte, solchen Schaden zufügen konnte. Indem gewissermaßen zwei Figuren – der gute Arzt und der Täter-Arzt – geschaffen werden, können viele der Gefühle erst zugeordnet werden. In einem schwierigen und schmerzhaften Prozess werden diese beiden Seiten wieder vereinigt.

Opferidentifizierung Aufgrund unbewusster Tendenzen wird Partei für das Opfer als benachteiligte Figur ergriffen. Helferpersonen sollten ihre eigenen Reaktionen so weit kennen, dass sie nicht zu Überidentifikationen neigen und so die nötige fachliche Distanz in der Beratung verlieren.

Paartherapie Psychotherapeutische Behandlung beider Partner im Kontext der Paarbeziehung.

Pädophilie Sexuelle Stimulation durch Sexualverkehr mit präpubertären Kindern. Wird strafrechtlich geahndet. Findet sich unter Umständen jahrelang unerkannt bei Fachleuten in den entsprechenden Berufen (Kinderärzte, Jugendlichen-Seelsorger, Lehrer, Sportlehrer, Pfadfinderleiter).

Paraphilie Sexuelle Deviation (abweichendes Verhalten) in Bezug auf die bevorzugten Sexualpartner, bzw. es werden zur sexuellen Erregung ungewöhnliche Handlungen benötigt. Dazu gehören Pädophilie, Fetischismus und ähnliche Störungen. Nicht alle sexuellen Deviationen gelten zwangsläufig als behandlungsbedürftig, zumindest solange keine anderen Personen zu Schaden kommen oder in ihren Gefühlen und Empfindungen beeinträchtigt werden.

Parasuizidales Verhalten Selbstschädigendes Verhalten, das von Vernachlässigung über körperliche Selbstbeschädigung bis zu eindeutigen Suizidversuchen reicht und häufig bei traumatisierten Personen im Laufe der Behandlung auftreten kann.

Paternalismus Auffassung und Haltung in der Medizin, die dadurch charakterisiert ist, dass ‹der Arzt weiß, was für den Patienten richtig ist›. Dies führt dazu, dass nicht primär auf die Bedürfnisse der betreffenden Person geachtet wird.

Penisplethysmograph Technische Vorrichtung zur Aufzeichnung von Veränderungen der Penisgröße in Abhängigkeit von Stimulationseffekten. Meistens finden Zylinder Verwendung, in die das männliche Glied eingeführt wird, welche eine Messung der Luftverdrängung ermöglichen. Auf diese Art und Weise lassen sich beispielsweise Sexualpräferenzen objektivieren.

Perversion Krankhafter Sexualtrieb. Wird häufig umgangssprachlich als moralisch verurteilende Wertung verwendet.

Phänomenologie In der Medizin die Lehre vom Erscheinungsbild von Krankheiten. Beispielsweise können sich depressive Zustandsbilder phänomenologisch gleichen, obwohl sie nosologisch, d. h. diagnostisch, völlig unterschiedlich einzuordnen sind. So finden sich etwa ängstlich-depressive Symptome bei einer Vielzahl von psychischen Erkrankungen.

Posttraumatische Belastungsstörung siehe PTSD

Prämorbid Zustand vor einer Erkrankung. Spielt häufig in gerichtlichen Beurteilungen eine Rolle, wenn aufgrund vorbestehender Krankheiten die resultierenden Folgen eines Traumas im Hinblick auf finanzielle Entschädigungen beurteilt werden müssen. Im Falle von sexuellen Missbräuchen durch Fachleute hat sich im Sinne eines Fehlschlusses eine gängige Gerichtspraxis dahingehend entwickelt, bei prämorbiden (vorbestehenden) psychischen Störungen die Folgen der Traumatisierung herunterzuspielen und die finanziellen Entschädigungen entsprechend zu reduzieren. Es hat sich heute klar bestätigt, dass bei vorausgegangenen Traumatisierungen eine erneute Verletzung weitaus gravierendere Folgen hat und der prämorbide Zustand erheblich verschlechtert wird.

PSM Professional Sexual Misconduct, professionelles sexuelles Übergriffsverhalten. Der Begriff findet Verwendung bei sexuellen Übergriffen durch Fachleute im Gesundheitswesen, in der Erziehung und Ausbildung, in der Seelsorge, im Sport- und Freizeitbereich, in der Justiz und im Strafvollzug. Grundsätzlich ist davon auszugehen, dass eine Fachperson dafür verantwortlich ist, in welchem Rahmen eine Behandlung, eine Lektion, eine seelsorgerische Tätigkeit etc. stattfindet. Die Fachperson muss nötigenfalls Grenzen setzen, wenn sich eine nicht mehr verantwortbare Situation entwickelt. Diese Verantwortung kann nicht auf die betroffenen Opfer abgeschoben werden.

Psychiater Psychiatrisch-psychotherapeutisch ausgebildete Fachleute. Die fachärztliche Spezialisierung findet nach abgeschlossenem Medizinstudium statt und dauert im Minimum 6 Jahre in klinischen und ambulanten Einrichtungen zur psychiatrischen Versorgung.

Psychodynamik Die Psychodynamik ist die Lehre der psychischen Phänomene und Erscheinungen aus dem Wechselspiel der innerseelischen Kräfte. Das Ganze ist nichts Statisches und Festes, sondern befindet sich in einer dauernden Bewegung und Neuausrichtung.

Psychologie Wissenschaft der seelischen Vorgänge. Der Begriff ‹logie› weist darauf hin, dass die psychischen Reaktionen nach einer bestimmten ‹Logik› ablaufen, die allerdings nicht immer einfach zu erkennen ist. Psychologie ist ein Hochschul-Studienfach, welches die Grundlagen der seelischen Vorgänge vermittelt. Nach Studienabschluss spezialisieren sich die einzelnen Fachleute im Hinblick auf die spätere Tätigkeit, wie beispielsweise therapeutische Tätigkeit, Verkaufspsychologie, Kriminalpsychologie etc. Psychologen verfügen nicht wie Psychiater über ein abgeschlossenes Medizinstudium.

Psychopathologie Lehre der psychischen Erkrankungen.

Psychopharmaka Medikamente mit vorwiegender Wirkung auf das psychische Geschehen. Es werden drei grundsätzliche Wirkgruppen unterschieden: 1. Antidepressiva (stimmungsaufhellende Mittel), 2. Tranquilizer (Beruhigungs- und Schlafmittel) und 3. Neuroleptika (antipsychotisch wirksame Medikamente).

Psychosomatische Störungen Körperliche Störungsbilder, kausal durch psychische Umstände bedingt. Es können dabei sehr wohl nachweisbare organische Veränderungen vorkommen, wie beispielsweise bei Asthma oder Magengeschwüren.

Psychotherapeut Rechtlich nicht geschützte Bezeichnung für psychotherapeutisch tätige Fachleute. Es kann sich dabei um Sozialarbeiter, Krankenpfleger, Ärzte, Psychologen, Seelsorger und weitere Berufsleute handeln. Durch Unterstellung unter die medizinischen Heilverfahren bestehen vielerorts gesetzliche Rahmenbedingungen zur Berufsausübung. Lebensberater und ähnliche Berufsbezeichnungen fallen in der Regel nicht unter die gesetzlichen Zulassungsbestimmungen. Letztere verfügen somit auch nicht über eine Zulassungsbewilligung.

Psychotherapie Behandlungsverfahren bei psychischen Störungsbildern, das sich psychologischer Mittel bedient. Neben dem gesprochenen Wort (kognitive Verhaltenstherapie, Systemische Therapie, Psychoanalyse) gelangen auch Körperarbeit und Einbezug von gestalterisch-musischen Mitteln (Mal-, Tanz-, Musiktherapie etc.) zur Anwendung. Es werden heutzutage 450–500 unterschiedliche therapeutische Richtungen unterschieden. Die Behandlung kann in Gruppen oder einzeln erfolgen. Paar- und Familientherapie sind mögliche Ergänzungen.

Psychotraumatologie Erforschung seelischer Verletzungen in Entstehungsbedingungen, aktuellem Verlauf sowie ihren unmittelbaren und Langzeitfolgen.

PTSD Posttraumatische Belastungsstörung nach DSM-IV (309.81) bzw. nach ICD-10 (F43.1). Diese Diagnose wurde im DSM-III-Manual vor rund 20 Jahren neu aufgenommen. Das Trauma führt zu einer Intrusion, welche ihrerseits in einer Wechselwirkung mit den resultierenden Symptomen und Beschwerden steht und durch ein Vermeidungsverhalten gegenüber erneuter realer oder vermeintlicher Traumatisierung gekennzeichnet ist. Es handelt sich um eine lang anhaltende Störung, die durch gleichzeitig bestehende emotionale Taubheit und erhöhte Erregung charakterisiert werden kann. Nicht jedes Traumaereignis führt zu einer anhaltenden psychischen Störung.

Rapport Andere Bezeichnung für die therapeutische Beziehung. Der Begriff umschreibt die Kommunikationsebene wie auch die emotionale Seite.

Rehabilitation Berufliche und persönliche Wiedereingliederung im Anschluss an Störungen und durchgemachte Krankheiten.

Reliabilität Zuverlässigkeit eines Messverfahrens oder einer diagnostischen Untersuchung.

Remission Zurückgehen, Nachlassen oder Verschwinden von Krankheitszeichen, körperlicher oder psychischer Natur.

Rollenspiel Therapeutische Methode, um gewissermaßen unter ‹Laborbedingungen› neue Positionen innerhalb eines sozialen Rahmens einzunehmen oder auszutesten. Das Experimentierfeld wird durch den psychotherapeutischen Rahmen gegeben. Durch Rollenveränderungen können neue Einsichten und optimale Vorgehensweisen eingearbeitet werden.

Sadismus Sexuelle Befriedigung oder Erregung wird dadurch erreicht, dass einer Person körperliche oder seelische Schmerzen zugefügt werden.

Schock Im Rahmen von Schreckerlebnissen oder traumatischen Ereignissen kommt es zu einer Störung der normalen Körperfunktionen. Der Schreckreflex oder die Schreckreaktion kann sowohl als unmittelbare Antwort auf schlimme Ereignisse wie auch durch Triggermechanismen als Spätfolge immer wieder beobachtet werden.

Schweigepflicht Behördenmitglieder sowie Berufsleute wie Juristen, Ärzte, Psychologen, Seelsorger, Sozialarbeiter dürfen das ihnen während einer Beratung Anvertraute nicht ohne ausdrückliche Zustimmung weitergeben. Der Klient oder der Patient bestimmt als Geheimnisherr, wer was wann erfahren darf. Verletzungen dieser Vorschrift sind strafrechtlich geregelt.

Sedativa Beruhigungsmittel.

Selbsthilfegruppen Zusammenschluss von gleichartig betroffenen Personen zwecks Erfahrungsaustausch und gegenseitiger Hilfestellung. Bietet in der Heilungsphase von Missbrauchsopfern eine sinnvolle Erweiterung ihrer Möglichkeiten und hilft ihnen zudem, aus ihrer Opferperspektive zu finden, wenn sie erleben, wie andere Menschen aus gleichen oder ähnlichen Erfahrungen heraus gefunden haben.

Selbstschutzmechanismus Protektive und kompensatorische Strategien eines Individuums; insbesondere nach Psychotraumen regelmäßig anzutreffen. Es kann sich um sinnvolle Copingstrategien genauso wie um dysfunktionale Abläufe handeln, etwa nach dem Muster der Opfer-Identität. Das Selbst versucht verzweifelt, sich vor weiterer Schädigung zu schützen.

Selbstwertgefühl Die Selbsteinschätzung des eigenen Wertes als Person. Ein positives Selbstwertgefühl gehört mit zu den wesentlichsten Bestandteilen psychischer Gesundheit. Umgekehrt findet sich bei vielen psychischen Krankheitsbildern ein geringes Selbstwertgefühl. Das Gegenteil, ein übersteigertes Selbstwertgefühl findet sich bei manischen Erkrankungen.

Setting Darunter versteht man den therapeutischen Rahmen, wie er zwischen Therapeut und Patient vereinbart wird. Dazu gehören die Art der Behandlung (Einzel-, Gruppen- oder Familientherapie), Fragen der Sitzungsdauer und -frequenz, voraussichtliche Therapiedauer, Kostenregelung etc. Wichtig sind auch Abmachungen hinsichtlich Co-Therapeuten und Fragen betreffend Therapiesupervision sowie Regelungen von Auskunftspflichten gegenüber Drittparteien (z. B. Kostenträger).

Sexuelle Belästigungen Seit 10 bis 20 Jahren im Arbeitsbereich vermehrt thematisiert. Der Arbeitgeber ist rechtlich verpflichtet, die Mitarbeiter vor sexuellen Belästigungen zu schützen. Die Nichtbefolgung dieses Grundsatzes kann im Falle gerichtlicher Auseinandersetzungen erhebliche finanzielle Folgen für ein Unternehmen oder eine Institution bedeuten.

Sexuelle Störungen Sexuelle Störungen werden unterteilt in 1. sexuelle Funktionsstörungen (wie Erektionsstörungen, Anorgasmie), 2. Störungen der Geschlechtsidentität und 3. Störungen der sexuellen Präferenz (z. B. Paraphilien).

Slippery slope Wortwörtlich: ein glitschiger Abhang. In Zusammenhang mit PSM findet der Begriff Verwendung in der Vorphase von sexuellen Missbräuchen, die durch zunehmende Grenzüberschreitungen geprägt ist. Diese Entwicklung kann häufig durch Fachleute selbst nicht mehr aufgehalten werden und führt so zu sexuellen Übergriffen. Das Konzept über Grooming hilft, diesen Verlauf zu verstehen und zeigt auch mögliche Gegenstrategien auf. Die Ethik verwendet den Begriff in Zusammenhang mit dem Dammbruchargument, d. h., wenn bestimmte Dinge (z. B. Sterbehilfe, Gentechnik) als zulässig erklärt werden, tauchen immer weitergehende Forderungen auf, denen kein Einhalt mehr geboten werden kann.

Sokratischer Dialog Im fachlichen Diskurs sowie besonders in der Psychotherapie verwendete Methode der Gesprächsführung, wobei die Theorie nicht fertigen Lösungen liefert, sondern die Beteiligten die gesuchten Antworten in einem gemeinsamen Prozess erarbeiten müssen.

Soziale Kompetenz Fähigkeit einer Person, ihre Alltagssituationen gemäß eigenen Zielen, Wünschen und Bedürfnissen gestalten zu können, ohne andere Menschen unnötig zu verletzen.

Statistische Signifikanz Unterschiedliche Werte werden als bedeutsam eingestuft, wenn der Unterschied zwischen ihnen nicht zufällig zustande kommt. Werden große Stichproben verwendet, erweisen sich kleine Unterschiede rasch als nicht zufällig, während in kleinen Stichproben auch große Differenzen oft nicht über das Signifikanzniveau hinauskommen und somit als zufällig gelten müssen.

Stressreaktion Physiologische und emotionale Reaktion auf schwierige Situationen: 1. Alarmreaktion verbunden mit Kampf-Flucht-Tendenzen, 2. Widerstandsstadium und 3. Erschöpfungsstadium. Die einzelnen Reaktionen sind von psychovegetativen Veränderungen begleitet, die als Anpassung an die jeweilige Situation (Bereitstellungsreaktion) verstanden werden können. Die entscheidenden Forschungsbeiträge stammen einerseits von Hans Selye, der die obige Dreiteilung aufgrund seiner endokrinologischen Forschungen 1956 (The Stress of Life, dt. Stress beherrscht unser Leben, 1957) formulierte, andererseits von Martin J. Horowitz, der über die Auswirkungen von psychotraumatologischen Erfahrungen berichtete.

Supervision Therapiekontrollverfahren bei erfahrenen Fachleuten. Unter weitestmöglicher Wahrung der Anonymität stellt der Therapeut seine eigenen Patienten in seiner eigenen, subjektiven Wahrnehmung vor. Der Patient ist über die Inanspruchnahme von Supervision zu infomieren. Bei Traumapatienten kann es von großer Hilfe sein, wenn Supervisoren über Familienaufstellungstechniken und Kenntnisse in Rollenspielen verfügen. Diese primär nicht verbalen Verfahren sind besonders geeignet, komplexe Beziehungssachverhalte darzustellen und zu erfassen. Es lassen sich so auch sehr anschaulich Veränderungen und Interventionstechniken durchspielen. Therapie-Supervision kann in einer Zweiersituation oder in einer Gruppe durchgeführt werden und gilt in der psychotherapeutischen Behandlung als qualitätssichernde Maßnahme. Teamsupervision wird als Verfahren eingesetzt, um das Funktionieren ganzer Stationsteams oder Behandlungsteams sowohl untereinander als auch gegenüber Klienten zu reflektieren.

Survivor (engl. Überlebender) Häufig verwendeter Begriff in Zusammenhang mit PSM, wo ein Opfer lernt, mit der traumatischen Situation innerlich umzugehen, sie abzuschließen, und zu einem ‹Überlebenden› des Traumas wird. Der Begriff suggeriert naturgemäß auch die katastrophalen Aus- und Nachwirkungen derartiger psychischer Verletzungen, wie wir sie traditionellerweise eher von physischen Traumata gewohnt sind. Allein die Gefahr suizidaler Handlungen in der Folge psychischer Traumatisierungen rechtfertigt diesen Begriff jedoch ohne weiteres. Opfer berichten oft, welcher ‹Hölle› sie entronnen sind, wenn es ihnen gelungen ist, die traumatische Situation innerlich zu überwinden.

Systemische Therapie Ein Psychotherapiemodell, wo der Einzelne innerhalb vielfältiger Beziehungsmuster (= Systeme) im Zentrum der Betrachtungen steht. Systemische Therapie versteht sich immer als ressourcen- und lösungsorientierte Interventionsstrategie.

Täteridentifikation Gesellschaftlich findet häufig eine Identifikation mit dem Täter als dem Stärkeren statt, während die Opferidentifikation in erster Linie durch eine Ohnmachtserfahrung gekennzeichnet ist und oft abgewehrt wird. Man möchte, dass mit den Klagen der Opfer endlich Schluss ist, weil diese schwer auszuhalten sind. Bei der Täteridentifikation laufen die gegenteiligen Reaktionen ab.

Trafficking (Grenzüberschreitender) Menschenhandel mit Personen, die zur Prostitution gezwungen werden.

Trauma Wörtlich Verletzung. In der Psychotraumatologie eine seelische Verletzung, welche oft lang anhaltende Auswirkungen auf das psychische Befinden einer Person haben kann. Die Einwirkungen übersteigen die individuellen Ressourcen und Bewältigungsmöglichkeiten. Die Folgen drehen sich vorwiegend um eine dauerhafte Erschütterung des Selbst- und Weltverständnisses. Wichtig ist ferner, zu berücksichtigen, dass auch subliminale (= unterschwellige) Ereignisse zu traumatisierenden Effekten führen können, wenn sie die individuelle Erholgsphase immer wieder unterbrechen (kumulative Traumatisierung).

Traumatisierung Vorgang, der die individuellen Bewältigungsmöglichkeiten übersteigt. Dabei führen vorausgegangene analoge Traumatisierungen in aller Regel zu einer erheblich gesteigerten Empfindsamkeit und damit zu gravierenderen Folgen. Dies gilt insbesondere für Beziehungstraumen. Es sind auch an transgenerationale Folgen zu denken, wenn bestimmte traumatisierende Faktoren innerhalb eines Familienverbundes bzw. der Gesellschaft tabuisiert werden und die notwendigen Trauerreaktionen unterbleiben.

Trieb Triebe sind psychobiologische Verhaltensmuster, welche teilweise unter der persönlichen oder sozialen Kontrolle stehen. Dazu gehören der Trieb zur Nahrungsaufnahme wie auch der Sexualtrieb. Triebbefriedigung führt zu vorübergehender Sättigung.

Übertragung In der Psychotherapie werden (unbewusste) Wünsche und Bedürfnisse an den Therapeuten gerichtet. Dieser Vorgang wird als Übertragung bezeichnet. Aufgrund von Lernerfahrungen werden jedoch auch ganze Persönlichkeitsbilder auf den Therapeuten projiziert. Werden diese Übertragungsphänomene verstanden, kann die therapeutische Beziehung in Analogie zur Laborsituation einen Ort darstellen, wo neue Erfahrungen und Lebensstrategien entwickelt werden können.

Unbewusst Laufen psychische Phänomene ab, ohne dass sie unserer bewussten Intention entsprechen, spricht man von unbewussten Vorgängen. Die Psychodynamik versucht, solche Muster durch das Wechselspiel der seelischen Kräfte zu verstehen und zu erklären.

Vaginalplethysmograph Vorrichtung zum Bestimmen der Durchblutung der Vagina und damit zur Messung der Erregung.

Viktimisierung Schädigung einer Person. Der Begriff wird häufig verwendet, um Reaktionen auf Opfer bzw. deren Auswirkung zu beschreiben. Beispielsweise können polizeiliche Abklärungen und Befragungen bei Traumaopfern zu einer erneuten Schädigung führen. Dies wird als sekundäre Viktimisierung bezeichnet.

Wiederholungszwang Betroffene versuchen verzweifelt, durch wiederholtes Aufsuchen oder Herbeiführen derselben Situationen bisher unbewältigte Ereignisse zu überwinden. Da es sich um einen unbewusst gesteuerten Mechanismus handelt, entzieht sich dieser einer willkürlichen Kontrolle.

Voyeurismus Sexuelle Erregung durch beobachten, wie sich andere ausziehen, oder beobachten des Sexualaktes anderer Personen.

15 Literatur

Für die spezielle Literatur insbesondere für Fachleute sei auf das Ende der jeweiligen Kapitel verwiesen. Die nachfolgende Zusammenstellung enthält Werke mit zusammenfassenden Darstellungen sowie literarischen Beiträgen, die insbesondere für Nicht-Fachleute empfohlen werden können.

Anonyma: Verführung auf der Couch: Eine Niederschrift. Dt. von Anonyma und Traute Hensch. [Bearb. d. franz. Ms.: Traute Hensch]. Freiburg i. Br., Kore, 1988.

Appelbaum P, Uyehara L, Elin M: Trauma & Memory – Clinical and Legal Controversies. New York, Oxford University Press, 1997.

Bange D, Enders U: Auch Indianer kennen Schmerz. Sexuelle Gewalt gegen Jungen. Köln, Kiepenheuer und Witsch, 1997.

Beauchamp TL, Childress JF: Principles of Biomedical Ethics. New York, Oxford University Press, 1994.

Bauriedl T: Auch ohne Couch. Stuttgart, Verlag internationale Psychoanalyse, 1994.

Becker-Fischer M, Fischer G, Heyne C, Jerouschek G: Sexuelle Übergriffe in Psychotherapie und Psychiatrie. Stuttgart, Kohlhammer, 1994.

Becker-Fischer M, Fischer G: Sexueller Missbrauch in der Psychotherapie – was tun? Orientierungshilfe für Therapeuten und interessierte Patienten. Heidelberg, Asanger, 1996.

Benyei CR: Understanding Clergy Misconduct in Religious Systems. New York, Haworth, 1998.

Bisbing SB, Jorgenson LM, Sutherland PK: Sexual Abuse by Professional – a Legal Guide. Charlottesville, Michie, 1995.

Bloom JD, Nadelson CC, Notman MT: Physician Sexual Misconduct. Washington DC, American Psychiatric Press, 1999.

Bondolfi A, Müller H: Medizinische Ethik im ärztlichen Alltag. Basel, EMH Schweizerischer Ärzteverlag, 1999.

Boszormenyi-Nagy I, Spark GM: Unsichtbare Bindungen. Stuttgart, Klett-Cotta, 1981 (Original: Invisible Loyalities. New York, Harper & Row, 1973).

Bouhoutsos J, Holroyd J, Lerman H, Forer BR, Greenberg M: Sexual intimacy between psychotherapists and patients. Prof Psychol 1983;14:185–196.

Bowlby J: Verlust. Trauer und Depression. Frankfurt/M., Fischer, 1983 (Original: Loss. Sadness and Depression. Vol 3 of Attachment and Loss. London, Hogarth Press, 1980).

Brodbeck J, Moggi F: Sexueller Missbrauch in der Psychotherapie. Eine empirische

Untersuchung aus der Opferperspektive. Schriftenreihe 3. Zürich, Szondi-Institut, 1995.

Brodsky J: Von Schmerz und Vernunft. Frankfurt/M., Fischer, 1999.

Brown P: Die Keuschheit der Engel. Sexuelle Entsagung, Askese und Körperlichkeit im frühen Chirstentum. München, Deutscher Taschenbuch Verlag, 1994.

Brown D, Scheflin A, Hammond D, Corydon HD: Memory, Trauma, Treatment and the Law. New York, Norton, 1998.

Burgess AW: Physician Sexual Misconduct and Patients' Responses. Am J Psychiatry 1981;138:1335–1341.

Bussmann H, Lange K: Peinlich berührt. Sexuelle Belästigung von Frauen an Hochschulen. München, Frauenoffensive, 1996.

Carotenuto A: Tagebuch einer heimlichen Symmetrie. Freiburg i. Br., Kore, 1986.

Casement P: Vom Patienten lernen. Stuttgart, Klett, 1989. (Original: On Learning from the Patient. London, Tavistock, 1985).

Chesler P: Frauen – Das verrückte Geschlecht? Hamburg, Reinbeck, 1986.

Client Rights Project: Client Rights in Psychotherapy and Counselling. Toronto, Client Rights Project, 1998.

College of Physicians and Surgeons of Ontario: The Final Report of the Special Task Force on Sexual Abuse of Patients of the College of Physicians and Surgeons of Ontario. Ontario, College of Physicians and Surgeons of Ontario, 1991.

Committee on Physician Sexual Misconduct: Crossing the Boundaries. Vancouver, College of Physicians and Surgeons of British Columbia, 1992.

Courtois C: Recollections of Sexual Abuse: Treatment Principles and Guidelines. New York, Norton, 1999.

Deegener G: Der sexuelle Missbrauch – Die Täter. Weinheim, Beltz, 1995.

Deegener G: Sexuelle und körperliche Gewalt. Weinheim, Beltz, 1999.

Dornes M: Der kompetente Säugling. Frankfurt/M., Fischer, 1996.

Ducret V, Fehlmann C: Sexuelle Belästigung am Arbeitsplatz. Worüber Frauen schweigen. Bern, Eidgenössisches Büro für die Gleichstellung von Frau und Mann, 1993.

Edvardson C: Gebranntes Kind sucht das Feuer. München, Hanser, 1996 (Original: Bränt barn söker sig till elden. Stockholm, Bromberg, 1984).

Ehlert-Balzer M: Fundament in Frage gestellt. Sexuelle Grenzverletzungen in der Psychotherapie. Mabuse 1999;121:47–51.

Eidgenössisches Büro für die Gleichstellung von Frau und Mann: Genug ist genug. Ein Ratgeber gegen sexuelle Belästigungen am Arbeitsplatz. Bern, Eidgenössisches Büro für die Gleichstellung von Frau und Mann, 1998.

Elliott M: Frauen als Täterinnen. Sexueller Missbrauch an Mädchen und Jungen. Ruhnmark, Donna Vita, 1995

Fegert JM: Institutioneller Umgang mit sexuell missbrauchten Kindern; in Kröber HL, Dahle KP (Hrsg): Sexualstraftaten und Gewaltdelinquenz. Heidelberg, Kriminalistik Verlag, 1998, pp 225–233.

Finger-Trescher U, Krebs H: Misshandlung, Vernachlässigung und sexuelle Gewalt in Erziehungsverhältnissen. Gießen, Psychosozial-Verlag, 2000.

Fischer G: Die Fähigkeit zur Objektspaltung. Forum Psychoanal 1990;6:199–212.

Fischer G, Becker-Fischer M, Heyne C, Jerouschek G: Sexuelle Übergriffe in Psychotherapie und Psychiatrie. Stuttgart, Kohlhammer, 1995.

Fischer G, Riedesser P: Lehrbuch der Psychotraumatologie. München, Reinhardt, 1998.

Foa EB, Keane TM, Friedman MJ: Effective Treatments for PTSD. Practice Guidelines from the International Society for Traumatic Stress Studies. New York, Guilford Press, 2000.

Ford DH, Hugh BU: Contemporary Models of Psychotherapy. New York, Wiley & Sons, 1998.

Fortune M: Is Nothing Sacred? New York, Harper and Row, 1989.

Frick DE, McCartney C, Lazarus JA: Supervision of sexually exploitative psychiatrists – APA district branch experience. Psychiatr Ann 1995;25:113–117.

Friedman EH: Generation to Generation. New York, Guilford Press, 1985.

Gabbard GO: Sexual Exploitation in Professional Relationships. Washington DC, American Psychiatric Press, 1989.

Gabbard GO: Transference and countertransference in the psychotherapy of therapists charged with sexual misconduct. Psychiatr Ann 1995;25:100–105.

Gabbard GO, Lester EP: Boundaries and Boundary Violations in Psychoanalysis. New York, Basic Books, 1995.

Gairing F: Organisationsentwicklung als Lernprozess von Menschen und Systemen. Weinheim, Deutscher Studien Verlag, 1996.

Gartner R (ed): Memories of Sexual Betrayal: Truth, Fantasy, Repression and Dissociation. Northvale, Aronson, 1997.

Gartrell N, Herman JL, Olarte S, Feldstein M, Localio R: Psychiatrist-patient sexual contacts – results of a national survey. I. prevalence. Am J Psychiatry 1986;143: 1126–1131.

Gisler P, Dupois M, Emmenegger B: Anmachen – Platzanweisen. Soziologische Untersuchung zu sexueller Belästigung in der höheren Ausbildung. Bern, Haupt, 2000.

Glasl F: Konfliktmanagement. Bern, Haupt, 1997.

Gonsiorek J: Breach of Trust – Sexual Exploitation by Health Care Professioanls and Clergy. Thousand Oaks, Sage, 1995.

Gorton GE, Samuel SE, Zebrowski SM: A pilot course for residents on sexual feelings and boundary maintenance in treatment. Acad Psychiatry 1996;20:1–12.

Gorton G, Samuel S: A national survey of training directors about education for prevention of psychiatrist-patient sexual exploitation. Acad Psychiatry 1996;20:92–98.

Guex G: Das Verlassenheitssyndrom. Bern, Huber, 1983 (Original: Névrose d'abandon. Paris, Presses Universitaires de France, 1950).

Haliczer S: Sexuality in the Confessional. Oxford, Oxford University Press, 1996.

Hawton K, Salkovskis PM, Kirk J, Clark DM: Cognitive Behavior Therapy for Psychiatric Problems. Oxford, Oxford Medical Publications, 1989.

Herman JL: Trauma and Recovery. New York, Basic Books, 1992.

Heyne C: Tatort Couch. Zürich, Kreuz, 1991.

Heyne C: Täterinnen – offene und versteckte Aggressionen von Frauen. Zürich, Kreuz, 1993.

Holroyd JC, Brodsky AM: Psychologist's attidutes and practices regarding erotic and nonerotic physical contact with patients. Am Psychologist, October 1977;843–849.

Honsell H: Handbuch des Arztrechts. Zürich, Schulthess, 1994.

Janet P: Psychological Healing. A Historical and Clinical Study. New York, Arno Press, 1976 (Original : Les médications psychologiques, New York, Macmillan, 1925).

Jehu D: Patients as Victims. Sexual Abuse in Psychotherapy and Counselling. Chichester, Wiley & Sons, 1994.

Jonas H: Das Prinzip Verantwortung. Frankfurt/M., Suhrkamp, 1984.

Jorgenson LM: Rehabilitating sexually exploitative therapists – a risk management perspective. Psychiatr Ann 1995;25:118–122.

Kater MH: Ärzte als Hitlers Helfer. Hamburg, Europa Verlag, 2000 (Original: Doctors under Hitler. Chapel Hill, University of North Carolina Press, 1989).

Kluft RP: Treating a Patient who has been sexually exploited by a previous therapist. Psychiatr Clin North Am 1989;12: 483–500.

Knapp SJ, VandeCreek L: Treating Patients with Memories of Abuse – Legal Risk Management. Washington DC, American Psychological Association Press, 1997.

Kohler I: Im Sport berührt man sich halt so … Bern, Schweizerischer Kinderschutzbund, 2000.

Kranich C: Rechtliche Aspekte zum Therapiemissbrauch. Plädoyer 1992;6:36–40.

Kranich C: Rechtliches zur Ausnützung von Abhängigkeitsverhältnisses. Wird das Recht missbrauchten Opfern gerecht? Neue Zürcher Zeitung Nr. 229, 2./3. Okt. 1999.

Krutzenbichler SH, Essers H: Muss denn Liebe Sünde sein? Über das Begehren des Analytikers. Freiburg i. Br., Kore, 1991.

Langevin R, Curnoe S: A study of clerics who commit sexual offenses – are they different from other sex offenders? Child Abuse Negl 1998;24:535–545.

Leymann H: Mobbing, Psychoterror am Arbeitsplatz und wie man sich dagegen wehren kann. Reinbek, Rowohlt, 1993.

Lindenbaum S, Lock M : Knowledge, Power and Practice. The Anthropology of Medicine and Everyday Life. Berkeley, University of California Press, 1993.

Lott D, Lott A: In Session. The Bond between Woman and Their Therapists. New York, Freeman, 1999.

Lübbe H: Ich entschuldige mich. Das neue politische Bussritual. Berlin, Siedler, 2001.

Ludewig K: Systemische Therapie. Grundlagen klinischer Theorie und Praxis. Stuttgart, Klett-Cotta, 1992.

Maes Y: The Cannibal's Wife. New York, Herodias, 1999.

Margraf J: Lehrbuch der Verhaltenstherapie, Berlin, Springer, 1996.

Marshall WL, Anderson D, Fernandez Y: Cognitive Behavioral Treatment of Sexual Offenders. Chichester, Wiley & Sons, 1999.

Marshall WL, Fernandez YM, Hudson SM, Ward T: Sourcebook of Treatment Programs for Sexual Offenders. New York, Plenum Press, 1998.

Maryland Department of Health and Mental Hygiene: Broken Boundaries: Sexual Exploitation in the Professional-Client Relationship. Video. Baltimore, Maryland Department of Health and Mental Hygiene, 1999.

Matsakis A: I Can't Get Over It – A Handbook for Trauma Survivors. Oakland, New Harbinger, 1992.

Michaels A: Fluchtstücke. Reinbek Rowohlt, 1999.

Minnesota Departement of Corrections: It's Never OK. Broschüre. St. Paul, Minnesota Departement of Corrections, 1988.

Moggi F, Brodbeck J, Hirsbrunner H-P: Therapist-patient sexual involvement – risk factors and consequences. Clin Psychol Psychother 2000;7:54–60.

Morell M: Final Session. San Francisco, Spinsters Book Company, 1990.

Moser T: Berührung ja – Sexualität nein. Zürich, Tages-Anzeiger, 31.03.1995.

Nabokov V: Lolita. New York, Vintage Books, 1997 (Original: Lolita. Paris, Olympia Press, 1955).

Neue Zürcher Zeitung: Strafverfahren gegen einen Zürcher Psychiater. Neue Zürcher Zeitung 29.03.1995.

Nida-Rümelin J: Angewandte Ethik. Stuttgart, Kröner, 1996.

Parkinson P: Child Sexual Abuse and the Churches. London, Hodder & Stoughton, 1997.

Pennebaker JW: Emotion, Disclosure and Health. Washington DC, American Psychological Association, 1995.

Penfold PS: Sexual Abuse by Health Professionals. Toronto, University of Toronto Press, 1998.

Peterson MR: At Personal Risk. New York, Norton, 1992.

Picht G: Hier und Jetzt – Philosophieren nach Auschwitz und Hiroshima. Stuttgart, Klett, 1980.

Pieper A: Angewandte Ethik. München, Beck, 1998.

Pollack WS, Levant RF: New psychotherapy for Men. New York, Wiley & Sons, 1998.

Pope K, Bouhoutsos J: Sexual Intimacy between Therapists and Patients. New York, Praeger, 1986.

Redleaf A: Behind Closed Doors. Westport, Auburn House, 1998.

Reemtsma JP: Im Keller. Reinbek, Rowohlt, 1998.

Reimer C, Argast U: Zur Problematik intimer Beziehungen während psychotherapeutischer Behandlung. Schweiz Ärztez 1990;71:1508–1514.

Roman B, Kay J: Residency education on the prevention of physician-patient sexual misconduct. Acad Psychiatry 1997;21:26–34.

Rutter P: Verbotene Nähe. Düsseldorf, Econ, 1991 (Original: Sex in the Forbidden Zone – When Therapists, Doctors, Clergy, Teachers and Other Men in Power Betray Women's Trust. Los Angeles, Tarcher, 1989).

Scarry E: Der Körper im Schmerz. Frankfurt/M., Fischer, 1992.

Schoener G: No-Red-Tape Counseling for clients alienated from traditional services. Hosp Commun Psychiatry 1977;28:843–845.

Schoener G: Assessment of professionals who have engaged in boundary Violations. Psychiatr Ann 1995;25:95–99.

Schoener G, Milgrom J, Gonsiorek J, Luepker E, Conroe R: Psychotherapist's Sexual Involvement with Clients – Intervention and Prevention. Minneapolis, Walk-In Counseling Center, 1989.

Schreyögg A: Coaching – eine Einführung für Praxis und Ausbildung. Frankfurt/M., Campus, 1996.

Shupe A: Wolves within the Fold. Religious Leadership and Abuses of Power. New Brunswick, Rutgers University Press, 1998.

Simon RI: The natural history of therapist sexual misconduct – identification and prevention. Psychiatr Ann 1995;25:90–94.

Simon RI: Bad Men Do what Good Men Dream. Washington DC, American Psychiatric Press, 1999.

Singer P: A Companion to Ethics. Oxford, Blackwell, 1991.

Sipe AWR: Sex Priests and Power. New York, Brunner/Mazel, 1995.

Sofsky W: Traktat über die Gewalt. Frankfurt/M., Fischer, 1996.

Steiger R: Beziehungsstörungen im Berufsalltag. Ursachen, Erscheinungsformen und Überwindungsmöglichkeiten. Frauenfeld, Huber, 1999.

Stern DN: Die Lebenserfahrung des Säuglings. Stuttgart, Klett-Cotta, 1992 (Original: The Interpersonal World of the Infant. New York, Basic Books, 1985).

Stevenson RL: Dr. Jekyll and Mr. Hyde. New York, Penguin Books, 1978.

Torrington D, Hall L: Personal Management. London, Prentice Hall, 1987.

Urbaniok F: Teamorientierte stationäre Behandlung in der Psychiatrie. Stuttgart, Thieme, 2000.

Van der Kolk BA, McFarlene A, Weisaeth L: Traumatischer Stress. Grundlagen und Behandlungsansätze. Paderborn, Junfermann, 2000 (Original: Traumatic Stress. The Effects of Overwhelming Experience on Mind, Body and Society. New York, Guilford Press, 1996).

Vanhoeck K, van Daele E: Täterhilfe, Arbeitsbuch. Therapie bei sexuellem Missbrauch. Lengerich, Pabst, 2000.

Von Braun C, Stephan I: Gender Studien. Stuttgart, Metzler, 2000.

Werking PN: Victim to Survivor. Cleveland, United Church Press, 1999.

Wheelis A: Der Doktor und das Verlangen. Reinbek, Rowohlt, 1988 (Original: The Doctor of Desire. New York, Norton, 1987).

White W: Incest in the Organizational Family – the Ecology of Burnout in Closed Systems. Bloomington, Lighthouse Training Institute, 1986.

White W: Critical Incidents – Ethical Issues in Substance Abuse. Prevention and Treatment. Bloomington, Lighthouse Training Institute, 1993.

White WL: The Incestuous Workplace. Stress and Distress in the Organizational Family. Center City, Hazelden, 1997.

Wils JP: Der Schmerz – eine literarische Annäherung in phänomenologisch-ethischer Hinsicht; in Wils JP (Hrsg): Sterben. Paderborn, Schöningh, 1999, pp 65–86.

Wirtz U: Seelenmord. Inzest und Therapie. Zürich, Kreuz, 1989.

Yalom ID: Die rote Couch. München, Goldmann, 1998 (Original: Lying on the Couch. New York, Harper Perennial, 1996).

16 Personenindex

17 Sachwortindex